朱旭东　丛书主编

中国教育改革开放40年

高中教育卷

袁桂林　著

北京师范大学出版集团
BEIJING NORMAL UNIVERSITY PUBLISHING GROUP
北京师范大学出版社

丛书编委会

总　序

今年是改革开放40周年，40年来我国教育取得了辉煌的成就。现在各个教育研究机构和出版机构都在总结40年的经验，出版各种丛书。这40年的成就是写多少书也说不周全的，但我想用五句话来做一个简要的概括。

第一，教育观念的转变。在解放思想的路线指导下，我们对教育的认识越来越深刻、越来越全面。特别是党的十八大以来，习近平总书记提出以人民为中心、教育公平是社会公平的重要基础、教育强则国家强的主张。今年教师节时，习近平总书记在全国教育大会上的讲话中首先强调教育对新时代坚持和发展中国特色社会主义的战略意义。他指出，教育是民族振兴、社会进步的重要基石，是功在当代、利在千秋的德政工程，对提高人民综合素质、促进人的全面发展、增强中华民族创新创造活力、实现中华民族伟大复兴具有决定性意义。教育是国之大计、党之大计。习近平总书记同时指出，教育的根本问题是培养什么人、怎样培养人、为谁培养人。中国共产党领导的社会主义教育，就是要培养德智体美劳全面发展的社会主义建设者和接班人。

第二，教育事业的发展。40年来，我国全面普及了九年义务教育；学前教育已提前完成了《国家中长期教育改革和发展规划纲要（2010—2020年）》提出的到2020年的指标，2017年学前毛入园率达到79.6%；高中阶段教育基本普及，2017年毛入学率为88.3%；高等教育，包括研究生教育实现了跨越式发展，2017年各类高等教育在学总规模达到3 779万人，高等教育毛入学率达到45.7%。2017年，全国有2.7亿人在各级各类学校学习，我国成为世界上受教育人口最多的教育大国。

第三，教育制度的创新。改革开放以来，我国逐步制定教育法律法规并不断完善。1980年通过了《中华人民共和国学位条例》，之后，我国逐步制定了《中华人民共和国义务教育法》《中华人民共和国教师法》《中华人民共和国教育法》《中华人民共和国职业教育法》《中华人民共和国高等教育法》《中华人民共和国民办教育促进法》等，并根据教育事业的发展进行了修订或修正，使教育治理有法可依。现在希望尽早制定学前教育法、学校法，使幼儿园和学校的发展得到法律保障。

第四，教育科学的繁荣。改革开放之前，教育理论界人数很少，缺乏对教育实践中的理论问题和实际问题的研究。40年来，中国特色社会主义教育理论体系初步形成，教育理论有了较大发展。教育科学的繁荣呈现出如下一些特点：一是改变了以前一本《教育学》一统天下的局面，恢复和创建了许多新兴学科，如教育哲学、教育经济学、教育社会学、比较教育学、课程与教学论等，研究成果丰硕；二是教育理论研究重视宏观战略研究，为我国教育事业发展的科学决策做出了一定的贡献；三是教育科学研究从书斋走向基层，教育理论工作者与广大教师共同开展教育研究，把教育改革落到实处，不仅提高了教育质量，而且积累了丰富的经验。

第五，从请进来到走出去。改革开放初期，我们打开窗户，发现世界教育已经走向现代化，于是我们如饥似渴地引进西方教育的先进理念、教育改革的经验，逐渐使我国的教育恢复起来，教育事业得到迅速发展。20世纪90年代，我国教育学界开始走自己的路，创造中国特色社会主义教育理论和经验。特别是上海在PISA（国际学生评估项目）中数次名列前茅，让外国学者对中国教育刮目相看。世界也在学习中国的教育经验。讲好中国教育故事是今后教育工作者的任务。我国多部教育著作已经被译成外文出版。2006 年，高等教育出版社就与 Springer 出版社合作出版了英文版杂志 *Frontiers of Education in China*，至今已 12 年，杂志受到外国学者的重视。这些都是中国教育走出去的标志。我们既要不断吸收世界优秀文明成果，又要讲好中国教育故事，让世界了解中国。

今后中国教育界应以习近平新时代中国特色社会主义思想为指导，贯彻落实党的十九大精神，深化教育改革，发展素质教育，推进教育公平，让每个孩子享有公平而有质量的教育。

北京师范大学出版社组织教育学术界同人，编写这套“中国教育改革开放 40 年”丛书，包括学前教育、义务教育、高中教育、高等教育、教师教育、职业教育、民办教育、终身教育、教育技术、课程与教学、政策与法律、关键数据与国际比较 12 卷。它是 40 年教育改革开放的总结，丰富了教育学术宝库。出版社要我写几句，是为序。

2018 年 11 月 5 日于北京求是书屋

目　录

第一章

结构调整，恢复重点学校

第一节 中等教育结构调整

中等教育结构调整是指，在“文化大革命”期间人民公社集体经济支撑下的高中大量存在，虽然受众群体庞大，但是教育质量很难保障。所以，在改革开放初期，中央提出国民经济“调整、改革、整顿、提高”方针之后，也开始对高中教育进行结构性调整。

1980年10月7日，国务院批转了教育部、国家劳动总局9月27日《关于中等教育结构改革的报告》①，为中等教育结构调整奠定了基础。该报告指出，遵照中央关于中等教育结构要进行改革的指示，教育部、国家劳动总局又与国家计委、财政部、国家农委、农业部等有关部门进行了多次商讨，一些省、自治区、直辖市将此项工作列入议事日程，拟定了改革方案，并进行了试点。

报告分析了中等教育存在的结构性矛盾，特别是中等职业技术教育的基础十分薄弱。“文化大革命”以前，刘少奇同志提倡的两种

---

① 《国务院批转教育部、国家劳动总局〈关于中等教育结构改革的报告〉(国发[1980]252号)》，3—5页，载《中国劳动》，1980(12)。

教育制度、两种劳动制度，符合我国国情，对推动当时教育结构改革起到了重要作用，但是，由于“四人帮”的破坏，不仅我国的教育制度和劳动制度没有得到改革，而且使大批中等专业学校和技工学校被迫停办，农业中学、职业学校被摧残殆尽，造成中等教育结构单一化，与国民经济的发展需要严重脱节。普通高中毕业生除少数升入大学外，每年有数百万人需要劳动就业，但又没有任何专业知识和技能；同时，各行各业亟须技术力量，对招来的新工人还得进行两三年的学徒培训，严重影响了劳动生产率的提高。这种状况对“四化”建设和安定团结极为不利。

报告认为，中等教育结构改革势在必行。改革的方针和要求主要是改革高中阶段的教育，要使高中阶段的教育适应社会主义现代化建设的需要，应当实行普通教育与职业、技术教育并举，全日制学校与半工半读学校、业余学校并举，国家办学与业务部门、厂矿企业、人民公社办学并举的方针，县以下教育事业应当主要面向农村，为农村和各项建设事业服务。在城乡要提倡各行各业广泛创办职业(技术)学校，可适当将一部分普通高中改办为职业(技术)学校、职业中学、农业中学。经过调整改革，要使各类职业(技术)学校的在校学生数在整个高级中等教育中的比重大大增长。

该报告对中等教育结构改革的内容和途径还做了具体阐释。指出要改革普通高中的课程，普通高中要逐步增设职业(技术)教育课，学习科目可由学生自己选择。

要将部分普通高中改办为职业(技术)学校、职业中学、农业中学。职业(技术)学校招收初中毕业生，学制二年至三年，主要进行职业(技术)教育，同时开设相关的普通文化课。这类学校由教育部门和业务部门联办，隶属关系不变。农业中学、职业中学是普通教育与职业技术教育相结合的中等学校。将部分普通高中改办为职业(技术)学校，必须注意搞好普通中学的合理布局，适当改善办学条件，统筹安排，有计划地进行。已基本普及九年义务教育的大中城市和厂矿企业办的普通高中可以多改一些。

鼓励各行各业举办职业(技术)学校。要根据发展生产和服务性行业的需要，广开学路，举办各种职业(技术)学校。主要招收初中毕业生，办学形式要灵活多样。这类学校除由各行各业举办外，集体和个人也可以办。各地还可以利用一些适合办学的关停的工厂厂房及设备举办职业(技术)学校或作为学校场所，也可留用一部分技术人员和老工人作为教师或实习指导。有条件的大中城市还可试办职业技术教育中心，开设若干职业技术教育科目，提供专业教师、设备和实习场所。

积极发展和办好技工学校。技工学校是培养中级技术工人的学校。要办好现有的技工学校，并根据生产建设的需要，稳步地有计划地发展。现行的领导管理体制不变。

努力办好中等专业学校。中等专业学校是培养中级技术管理人才的学校，应保持现行的领导管理体制不变。

该报告还对中等教育结构改革需要解决的几个问题进行了分析，具体如下。

(一)关于毕业生的安排。职业(技术)学校、职业中学、农业中学的毕业生，经过文化和技术考核，合格者发给毕业文凭。普通中学学生学习职业(技术)教育课的，成绩合格者，在毕业文凭上应给予注明。对上述各类学校的毕业生，国家不包分配。职业(技术)学校、职业中学的毕业生，由劳动部门(或劳动服务公司)推荐，经用人单位考核，按专业对口的原则，择优录用，也可以自由选择职业。农村职业(技术)学校、农业中学的毕业生，社队安排各种技术管理岗位人员，可择优录用。职业(技术)学校、职业中学、农业中学的毕业生，可以报考高等院校。报考对口专业的考生，考试成绩在同一分段数内，优先录取。

（二）关于经费和编制。职业技术教育应有专项经费开支。各省、自治区、直辖市可根据实际情况，制定具体开支规定，在未作出规定前，财政部可暂按下列原则执行：

中等专业学校、技工学校经费开支渠道，仍按现行规定不变。

原有普通中学改办的，其经费开支渠道不变。即教育部门所属普通中学改办的，由教育事业费开支；原属其他部门或厂矿企业所办的普通中学改办的，由其他部门有关经费或企业营业外项目列支；几个部门联合改办的，其经费由合办单位协商解决。

社队办的，其经费由办学单位自行解决。

经批准新办的职业（技术）学校经费，分别按：事业主管部门办的，在各部门事业费开支；专业公司办的，在公司经费开支；厂矿企业办的，在“营业外支出”项目列支。

零星土建工程和设备购置，事业单位凡单项（台）价值超过2万元的，应列入基本建设投资中开支；厂矿企业凡达到固定资产标准的，应按有关规定在更新改造资金或基本建设投资中开支。

职业（技术）学校的教职员工编制，列为各主办单位事业编制，纳入各主管部门的劳动计划。

各类职业（技术）学校、职业中学、农业中学要提倡半工半读、半农半读，坚持勤俭办学、勤工俭学。这方面的收入，应主要用于解决学校经费开支和办学条件，抽出一部分用于解决师生的集体福利和学生的学习费用。学校要逐步做到部分自给。

（三）关于教师的配备。由各业务部门和劳动部门举办的职业（技术）学校、技工学校的师资，由办学单位自行解决，教育部门给予协助。由普通中学改为职业（技术）学校、职业中学的专业课师资，由有关业务部门和协作单位帮助解决，也可聘请一定的兼课教师。

教育部门、劳动部门和有关业务部门要有计划地为发展职业技术教育培养师资。省、自治区、直辖市应积极筹办职业技术师范学院。各地师范院校和各级教育学院（教师进修学校）应开办专业课教师培训班。今后分配大专院校、中专毕业生时，要照顾到职业（技术）学校、技工学校、职业中学、农业中学的需要。

（四）关于开办和审批。职业（技术）学校的开办，由办学单位提出，经上级主管部门审批，报地、市以上教育行政部门、劳动部门备案。新办农业中学报县教育局审批。农村把普通中学改办为农业中学或职业（技术）学校，需经地区行署教育局审批。城市把普通中学改办为职业（技术）学校、职业中学，需经市教育局和主管业务部门审批。新办技工学校的审批手续，仍按现行的规定不变。个人办职业（技术）学校，需经县以上劳动部门和教育部门审批。

上述文件特别重视调整政策的实施过程，要求各级政府高度重视。文件指出，职业技术教育是我国社会主义教育制度的重要组成部分。进行中等教育结构改革，是建立社会主义教育体制的一项重要任务。在改革中会涉及到国民经济的发展计划、劳动制度以及安排广大青年的学习和就业等问题。要搞好这项工作，只靠教育部门不行。为此，建议各省、自治区、直辖市建立领导小组，吸收有关单位参加，统管中等教育结构改革和职业技术教育。地方，特别是市、县两级，要在党委的统一领导下，把教育结构的调整改革和经济结构的调整改革结合起来，紧密结合当地经济发展和劳动就业的需要，提出职业技术教育发展规划，组织教育、劳动、计划、财政等有关部门具体实施。在业务上，凡是培养技术人员和干部的职业（技术）学校，以教育部门为主综合管理，劳动部门配合；凡是以培养后备技术工人的职业（技术）学校，以劳动部门为主综合管理，教育部门配合。对教育结构改革，态度要积极，步骤要稳妥，一定要从当地实际出发，因地制宜。在调查研究的基础上，制订出中等教育结构改革方案，认真搞好试点，总结经验，积极地有步骤地加以推广。争取到 1985 年，中等教育结构的改革工作取得显著成效。

上述教育部、国家劳动总局《关于中等教育结构改革的报告》是改革开放大幕开启之后，国家教育行政部门对高中阶段教育发出的第一个权威信息，也是高中阶段教育拨乱反正的第一步。高中阶段教育中的普通高中独霸天下的局面开始得到了改变。在农村，普通高中规模减少更加明显。一个较有代表性的例子就是，在山东的某县城里，教育局开了三次群众大会说服当地百姓，要求他们明白这一道理：既然他们的孩子升入大学的机会少得可怜，为什么还要求孩子接受代价高昂的高中教育呢？这岂不是片面而自私的吗？[①]

第二节　恢复重点学校

在我国，"重点校"是有其特定含义的，主要是指在国家"有重点地发展"基础教育政策指引下，按照一定的标准评估来确定的不同级别的重点学校。从行政级别上看，重点校有国家级重点、省级重点、市级重点、县级重点等；从教育级别上看，基础教育阶段重点校主要包括重点小学、重点初中和重点高中。

一、历史回顾

我国的重点校政策可以追溯到新中国成立之初。该政策从1953年提出后，虽经历了多次波折，但"有重点地发展"一直是基础教育发展的导向，并成为基础教育发展中举足轻重的一项政策。

1953年6月，根据毛主席"办重点中学"的倡议，教育部在北京召开了第二次全国教育工作会议，提出了《关于有重点地办好一些中学与师范学校的意见》。

1959年，周恩来总理在第二届全国人大会议上提出："在各级全

---

① ［美］费正清、［美］麦克法夸尔：《剑桥中华人民共和国史（1966－1982）》（下），658页，上海，上海人民出版社，1992。

日制的正规学校中，应该把提高教学质量，作为一个经常的基本任务，而且应当首先集中较大力量办好一批重点学校，以便为国家培养更高质量的专门人才，迅速促进我国科学文化水平的提高”。[①] 抓住重点，带动一般，是符合教育事业发展规律的。

1962 年 12 月，教育部发出了《关于有重点地办好一批全日制中小学的通知》。

粉碎“四人帮”之后，邓小平谈到“尊重知识，尊重人才”问题时指出：“我们要实现现代化，关键是科学技术要能上去。发展科学技术，不抓教育不行。靠空讲不能实现现代化，必须有知识，有人才”。“抓科技必须同时抓教育。从小学抓起，一直到中学、大学，”“办教育要两条腿走路，既注意普及，又注意提高。要办重点小学、重点中学、重点大学。要经过严格的考试，把最优秀的人集中在重点中学和大学。”

1978 年 1 月 25 日，经国务院批准，教育部颁发了《关于办好一批重点中小学的试行方案》，指出：“切实办好一批重点中小学，以提高中小学的质量，总结经验，推动整个中小学教育革命的发展。”该政策的颁布直接推动了重点高中的快速发展。

同日，《人民日报》头版刊登了一则题为《教育部决定在全国办好一批重点中小学》的消息，文中提到，教育部颁发的《〈关于办好一批重点中小学的试行方案〉的通知》（以下简称《通知》）指出，[②] 搞好教育革命，中小学是基础。切实办好一批重点中小学，以提高中小学的教育质量，并总结经验，推动整个中小学教育革命的深入发展，是具有重要意义的。

《通知》要求各省、市、自治区的教育部门，都要在认真总结 28

---

① 张承先：《贯彻全面发展方针　提高教育质量——在全国重点中学工作会议上的讲话（摘要）》，载《人民教育》，1980(9)。

② 见《人民日报》1 版，1978-01-25。

年来教育革命正反两方面经验的基础上，对发展和办好本地区、本部门的重点中小学作出规划和部署。1978年上半年，要求各地对所确定的重点中小学认真进行一次整顿。要以揭批“四人帮”为纲，同整党整风结合起来，重点把领导班子整顿好、配备好。教师力量要做必要的调整和充实加强。各项必要的规章制度，要认真建立起来。在自力更生、艰苦奋斗、勤俭办学的前提下，对经费、物资安排，给予必要的支持，尽快充实改善这些学校的仪器、图书等教学条件。保证这些学校1978年秋季开学以后，能够切实按照新的教学计划、教学大纲和教材进行教学。

在教育部试行方案中提出，大中城市可在市和区(县)两级举办重点学校。市办好一批重点中小学；区(县)可办二三所重点中学，五六所重点小学。各省、自治区，可在省、地市、县三级举办重点学校。省和地市两级可各自办好一批重点中小学；县可办好二三所重点中学，五六所重点小学。要城乡兼顾。工商企业办的重点中小学，在教学内容上可以有所侧重。例如，石油、冶金、煤炭、地质部门办的重点学校，可以侧重学习该行业所需的有关基础知识，从小对口劳动，以利于为这些部门培养人才。还不是重点中小学的学校，也应按照重点学校的要求，努力搞好教育革命。

各级教育行政部门今后应根据需要和可能，将确实办得好的中小学逐步纳入重点学校的行列。教育部办的重点中学和重点小学已经确定，共20所。它们是：北京景山学校、北京新华小学、天津南开中学、天津同义大街小学、上海师大二附中、上海实验小学、山西昔阳大寨学校、山西交城县城内七年制学校、黑龙江大庆铁人学校、江西共大总校附属“七·三〇”学校、河北束鹿县辛集中学、陕西延安中学、陕西延安杨家湾小学、广东梅县东山中学、河南尉氏三中(原长葛三中)、吉林延吉市六中、吉林哲盟科左后旗甘旗卡育红小学、湖南第一师范学校、湖南一师附小、山东梁堤头农业中学。①

1980年8月4日，教育部在哈尔滨召开了全国重点中学工作会议。时任教育部副部长、党组书记张承先在会上做了题为“贯彻全面发展方针　提高教育质量”的主题报告。② 他的讲话在当时起到了重要的指导作用。

讲话肯定了新的历史时期办好重点中学，尽快提高教育质量所具有的重要战略意义。指出集中力量办好重点学校，快出人才，出好人才，是“四个现代化”建设的迫切需要。讲话引用了邓小平同志在1978年“全教会”上提出的“我国人才缺乏，文化落后，已成为进行四化建设的重大困难，这种状况，应该迅速改变。为了加速造就人才和带动整个教育水平的提高，必须考虑集中力量加强重点大学和重点中小学的建设，尽快提高他们的教学水平和教学质量。”指出，办好重点中学，是一项为“四化”培养人才的重要战略措施。

讲话认为，经过十年浩劫的严重破坏，为了迅速恢复发展我国的教育事业，办好重点中学的必要性显得更加突出。只有集中力量办好一批重点中学，才能较快地提高教育质量，为高等学校输送高水平的合格新生，使高等学校有较高的起点，为各行各业提供优良的劳动后备力量，并带动一般中学前进。

讲话明确提出重点中学的任务与普通中学一致，既要为高等院校培养输送合格的新生，又要为各行各业培养优良的劳动后备力量。所不同的是，要求重点中学办得更好些，培养的学生质量更高些。办重点中学的目的是出人才、出经验。所谓出人才，实际是为培养人才打好基础。重点中学出来的学生，升入高等学校应该是好样的，

---

① 《教育部通知在全国办好一批重点中小学》，载《人民日报》4版，1978-01-25。

② 张承先：《贯彻全面发展方针　提高教育质量——在全国重点中学工作会议上的讲话(摘要)》，3—9页，载《人民教育》，1980(9)。

是可造之才；就业到社会上，也应该是好样的，能成为各行各业的骨干。学校是否培养出了人才，不能只看升学率高低，最重要的是经得起社会主义现代化建设实践的检验。所谓出经验，是更好地贯彻执行全面发展的方针，按照教育规律办事，进行教学改革，减轻学生过重的负担，提高教育质量，对一般学校起示范、带头作用。重点中学要坚持双重任务不变，让学生有升学和就业两种准备，要重在提高教育质量。

在这次会议上，上海市市西中学、沈阳市第二中学、东北师大附中、华东师大二附中等学校介绍了它们进行教育教学改革的试验情况。

张承先在讲话中指出，中学教育工作中出现了一些违背全面发展方针、违反教育规律、单纯追求升学率的错误做法。主要表现是：忽视了德育和体育；只抓少数学生，忽视大多数；教学工作中，忽视基础知识的教学和基本技能的训练；打乱正常的教学进度；考试频繁，严重影响了青少年身心的健康发展。尽管当年高中毕业生六七百万人，而高等学校最多只能招30万人，升学率仅仅是4%。讲话强调要明确办好重点中学的初衷：一是模范地贯彻执行全面发展的方针。二是按照教育规律办事。三是培养的学生质量要高。

1997年，张承先发表的署名文章回顾了1980年教育部在哈尔滨召开的全国重点中学会议。他认为，当年确定办好重点中学的基本要求仍然有意义。第一，模范地贯彻执行党的全面发展的教育方针。学校领导和教师要懂得教育科学，对全面发展的方针有较深刻的认识，并能落实于行动，使全体学生在德、智、体几方面真正得到生动活泼主动健康的发展。第二，按照教育规律办事。学校领导和教师要坚持以教学为主，理论联系实际，循序渐进，因材施教，不断总结经验，改进教学，注重发展学生的智力和能力。第三，培养的学生质量要高。学生具有革命理想和良好的道德品质，各科的学习达到大纲要求，学得扎实、灵活，能力较强；健康状况良好，体质不断增强；有良好的劳动习惯和一定的劳动技能；毕业后升入高一级学校或者就业，确实表现好。①

二、20 世纪 80 年代初期的重点中学

1980 年 10 月 14 日，教育部印发了经国务院批准的《〈关于分期分批办好重点中学的决定〉的通知》。② 这是在哈尔滨工作会议之后，教育部以行政法规的形式，进一步规范和推动重点高中发展。这份文件将《关于分期分批办好重点中学的决定》作为附件下发，要求全国各级地方政府，结合张承先同志在全国重点中学工作会议上的总结，从实际情况出发，研究执行教育部《关于分期分批办好重点中学的决定》。

《关于分期分批办好重点中学的决定》(以下简称《决定》)很多内容都具有史料价值，反映了当时国家百废待兴，教育领域集中资源保重点的时代信息。

《决定》上说，自 1978 年以来，经过两年时间，各省、市、自治区党委和教育部门认真贯彻执行党中央关于办好重点学校的指示，先后确定了一批重点中学共有 5000 多所。

《决定》认为，重点中学是中学教育的骨干。办好重点中学是迅速提高中学教育质量的一项战略措施。这对于更快更好地培养人才，总结、积累经验起示范作用；对于带动一般学校前进，以适应社会主义现代化的迫切需要具有重要意义。我国人口多，底子薄，各地发展不平衡，师资、经费、设备又有限，如果平均使用力量，所有中学齐头并进提高教育水平，是不可能的，也是不符合事物发展的客观规律的。因此，必须首先集中力量办好一批条件较好的重点

---

① 张承先：《关于办重点中学的回顾与前瞻》，载《中国教育学刊》，1997(2)。

② 《〈关于分期分批办好重点中学的决定〉的通知》，见《教育政策法令选编（1978—1981)》，浙江教育学院教育理论研究室，1981。

中学。

《决定》指出，重点中学担负着双重任务，既要为高等院校输送合格新生，又要为社会培养优良劳动后备力量。所不同的是重点中学应该办得更好，培养出来的学生应该具有更高的质量。

《决定》对办好重点中学提出以下基本要求。

（一）模范地贯彻执行全面发展的方针。学校领导和教师要懂得教育科学，对全面发展的方针有较深刻的认识，并能落实于行动，使全体学生在德、智、体几方面真正得到生动活泼、主动健康的发展。

（二）按照教育规律办事。学校领导和教师要坚持以教学为主，理论联系实际，循序渐进，因材施教，不断总结经验，改进教学，注意发展学生的智力和才能。

（三）培养的学生质量高。学生具有革命理想和良好的道德品质，各科的学习达到教学大纲要求，学得扎实、灵活，能力较强，健康状况良好。体质不断增强；有良好的劳动习惯和一定的劳动技能。毕业后升入高一级学校或者就业，都表现好。

《决定》还要求，教育部门和学校要采取有效措施，坚决改变存在着的违背全面发展方针，不按教育规律办事，单纯追求升学率的错误做法。

（一）从全国到地方坚决不搞高考名次排队，不要给学校下达升学指标，不要按升学率高低作为评定学校工作好坏的唯一标准，更不要据此对学校和教师进行奖惩。

（二）坚决把学校和学生从频繁的考试中解放出来。除了招生和毕业考试外，教育都门不要搞统考、统测。学校只实行期中、期末考试。

（三）必须对全体学生负责，不要只抓少数，忽视或放弃大多数，不要只抓毕业班，忽视非毕业班。

（四）严格按照教学计划、教学大纲的规定进行教学，不要随意砍课程，搞突击，提前结束课程，不要搞大量复习题。

（五）必须保证学生每天有9小时的睡眠、1小时的体育活动，保证假期，不要使学生负担过重。

《决定》要求教育部门和学校按照上述要求，努力把首批重点中学办成全国、全省、全地区第一流的、高质量的、有特色的、有良好校风的学校。

《决定》提出对重点中学的政策支持包括：

（一）首批办好的重点中学由省（市、自治区）、行署和所在县共同领导和管理。一般应以行署为主，或以所在县为主。重点中学应属县、处级单位，发文件、听报告等要按照这个级别待遇。校长应由省、市、自治区人民政府任免。要制定对领导班子的培训计划和考核制度。选择精兵强将到重点中学工作。把有办学经验有管理能力，年富力强的人提拔到领导岗位上来。

（二）重点中学教师要又红又专、能为人师表，要具有教育学、教育心理学和教学法等方面的知识，应是高等学校本科或专科毕业，或具有相当的水平。各学科至少有三分之一比较有经验的骨干教师。要尽快配齐所缺的主要学科的骨干教师，特别是外语教师。骨干教师调离学校要经省、市、自治区教育厅（局）同意。高等师范院校的毕业生要由省、市、自治区教育厅（局）择优分配给重点中学。不适应工作的教师要区别情况，进行培训或调整。教师编制可适当放宽，重点中学的骨干教师比一般学校多，今后调整工资或晋级等比例应大于一般学校。

（三）重点中学学制要有计划有步骤地改为6年。要改革课程设置，增设职业技术教育课，设立选修课。要努力提高课堂教学质量，加强基础知识的教学和基本技能的训练，注意培养能力。要积极开展各种校外活动，开阔学生的视野，发展他们的爱好和特长。教育部门要加强对教学改革试验的规划和指导。

（四）学校的规模。完中一般以24个班为宜，最多不要超过36个班，高中以18个班为宜，最多不要超过24个班。要严格控制每班名额，一般以40人为宜，最多不要超过50人。规模一经确定，不要随意变动。要适当扩大招生范围，择优录取，杜绝招生工作中走后门等不正之风，确保新生有较高的质量。

（五）改善办学条件，充实和更新教学设备。有条件的学校可建立风雨操场。农村、牧区中学要为学生创造住宿条件，并解决必要的口粮补助问题。

（六）政府要在人力、物力、财力上对重点中学给予大力支持，每年听取一两次汇报，研究解决办学中的一些实际问题。要保证重点中学教育经费的需要。重点中学的经费由省、市、自治区制定标准，各地要按标准拨给学校。基建投资、教学设备费由省、市、自治区教育厅（局）统一掌握，戴帽下达。学校勤工俭学的收入应拿出一定比例用于改善办学条件。

（七）要正确处理重点中学和一般中学的关系，努力做到确保重点，兼顾一般。重点中学应发挥示范作用，主动帮助一般中学，一般中学应积极支持重点中学，互相学习，互相促进，共同提高。

总的来说，由于国家对重点中学的政策优惠和政府的支持力度非常大，重点中学和一般中学在后续发展中的差距也越来越大，所以上述政策从诞生之初起就在业界有很多批评和质疑。

三、对重点中学的讨论

1984年中后期，报刊上出现了一些要求取消重点中学的文章。例如吕文升同志在《杭州师院学报》上撰文指出："现行的重点学校制度不是面向全体青少年儿童，实质上是面向少数。"

1986年5月，上海市教育局局长姚庄行宣布，上海今后不设重点初中，并且将投资重心从重点中学转向办学条件困难的学校。上海的改进措施从一个侧面反映出他们对重点中学政策存在着质疑。

1986 年，在中国教育学会和四川省教育学会任职的纪大海先生对重点中学提出了批评①，他认为，重点中学制度，首先在中学产生了极为悬殊的两极分化。例如，某县级行政区有一所重点中学，三所一般中学。重点中学 18 个班，有大专学历的教师 53 人，占该校教师总数的 90%；三所一般中学共 48 个班，有大专学历的教师 73 人，占三校教师总数的 50%。此外，重点中学本科学历的教师等于三校本科学历教师的总和。并且，重点中学教师多为骨干。教育经费的使用也是如此，1983 年该区三所一般中学共得经费仅是一所重点中学的 70%多一点。据统计，上海市 1984 年 16 所重点中学高考升学名额占全市高考升学名额的 80%多，而 270 多所一般中学的升学名额仅占百分之十几，有的区只占 5%左右。

其次，重点中学制度使多数学校失去了办学的积极性，也使多数学生失去了学习的积极性。例如，学生们经由省重点选后，再由市地重点选，剩下的留给一般中学。这样层层选拔带来的结果使一般中学丧失了办学的积极性，教师对提高学生质量感到沮丧。对于学生而言，则造成一种不良的心理，接踵而来的就是一系列社会问题。以四川为例，1984 年重点中学在校学生数占全体中学生数的 9%，一般中学在校学生数则占 90%。层层拔尖，到头来形成只有少数人在竞争的局面，而多数学生则被挤在竞争之外，调动不了多数学生来参加竞争。现实中表现就是，重点中学的学生趾高气扬，一般中学的学生垂头丧气。

再次，助长了教育领域的不正之风。有的首长批条子，以权谋私，有的是行贿送礼，有的重金买通。

此外，教育行政部门搞了一套刺激高考的规定。例如有的地方

---

① 纪大海：《对重点中学制度的再认识》，载《四川师大学报》，1986(1)。

规定，凡考上一个大学生就奖励学校50元，考上一个中专生奖励30元，对高考不好或达不到规定升学率的，则唯学校领导是问。

另外，重点中学学习压力大，学校无法抗拒只好违背教育规律去追求升学率。利用白天黑夜、节日假期，加班加点地为学生复习补习。

最后，损害了学生的身体健康。例如，某重点中学学生视力减退率1979年为20%，到1980年为25%，1981年为32%，1982年为40%，1983年为48%，1984年变为了55%，其中高中学生视力减退率平均在70%左右。

纪先生建议，要引入竞争机制，重点学校不是上级保出来的，而是竞争形成的。他认为，只有必要在大范围内设立极少数重点学校，以适应一部分超常青少年学习和成长的需要。

1990年，又有人在《光明日报》上列举了重点中学的弊端①，其要点为：抽调优秀教师到重点学校导致了非重点学校骨干教师奇缺；重点学校只抓高中不抓初中；重点学校的学生只注意学习文化知识，有盲目自高自大情绪；重点学校的淘汰招生使非重点学校认为自己是在教被淘汰的学生，不利于调动大多数学校领导和教师的办学积极性；重点学校的制度不利于一些有潜力、觉悟晚的学生的培养；有关部门领导和社会人士评价学校只看考进重点中学和考进大学的人数，为了让学生得到高分，有些学校不敢搞教改。应该说，这种批评代表着相当一部分学校的看法，其间蕴含着对整个普通教育在新的形势下如何全面提高教育质量、办好每一所学校的思考。

另一方面，社会上也有对重点学校政策赞成者，主要有以下观点。

为了早出、多出优秀人才，在我国当下的历史阶段具有重要意义。教育不平等不是重点学校引起的，只靠学校教育并不能改善或

① 陈玉钧：《重点中学的弊端》，载《光明日报》，1990-04-21。

消除社会的不平等。国外同样有重点学校的做法，这是世界范围内的普遍现象。任何事物的发展都是不平衡的，学校的发展也不可能完全同步，在一定条件下有所侧重是合理的。可以满足不同家庭对子女接受不同水平教育的需求。办好重点学校是党和政府的一贯重要决策。片面追求升学率、学生负担重和教育不平等并不是重点学校的过错。①

不过，到了20世纪90年代中期，在对重点学校政策讨论仍然继续的情况下，各级教育行政部门也开始对“重点校”的提法做出一些改变。1995年国家教委出台了《关于评估验收1000所左右示范性普通高级中学的通知》，“示范校”实质上成为“重点校”的变相称谓，我国的基础教育开始从“重点校”热转到了“示范校”热。因此，“示范校”这个政策也受到了人们的众多诟病。2006年9月1日开始实施的新《义务教育法》则明确规定了“不得将学校分为重点学校和非重点学校，学校不得分设重点班和非重点班”，这一政策对高中阶段教育的后续发展产生了较大影响。

第三节　兴办全国示范性高中

在国内出现一些批评和质疑声音的同时，国家教育主管部门对重点中学政策没有撤销或者淡化的迹象，只是强调要规范和纠正出现的违背政策精神等各种不良行为。1983年，《教育部关于进一步提高普通中学教育质量的几点意见》中提出“重点中学”应成为模范地贯彻党的教育方针，教育质量较高，具有示范性、实验性的学校。

一、示范性高中政策

1994年，《国务院关于〈中国教育改革和发展纲要〉的实施意见》

---

① 内容参见1999年的《教育参考》第1期《应当办好重点中学》；第2期《重点中学可以休吗》；第3期《重点中学还是要办》《重点中学现象还将延续》。

中提出到20世纪末，全国重点建设1000所实验性、示范性高中。

1995年7月3日，国家教委正式部署在全国创建1000所示范性普通高中，提高我国普通高中办学水平。其文件在有关教育类学术期刊发表①，在全国高中产生了巨大影响。

文件指出，建设和评估验收1000所左右示范性高中是一项重要的战略措施，对于加速人才培养，推动普通高中教育的发展，带动我国教育水平的提高，将起到积极的作用。

文件认为，示范性高中应是全面贯彻教育方针，模范执行教育法律法规和有关政策，办学思想端正，加强德育，积极开展教育教学改革，教师素质与办学条件好，办学有特色，学生德智体等方面全面发展，在省(自治区、直辖市)内外有较高声誉的普通高级中学。

文件要求各省、自治区、直辖市教育行政部门结合本地实际制定评估和实施细则，有计划、有步骤，分期分批建设。同时，要向国家教委申报示范性高中校数，国家教委根据各地普通高中在校学生数和办学水平确定并下达国家级示范性高中数量。

文件对申报的步骤也作出规定，即先由学校自评、申报，主管教育行政部门审核，省、自治区、直辖市人民政府组织评估，符合标准的，再由省(区、市)人民政府报国家教委，经评估验收后正式公布。申报示范性高中所在县(市、区)必须普及九年义务教育并验收合格；必须有对薄弱高中扶持、改进的积极措施，并取得一定成效；必须有高中阶段教育发展的统筹规划。凡不符合以上条件的不得申报。

文件上说，国家教委将于1997年前后评估验收。评估验收的示范性高中包括办学卓有成效的，侧重升学预备教育、实行分流教育、侧重就业预备教育的高中和特色高中等。各地要采取积极措施，帮

---

① 《关于评估验收1000所左右示范性普通高级中学的通知》，载《课程·教材·教法》，1995(9)。

助这些高中进入国家教委评估验收的示范性高中行列。国家教委会对公布的示范性高中实行定期复查，不搞“终身制”。经复查发现问题，责成当地政府和学校加以改正；对少数办学问题较多，达不到标准要求的，取消示范性高中的称号。

该文件以《示范性普通高级中学评估验收标准（试行）》为附件，共23条。这个附件成为引导各地加强示范性高中建设的指导性意见，也是评估验收示范性高中的基本依据。其具体内容如下。

第一条 国家教育委员会评估验收的示范性高中是指全面贯彻教育方针，模范执行教育法律、法规和有关政策，办学思想端正，积极开展教育教学改革，教师素质和办学条件好，管理水平和教育质量高，办学有特色，学生德智体全面发展，社会和高等院校对其毕业生评价较好，有较长的办学历史，在省（自治区、直辖市）内外有较高声誉的普通高级中学。

第二条 示范性高中在加强德育工作、教育教学改革、教育科学研究、学校管理、勤工俭学等方面对其他一般普通高级中学起示范作用；在师资培训，设备使用等方面发挥基地作用。

第三条 学校高中班数一般不低于18个，每班学生不超过50人。

第四条 有与学校规模相适应的和进行正常教学活动所需的校园和校舍。校园占地面积，城市学校一般每生不少于25平方米，农村学校一般每生不少于30平方米。校舍建筑面积，城市学校一般每生不少于10平方米，农村学校一般每生不少于12平方米（不含教职工家属住房）。

第五条 有满足教育教学需要的各类教学和教学辅助用房、设施、设备、仪器、标本、模型、挂图等。有保证学生一人一组或二人一组进行实验操作的条件。有从事实验室工作的技术和管理人员。按照有关学科课程标准的基本要求，教师的演示实验与学生的分组实验开出率为100%。有微机室、语音室和电教室。

第六条　有足够使用面积和设施的图书馆。教师资料室和学生阅览室的座位分别按不低于教师总数的40%和学生总数的20%设置。藏书量为每生50册以上，报刊种类达到150种以上，工具书、教学参考书种类达到300种以上。音像资料、计算机教学软件的数量和种类基本满足教学需要。有懂业务的专职图书、资料管理人员。

第七条　有与学校规模相适应的体育运动场地。位于城市市区的学校有300米环形跑道，位于市郊、县城和农村的学校有400米标准环形跑道；有满足体育教学和体育活动需要的设施、器材。有条件的学校要有体育馆或风雨操场，游泳池或滑冰场。

第八条　学校卫生室的器械与设备，要达到国家教育委员会规定的I档配备标准；要有必备的常用药物。

第九条　学校布局合理，校园整洁、优美，环境体现教育性；校舍光线充足，通风良好；校园人均绿地面积达到1平方米以上；校园道路畅通、坚实平整，消防车能通达每幢建筑物；卫生、消防、供水、排水、供变电等设施完备；学校附近无污染源，保证师生的健康和安全。

第十条　有稳定的教育经费来源，学校基本建设、大型设备添置等专项经费纳入地方政府的财政预算。通过政府拨款、校办产业创收、社会及个人捐资助学等多种渠道，使经费能够满足教育教学需要，并保证生均公用经费的逐年增长。

第十一条　校长任职条件按国家教育委员会有关规定执行。学校领导班子结构合理，人员精干，具有大学本科以上学历(包括同等学历)或具有中级以上职称，精通教育教学和学校管理业务，具有较强的教育科学研究能力，遵纪守法，廉洁奉公，勇于开拓。

第十二条　学校实行校长负责制，有健全的组织机构和各项规章制度。积极进行内部管理体制改革，完善激励机制，提高办学效益。学校管理手段现代化。学校党组织的监督、保证作用和教职工代表大会的作用得到充分发挥。

第十三条　有与学校教育教学工作需要相适应的专职、兼职相结合的师资队伍，并有切实可行的教师培养、培训计划。教师热爱教育事业，热爱学生，教育思想端正，为人师表，业务能力较强，一般应具有大学本科以上学历。具有中级以上职称的教师占教师总数的70%以上，其中高级教师占教师总数的30%以上；部分教师应当是省内有影响的教学骨干。

汉族师生在校园内、少数民族师生在用汉语进行教学时，应讲普通话、书写规范的简化汉字。

教师与学生的比例不低于1∶10。

学校职工队伍精干高效，有效地为教育教学服务。非教学人员与教学人员的比例适当。

第十四条　有反映学校办学宗旨和特色的改革与发展规划及实施方案。有教育实验项目，并取得有一定影响的科研成果。教育质量在当地居领先地位。

第十五条　认真贯彻国家制定的指导性课程方案，深化教学改革，形成较为完备的学科类课程(包括必修课和选修课)和活动类课程体系，加强教学管理，教学手段现代化，切实减轻学生过重的课业负担，重视培养学生能力，发展学生个性和特长。

第十六条　德育机构队伍健全，基地落实。形成学校、社会、家庭互相配合，互相促进的德育工作网络。把德育寓于各科教学和学校各项工作之中，并取得显著成效。

第十七条　认真贯彻落实学校体育、卫生工作条例，严格按照课程方案要求上好体育课，积极开展课外体育锻炼。控制近视眼发病率。学生身体素质良好。

第十八条　有艺术教学设备和专用教室，配备专职与兼职教师。

按课程计划要求开设音乐、美术必修课和有关选修课，开展丰富多彩的文艺活动。学生具有较高的艺术欣赏能力和一定的艺术表现能力。

第十九条　按课程计划要求开设劳动技术课，教材、师资、设备、场地落实到位。学校内外有开展勤工俭学、劳动锻炼的基地。学生劳动观念强，并掌握一定的劳动技能。

第二十条　学校行政后勤工作坚持为教学服务，为师生服务；坚持勤俭办学。严格财务制度；管理好校舍、校产；开展勤工俭学，办好校办产业。

第二十一条　采取选派干部和骨干教师、提供设备和场地、联合办学和办分校等多种形式帮助一般高中，尤其是薄弱高中，并取得显著效果。

第二十二条　本标准自发布之日起施行。

第二十三条　本标准的解释权在国家教育委员会。

综上，教育部的这个文件从高中标准化建设的角度来说有一定的参考价值。2001 年 5 月，国务院《关于基础教育改革与发展的决定》中，再次提出“各地要建设一批实施素质教育的示范性普通高中”的内容。

二、推进过程

在 2000 年前后，全国各地根据国家教育部所提出的示范性普通高中的系统规划，积极推进示范性高中建设，出台省级示范性普通高中的督导评估验收条件以及指标体系，并且在世纪之交陆续对所在省、市、自治区普通高中进行验收。

按照国家教委 1995 年文件设计，示范性高中先由学校自评、申报，主管教育行政部门审核，省、自治区、直辖市人民政府组织评估，符合条件的，再由省(区、市)人民政府报国家教委，经评估验收后正式公布。国家教委将于 1997 年前后评估验收。但是，由于各方面质疑的声音不断，各地实施过程中出现了偏离政策指导的问题。特别是在“两会期间”，有的人大代表和政协委员对“示范性高中政策”提出了批评，因此，教育部始终没有公布“示范性普通高中”名单。

在这样的大背景下，在全国 31 个省(市、自治区)中，有 26 个采取了“示范性普通高中”的称谓。① 有 4 个省区采用“重点高中”称谓。② 山东省则称为“规范化学校”。

在 2000 年之后，有的地方开始淡化“国家级”这样的称号。例如，四川省鉴于新的改革形势和教育发展导向，2013 年 12 月，该省教育厅公布文件③，宣布废除“国家级示范性普通高中”和“四川省示范性普通高中”两种称号，分别改成“四川省一级示范性普通高中”和“四川省二级示范性普通高中”称号。这些高中成了当地的优质高中。

下面我们分别看看北京市、上海市、广州市以及新疆、陕西、广西三省区的示范性高中建设情况。

(一)北京市示范性高中

2002—2005 年期间，北京市分 4 批次，共认定 68 所高中为示范性高中，第一批 14 所，第二批 12 所，第三批 18 所，第四批 24 所。这些学校是北京市市民心目中的教育、升学比较好的优质高中。这些优质高中在北京各区县的分布情况如下。

东城区：北京市第一零九中学(第四批)、北京市第一六六中学(第四批)、北京市第一七一中学(第四批)、北京市广渠门中学(第四

---

① 采取“示范性普通高中”称谓的有广东、广西、福建、江西、湖北、湖南、云南、贵州、河南、河北、江苏、安徽、山东、山西、陕西、甘肃、宁夏、黑龙江、吉林、辽宁、内蒙古、新疆、北京、上海、重庆、天津。

② 采用“重点高中”称谓的有浙江、海南、西藏、青海。

③ 见四川省教育厅 2013 年 12 月 23 日《关于批准四川省成都市第七中学等 65 所学校为“四川省一级示范性普通高中”、四川大学附属中学等 122 所学校为“四川省二级示范性普通高中”的通知》(川教函[2013]942 号)。

批）、北京市第五十五中学（第四批）、北京市汇文中学（第一批）、北京市东直门中学（第四批）、北京市第五中学（第三批）、北京市第二中学（第二批）、北京市第十一中学（第四批）、北京市第五十中学（第四批）、景山学校（第二批）。

西城区：北京市第四中学（第一批）、北京师范大学附属中学（第一批）、北京市回民中学（第二批）、北京市西城区外国语学校（第四批）、北师大第二附属中学（第一批）、北师大附属实验中学（第一批）、北京市第十四中学（第四批）、北京市第十三中学（第四批）、北京市育才学校（第三批）、北京市第八中学（第二批）、北京市第十五中学（第一批）、北京铁路子弟第二中学（第四批）、北京市第三十五中学（第四批）、北京市第一六一中学（第四批）、北京市第六十六中学（第四批）。

朝阳区：北京市第十七中学（第四批）、北京工业大学附属中学（第三批）、北京第九十四中学（第四批）、北京市和平街第一中学（第四批）、北京市日坛中学（第四批）、北京市陈经纶中学（第一批）、北京市第八十中学（第二批）。

海淀区：北京市第一零一中学（第二批）、中国人民大学附属中学（第一批）、北京大学附属中学（第二批）、北京市中关村中学（第三批）、北京市第二十中学（第三批）、首师大附属中学（第一批）、北京十一学校（第三批）、清华大学附属中学（第一批）、北方交通大学附属中学（第三批）、北京理工大学附属中学（第三批）、北京市八一中学（第二批）。

丰台区：北京丰台第二中学（第四批）、北京市第十八中学（第四批）、北京市第十中学（第三批）、北京市第十二中学（第一批）。

石景山区：北京市第九中学（第二批）。

房山区：北师大附属良乡中学（第二批）、北师大燕化附属中学（第四批）。

大兴区：大兴区黄村第一中学(第一批)、大兴区兴华中学(第四批)。

通州区：通州区潞河中学(第一批)、北京市通州区运河中学(第三批)、北京市通州区永乐店中学(第四批)。

顺义区：顺义区第一中学(第三批)、北京市牛栏山第一中学(第一批)、顺义区杨镇第一中学(第二批)。

昌平区：北京市昌平第一中学(第三批)、北京市昌平二中(第三批)。

平谷区：北师大附属平谷中学(第三批)、北京市平谷中学(第二批)。

密云县：密云县第二中学(第三批)。

怀柔区：怀柔第一中学(第三批)。

延庆县：延庆县第一中学(第三批)。

门头沟区：北京市大峪中学(第三批)。

2014 年，在公开、民主、公平的原则下，北京市为了促进义务教育均衡发展，同时也为了扩大高中优质教育资源，又增加了 15 所“示范性高中”，与此前的 68 所加在一起，共 83 所优质高中。在招生时这 83 所高中属于第一批次的高中，要把 30％招生计划分配到初中学校，以促进义务教育均衡发展。新增加的 15 所学校名单如下。

朝阳区 7 所：北京市三里屯一中、人大附中朝阳学校、清华附中朝阳学校、华侨城黄冈中学、东北师大附中朝阳学校、华师一附中朝阳学校、东方德才学校。

海淀区 2 所：海淀教师进修学校附属实验中学、北京航空航天大学附属中学。

石景山区 1 所：北京市苹果园中学。

通州区 1 所：北京市通州区第三中学。

昌平区 2 所：北京市昌平实验中学、育新学校。

平谷区1所：北师大附属平谷中学一分校。

延庆县1所：首师大附中永定分校。

虽然这些优质示范性高中的名额分配政策，在促进义务教育均衡发展方面起到了暂时的有限的作用，但社会上始终有一些批评声音存在。批评者认为，示范性高中没有退出机制，政府的管理太僵化，需要重新设计。

(二)上海市的实验性示范性高中

1999年4月，上海市启动了“实验性示范性高中建设工程”。上海市实验性示范性高中彻底颠覆了上海人熟悉的“市重点”“区重点”概念。该工程着眼于强化建设过程，注重学校发展，通过学校规划评审、中期检查和总结性评审3个阶段，促进学校不断完善办学思想和发展目标，凸显学校的办学优势与特色，健全学校管理体制，形成学校持续发展的机制与能力，体现了实验性和示范性。

多年来的实践证明，高中教育是义务教育和高等教育的衔接点，在我国整个教育事业中占有重要的地位。实验性示范性高中评审让校长“归位”，回到了学校的中心位置，推动了校长思考如何办好学校；推动了一批传统重点中学的教育教学改革，让学校关注学生的学习方式，关注教师队伍建设，在创建过程中为教师的专业成长搭建平台。

按照工程进度“2001年完成对上海市实验性示范性高中建设申报学校的规划评审”的要求，共有49所学校的“建设规划”通过了市教委组织的专家评审；2002年48所学校完成了“规划实施情况”的中期检查，其中市重点高中32所，区重点高中15所，普通完中1所。

2003年10月起，上海市教委组织专家完成总结性评审工作。2004年，首批命名了28所“上海市实验性示范性高中”。加上后续命名的学校，上海市教育委员会批准的实验性示范性高中共55所。覆盖了上海包括崇明岛在内的17个区县。具体分布如下。

黄浦区 7 所：大同中学、格致中学、上海外国语大学附属大境中学、敬业中学、光明中学、卢湾高级中学、向明中学。

静安区 3 所：育才中学、市西中学、华东模范中学。

普陀区 3 所：曹杨二中、晋元高级中学、宜川中学。

闸北区 4 所：市北中学、新中高级中学、上海市第六十中学、回民中学。

虹口区 4 所：华东师范大学第一附属中学、复兴高级中学、北郊高级中学、上海外国语大学附属外国语学校。

杨浦区 5 所：复旦大学附属中学、上海交通大学附属中学、控江中学、杨浦高级中学、同济大学第一附属中学。

长宁区 2 所：延安中学、上海市第三女子中学。

徐汇区 6 所：上海中学、上海师范大学附属中学、南洋模范中学、位育中学、上海市第二中学、南洋中学。

闵行区 2 所：七宝中学、闵行中学。

宝山区 3 所：行知中学、吴淞中学、上海大学附属中学。

嘉定区 1 所：嘉定区第一中学。

浦东区 7 所：华东师范大学第二附属中学、建平中学、进才中学、洋泾中学、南汇中学、上海市实验学校、川沙中学。

松江区 2 所：松江区第二中学、松江区第一中学。

奉贤县 1 所：奉贤中学。

金山区 2 所：金山中学、华东师范大学第三附属中学。

青浦区 2 所：青浦高级中学、朱家角中学。

崇明县 1 所：崇明中学。

这些是上海市高中中最好的一批学校。

在实验性示范性高中政策实施过程中，上海市早先启动的一项缩短学制的实验，成为该市的一大亮点。对各地学制改革有一定的启发。

1. 为实验而建立的上海市实验学校

上海市实验学校是在上海师范大学教育科学研究所的“中小学教育体系整体改革实验班”基础上建立的。1987年学校正式建立。1995年，该校成为上海市教委直属的一所市重点学校，是一所集教育、科研于一体的实验学校，小学、初中、高中10年一贯制。从形式上看，小学实行的4年制教育，似乎增加了小学教育教学的难度，其实不然，该校努力做到难度均衡分布，删繁就简，有机衔接，在每个学段都有创新。学校同时根据学生认识发展的节奏和水平，因材施教，采用弹性学制。大部分学生实行10年一贯制，少部分学生可以用不到10年或超过10年时间完成基础教育。2011年，该校高考名列全市第9，10年制学制的优势越来越明显。

值得一提的是，该校招生工作是学校实验内容的一个重要环节。这所学校有招生的自主权，可以从本校初中部选拔生源免试进入高中阶段教育。而这，对缩短学制的实验至关重要。

2. 上海市实验学校课程体系概要

2010年前后，上海市实验学校对所有课程进行了统整和建设，形成了新一轮课程改革计划。主要在原有课程的基础上，确定了各种内容、各种类型、各种形态的课程的比例和彼此关系，使之达到整体优化的效果，在课程中探索学生潜能开发与个性成长的最佳结合点。提出了“核心课程—学养课程—特需课程”三大课程体系的整体架构，每个板块课程在不同学段都有不同的重点。

学校通过核心课程提高学生的四大关键能力(认知能力、社会能力、表达能力以及行动能力)，通过学养课程和特需课程拓展学生的个性亮点。

3. 10个年段、10个系列的学养课程

为了配合10年制学校的需要，丰富与发展学生的个性，上海市实验学校在核心课程基础上设置以“小学段兴趣、初中段情趣、高中段志趣”为主线的学养课程，包含10个年段，由10个系列构成，英文名称是TEN FOR TEN(简称TFT)课程，并形成了学校自己编写的教材和教学参考资料。

学校的高中部还结合自身学段特点和10年制要求，将学生可持续发展能力的培养作为学养课程设计和统整的目标，将原有拓展课、微型课、研究课、社团课等课程重新整合，全部纳入学养课程(TFT)体系。同时根据课程内容和教学模式将学养课程分成3个系列，即TFT通识课程系列(整班建制，全员参与)、TFT拓展课系列(走班形式，自主选修)和TFT社团课系列(自由组合，自主管理)。

在教学形式上，分为长课(一学期)、中课(10课时)、短课(4—6课时)，平均每周安排5课时以上，而社会考察系列每学期利用一周时间集中实施。

(1)由点到面，逐步实施TFT通识课程

高中部在TFT通识课程的实施过程中，在人文主题系列中先试点、后铺开，并将原先的微型课程调整到STS主题系列中。同时，高中部不断充实和开发新的TFT通识课程，如TED演讲、静电实验、叶脉书签的制作等课程。此外，高中部组织学生走出校园、放眼社会、提升志趣，初步形成了具有实验特色的高中各年段外出考察TFT通识课程系列。

表1-1　高中部学养通识课程一览表

课程	“志趣”培养阶段(通识课程)		
	高一年级	高二年级	高三年级
主题教育	寻梦	树标	立志
语文	诗歌创作	戏剧表演	微演讲
英语	TED演讲 英语歌曲表演	经典电影赏析 英语短剧表演	英语写作

续表

课程	"志趣"培养阶段（通识课程）		
	高一年级	高二年级	高三年级
科学思维	TI 图形计算器 （数学建模）	TI 图形计算器 （数学建模）	TI 图形计算器 （数学建模）
STS	文化之旅 趣味物理实验 I 趣味化学实验 I 寻源微观世界	金融与理财 趣味物理实验 II 趣味化学实验 II 转基因植物	综合素养培育
艺术	爵士乐欣赏 数位板电脑绘画	摇滚乐欣赏 IT 美术设计	交响乐欣赏 名画鉴赏
体育	篮球、足球、乒乓球、羽毛球	篮球、足球、乒乓球、网球	篮球、足球、乒乓球、国标舞
社会考察	学军 南京史迹考察	学农 苏州、无锡考察	学工 18 岁成人仪式
身心健康	导师导航		
	认识自我	尊重自我	提升自我
节庆	读书节、艺术节、体育节、科技节		

在高二年级开设 TFT 戏剧课程是实验的特色之一，该课程旨在通过对剧本的解读与演绎，让更多的同学走进经典、感悟经典。充分挖掘学生潜能，丰富学生的学习生活。近几年来，先后排演了经典话剧《雷雨》《仲夏夜之梦》《寻找春柳社》，肢体剧《药》，音乐剧《吉屋出租》，历史剧《商鞅》等剧目，深受师生好评。

（2）有效整合，开设 TFT 拓展课程

学校高中部现有近 100 门左右的拓展课程储备。根据学校对 3 类课程的新表述，高中部将已有的拓展课进行了重新分类调整，全部纳入 TFT 学养课程系列，并设计了 TFT 拓展课程，每学期提供 20 门左右的课程供学生选修。

表 1-2　上海市实验学校 2014 学年第一学期高中部 TFT 拓展课程

编号	TFT 系列类别	课程名称
1	人文(语文)	微言《红楼》
2	人文(语文)	话剧表演
3	人文(语文)	影视艺术欣赏
4	人文(英语)	欧美影视文化鉴赏
5	人文(英语)	英语口语
6	思维(数学)	数学应用和数学与文化艺术
7	思维(物理)	高二物理学法指导
8	思维(信息)	中学数学问题的算法解决
9	STS(科学)	物理创新实验
10	STS(科学)	趣味化学实验
11	STS(科学)	生命世界
12	STS(科学)	数学建模
13	STS(技术)	计算机美术创意设计
14	STS(技术)	Android 应用开发基础
15	STS(技术)	基于图形计算器的高中数学活动
16	STS(社会)	生活中的地理
17	STS(社会)	模拟联合国
18	STS(社会)	20 世纪国际关系史研究
19	STS(社会)	探索与发现
20	艺术	合唱
21	体育活动	篮球、足球、乒乓球、羽毛球、网球、国标舞

4. 特需课程

当提供给全体学生的核心课程、学养课程不能满足学生个体的需求，学校需要为学生提供量身定做的特需课程。特需是学生的特需，它不是一门具体的课，它是一种从学生内在需求出发，由学生提出学习需求，学校特供、特备的课程组织形态。学生需求作为课程设计的逻辑起点。课程的创设发端于学生的需求、生成于学生自主学习的过程中。先由学生“提”、再由学校“供”，是实现按需服务、个性化学习的变革，探索“尊重学生个性差异的潜能开发”的实验。

当学生对某一领域有特别的志趣，有求知兴趣和学习动力，向学校提出特需后，还须经过专家团队确定其具有特别的潜能，具有一定的天赋，能够对这一专题进行研究，有能力可持续研究才行。因此，能参与到特需课程的学生，不仅需要有内在的自主学习需求和特长，还需要有基本的自主学习能力。

特需课程以相信每个学生都有与生俱来的天赋潜能为前提，通过因需而设的课程设计与开发，使每一位学生的智慧潜能得到发现与尊重、保护与帮助、提高与增强，为他们高等教育阶段的学习打下良好的基础，让他们的优势潜能在未来持续发展中发挥卓越优异的创造力。

以下课程表就是由中三直升生自己填表完成的，课程由学生来定，学校特备、特供。

表 1-3　上海市实验学校某中三直升生的特需课表

课节	周一	周二	周三	周四	周五
1	剑桥化学	自主学习	剑桥数学	化学讲座	剑桥物理
2	剑桥数学	物理答疑	物理答疑	化学讲座	剑桥英语
3	物理答疑	剑桥物理	剑桥物理	剑桥化学	自主学习
4	剑桥物理	自主学习	剑桥英语	剑桥物理	剑桥化学
5	物理实验	剑桥化学	体育	物理答疑	剑桥英语
6	物理实验	剑桥英语	自主学习	剑桥英语	剑桥物理
7	模拟驾驶	剑桥经济	化学实验	剑桥化学	社团
8	模拟驾驶	模拟驾驶	化学实验	模拟驾驶	

5. 学生社团

学校高中部在进行学养课程统整过程中，将学生社团活动课程纳入学养课程管理并做到“五个定”：一是定社团，即要求高一、高二学生每学期选择参加一个社团；二是定时间，每周五下午第三节课为社团指导课，第四节课安排自主活动；三是定场地，确保每个社团有固定的活动场所；四是定指导老师，邀请中青年教师担任社团指导老师，制订指导工作规范并予以补贴；五是定评价制度，实行星级制度，打造明星社团。学校高中部有 21 家学生社团，如今不少社团已经创出了品牌，如“JA 学生公司”“中文辩论社”“英语辩论社”“管弦乐吉他社”“心理社”“爱心社”“绿叶环保社”等。

表 1-4　上海市实验学校 2014 学年第一学期高中部社团课程

编号	社团名称	类别	编号	社团名称	类别
1	爱心社	社会实践	12	数学建模社	思维
2	辩论社 *	人文	13	心理社	心理
3	动漫社	艺术	14	英语辩论社	人文
4	管弦乐吉他社	艺术	15	桌球社	体育
5	绿叶环保社	公益	16	桌游棋牌社	体育
6	美工社	艺术	17	足球社	体育
7	模联社	人文	18	JA 学生公司	人文
8	魔音社 *	艺术	19	广播剧社*	人文
9	篮球社*	体育	20	街舞社*	艺术
10	折纸社	艺术	21	开源社*	思维
11	管乐社*	艺术			

注：* 标记为初高中联动社团

综上，上海的高中学制改革经验说明，示范性高中应该关注其改革实验，一个学校如果没有改革实验创新，仅仅追求升学率，就不应该视其为示范性高中。

（三）广州市的实验性示范性高中

截至2005年，广州市创建了首批24所国家级示范性普通高中。[①] 广东省教育厅提出“十五”期间在建设200所省一级普通高中的基础上，再建设100所国家级示范性普通高中，扩大优质普通高中的教育规模，提升普通高中教育的整体水平。

而广州市首批创建的24所示范性普通高中名单是：广雅中学、执信中学、市二中、市六中、广州大学附中、协和高级中学（市属中学）、市七中、市十六中、育才中学、培正中学（东山区属学校）、市一中（荔湾区属学校）、市三中（越秀区属学校）、市五中（海珠区属学校）、市四十七中（天河区属学校）、培英中学、市六十五中（白云区属学校）、市八十六中（黄埔区属学校）、真光中学（芳村区属学校）、秀全中学、邝维煜中学（花都区属学校）、仲元中学、番禺中学（番禺区属学校）、从化中学（从化市属学校）、增城中学（增城市属学校）。

据报道，这24所示范性普通高中建设工程总投资为23.11亿元，其中市属学校8.83亿元，各区、县级市所属学校14.28亿元。这24所示范性普通高中将有1407个教学班、优质学位将达到64722个，比2001年的优质学位增加43332个。而这批学校的建设必须坚持“硬件达标”与“内涵发展”相结合，在教育理念、办学模式、科学管理、教师队伍建设、参与社区建设等方面发挥示范作用，形成辐射效应，成为推进素质教育的实验和示范基地。

据统计，2017年广州市又新增10所示范性普通高中，即广州市外国语学校、广州市九十七中、广州市广外附设外语学校、广州科学城中学、广州市二十一中、广州市南海中学、广州市西关外国语学校、广州市七十五中、广州市一一三中、广州市白云中学。

---

① 《广州创建首批24所国家级示范性普通高中》，载《南方日报》，2004-10-21。

(四)新疆维吾尔自治区示范性高中

新疆从2001年起就开始试评自治区示范性高中，在此之前，新疆共有“重点高中”30所。到2007年底，已有33所学校获得自治区示范性高中称号，其中包括12所原来属于30所重点高中的学校。此后，新疆“重点高中”逐步退出历史舞台，由自治区示范性普通高级中学取而代之。

与“重点高中”由政府认定不同，自治区示范性高中改为专家全面评估命名(包括学校办学方向、办学实力、学科建设的评估以及实地考察等内容)。与“重点高中”强调教育优势资源不同，自治区示范性高中突出现代教育实践中的探索性和引领性，鼓励学校从以往“自上而下”靠文件指导办学转变为“自下而上”的教育创新、制度创新。同时，示范性高中也不像原重点高中，没有定额，不搞终身制，“有多少评多少”。普通高中只要能通过示范性高中评估，即可步入示范性高中的行列；而获得称号的学校如果违反教育法规和政策，情节严重者也将被取消自治区示范性高中称号。上述这些规定的目的就是要通过示范性高中的引领、示范、辐射作用，带动自治区高中整体教育质量的提高，促进素质教育的发展。

从2010年开始，新疆作为国家级“普通高中多样化发展实验区”之一，全区的普通高中又有了新的发展机遇，在此不再赘述。

(五)陕西省示范性高中

陕西省从2005年以来，先后启动了示范性高中建设项目，标准化高中建设项目，以及“春笋计划”培优项目。“春笋计划”是为某些优秀学生创造更多学习资源，促进学生有个性的发展。在本书第五章将有对“春笋计划”的专门介绍和分析。

陕西省标准化高中建设项目属于常规工作改进的范畴，目的是为了敦促所有高中学校都要达到国家对学校的行政管理要求，学校要提供良好的教育服务，办人民群众满意的学校。

本节主要介绍陕西省示范性高中建设项目。该项目是将全省一大批教育质量比较高的高中学校树立为标杆，希望这些学校在学校管理，在特色学校建设和发展方向上，给其他高中树立榜样。

根据《陕西省教育厅关于建设示范性普通高中的通知》(陕教基[2005]57号)及相关评估标准的要求，经组织专家初评、复查，陕西省教育厅自2008年、2010年、2011年、2012年、2013年、2014年，已经陆陆续续批复了47所普通高中为“陕西省普通高中示范性学校”。这一历史阶段也是全国各个实验区大力推动普通高中多样化发展的实验阶段。

下面是陕西省省级普通高中示范学校名单，共计47所。

西安市16所：陕西师范大学附属中学(“春笋计划”生物学科基地学校)、陕西省西安中学(“春笋计划”通识培训基地学校)、西安高新第一中学(“春笋计划”化学学科基地学校)、西安市第八十三中学(“春笋计划”信息学科基地学校)、西北工业大学附属中学(“春笋计划”物理学科基地学校)、西安市铁一中学 (“春笋计划”地理学科基地学校)、西安交通大学附属中学(“春笋计划”物理学科基地学校)、西安市第一中学(“春笋计划”化学学科基地学校)、西北大学附属中学(“春笋计划”生物学科基地学校)、西安市长安区第一中学、西安市第八十五中学、西安市第八十九中学、户县第一中学、西安市第七十中学、西安市田家炳中学、周至中学。

宝鸡市6所：宝鸡中学、凤翔中学、眉县槐芽中学、扶风县扶风高中、陈仓区虢镇中学、眉县中学。

咸阳市7所：咸阳市实验中学、三原南郊中学、彩虹中学、兴平西郊中学、泾阳县泾干中学、礼泉县第一中学、武功县普集高级中学。

铜川市1所：铜川市第一中学。

渭南市9所：瑞泉中学、象山中学、合阳中学、渭南高级中学、澄城县澄城中学、蒲城县尧山中学、渭南市杜桥中学、白水县白水中学、富平县迤山中学。

延安市 1 所：陕西延安中学。

榆林市 2 所：陕西省神木中学、陕西省榆林中学。

汉中市 1 所：陕西省汉中中学。

安康市 1 所：陕西省安康中学。

商洛市 3 所：陕西省商洛中学、商南县高级中学、陕西省洛南中学。

(六)广西壮族自治区的示范性高中

2001 年 7 月 3 日，广西壮族自治区教育厅《关于公布广西壮族自治区示范性普通高中第一批立项建设学校的通知》决定 80 所高中为第一批示范性高中。直到 2015 年 1 月 27 日，广西壮族自治区教育厅还组织专家验收评估了第 19 批次的 4 所示范性普通高中。这项工作在政府工作计划中一直坚持着。下面是该区第一批立项建设的 80 所学校名单。

南宁市三中、宜州市一中、合浦县廉州中学、百色市祁福高中、灵川县中学、容县高中、武鸣县高中、百色地区高中、桂林市十八中、宁明县中学、全州县高中、陆川县高中、南铁一中、横县中学、岑溪市中学、崇左县中学、北海铁山港区南康中学、兴业县高中、柳州市一中、玉林高中、荔浦县中学、桂平市浔州高中、防城港市高中、阳朔县中学、柳铁一中、博白县高中、来宾县一中、贵港市高中、扶绥县中学、大化瑶族自治县高中、南宁市二中、南宁市沛鸿学校、河池地区高中、兴安县中学、河池市高中、都安瑶族自治县高中、桂林中学、南宁市郊区高中、柳铁二中、恭城瑶族自治县中学、南丹县高中、象州县中学、广西师大附中、苍梧县中学、贺州市高中、柳州市二中、环江毛南族自治县高中、柳州高中、灵山县中学、宾阳中学、合浦县一中、罗城仫佬族自治县高中、梧州高中、钦州市二中、南宁市一中、平南县中学、柳江县中学、防城区实验高中、北海市中学、南宁市八中、北流市高中、柳城县中学、昭平县中学、柳州市龙城中学、邕宁县高中、桂平市一中、柳州市四十中、南宁市外国语学校、浦北县中学、梧州市一中、北海市七中、梧州市七中、合浦县公馆中学、广西师范大学外国语学校、柳州地区民族高中、藤县中学、钦州市一中、贵港市江南中学、玉林市一中、南宁英华学校。

三、成为普通高中多样化的一个类别

在《国家中长期教育改革和发展规划纲要(2010—2020年)》起草过程中，北京、上海、天津等大城市就已悄然运作如何在高中多样化发展的实验中，延续拔尖创新人才培养的传统优势。

例如，天津市在普通高中多样化发展的实验中，率先启动拔尖创新人才实验学校项目，将其作为多样化的一种类型。

2010年5月18日，天津市南开中学、天津市第一中学和天津市实验中学这3所示范性高中启动了改革实验班项目，同时这3所学校也被列入全市特色高中建设计划(详细情况见第五章)。

按照计划，从2010年起，3所学校改革实验班计划每年招收180名初三应届毕业生。其中，南开中学拔尖创新型人才培养项目实验班计划每年招收40人；天津一中理科创新型人才培养项目实验班计划每年招收80人；实验中学科技创新型人才培养项目实验班计划每年招收60人。

南开中学和天津一中改革实验班计划招生范围是全市各区县在初中阶段参加市级奥林匹克数学、物理、化学、信息学竞赛中获奖的初三应届毕业生。实验中学改革实验班计划招生范围是全市各区县在初中阶段参加市级以上科技创新大赛或信息技术大赛获奖的初三应届毕业生。3所学校于每年6月下旬开始接受报名，一般在天津中考后的一周内开始报名，7月初考试。

这3所学校均制订了各自的培养计划。例如，实验中学选派优秀教师任教，还建立了单独的课程体系，将科技英语以及其他创新能力培养课程纳入其中。同时对实验班学生培养实行学业和学术双导师制。来自高校的两院院士以及长江学者等专家作为学生的学术导师，每周至少一天，手把手指导学生在高校实验室开展实验研究。实验班学生在高中期间，将至少主持一项科技创新项目，学生的课题要参加全国青少年科技创新大赛、明天小小科学家评选活动、英特尔国际科技大赛，还将参加北大清华科技营活动，为高校自主招生输送优秀学生。

在天津市，学生家长把特色高中实验班项目通常称之为“高中小卷”。“高中小卷”招生报名条件是在5门学科竞赛(数学、物理、化学、生物、计算机)、创新大赛等赛事中获奖的学生。3所学校将根据考生中考成绩、小卷测试成绩、竞赛获奖等级等情况，在中招办的监督指导下实行自主招生。各学校“小卷”考试科目有所不同。具体见下表。

表1-5 天津市2010—2014年3所高中实验班招生情况简介

<table>
<tr><th>学校</th><th>实验班名称</th><th>招生范围与
报考条件</th><th>招生
名额</th><th>考试科目</th></tr>
<tr><td>南开中学</td><td>拔尖创新人才培养项目实验班</td><td rowspan="2">全市各区县在初中阶段参加市级奥林匹克数学、物理、化学、信息学竞赛中获奖的初三应届毕业生</td><td>40人/年</td><td>英语、物理、数学、(信息技术特长生增设信息技术科目)</td></tr>
<tr><td>天津一中</td><td>理科创新型人才培养项目实验班</td><td>80人/年</td><td>数学、物理、化学、语文、外语</td></tr>
<tr><td>实验中学</td><td>求是—科技创新实验班</td><td>全市各区县在初中阶段参加市级以上科技创新大赛或信息技术大赛获奖的初三应届毕业生</td><td>60人/年</td><td>数学、英语、物理、化学</td></tr>
</table>

再如，上海市也在普通高中多样化发展实验过程中将聚焦拔尖创新人才培养的高中作为一个重要类型。

2008年上海市教委就已经开始在上海中学启动了高中“创新素养培育实验项目”的试点实验。2009年，华东师大二附中、复旦大学附中、上海交大附中等3所学校也加入了“创新素养培育实验项目”的试点。这4所高中的着力点是在高中生创新素养培养实验项目中探讨拔尖创新人才培养，而这4所高中也成为上海市高中新一轮改革的焦点。2009年3月7日，这4所高中的“创新素养培育实验项目”培养与招生方案申报答辩会在上海市教委教研室悄然展开。这也表明上海市在普通高中多样化发展方向上没有忘记传统的基本使命：培养拔尖创新人才。

在试点中，上海中学、上海交大附中立足于科技创新人才的培养；华东师大二附中除了科技创新实验班，还有人文创新实验班；复旦大学附中更是提出培养在数学及自然学科方面学业优秀、在人文学科方面卓有特色、在艺术体育等方面具有一定专长的学生。此外，这些学校在培养目标落实上不仅针对“创新实验班”的学生，而是兼顾全校所有的学生。上海中学聚焦学生的志趣，上海交大附中提出加强学生生涯发展规划指导，华东师大二附中突出德育引领，复旦大学附中着力于文理通融。

根据项目设计，上海市这4所学校在课程设计中都兼顾了丰富的教育模式。上海中学对实验班学生在数学、物理、化学、生命科学、计算机与自动控制等多个领域提供相当于或高于国外大学预科水平的课程；对部分符合条件、有需求的学生开设由美国大学委员会授权的部分美国AP课程。华东师大二附中对所有基础型课程进行了校本化改造，实施特色创新拓展课程，大量引入精品校本课程，尤其是科学技术课程、研究课程和部分大学先修的荣誉课程；每个学生必须完成一个研究性课题，尤其在学生科研小课题指导方面，学校给予学生技术、资金等多方面支持。复旦大学附中与复旦大学构建了共同培养机制，由大学及国家级科研院所的教授专家承担实验班的选修、辅修课程；复旦大学的基础实验室和图书馆向实验班学生开放；向部分符合条件、有需求的学生开设由美国大学委员会授权的部分美国 AP 课程。上海交大附中除了基础课、拓展课、研究型课程，还附加创新人才培养课程；同时在工程科学、生命科学、信息科学 3 个相关领域与上海交通大学共建课程。

第四节　经验与展望

一、两种使命要兼顾

我国人口多、底子薄，教育的发展极不平衡。改革开放初期，在师资、经费、设备十分有限的情况下，要实现中学的均衡发展是有困难的。因此中央决定在全国办一批重点中学，是考虑集中力量尽快提高教学水平和教育质量的重要举措。1978 年 1 月，教育部颁发了《关于办好一批重点中小学的试行方案》。1980 年教育部又颁布《关于分期分批办好重点中学的决定》，系统地阐发了举办重点中学的意义。

但是，从国际经验看，对基础教育和高等教育各个学段整体设计很重要。笔者在《人民教育》曾发表文章，阐述了高中教育要兼顾两个重大使命，① 即“开民智在小学，养伟器在大学”。这是欧美、日本等发达国家在规划教育发展战略时秉持的观念，以利于教育事业分步推进，教育资源合理配置。随着中等教育的崛起，中等教育必须兼顾精英教育(养伟器)和大众教育(开民智)，这是各国的经验，也是中学教育的基本使命，而中学的高中阶段肩负两种使命的特征

① 袁桂林：《促进高中教育多样化发展的三个关键点》，载《人民教育》，2018(2)。

也更加明显。

高中阶段，学生的个性特征和能力才干初步显露。这也是国家所需要的基础性人才与应用型人才的成长起步时期，两种使命面临不可回避的侧重与抉择。所谓高中阶段是四通八达的“立交桥”，就是对高中教育具有的促进学生分流属性的描述。

一方面，我们要明确两种使命价值是平等的，没有高低贵贱之分；基础性的普通教育和专门性的职业教育都包含精英教育和大众教育两种使命，只是不同维度的分类。

另一方面，要区别“养伟器”的使命是以学校为单位承担，还是以班级为主？从国际经验看，主要是以学校为基本单位。例如，日本东京人口约2300万，示范高中的数量控制在20所左右。这些学校实行动态管理，在政府规定的范围内自主招生，政府对学校提出明确的年度升学指标要求，不达标者黄牌警告或者淘汰出局。政府还承诺，该类学校可以根据需要增加教师数量，增加教育经费。同样，美国的特殊高中招生范围也不大，而且要通过严格科学的筛选和竞争，几百个学生中挑选一个，一旦学生获得入学机会，免收学费。总体来看，国际上这类学校的特点是数量少，政策优惠，资源雄厚，考核严格，竞争激烈。

笔者主张“养伟器”的使命主要由学校而不是班级承担，是因为学校和班级运作完全不同，效果大不一样。以学校为单位，便于建立统一的学校文化，而在校内建立某个重点班、实验班则容易造成学校文化的破裂和冲突。所以，很多高中学校试办五花八门的实验班值得商榷。

需要指出的是，在讨论如何培养拔尖创新人才，高中如何开设大学先修课程（AP课程），是否对偏才、怪才加分以及示范性高中招生名额分配给初中等问题时，一定要在兼顾两种使命的前提下讨论才有意义。科学研究表明，天才儿童和精英人才毕竟是少数，往往不会超过同龄人口的 10%。“养伟器”的教育机构数量不可能太多，大部分高中都应承担起“开民智”的责任。高中不能一哄而上抢夺精英教育的资格，而不愿意承担大众教育的使命。政府要科学规划和赋权，合理配置资源，避免事倍功半，恶性竞争。

二、政府的角色不断调整

关于改革开放初期的结构调整，从当时的设计看，中等教育结构调整特别是高中学校结构的调整应该集中在全日制高中和半工半读高中，城镇高中和农村高中，普通高中和职业高中，重点高中和一般高中等几种关系的调整。

20 世纪 90 年代以后，尽管“重点中学”制度的弊端已经日益突出，社会上议论纷纷，但是，1995 年国家教委还是颁布了《关于评估验收 1000 所左右示范性普通高级中学的通知》。该文件实际是模仿高等院校“211”“985”模式，仍然强调在政府操作下办好“重点中学”，而且对县域内的高中进行了评估，有的还授予了省级示范学校的称号，强化了重点中学制度的不可逆转性。不过，名称的改变只是换汤不换药。一直到现在，在一些人的心目中，“重点中学”的思维模式没有根本变化。好在政府及时撤销了国家级示范性高中评选，产生了较好的影响，有效地防止了高中学校“千校一面”，激发了各个学校办学特色和活力，扼制了“权力寻租”等腐败问题，有利于教育体制机制改革。

在国际上，许多国家实行由“第三方组织”来评估学校，发挥专家的能力，用动态、竞争机制治理学校，政府则只是进行监督、支持和保障。这方面的经验如今也在我国得到了借鉴。展望未来，普通高中特色学校的发展是必然趋势。

三、“县一中现象”将会逐步消失

伴随着“重点中学”到“示范性高中”的发展，各种各样的批评和质疑也此起彼伏。2005 年，《中国教育报》还组织了“县一中现象”的专栏讨论。2008年，上海市的《教育参考》也组织了专门的讨论。

（一）资源和效果不匹配

早在20世纪末，袁振国教授就对我国重点中学制度进行了深入的研究①。他指出：重点中学升入高一级重点学校的高比例并不是重点中学的教育产生了作用，而是优秀生源自身的能力使重点中学看上去很有效益。各地集中优势资源办的重点中学，是以削减、剥夺非重点中学的资源为代价而发展的，一部分人的优先发展是以减少和剥夺另一部分人发展的机会为代价的。

具体来说，各地的"县一中"，行政级别高于其他各校，教育资源最优越，教师是全县最优秀的教师，生源是当地第一批录取的、分数最高的初中毕业生，办学条件也是当地最好的。在"择校政策"实行期间，县城最有吸引力的学校也是一中，所以高额收费的对象往往也是去"县一中"的"择校生"。就资源配置看，"县一中"和其他中学严重失衡。

长期以来，政府教育部门衡量"县一中"办学效益仅关注高考的升学率，显然有失偏颇。把"县一中"高考升学率作为炫耀的资本，对县域教育有负面影响。人财物等资源和效益要联系思考，责权利要对等评估，才能鼓舞士气。一切为了分数的做法与教育基本规律相违背，不利于素质教育的实施。"县一中"或者其他重点学校、示范高中首先应该成为符合教育规律和道德的样板学校。对此，应该通过学校素质教育评估、学校素质教育执法检查，减轻学生负担等方式加以矫正。防止以牺牲学生兴趣、个性、志向等素质发展为代价，抢时间、拼体力追求升学率的做法。

（二）"县一中"要带动县域教育发展

在"县一中"凝聚了巨大的优质教育资源的状况下，需要我们因

① 袁振国：《论中国教育政策的转变——对我国重点中学平等与效益的个案研究》，广州，广东教育出版社，1999。

势利导，以更加高远的战略眼光和勇气，建立“县一中”能量释放鼓励机制，将“县一中”办成开放性的、辐射作用更强的学校，带动县域教育发展。

当前，县域农村教育仍然占我国基础教育规模六成左右，因此，县域的素质教育发展方向和命运关系到我国素质教育发展的大局。用素质教育基本思想指导县域教育发展战略时，其基本要求之一是对县域所有中小学校学生实施平等的高质量的教育。然而，我国县域内教育发展不均衡问题比较突出，县重点中学与乡(镇)一般学校，特别是村级学校之间的反差十分强烈。

如何看待县一中对县域素质教育推行和县域教育均衡发展的影响呢？

客观地说，县一中的发展改变了城乡基础教育不均衡的格局。新中国成立以来，城乡基础教育不均衡基本体现为大中城市与县域教育在获得教育资源方面的不均衡。20 世纪 80 年代以来，在国家重点中学政策和社会需求的刺激下，县级政府一般都办出了一两所好的中学，县一中与大中城市里好的学校差距缩小了，甚至还有一批县一中硬件水平和教师队伍水平超过了城市重点中学。城乡基础教育不均衡的格局发生了变化，进而转变为县域内的不均衡，即县一中与县里其他学校的不均衡。县一中现象折射的问题成了县域教育，乃至整个基础教育发展均衡与否的关键。

笔者认为，县一中的发展不是目的。凝聚精华，为的是释放能量。那么各地县级领导为什么相继做出建设县一中的决策呢？据我们调查，一方面从全县父老乡亲的利益着想，另一方面也是出于留住人才的考虑。某县教育局局长就曾对笔者说，“如果我们县不建一两所重点高中，优秀教师就留不住，就会被大城市或者沿海发达地区吸引过去，那我们与城市的差距就会进一步拉大。”甚至一位资深教育界人士也说，“建好一批示范性重点中学，吸引大学毕业生来，我们教师队伍建设才有保障。”可见县一中发展不是仅仅为了发展自己，而是一种聚集优质教育资源的手段。有些县一中发展起来之后，通过对口支援，接收乡(镇)教师进修，开发网络课程等方式，的确对县域素质教育发展起到了一定的辐射作用。而农村义务教育“以县为主”管理体制实施以后，县一中作为县域教育窗口的作用更加明显。如同经济发展要鼓励一部分人先富起来一样，县域教育选择重点突破战略，从发展县一中开始也是历史的必然。其已经凝聚了巨大的优质教育资源，需要我们因势利导，以更加高远的战略眼光和勇气，建立县一中能量释放鼓励机制，将其办成开放性的、辐射作用更强的学校，带动县域教育发展。

与“县一中”同样，各地的示范性高中，既是窗口，又是龙头，发挥辐射、牵动作用是示范性高中的主要标志。其主要作用有两个方面，一是间接层面的示范作用，二是直接的示范作用。

特别是近年来，各地的重点和示范性高中把招生名额分配到本地义务教育学校，极大地促进了义务教育的均衡发展。因此，笔者预言，随着高中教育的普及，“县一中”现象将会彻底消除。

第二章

鼓励社会投入，扩大高中规模

高中学段和其他学段一样，也需要投资办学主体的多样性与合作方式的多样性。

第一节　高中教育发展与财政投入

经过改革开放初期中等教育结构调整之后，高中教育的发展步入了健康轨道。与此同时，广大人民群众对接受高中教育的需求也与日俱增。

据《中国教育统计年鉴》披露，1978 年我国高中阶段在校生人数只有初中在校生的 31%，而到了 2016 年就已经超过了 91%，同时，高中阶段学生毛入学率已超过了 87%。[①] 在这种情况下，人们对高中教育的需求与政府财政对高中阶段教育投入有限之间的矛盾日益明显。

一、治理“三乱”

既然高中学段存在重点高中和非重点高中之分，必然引起一些

① 具体内容见 2017 年 9 月 28 日，教育部新闻发布会。详见中华人民共和国教育部官网“新闻”版块的“发布会”页面。

家长想方设法让孩子进入重点高中学习。虽然从20世纪80年代中期开始，对重点高中的质疑声音就不绝于耳，有些地方政府也开始减少对重点高中的投入，以维护教育公平。但是，这些重点高中为了继续保持自己的优势地位，开始出现了向家长额外收费的现象。

1989年年初，受国务院委托，由国家教委牵头，有关部委参加，对各省、自治区、直辖市的中小学教育工作进行了五项督导检查，其中就包括纠正乱收费等情况。1990年，国家教委再次进行了复查，并在各地自查的基础上，组织了对6个省(直辖市)的抽查。

1990年8月28日，《中国教育报》刊登了相关报道：国家教委新闻发言人强调，各地教育行政部门和所有中小学校在开学时，必须认真按国家有关规定做好收费工作，划清合理收费和乱收费的界限，坚决刹住某些地方存在的收取择校费等乱象。应该说在当时，教育领域的乱收费现象比较严重，主要是重点学校通过招收择校生、借读生来收取一些经费。

1990年9月16日，中共中央、国务院发布《关于坚决制止乱收费、乱罚款和各种摊派的决定》，对当时一些地区和部门出现的乱收费、乱罚款和各种摊派(简称“三乱”)的情况进行严加制止。要求各地区、各部门进行清理整顿，不得任意增加收费项目，提高收费标准。文件指出，“三乱”屡禁不止，日趋严重，已成为一个尖锐的社会问题，群众对此反映十分强烈。文件要求各级政府统一思想，提高认识，增强制止“三乱”的紧迫感，自觉防止和抵制“三乱”的滋生和发展。

文件明确了各部门的职责和管理权限。行政事业性收费项目，审批权限集中在中央和省(自治区、直辖市，不含计划单列市)两级。根据收费项目情况，分别由国家物价局、财政部和省物价、财政部门审批，重要项目须报国务院或省政府批准。设立各种基金的审批权集中到财政部，由财政部会同有关部门审批，重要的报国务院批准。

文件还对建立健全收费、罚款和集资的财务、票据管理制度；对不得乱摊派，精简机构，压缩人员，努力减少各种收费；对切实加强监督检查，加强执法队伍的建设，努力提高执法人员素质，切实加强对治理“三乱”工作的领导等做出了明确规定。

1990年治理“三乱”工作后，教育乱收费问题曾一度得到抑制，但是后来又有所抬头，出现了各种新的名目。

1993年10月9日，中共中央办公厅、国务院办公厅转发财政部《关于治理乱收费的规定》，① 该文件与《关于坚决制止乱收费、乱罚款和各种摊派的决定》相互配合，明确了各级财政、计划（物价）部门为行政事业性收费的主管部门，对财政部门加强行政事业性收费的管理提出了更高的要求。文件强调，为了规范收费行为，促进收费秩序的好转，坚决遏制乱收费行为，各级财政、物价部门以及实施收费的主管部门，都要大力加强行政事业性收费的监督管理，建立健全各项规章制度。

该文件内容主要包括，建立收费项目的报批制度；实行收费许可证制度；健全收费票据管理，实行“收费许可证、收费票据与财政专户存储”三挂钩的管理办法；实行“收支两条线”的收费资金管理制度，任何单位都不得以强调部门的特殊性为由，坐收坐支，拒不专户存储；实行收费年度审验、收费票据稽查制度，对不按期参加年审的收费单位，应视为自动取消收费资格，不得继续收费；建立健全收费的社会监督机制；等等。随后，中央政府又连续发布一系列文件规范了教育收费行为，遏制了一些重点学校乱收费的现象。

① 《中共中央办公厅、国务院办公厅关于转发财政部〈关于治理乱收费的规定〉的通知》（中办发[1993]18号），http://www.chinalawedu.com/falvfagui/fg22016/3585.shtml，2018-11-10。

二、加强对收费的管理

1996年12月16日，国家教育委员会、国家计划委员会、财政部联合颁布了《关于颁发义务教育等四个教育收费管理暂行办法的通知》，[①] 这份文件有4个附件，包括《普通高级中学收费管理暂行办法》和《中等职业学校收费管理暂行办法》。

《普通高级中学收费管理暂行办法》指出，普通高级中学是指由国家和企事业单位举办的全日制普通高中学校、完全中学的高中部、初中学校附设的高中班。这类高中教育属于非义务教育阶段，学校依据国家有关规定，向学生收取学费。学费标准根据年生均教育培养成本的一定比例确定，不同地区学校的学费收费标准可以有所区别。

对于教育培养成本的认定，文件认为，包括的项目有公务费、业务费、设备购置费、修缮费、教职工人员经费等正常办学费用支出。不包括灾害损失、事故、校办产业支出等非正常办学费用支出。学费占年生均教育培养成本的比例和标准的审批权限在省级人民政府。由省级教育部门提出意见，物价部门会同财政部门根据当地经济发展水平、办学条件和居民经济承受能力进行审核，三部门共同报省级人民政府批准后，由教育部门执行。

文件还强调对家庭经济困难的学生应酌情减免收取学费。学费是学校经费的必要来源之一，纳入单位财务统一核算，统筹用于办学支出。任何部门、单位和个人不得截留、挤占和挪用。学费的收支情况应按级次向教育主管部门和财政、物价部门报告，并接受社会和群众监督。学校为学生提供的住宿收费，必须严格按照实际成本确定，不得以营利为目的。除了学费和住宿费，不得再向学生收取任何费用。任何项目收费都要严格执行审批程序，接受有关方面

---

① 《国家教育委员会、国家计划委员会、财政部关于颁发义务教育等四个教育收费管理暂行办法的通知》(教财[1996]101号)，http：//www.moe.edu.cn/jyb_xxgk/moe_1777/moe_1779/201308/t20130807_155294.html，2018-11-10。

的监督。

《中等职业学校收费管理暂行办法》中界定的中等职业学校包括所有职业高中学校、普通中等专业学校(含中等师范学校)、技工学校、普通中学附设的各种职业高中班。这类学校属于非义务教育阶段，学校依据国家有关规定，向学生收取学费。学费标准根据年生均教育培养成本的一定比例确定。不同地区、不同专业的学校应有所区别。中等职业学校与普通高级中学教育培养成本包括的项目完全相同。其中，学费占年生均教育培养成本的比例和标准的审批权限以及操作程序与普通高级中学相同。

文件强调，对少数特殊专业，对家庭经济困难的学生，应酌情减免学费，具体减免办法，由各省、自治区、直辖市人民政府制定。文件还对于收缴学费和住宿费的财务管理、审批程序、使用原则，以及监督机制也做出了详细规定。

可以说，在 2000 年之前出现的教育乱收费和择校的乱象，已经对正常的教育教学秩序构成严重干扰，成为一个亟待解决的教育问题，在政府财力有限的情况下，高中阶段收费政策及时出台，从根本上保障了高中阶段教育的投入资源，使乱收费现象得到了治理。

2007 年 3 月 7 日，国家发展改革委又发布了《关于价格主管部门进一步加强教育收费管理有关问题的通知》，该文件指出，近年来，各地认真贯彻中央纪委第六次全会和国务院第四次廉政工作会议精神，加大治理教育乱收费工作力度，取得了明显成效。但是，教育乱收费在一些地方仍不同程度存在，有些乱收费与价格主管部门工作不力、管理不严有着密切的关系。各地要高度重视规范教育收费管理、治理教育乱收费的工作，要把规范教育收费管理提高到全面落实科学发展观和构建社会主义和谐社会的高度来认识，切实解决群众最关心、最直接、最现实的问题，规范行政行为，缓解群众反映强烈的“上学贵”的矛盾。文件强调加强高中教育收费管理要认真落实高中阶段教育以政府投入为主的政策，加强高中教育成本监审，合理核定高中学费标准，促进高中教育稳步发展。

第二节　公办普通高中“三限”政策

一、“三限”政策的产生

20世纪90年代以来，由于择校引发的教育乱收费问题越来越复杂，我国政府出台了大量治理法规和文件，定下了治理时间表，组织大量的检查对择校乱收费现象进行管制。但是，择校乱收费问题不仅没有解决，反而呈现出愈演愈烈之势。2000年，北京市政府率先表达出对治理乱收费的新态度，出台了公办高中招收择校生“三限”政策，即招收择校生执行“限分数、限人数、限钱数”的原则。① 北京市的这一做法，成为引发政策之窗开启的焦点事件和导火索。

2001年6月12日，《国务院纠风办、教育部关于进一步做好治理教育乱收费工作的意见》借鉴了北京市的做法，提出高中招收择校生，不准违背“三限”政策，即限分数(不准违反规定录取低于最低录取分数线的新生)、限人数(不准超过国家规定的班额，不得挤压招生计划指标，变相扩大择校生人数。即择校生数量不得超过省级政府规定的比例)、限钱数(择校生交费标准，由教育部门提出，经省级人民政府批准后向社会公布)。学校不准超过规定标准收费，不得向择校生收取赞助费或建校费等。②

2001年8月10日，上海市财政局、上海市物价局、上海市教育

---

① 王星霞：《我国普通高中“三限”政策变迁——一个政策周期分析的视角》，载《当代教育与文化》，2013(1)。

② 《国务院纠风办、教育部关于进一步做好治理教育乱收费工作的意见》(国纠办发[2001]10号)，http：//www. moe. edu. cn/jyb _ xxgk/gk _ gbgg/moe _ 0/moe _ 7/moe _ 16/tnull _ 166. html，2018-11-10。

委员会、上海市纠正行业不正之风办公室率先回应，共同发布了《关于贯彻落实国务院纠风办和教育部〈关于进一步做好治理教育乱收费工作的意见〉的通知》，文件要求，公办高中学校招收择校生要严格执行“三限”规定。

第一，限人数。公办高中招收择校生应是已订计划的增加，其比例不超过各区县当年公办高中招生数的15%，单个学校的择校生数量不超过该校招生数的20%。各校招收择校生的数量由区县教育行政部门确定。区县招收择校生的计划和各校的限额由各区县确定后报市教委备案。要加强对招生计划的管理，学校招收择校生的人数，不得超过区县教育行政部门核定的比例与人数，不准挤压原计划内的招生指标，每个新生教学班的实际人数不得超过50人。

第二，限分数。学校招收择校生全部由学生按规定要求自愿填报志愿，并参加统一考试。由区县教育行政部门根据学生志愿情况和学校招生计划情况，确定学校录取择校生的分数线，由学校按规定从高分到低分录取，不得录取本市公办高中最低录取分数线以下的学生。

第三，限钱数。择校生入学时应一次性交纳择校费。标准为：寄宿制高中每生4万元，市重点高中每生3万元，区县重点高中每生2万元，普通高中每生1万元。择校生在交纳择校费后仍按规定交纳学费。学生缴费注册后，应按规定完成学业，途中因学生退学、转学等原因，学校扣除已读学期费用后，按比例退回择校费。不准向择校生收取赞助费或建校费。

文件还规定，学校收取和管理择校费的方式与学费相同，使用市财政监制的收费票据，按“收支两条线”的规定，纳入财政专户管理。择校费收入主要用于教育事业发展，弥补教育经费不足，以及家庭经济困难学生学费补助。各区县教育行政部门和学校不得擅自提高择校生收费标准，不得隐瞒、截留择校费，不得违反规定将择校费挪作他用。招收择校生的范围只限于公办高中学校。义务教育阶段学校和业余高中、职业高中、综合高中、办学体制改革试点学校、民办高中以及其他高中阶段的学校均不属招收择校生的范围，不得违反规定招收择校生并收取择校费。

不过，虽然普通高中“三限”政策在全国大力推行，但各地的违规行为仍然屡屡出现。2003年5月19日，为加强对治理教育乱收费工作的组织协调，统一领导，教育部、国务院纠风办、国家发展改革委、财政部、审计署、新闻出版总署6部委建立了治理教育乱收费部际联席会议制度。首次部际联席会在北京召开，教育部部长周济在会议总结时指出，部际联席会议是一种很好的工作形式，使全国治理教育乱收费工作有了组织保障和统一领导，必将有力推动这项工作的深入开展。

2003年6月23日，国务院办公厅转发教育部等部门《关于2003年治理教育乱收费工作的实施意见》，要求中小学缴费必须全面实行“一费制”，高中实行“三限”政策。公办高中招收“择校生”要严格执行“三限”政策。各地区要结合实际，制定严格具体的实施办法。择校生招生比例和最低录取分数线由省级教育行政部门确定，最高收费标准由省级人民政府制定。要将择校生纳入普通高中招生计划，统一向社会公示招生比例、招生人数和收费标准，统一按分数择优录取，统一办理入学手续。严禁学校擅自扩大择校生招生比例、降低录取分数线、提高收费标准或在限定金额外收取其他任何费用。①这个文件的转发，标志着我国普通高中择校生收费从多年来的政府管制的非法乱收费行为，转变为政府同意的合法行为。“三限”政策迅速推向全国。

① 《国务院办公厅转发教育部等部门关于2003年治理教育乱收费工作实施意见的通知》(国办发[2003]59号)，http：//www.gov.cn/zhengce/content/2008－03/28/content_5780.htm，2018-11-10。

2003年8月3日，教育部、国务院纠风办在江西省南昌市召开华东、中南13省(区、市)治理教育乱收费工作汇报会。会议汇报交流了各地治理教育乱收费工作的进展情况，研究部署了秋季开学前后治理教育乱收费的工作。会议除了规范义务教育“一费制”收费政策外，还强调严格执行公办高中招收择校生的“三限”政策，坚决打好治理教育乱收费的攻坚战。

二、普通高中“三限”政策的实施

2003年7月，教育部办公厅发出了《关于公办高中严格执行招收“择校生”“三限”政策的通知》，要求各地公办高中严格执行招收“择校生”和“三限”政策。2003年秋，全国各地市的教育行政部门坚决贯彻实施了国家“三限”政策的要求。

“省教育厅、省物价局、省财政厅发文，对全省公办高中招收择校生问题进行了严格的规定”“为了遏制高中择校乱收费行为，市物价局会同市教育、财政部门制订高中教育收费限分数、限人数、限钱数的‘三限’政策，并经省物价局批准，从2003年秋季开学起执行。”一时间，类似的话语成为网络中出现频率很高的热点话语。此后，“三限”政策成为教育部、各级教育行政部门、各普通高中每年都要落实的工作，每年召开会议，下发通知成为政策贯彻的主要方式。全国各地省级政府也陆陆续续颁发了相关文件，具体落实“三限”政策。

我们以青海省为例。2004年8月30日，青海省政府办公厅转发该省教育厅等部门《关于公办普通高中严格执行招收“择校生”“三限”政策的意见》，要求严格执行高中招收“择校生”“三限”的标准。其大体的内容如下。

限人数：各地公办普通高中在完成教育行政部门当年下达的招生计划后，可根据学校的具体情况，按不超过招生计划25％的比例招收“择校生”。

限分数：各地公办普通高中招收“择校生”的分数不得低于本校当年高中招生录取线以下20分。各高中最低录取分数线由州（地、市）教育行政部门审核后报省教育厅确定。

限钱数：各州（地、市）教育行政部门应根据《青海省标准化中小学（示范幼儿园）建设标准及评估办法（试行）》，结合当地实际制定公办高中分类评估办法，对辖区内公办高中按一至三类进行评估，确定学校类别并向社会公布。对一、二类学校的评估要严格把握办学条件好、教学质量高、社会认可程度高、生源充足等重要条件，不得降低标准。高中择校费（计划外学费）的收费标准为：每学年西宁市一类学校最高不超过4000元，二类学校最高不超过3000元，三类学校最高不超过2400元；海东地区和六州一类学校最高不超过2400元，二类学校最高不超过1500元，三类学校最高不超过1000元。各州（地、市）人民政府应根据实际，在省核定的最高标准以内确定当地的具体收费标准。制定收费标准时应按照规定的程序进行。

2007年3月，国家发展改革委再次发出《关于价格主管部门进一步加强教育收费管理有关问题的通知》（发改价格[2007]534号），要求公办高中招收择校生要严格执行“三限”政策，进一步降低择校生择校收费标准。学校按规定收取择校费后，不得再向择校生收取学费。各地不得在择校生之外以非计划生、自费生、调节生、转学生、旁听生等其他任何名义向学生收取高额费用。不得以重点校、实验班、重点班名义向学生高收费。

2008年12月，教育部、财政部《关于进一步加强中小学财务管理工作的意见》又指出，普通高中要继续巩固完善招收择校生“三限”政策，严格限制择校生比例和收费标准，力争逐年有所降低；要切实将择校生纳入当地统一招生计划并及时向社会公示。该文件所代表的中央精神又被层层传达转发，成为各地市教育行政部门和各个普通高中的行动指南。可以说在互联网上，“坚决执行普通高中招生

‘三限’政策”之类的信息还很多，甚至有的地方还实行校长负责制，需要填写普通高中招生“三限”政策执行情况备查表。

可以看到，在国家教育部门的倡导下，各级政府都很重视“三限”政策，学校也大表决心，表示要坚决贯彻执行。但在实际执行过程中却出现了“人数过多、钱数过高、分数过低、学费提高”等政策失真问题，表明了政策执行及结果偏离了政策目标，政策颁布以后就到了“上有政策，下有对策”的阶段，即所谓的“变通期”。

三、普通高中“三限”政策的终结

普通高中“三限”政策的不合理性以及在现实中的执行失灵，使得它的存在在追求公平和谐的时代显得不合时宜。2005 年 9 月 29 日，在教育部举行的新闻发布会上，副部长张保庆表示：“高中择校费将来一定会取消的，不过不是现在，可能要等到农村义务教育先实行免费教育之后，有关部门才有精力加大对高中的投入和关注。”

2011 年 4 月，教育部等 7 部门发布《关于 2011 年治理教育乱收费规范教育收费工作的实施意见》，指出要研究在一定时期内取消公办高中招收择校生“三限”政策。至此，普通高中“三限”政策存在的正当性已经彻底丧失，正式开始步入终结期。《东方商报》2011 年 4 月 8 日的一条题为“宁波明年起取消普通高中‘三限生’招生”的快讯即是证明。

而北京市是率先尝试“三限”政策的地区，北京通过在实施过程中的不断微调，最终停止了“三限”政策。在此，我们简单进行一下回顾。

2004 年，北京市教委等 7 部门联合制定了招收“择校生”的新政策：分数(20 分)和钱数(3 万元)限制没有变化，但扩大了“择校生”人数的比例，即从 10%提高到 20%。

2005 年，北京市首次把择校志愿统一纳入中考志愿填报，择校生将根据志愿按照分数高低，由计算机统一录取，同时，普通高中招收择校生仍然实行“三限”政策。在有的学校，正式生和择校生只差一分。可是一分之差，就得缴纳3万元。

2010年1月，北京市平谷区宣布，该区示范高中招生时将不再给交择校费的学生留招生名额，按照考生的分数排到满额为止。

2011年，北京市提出将“三限”政策人数比例限定为18%。

2012年，北京市教委等7部门联合下发《关于2012年北京市进一步规范教育收费工作的意见》，提出当年的“三限”人数比例由18%降低至15%。

2013年，北京市将“三限”政策招生人数比例再次降低至10%。

2014年2月18日，北京市教委表示，当年起中考全面取消择校生。减少特长生招生比例①。

第三节　关于改制高中

一、改制高中政策的来源

1985年，中共中央、国务院发布了《中共中央关于教育体制改革的决定》，提出把发展基础教育的责任交给地方，实行分级办学、分级管理的原则，给基础教育发展提供了动力。

1992年1月，邓小平赴深圳特区视察并发表重要谈话，解除了某些人姓“社”姓“资”的担忧，阐明了市场经济不等于资本主义，社会主义也有市场，计划和市场都是经济手段等基本原理。1992年2月，国家教委《关于加强和改善企事业单位兴办中小学工作的意见》指出，“要因地制宜，采取多种形式办学”，“企事业单位可以与政府联合办学”。

1993年2月，中共中央印发了《中国教育改革和发展纲要》，文

① 《北京将全面取消高中择校生 减少特长生招生比例》，载《新京报》，2014-02-19。

件提出办学体制改革的目标是，改变政府包揽的办学格局，逐步建立以政府办学为主体、社会各界共同办学的体制。文件总结了依靠社会力量办学的方针；国家对社会团体和公民个人依法办学，采取积极鼓励、大力支持、正确引导、加强管理的方针。国家欢迎港、澳、台同胞，海外侨胞和外国友好人士捐资助学及允许在国家有关法律和法规的范围内进行国际合作办学。“改变政府包揽办学的格局，逐步建立以政府办学为主，社会各界共同办学的体制。基础教育要以政府办学为主。”

1994 年，国务院《关于〈中国教育改革和发展纲要〉的实施意见》指出：“有条件的地方可以实行民办公助、公办民助的形式”。

20 世纪 90 年代中期，在各项国家政策的影响下，普通高中办学体制出现了多样化，部分地区开始有少量的普通高中改制学校出现。

1996 年，教育部《全国教育事业“九五”计划和 2010 年发展规划》指出，现有的公办学校在条件具备时，也可酌情考虑转为民办公助、公办民助学校。到 2010 年，基本形成以政府办学为主，社会各界共同参与的办学体制及公立学校和民办学校共同发展的格局。

1997 年 7 月 31 日，国务院颁布的《社会力量办学条例》把办学体制改革推向了新阶段，标志着我国社会力量办学步入了一个依法办学、依法管理、健康发展的新阶段。该文件从总体上、宏观上明确了社会力量办学的重点和方向，发展社会力量办学是在我国已经拥有庞大的政府办学体系的前提下，由我国教育发展的要求和办学体制改革的方向所决定的。

1998 年，《国务院办公厅转发教育部关于义务教育阶段办学体制改革试验工作若干意见的通知》中，对于学校改制的目的规定如下：试验工作要有利于加强薄弱学校的建设，缩小公办学校之间在办学条件和教学水平方面的差距。

1999 年，《中共中央、国务院关于深化教育改革，全面推进素质教育的决定》强调“要进一步解放思想，积极鼓励和支持社会力量以各种形式办学，形成以公办为主、公办学校和民办学校共同发展的格局。凡符合国家有关法律法规的办学形式，均可大胆试验。在发展民办教育方面迈出更大的步伐。鼓励社会力量以各种方式发展高中阶段和高等职业教育”“不搞一校两制。”

2001年，国务院《关于基础教育改革与发展的决定》明确提出，“大力发展高中教育，促进高中阶段教育的协调发展。”并特别指出，“加强对公办学校办学体制改革试验的领导和管理，要求公办学校办学体制改革要有利于改造薄弱学校，满足群众的教育需求，扩大优质教育资源。薄弱学校、国有企业所属中小学和政府新建的学校等，在保证国有资产不流失的前提下，可以进行按民办学校机制运行的改革试验。”

2002年2月，《教育部关于加强基础教育办学管理若干问题的通知》中，肯定了各地在进行公办学校办学体制改革试点、鼓励社会力量办学、改造薄弱学校、扩大优质教育资源、推进义务教育阶段招生考试制度改革等方面取得了明显成效。但是，同时强调，发展基础教育是各级政府应尽的职责。各地不得将公办中、小学校和幼儿园以出售、拍卖等方式进行转让，已经转让并造成公有资产流失、减损的，应当及时予以纠正。还强调，办学水平和教育质量较高、社会声誉较好的公办中小学和幼儿园是长期积累形成的公共教育资源，不得改为民办或以改制为名实行高收费。

2002年，《中华人民共和国民办教育促进法》规定“民办学校和公办学校具有同等的法律地位。”

2003年，《中华人民共和国中外合作办学条例》规定，中外合作办学属于公益性事业，是中国教育事业的组成部分。国家对中外合作办学实行扩大开放、规范办学、依法管理、促进发展的方针。国家鼓励引进外国优质教育资源的中外合作办学。

2004年，国务院发布的《中华人民共和国民办教育促进法实施条例》中规定“国家机构以外的社会组织或者个人可以单独或者联合举办民办学校。联合举办民办学校的，应当签订联合办学协议，明确办学宗旨、培养目标以及各方的出资数额、方式和权利、义务等。”“民办学校的举办者可以用资金、实物、土地使用权、知识产权以及其他财产作为办学出资。国家的资助、向学生收取的费用和民办学校的借款、接受的捐赠财产，不属于民办学校举办者的出资。”“公办学校参与举办民办学校，不得利用国家财政性经费，不得影响公办学校正常的教育教学活动，并应当经主管的教育行政部门或者劳动和社会保障行政部门按照国家规定的条件批准。公办学校参与举办的民办学校应当具有独立的法人资格，具有与公办学校相分离的校园和基本教育教学设施，实行独立的财务会计制度，独立招生，独立颁发学业证书。参与举办民办学校的公办学校依法享有举办者权益，依法履行国有资产的管理义务，防止国有资产流失。实施义务教育的公办学校不得转为民办学校。”

2004年，教育部制定了《2003—2007年教育振兴行动计划》，明确指出“要深化学校内部管理体制改革，探索建立现代学校制度”，并指出要多种形式积极发展高中教育，扩大规模，提高质量。加大对农村高中的支持力度，引导示范性高中建设，加快基础薄弱校建设，扩大高中优质教育资源供给能力。

这一阶段，我国政府和社会对普通高中改制大力支持，希望多方筹措办学资金来缓解普通高中投入不足问题，尽可能快地扩大普通高中优质教育资源，提高普通高中优质教育的能力，缓解民众对普通高中优质教育资源的需求，缓解普通高中择校问题。因此，普通高中改制学校大量出现。由于学校改制是一个新生事物，改制政策对改制的目的、改制的方式、改制的内容、改制的程序等方面规定的并不是非常具体，对改制学校要达到的改制质量标准也不是非常明确，导致大量的优质公办普通高中纷纷改制，如名校办民校、校中校、一校两制等情况，而且改制过程中出现了很多不规范现象，甚至违法行为，如教育腐败、教育乱收费、国有资产流失等现象。

截至2011年，教育部开始清理改制高中之前，我国普通高中改制主要有以下几种类型：一是薄弱普通高中改制。薄弱普通高中改制主要采取两种形式，第一种方式是政府先对薄弱普通高中进行前期改造，在办学条件能达到同等公办普通高中优质水平的情形下，吸引社会力量介入，这种改制方式主要发生在上海与哈尔滨等地；第二种形式主要是名校将薄弱学校变为自己的分校，薄弱学校与母体名校共享母体名校的校名这一无形资产以及其他优质教育资源。第一种，薄弱学校改制的成功率虽然比较高，但是通过这种方式改制的薄弱学校数量不多。而大部分薄弱普通高中改制主要是通过第二种方式改制。总体来看，薄弱普通高中改制学校不如名校改制更能吸引社会力量对普通高中改制的介入。

二是新建普通高中改制。这种类型主要是对新建普通高中进行一定的公私合作，一般由政府提供学校基础设施建设费和学校教师一定年限的基本工资，以后逐步减少政府投入，直至完全停止政府投入。政府完全停止投入后，新建改制普通高中要实行自收自支、自负盈亏。

三是优质普通高中改制，优质普通高中改制主要以解决教育经费为目的。优质普通高中改制选择的改制对象是基础较好的公办普通高中学校。这些学校办学条件良好、师资力量充足、生源有保障。由于能减轻地方政府的财政压力，在实践中得到了政府的大力支持，有更大的自主权，享有更多的优惠政策，因此，这类学校改制成功的概率很高。但是在实践中带来的公平问题、高中收费问题、国有资产流失问题、腐败问题也比较多。这类改制学校在社会上是受批评最多的一种类型。

毫无疑问，改制高中经过多年的实验取得了一定成效，除了优质高中改制成功的大量案例之外，薄弱高中改制成功的案例也很多。不但提高了薄弱学校的教育质量，也为学生提供了接受优质高中教育的机会，同时，为整个普通高中教育质量的提高做出了重要贡献。

二、改制高中遭遇治理教育“乱收费”

1998年，教育部《关于义务教育阶段办学体制改革试验工作的若干意见》明确规定：“进行办学体制改革的试验，应该主要选择基础薄弱学校进行；办学水平和教育质量较高、社会声誉较好的公办学校是长期积累形成的公共教育资源，不得改为民办或以改制为名实行高收费”。2006年《教育部等七部门关于2006年治理教育乱收费工作的实施意见》(以下简称《实施意见》)明确指出，要“坚决制止以改制为名乱收费，进一步规范公办学校办学行为”，“加强对办学体制改革工作的领导，全面停止审批新的改制学校和新的改制学校收费标准。”“公办学校改为民办学校的，必须符合‘四独立原则’，否则停止招生。严禁搞‘校中校’‘一校两制’和以改制为名乱收费。”

从上述《实施意见》开始，每年都有教育部等多部门联合颁布的文件，对治理教育乱收费和规范教育收费工作提出要求。我们重温各年度的文件不难发现，有些文件是重申了《实施意见》中关于清理改制高中的相关内容。

总的来说，从我国普通高中办学体制改革发展看，主要是回应民众对优质普通高中教育资源需求的不断提高、加强普通高中教育改革中的问责和提高普通高中整体教育质量需要的普遍诉求。我国普通高中办学体制的改革经历了从量的扩张到质的提升，改革的重点是大力发展普通高中教育，切实转变政府对普通高中教育的管理职能，理顺政府、学校和社会三者的关系，逐步形成普通高中教育投资主体与办学模式多样化的格局。不过，进入清理阶段以后，普通高中教育投资主体多元化与办学模式多样化方面的相关政策又出现了断裂。究其根本，市场对普通高中教育领域的介入，需要健全的相关制度体系，在没有相关立法进行规范，而改制目的不太明确的情况下，改制高中必然问题丛生。最终，在国家财力不断增长，人们对教育公平更加重视的情况下，改制学校被迫叫停。

三、改制高中清理政策

2011年，教育部、国家发改委发布的《关于进一步做好普通高中改制学校清理规范工作的通知》要求，各地要根据当地普通高中教育发展的现状，统筹规划，合理布局，坚持因地制宜、因校制宜，宜公则公、宜民则民的原则，依法做好清理规范工作。

清理规范后明确定性为公办学校的，应执行当地同类公办普通高中学校招生收费政策。鼓励其中一些办学水平较高的学校在执行当地公办学校收费政策的基础上，继续开展办学体制改革探索，扩大其在课程设置、教学改革、资源配置、人事管理等方面的自主权，促进其进一步提高质量，办出特色。

清理规范后明确定性为民办学校的，应符合《民办教育促进法》及其实施条例规定的民办学校条件，履行民办学校审批手续，取得办学许可证，依照有关法律、法规进行登记。公办普通高中依法参与举办的民办普通高中学校，不得利用国家财政性资金；应具有独立的法人资格，具有与公办学校相分离的校园和基本教育教学设施，独立进行财务核算，独立招生和颁发毕业证书。此外，学校的人事管理、教育教学活动应保持相对独立。各地应根据相关法律法规和政策规定，采取政府购买服务、以奖代补等方式，给予民办学校一定的扶持和帮助，满足学生选择需要。

清理规范后，对于不具备继续办学条件和要求的学校应予撤并、停办，并妥善分流学生。文件要求各地要采取有效措施，明确清理规范的目标、时限和具体办法，确保2012年秋季开学前，全面完成普通高中改制学校的清理规范工作。

在笔者看来，从改制高中构成看，很大一批改制高中是当地的名校，只有极少数是薄弱学校。随着清理改制高中工作的推进，要求改制学校公进民退，或者民进公退，似乎两者势不两立。其实，恰恰相反。改制高中，一种是强化优质学校，另一种是改造薄弱学校，从这个角度看，薄弱学校得到了改进，恰恰是改制高中政策的价值体现。

四、改制高中和薄弱高中学校的改进

改制高中模式多种多样，总结起来大概分 3 种类型，名校改制、薄弱校改制、新建学校利用改制机制启动。无论哪一种类型都有顺利和不顺利的案例。下面介绍一所 Y 高级中学，该校既是利用公办民助机制起步建设的学校，也是一所薄弱学校。

(一)案例学校分析

调研者[①]经过一年时间，在 Y 高级中学调研，了解 Y 高级中学改制前后的变化。下面是调研者和 Y 高级中学校长访谈的片段整理，从访谈中我们可以了解一些 Y 高级中学改制前后的相关信息。

问：Y 中学办学体制变化的起止时间是?

校长：1999 年 6 月开始，成为全市第二批“高中教育体制改革实验学校”，属于公办民助性质，学费每年每生 6000 元。2009 年 10 月转回公办学校。

问：改制期间政府投入的情况如何?

校长：政府投入较少。最初学校和一般的公办高中一样，在 2008 年被“断奶”，政府停止一切投入。当时学校除了学费收入，几乎没有任何经费来源，支付教师绩效工资完全靠自筹。国家断奶后，由于经费短缺，高中实验课也被取消。

问：改制期间生源怎么样?

① 此调研是聊城大学教师翟月玲在北京师范大学攻读博士期间完成的。

校长："弱校改制"吸引力不高，又高收费。一开始只有家里有钱的孩子才来上学，后来招生困难重重，生源不足。至于原因，除了老百姓认公不认私的观念之外，也有随着国家的"断奶"，教师的绩效工资发放困难，优秀老师先后调离，教育质量下滑严重等因素。

问：当时优秀教师流失的主要原因是什么？

校长：对公办教师身份和铁饭碗的追求。

问：当时家校之间的关系怎么样？

校长：家校关系恶化，家长和学生也对学校产生了怀疑，家长老感觉学校只让学生交钱而没有给孩子好的教育。学生回家一说老师讲得不好，家长就向教委写信反映。如果有"问题学生"因违反纪律被开除，家长就要求学校退钱，如果不退就到学校闹事，严重影响了教育秩序。

问：出现这些问题的主要原因是什么？

校长：一是管理层的事业观、思想境界有问题，没有主人翁意识，认为学校是上级的。二是管理层的出发点有问题。当时学校认为只要工资待遇高，教师工作积极性就高。三是管理层对学校发展没有预见，没有洞察老师、家长和学生的心理变化。四是政府经费的断供。总之，我们常常感到，改制学校不是政府的"亲儿子"，主管部门逼着其自立门户，自谋生路。但薄弱学校缺乏社会认同，筹资困难，因此经费越来越不足。比如学校的实验资金投入不足，只能购买好学校淘汰的旧设备；学校没钱改建美术室，只能占用化学实验室上课；学校缺少设备、药品、器材，对学生没有什么吸引力。学校发展真是困难重重！

综上，学校教学质量下降，高考成绩下滑，而政府主管部门又不加大投入，结果好教师都走了，留下的大多是没本事、有关系、身体不好的。老师们状态不好，学生们也就趁机抽烟、打架、谈恋爱……生源下降——高收费——声誉下降，最终形成了恶性循环。

问：转回来后怎么样？

校长：快转公办时，政府又开始投资了，先后完成了校区建设四项工程。政府盖实验楼、购买了10万册图书、购买了美术班设备、专设了美术教室，政府各部门领导还亲临现场办公，学校与政府实现了良性互动，我们老师们感觉又回到了亲妈怀里。

转回公办学校以后，学校开始重视生源质量，压缩规模，集中抓教育。教育、教学质量开始慢慢提高。

教师A：转回公办学校以后实验经费、公办经费充足，老师们的工作积极性提高了。学校管理层也专心做教育。学生可以自选上课，走班制需要的多个教室、多名老师的问题也得到解决。学校增加了电教设备。每个学年学校的变化都会让人耳目一新。学校还建了样本室，买了动物标本，让孩子们做各种实验，请名家来学校做讲座，甚至请美术大师来为学生上美术课。

教师B：学校条件好了，学生们也爱学习了，他们甚至参加比赛，获得了全国一等奖。学校的高考质量也提高了，成为了家长、社会、政府认可的北京市示范学校。

问：如果政府不增加投入，您认为薄弱学校改制成功的可能性大吗？

校长：很小。

问：那您认为改制学校到底应该怎么做？

校长：不等不靠，把学校、学生、老师都当成自己的；办好学校、办好教育，敢于承担责任。同时，需要政府加大对薄弱学校改制的投入力度，特别是要有专门的教师配备政策。

（二）薄弱、普通高中改制面临的困境

其实，与Y高级中学改制相似，薄弱普通高中改制大都面临一些共同的困境。即在现行办学体制下，民众对普通高中优质教育资源的需求在不断增加。而其主要原因还是政府投入的不足和重点校

政策的影响。薄弱学校的教育质量得不到提升，影响了整个普通高中教育质量的提高和优质普通高中教育的供给。

薄弱普通高中办学条件差，教育质量难以提升。其主要表现在以下3个方面：

一是薄弱普通高中教师、教学水平较低，办学效益差，而这已成为制约普通高中发展的瓶颈。根据2003—2012年度《中国教育统计年鉴》，2012年全国生均校舍建筑面积为16.63平方米，平均班额达54.4人，班额过大影响了教学的正常运转，特别是农村的普通高中更是如此(平均班额远远超过这一数值)。同时，教学设施也不太完备。2012年全国普通高中体育运动场(馆)面积达标的学校比例为83.01%，体育器械配备达标的学校比例为83.39%，音乐器械配备达标的学校比例为80.63%，美术器械配备达标的学校比例为81.88%，理科实验仪器达标的学校比例为85.81%，建立校园网的学校比例为80.29%。另外，普通高中生师比为15.47∶1，虽然比2011年有所提高，但仍然较低，明显高于中央编办、教育部、财政部《关于制定中小学教职工编制标准的意见》中规定的13.5∶1。2012年普通高中教育经常性成本中人员成本占50.4%，业务费占4.6%，业务费份额太低，影响了教育教学工作的有力开展。而这还只是全国普通高中的一个平均计算，如果只计算薄弱普通高中，情况会更差。

二是薄弱普通高中优秀教师流失严重。薄弱普通高中因为办学条件差，优秀教师流失现象严重，补充不足，而学生也因此流失严重，生源质量总体下滑，导致薄弱普通高中整体教学成绩落后，引起社会及家长越来越多的不满，进而导致学生择校现象更加严重。特别是各乡镇农村普通高中学生流向县、市高中现象更是有过之而无不及。结果是强校愈强，弱校愈弱，两极分化严重，校际差距和城乡差距进一步扩大。

三是薄弱普通高中选修课程难以开设。由于薄弱学校办学条件差，教学设备不足，受课时、场地、师资等教育资源的限制，选修课程的具体开设非常困难。因为条件有限，学校准备开设的选修课，大多是对场地、设备要求不高的社交礼仪、太极拳、民谣吉他、硬笔书法等课程。开设选修课，不要说实验室不够，连最起码的教师和教室也不够用。特别是由于城乡差距，一些基础相对薄弱的农村学校，开出足够选修课的问题更加严重。不是老师没有精力开，就是老师没有能力开。农村学生想要具备城里孩子一样的综合素质，让农村老师能够开发出一些精品选修课，是一件难上加难的事情。

在笔者看来，要解决我国普通高中教育面临的主要难题，提升薄弱高中质量，除了要进一步增加普通高中教育经费，更关键是要提高薄弱学校的教育质量。而提高教育质量，笔者认为应该从以下几个方面来进行改革。

一是普通高中改制政策的目标要明确。根据普通高中改制政策的相关规定，加强薄弱普通学校改制，提升薄弱学校教育质量，增加优质教育资源是普通高中改制政策的目标之一。但是笔者梳理了相关政策文件以后发现，2006 年改制学校被清理前只有 5 个文件与学校改制目标相关，虽然有的文件是关于义务教育方面的改制规定，但在没有专门的普通高中改制的相关法律规定的情形下，现实实践中其实是把它作为普通高中改制的参考的。5 个文件都提出要加强公立薄弱学校改造，提高薄弱学校教育质量是学校改制的主要目的。可这一规定内容不明确，除了寥寥数字将这一目的性规定淹没在大量的规定内容之外，在诸如办学条件、师资水平、生源状况、学生家庭状况、学习困难生占比等方面，达到什么程度才是薄弱学校并无具体规定。另外，也没有对困难学校的评估程序，没有改制学校在多长时间应达到一个什么效果的表述。此外，政府在薄弱学校改制中应承担什么样的财政责任、合作主体间的相关责任如何划分等方面也没有明确的规定。而这些都是薄弱学校改制失败的主要原因。

二是薄弱普通高中改制学校校长的思想境界、管理水平要提高。校长们没有把学校改制当成一份事业来做，而是把改制学校当成领导派给自己的工作任务，只对上级领导负责，而忽视对学生、教师和学校负责，管理者的事业心与思想境界存在问题。学校要办好，需要教育家来办学。

三是财政对学校的投入不能减少。本来薄弱学校办学条件、师资水平、生源状况就不容乐观，如果实验资金再投入不足，用好学校淘汰的旧设备，美术课用化学实验室上，那么这些学校对学生、家长、社会就更没有什么吸引力了。政府的“断奶”，是薄弱普通高中改制失败的一个关键性原因。

四是政策的执行中必须防止偏差。薄弱学校改制政策的最初目的是希望通过改制改造薄弱高中，进一步扩大优质教育资源，把薄弱高中改造成具有优质教育资源的好学校，以创造更多的优质教育机会，从而实现普通高中教育的均衡发展。但是现实中地方政府希望通过改制减轻财政压力，不仅不增加财政性教育经费，甚至减少投入。更有甚者，有的地方政府还向改制学校索要一定的费用。试想，如果政府不加大财政投入，不对薄弱学校的基本办学条件进行改造、不引进优秀师资力量、又没有得力的校长，社会上有谁愿意把钱投入到薄弱学校来？又有哪位家长愿意花钱让孩子来这样的学校读书呢？应该说，地方政府的政策执行偏差是“薄弱校转制”没有成功的又一个主要原因。

第四节　高中债务化解，政府与私人合作模式

一、高中债务化解

2007 年 6 月 28 日，新华网报道，据教育部提供的数据，中国农

村“普及九年义务教育”欠债高达500多亿元。为此，全国人大常委会审议的“《中华人民共和国义务教育法》执法检查报告”建议国务院统筹规划，及早安排解决这一历史遗留问题。据介绍，“普九”欠债的形式主要有施工队垫款、银行贷款以及向教师和社会借款等。2007年9月，时任财政部副部长张少春在答《半月谈》记者时说，中国将用3年左右化解农村的500亿义务教育债务。但是并未提及义务教育之外的高中学校的债务问题。

为了解决普通高中债务问题，2011年9月，审计署、教育部、财政部联合发布《关于开展地方普通高中债务调查的通知》，要求各省、自治区、直辖市和计划单列市人民政府，遵照国务院要求，组织开展公办普通高中债务调查，摸清地方公办普通高中负债情况，保障普通高中教育持续健康发展。要以县为单位，逐校、逐项、逐笔核实债务，查清负债规模、形成原因、起止时间、债务资金来源和用途等，纳入教育信息管理系统；并要求审计署会同教育部、财政部等部门结合2011年上半年全国地方政府性债务审计结果，研究提出具体实施办法。为做好此项工作，审计署、教育部、财政部成立了联合工作组，并研究制订了“普通高中债务调查工作方案”，制定了调查表供各地使用。文件要求2011年11月15日前将调查结果报送审计署、教育部、财政部。

2014年，民进中央提交了“关于尽快化解普通高中债务”的提案，提案指出，为了适应社会发展和人们对优质教育的需求，各地普遍对高中学校，特别是县级和农村地区的普通高中学校进行了一定规模的扩建或迁建工程，这极大地改善了高中学校的教学硬件条件。但是，这种校园建设大多数是通过举债方式进行的，其债务规模已远远超过了学校的偿债能力。截至2010年年底，我国普通高中债务总额已达1600亿。据报道，宁夏有公办普通高中64所，但这些普通高中的工程债务就达20亿元。

高中债务的巨大规模，使学校背上了沉重的经济负担，为了支付每年的高额利息，有的学校不得不压缩日常运行开支，影响了正常教育教学活动的开展；有的学校难以保障教师待遇，影响教师队伍的积极性和稳定性；有的学校违规招收择校生，收取大量择校费，加重了教育乱象。债主冲击学校的情况也时有发生，严重干扰了学校的正常教学秩序，影响社会稳定。

二、西部某县高中学校债务案例

2015年1月6日至10日，北京师范大学的一个课题组到甘肃省JN县调研，得到了JN县教育局的大力支持。调研的主题之一就是高中债务问题。

(一)该县高中债务基本情况

JN县地处甘肃省东南部，是全国扶贫开发的重点县和典型的旱作农业县。JN县总面积2193平方千米，辖24个乡镇、1个街道办事处，总人口48.9万人，其中农业人口43.79万人。有各级各类学校332所，共有在校学生8.04万人，公办教职工6138人。校园占地面积283.39万平方米，校舍建筑面积80.32万平方米。

全县2015年有独立普通高级中学4所(含民办学校1所)，完全中学5所。在校高中学生14420人，高中建筑面积307146平方米。调研的时候，全县8所公立高中负债高达1.5亿元。其中JN一中负债4448万元，JN二中负债2033万元，WR中学负债2098万元，CJ中学负债2617万元，GG中学负债2141万元，JSP中学负债587万元，RD中学负债1067万元，HR中学负债177万元。

从债务类型分析，主要是欠施工单位的建筑工程款，欠银行的校园建设付息借款和贷款，欠各公司的购置采暖设备和现代教学设备款。从债务形成的时间看，主要是从2002年开始的。当年高中全面扩大办学规模，先后投入大量资金，用于加强基础设施建设和改善办学条件。由于县财政拨款少，大部分为学校自筹资金。除此之外，还有些是2010年后形成的新债务。

(二)债务形成的原因分析

首先是高中教育事业发展的需要。2002年以来，JN县为了贯彻全国、全省基础教育工作会议精神，落实国务院《关于基础教育改革与发展的决定》，该县县委县政府出台了《关于加快我县高中教育发展的意见》，通过银(行)校合作、企校合作、个人投资、集资办学、捐资助学等形式筹措资金，扩大高中建设规模，加大教育教学设备的投入，大力改善办学条件，使该县高中教育提高了办学标准，解决了人民群众对高中教育的需求，缓解了初中升学压力，但同时形成了较大的债务。

其次是体制机制的障碍。长期以来，政府对普通高中办学成本分担的体制和机制不完善，高中基本建设没有项目支撑。特别是近年来，除了教职工工资和高中学生资助项目外，县财政方面的投入几乎没有。学校的基础建设资金，基本依靠学校自筹和施工队垫资解决，而这些与县里学前教育、义务教育等方面的投入相比，形成了明显的差距。

再次是贫困地区经济欠发达的因素。JN县属国家级贫困县，也是老区，地方财力基础薄弱，无力负担高中教育发展所需资金，为了满足需求，学校只能举债发展。

最后是收费政策的不合理。当地政府对农村学校收费标准有严格的规定，普遍低于城镇学校，而随着物价不断上涨，农村学校运营成本持续上升。当地农村高中的收费标准自2008年以后再没有变化，随着生源减少和“三限”政策的实施，学校的资金更是入不敷出，正常运转举步维艰。

(三)欠债产生的后果

1. 校长受到威胁。在JN县，高中校长日子不好过，经常要躲避讨债人的骚扰，特别是逢年过节，校长都要关机躲起来。高中校长成了当地的高危职业之一。

2. 学校教育活动受到影响。据了解学校经常在正常上课或者搞活动时，遇到一群人大吵大嚷来讨债，正常教学活动受到严重干扰。学校办公室还经常会接到一些追讨债务的电话。

3. 高中教育事业受到损害。该县高中教育事业发展比较滞后，长期靠学费收入维持支出，保障水平很低，亟须得到强化。

（四）学校债务具体情况

JN一中债务情况 JN一中是一所县级公办独立高中，建于1941年9月，2002年晋升为“甘肃省示范性普通高中”，先后荣获“全国中小学思想道德建设先进单位”“第一届全国未成年人思想道德建设工作先进单位”“第四届全国精神文明建设工作先进单位”“全国中小学实验室与仪器工作先进集体”“全国现代教育技术实验示范学校”“甘肃省教育系统先进集体”等殊荣。

学校于2001年全面扩大办学规模，先后投入大量资金用于加强基础设施建设和改善办学条件，财政拨款少，大部分为学校自筹资金，截至调研的时候，学校欠债达4448万(其中借款4105万元，拖欠工程款343万元)。负债过重已成为阻碍学校发展的最大困难。

1. 形成债务的过程

(1)2003年12月建成1号公寓楼，工程总投资562万元(其中主体446万元，附属工程100万元，设备投资16万元)。学校先后自筹544万元，拖欠工程款18万元。2009年又加修1号公寓楼楼梯，耗资12万元，全部拖欠。

(2)2006年学校对旧操场进行了整修和扩建，总计投入169万元，学校自筹资金53万元，借款96万元，拖欠工程款20万元。

(3)2005年8月建成新教学楼，建筑面积11158平方米，工程造价2043万元，其中主体1374万元，设备投资669万元(包括投影设备、校园网、天文馆403万元)。财政拨款200万元，学校筹措资金

1185 万元，向其他单位和个人借款 748 万元，拖欠工程款 19 万元。

(4)2009 年 9 月建成 2 号公寓楼，建筑面积 6513 平方米，工程总投资 1172 万元(其中主体 809 万元，附属工程 109 万元，设备投资 254 万元)。学校自筹资金 713 万元，借款 459 万元。

(5)2009 年 9 月建成餐饮中心，建筑面积 3412 平方米，工程总投资 609 万元(其中主体 553 万元，附属工程 14 万元，设备投资 42 万元)。学校自筹资金 468 万元，借款 141 万元。

(6)2008 年县政府研究将原商运公司 20 亩土地以 389 万元有偿划拨给学校。学校自筹资金偿还 8 万元，借款 381 万元。

(7)2009 年根据实际发展需要对新操场进行改造，硬化篮球场、排球场、安装篮球架等设备耗资 210 万元，学校自筹资金 143 万元，借款 67 万元。

(8)2010 年底建成体育馆，主体为钢筋砼结构，钢网架屋顶，建筑面积 7852 平方米，工程总价为 3867 万元(其中主体和装饰 3230 万元，附属工程 218 万元，设备投资 419 万元)。政府通过各种渠道统筹拨付了 1500 万元(其中 430 万元为 JN 一中资金)，借款 2163 万元，拖欠工程款 204 万元。

(9)2009 年由于学校规模的扩大，原来的 4 吨锅炉不能满足需要，学校购置 10 吨锅炉一个，修建新锅炉房，并对原来的暖气管网进行了合理改造，前后累计投资 277 万元，学校自筹资金 227 万元，借款 50 万元。

(10)由于 1 号公寓楼、餐饮中心和 2 号公寓楼建在深达 8 米的土层填方基础之上，在使用过程中经常出现塌陷，学校对此进行了多次维修，包括广场砖铺贴、排水系统改造和校园零星维修等累计投资达 338 万元。学校自筹资金 268 万元，拖欠工程款 70 万元。

2. 学校收入情况

我们调研的时候 ，学校高三应届生 1000 人，高二 993 人，高一

804人。春季学期学费每生540元，秋季学期学费每生570元，全年共收费258万元。择校费每生3年6000元，共收费44.4万元。住宿费每学期110元，共收费34.3万元。补习生每年收费在300元左右。全校的学费、择校费、住宿费和补习费，这4项收费累计为637万元左右。

3. 学校正常支出情况

(1)水电费、电话费为50.7万元左右。

(2)临时工33人，根据岗位不同，工资在每月1000元到1800元不等，一年累计支出为43万元左右。

(3)锅炉用煤费为97.4万元，锅炉维修及维护费5万元，临时聘用锅炉工工资为2.7万元，合计105.1万元。

(4)截至调研的时候，学校累计借款4105万元，年息8.4%，每年需支付利息344万元。

(5)高三高考奖40万元左右。

(6)财政工资中的班主任津贴为80元，为激励班主任工作积极性，学校根据量化考评，分等级发放班主任津贴170元、220元、270元，全年累计14.7万元。

(7)由于学校部分科目教师紧缺，加上病、事、产假等原因，部分教师需超课时带课，为保证学校教育教学质量，对带课量超出大纲规定课时量的教师予以适当补助，全年累计18.4万元。

(8)路面维修、墙面粉刷、油顶、管道维修和大型修缮等费用累计79.4万元。

(9)办公费、差旅费、培训费、土地租赁费、办公设备购置费等其他支出累计182.3万元。

以上9项支出合计为877.6万元。

综上，由于招生规模压缩，学生人数持续减少，学校收入少、支出大、债务重重，已经无法维持正常运转。

JN 二中债务情况　JN 二中始建于 1978 年，2006 年改办为独立高中，2011 年晋升为“市级示范性普通高中”，2014 年 8 月，学校整体搬迁至文屏教育园区。现有教学班 57 个，在校学生 2957 人，教职工 216 人，其中专职教师 213 人。学校先后被教育部评为“全国‘十一五’教育科研先进集体”“全国艺术教育先进单位”；2010 年 8 月被省教育厅、省体育局评为“落实中央 7 号文件和《学校体育工作条例》先进单位”。

学校从 2002 年开始扩建，扩大招生规模，先后修建科技楼一幢，学生公寓楼一幢，改扩建操场一处，配置多媒体电子白板 60 多个、校园网络及监控系统一套，学生饮用水及供暖锅炉各一套，道路硬化、亮化、绿化及附属工程等累计投资 5300 多万元，其中县政府给科技楼拨付 200 万元工程款，给教学楼拨付 200 万元，学校先后向省财政争取资金 260 万元，义务教育债务化解 360 万元，政府累计投资 1020 万元。学校每年从学杂费中积累投入的建设资金 2200 万元，另从社会人员及教职工中借款 1923 万元，还欠公寓楼工程款 110 万元，合计债务为 2033 万元。

在调研的时候，由于学校没有择校生和补习生，每年仅收学杂费 250 万元，还需要支付暖气费 120 万元，临时工工资 55 万元，水电费 40 万元，高考质量奖 30 万元，仅这 4 项就累计 245 万元。其他正常办公及维修没有任何资金来源，剩余的 2033 万元债务及借款利息根本无力偿还，负债过重已成为阻碍学校发展的最大困难。

WR 中学债务情况　WR 中学始建于 1957 年，是一所县办重点完全中学，2006 年 11 月被评为市级示范性高中学校。WR 中学多年来为社会造就了一大批人才，赢得了普遍赞誉。但学校教育经费来源单一，办学经费欠账多，严重影响到学校的正常运转和发展。截至 2014 年 8 月 31 日，学校总债务为 2098 万元。其中，统计上报的债务为 1762.55 万元，未统计债务为 335.45 万元。

具体项目如下：一是自2011年1月开始的未挂账个人借款利息约13.5万元，二是2013年12月附属工程项目欠县建集团工程款100.3万元，三是新建教师保障房及附属工程款100.15万元。

学校初中阶段教育经费为每年70万元左右，高中学杂费，包括住宿费，年收入总额约100万元，两项合计170多万元。而学校正常运转每年接近200万元，包括取暖煤炭费约70万元，水、电及维护费32万元，学校正常基础设施维护费24万元，日常办公用品费56万元，体育器材、实验仪器、药品购置费10万元。所以，基本上是入不敷出，根本无力偿还债务，更谈不上学校的发展。

CJ 中学债务情况 CJ中学高中部共有教学班26个，学生1680人，教师101人。学校债务堆积，连续4年无力偿还利息，催款要钱的人络绎不绝，严重影响了学校管理和正常教学秩序。总体情况如下。2004年至2014年6月，CJ中学共完成基建支出4351.76万元，已到位并支付资金3531.37万元，其中财政拨款1982.57万元，借款1208.9万元，经费自筹339.9万元。预付工程款802.7万元，账面应付工程款1611.8万元(剔除预付款，实际欠工程款809.1万元)。截至调研的时候，基建总负债约2018万元。学校从2004年到2014年6月累计集资3765.38万元，累计偿还2556.49万元，其中向教师个人借款490.3万元，向社会个人借款718.6万元。经统计，2009年以来基建账户共支付利息170.6万元。

GG 中学债务情况 GG中学地处JN县西部，建校历史50多年，是一所农村完全中学，2006年晋升为“市示范性普通高中”。学校2007年新建初中部教学楼、2009年建设学校餐厅、2011年建设学生公寓楼、维修校园基础设施、购置教室电子白板、学生公寓楼钢制床等共计负债2141万元，年结息80多万元，压力巨大，办学经费周转困难。

JSP 中学债务情况 JSP中学是一所县办农村完全中学，位于

JN县西北部的JSP镇。历经多年的努力，JSP中学的办学条件得到了极大的改善。截至调研的时候，学校占地面积22678平方米，建有教学楼、学生公寓楼和教师宿办楼各两幢，建筑面积16480平方米。

负债形成的过程：一是近几年在校舍排危改扩建及硬件改善的过程中产生的477万元的欠债；二是学校在修建更新锅炉设备的过程中又新增加的110万元的债务，因此学校负债达587万元，还贷压力巨大；三是财政款项不能完全及时地返回学校，且财政补贴经费严重不足。比如义务教育阶段每生补贴已达700余元，而高中的学费收入每生只有252元，高中办公经费十分紧张，严重制约了学校自主改善办学条件和提高办学硬件设备的能力。

RD中学债务情况　RD中学为JN南部一所农村完全中学，始建于1943年，高中共有18个班，学生总数为997人，高中任课教师77人。

截至调研的时候，学校欠债1067万元，其中欠工程款121.8万元，校园建设付息借款647.1万元，校园建设贷款180万元，购置供暖锅炉、电子白板、校园网络工程及锅炉用煤所欠各公司款项为68.9万元。另外，由个人付息借款及贷款所产生的利息每年为49.2万元。

RD中学每年的收入包括高中学生的学杂费48.3万元，初中学生公用经费39.9万元，两项合计为88.2万元，加上取暖费，学校的总收入为103万元，学校正常支出包括办公费、水电暖、差旅费、培训费、劳务费、会议费等约107万元。所有收入尚且不够保证学校的正常运转，更无法还债。

HR中学债务情况　HR中学是一所民办高中，现占地127.79亩，建筑面积18667平方米。有专职教师48人，学生585人。

在2010年之前，学校在全市范围内自主招生，完全能够保证学校的生存发展。但自2010年起，学校只能在JN县范围内招生，随着生源数量的减少，学校的生存和发展受到了极大的限制。学校收支严重失衡，需要办学者不断垫资。办学者在完成了所有的一期工程建设后，已无法按协议完成二三期工程。截至调研的时候仍欠外债177.3万元，难以形成和其他学校的良性竞争及可持续发展。

上述一个县域高中学校债务情况足以说明，政府对高中教育的投入还需要增加，此外，高中投入和管理模式需要转变。要善于运用政府与私人合作的有效方式，运用市场机制融资，彻底摆脱债务负担。不过值得欣慰的是，近年来，中央和地方各级政府通过加大对高中阶段教育的投入，不断化解债务危机，有力地促进了普通高中的发展。

三、政府与私人合作的模式探索

（一）公共部门与私人企业合作模式

公共部门与私人企业合作模式（PPP）无论是在发达国家或发展中国家，应用都越来越广泛。我国也有很多项目成功运用PPP模式，带来了很好的效果。该模式的好处在于，公共部门和私人企业在初始阶段就共同参与论证，有利于尽早确定项目融资可行性，缩短前期工作周期，节省政府投资；同时由于政府分担一部分风险，使风险分配更合理，减少了承建商与投资商风险，从而降低了融资难度；参与项目融资的私人企业在项目前期就参与进来，有利于私人企业一开始就引入先进技术和管理经验；公共部门和私人企业共同参与建设和运营，双方可以形成互利的长期目标，更好地为社会和公众提供服务；使项目参与各方整合组成战略联盟，对协调各方不同的利益目标起关键作用；同时政府拥有一定的控制权。

该模式的不足之处是，对于政府来说，如何确定合作公司增加了一定的难度，而且在合作中要负有一定的责任，增加了风险负担；组织形式比较复杂，增加了管理上协调的难度；如何设定项目的回报率也成为一个颇有争议的问题。

2015 年 5 月 25 日，国家发改委发布消息称，已经在门户网站开辟了 PPP 项目库专栏，公开发布 PPP 推荐项目，鼓励各类社会资本通过特许经营、政府购买服务、股权合作等多种方式参与建设及运营。发改委公告显示，本次发布的 PPP 项目共计 1043 个，总投资 1.97 万亿元，项目范围涵盖水利设施、市政设施、交通设施、公共服务、资源环境等多个领域。所有项目都已明确项目所在地、所属行业、建设内容及规模、政府参与方式、拟采用的 PPP 模式、责任人及联系方式等信息，社会资本可积极联系参与。下面就是其中一个高中建设项目的具体情况。①

1. 河源市第一中学高中部项目

项目所在地：广东省河源市江东新区

所属行业：公共服务

建设内容及规模：总用地面积 14.9 万平方米，总建筑面积为 9.26 万平方米，包括教学区、运动区、生活区及其他配套设施。

项目总投资：4.33 亿元

政府参与方式：特许经营

拟采用的 PPP 操作模式：BOT

发布时间：2015 年 5 月

该项目采用的 BOT 模式，是英文 build-operate-transfer 的缩写。即建设一经营一移交。是私营企业参与基础设施建设，向社会提供公共服务的一种方式。中国一般称之为“特许权”，是指政府部门就某个基础设施项目与私人企业（项目公司）签订特许权协议，授予签约方的私人企业（包括外国企业）来承担该项目的投资、融资、建设和维护，在协议规定的特许期限内，许可其融资建设和经营特

---

① 参见国家发展和改革委员会网站公布的 PPP 项目专栏。

定的公用基础设施，并准许其通过向用户收取费用或出售产品以清偿贷款，回收投资并赚取利润。政府对这一基础设施有监督权、调控权。期满后，转交给公共部门的合作伙伴。

2. 建湖城南新区高中项目

项目所在地：江苏省盐城市建湖县

所属行业：公共服务

建设内容及规模：建设建湖高中城南校区和城南国际小学

项目总投资：5亿元

政府参与方式：特许经营

拟采用的PPP操作模式：组建混合所有制公司

发布时间：2015年5月

在这个项目中采取的PPP操作模式是"组建混合所有制公司"

3. 诸城市密州高级中学项目

项目所在地：山东省潍坊市诸城市

所属行业：公共服务

建设内容及规模：建筑面积8.96万平方米，容纳学生6000人。建设教学楼、办公楼、图书实验楼、学生宿舍、餐厅食堂等及室内外配套设施

项目总投资：5.25亿元

政府参与方式：购买服务、政府补贴、匹配资源

拟采用的PPP操作模式：BOT模式、BOO模式、合资模式，或者参股模式

发布时间：2015年5月

在山东省这个项目中政府参与方式不是简单的一种方式，而是购买服务、政府补贴、匹配资源三种方式。另外，拟采用的PPP操作模式也是多个选项，包括BOT模式、BOO模式、合资模式，或者参股模式。

BOO模式是英文 Building-Owning-Operation 的缩写，是指建设—拥有—运营模式。该模式由企业投资并承担工程的设计、建设、运行、维护、培训等工作，硬件设备及软件系统的产权归属企业，而由政府部门负责宏观协调、创建环境、提出需求，政府部门每年只需向企业支付系统使用费即可拥有硬件设备和软件系统的使用权。这一模式体现了“总体规划、分步实施、政府监督、企业运作”的建、管、护一体化的要求。

4. 毕节市黔西县教育园区建设项目

项目所在地：贵州省毕节市黔西县

所属行业：公共服务

建设内容及规模：拟建5所学校(包括两所高中)及青少年活动中心；占地45.84公顷，总建筑面积26.1万平方米。

项目总投资：7.5亿元

政府参与方式：股权合作

拟采用的PPP操作模式：股权合作

发布时间：2015年5月

5. 云南大学附属中学呈贡校区建设项目

项目所在地：云南省昆明市呈贡区

所属行业：公共服务

建设内容及规模：总建筑面积129773.36平方米，共计84个教学班，在校学生4470人。

项目总投资：6.59亿元

政府参与方式：匹配资源

拟采用的PPP操作模式：DB

发布时间：2015年5月

6. 云南师范大学附属中学呈贡校区建设项目

项目所在地：云南省昆明市呈贡区

所属行业：公共服务

建设内容及规模：总建筑面积89262.9平方米，60个班，在校学生3600人。

项目总投资：4.6亿元

政府参与方式：匹配资源

拟采用的PPP操作模式：DB

发布时间：2015年5月

上述第五和第六项目采用DB模式，这是英文Design And Build的缩写，就是设计施工建造总承包模式。是指工程总承包企业按照合同约定，承担工程项目的设计和施工，并对承包工程的质量、安全、工期、造价全面负责，国际上也称交钥匙模式。在项目原则确定之后，业主选定一家公司负责项目的设计和施工。这种方式在投标和订立合同时是以总价合同为基础的。设计—建造总承包商对整个项目的成本负责，他首先选择一家咨询设计公司进行设计，然后采用竞争性招标方式选择分包商，当然也可以利用本公司的设计和施工力量完成一部分工程。

这样可避免设计和施工的矛盾，可显著降低项目的成本和缩短工期。然而，业主关心的重点是工程按合同竣工交付使用，而不在乎承包商如何去实施。同时，在选定承包商时，把设计方案的优劣作为主要的评标因素，可保证业主得到高质量的工程项目。

国外经验证明，实行DB模式，平均可降低造价10%左右；有利于进度控制，缩短工期；风险责任单一。从总体来说，建设项目的合同关系是业主和承包商之间的关系，业主的责任是按合同规定的方式付款，总承包商的责任是按时提供业主所需的产品，总承包商对于项目建设的全过程负有全部的责任。

缺点是业主对最终设计和细节控制能力较低。承包商的设计对工程经济性有很大影响，在DB模式下承包商承担了更大的风险；

建筑质量控制主要取决于业主招标时功能描述书的质量，而且总承包商的水平对设计质量有较大影响；出现时间较短，缺乏特定的法律法规约束，没有专门的险种；交付方式操作复杂，竞争性较小。

国家发展和改革委公布的 PPP 模式扩大了对教育项目的投入，是一个利好的消息。是在清理高中改制之后，国家要增加高中教育资源的新举措。本来多元主体公私合作伙伴关系就已经成为比较成熟的模式在国际上广泛使用了。我国在这方面的经验还很少。应该多学习，多尝试。

（二）椒江模式

股份制学校始于 20 世纪 80 年代初，到了 90 年代末获得极大发展，是根据学校资金的投入和组成方式，采用股份制对学校进行管理和运营的管理方式，其投资主体变为国家、法人和自然人等多个主体。最为典型的股份制模式是“温州模式”和“椒江模式”两种基本类型。

台州市书生中学是“椒江模式”的典型代表。该校创办于 1997 年，学校位于台州市椒江区，占地 110 亩，建筑面积 5.5 万平方米。截至 2010 年，学校初中有 47 个班，高中 31 个班，在校生达 4500 多人。生源以椒江区为主，辐射路桥、黄岩、临海、温岭、玉环、三门、仙居等周边县市区。该校是全国首家以教育股份制形式创办的完全中学，由全国著名教育改革家魏书生兼任校长。作为一所股份制学校，该校组织特征是一个“双法人结构”模式：一个是以办学为目的的股份公司，另一个则是由股份公司投资设立的学校法人，从而确立起学校实际上的独立法人地位，为学校自主办学提供了制度保证。教育股份制的创立，有利于筹集资金，壮大学校规模，增加学校的抗风险能力。教育股份制明确的投资主体和“双法人”的运作机制较好地解决了资本的寻利性和社会公益性的矛盾。书生中学在国内民办教育界享有很高的声誉，先后被国家、省、市授予“全国先进民办学校”等荣誉称号。

总之，高中学校的多种合作模式有助于提升普通高中教育的整体实力，为即将到来的高中教育全面普及做好准备。即在有条件的地区实行集团化办学模式，充分发挥优质学校的辐射和引领作用，不断扩大优质教育资源的总量，满足老百姓对高质量高中教育的需求；尝试推行“委托管理制”，有效发挥不同类型教育和人才成长的学校管理体制与办学模式，避免千校一面。

第五节　经验与展望

一、努力建立教育财政保障体制

截至目前，我国在建立起从学前教育到高等教育的财政经费保障体制方面有了长足的进展。其中，义务教育经费投入和保障体制比较完善。另外，有个别省份近两年陆续启动建立了公办普通高中经费保障制度。

2016 年新年伊始，就有新华社记者报道，四川省建立了公办普通高中经费保障机制。①该省财政厅、教育厅出台的《关于健全我省公办普通高中学校经费保障机制的指导意见》中说，从 2016 年起，对公办普通高中学校实行综合预算保障制度，按照“核定收支，差额补助”的办法安排财政拨款。该项制度将覆盖四川省 629 所公办普通高中。文件明确了生均公用经费综合定额的最低标准，即到 2017 年省级示范高中不低于每生每年 1420 元，市(州)级示范高中不低于每生每年 1180 元，其他高中学校不低于每生每年 1060 元。报道还说，建立高中学校综合预算保障制度，是推动全面普及高中阶段教育的

① 《四川建立公办普通高中经费保障机制》，http：//edu.people.com.cn/n1/2016/0108/c1053—28031123.html，2018-10-10。

客观要求，是保障高中学校运转的一项财政制度性安排，也是进一步保障和改善民生，办好人民满意教育的有效措施。至此，该省已全面建立起从学前教育到高等教育的财政经费保障体系，走在全国前列。

2015 年 11 月 27 日，湖北省人民政府办公厅发布《关于进一步完善普通高中经费保障机制的通知》，该文件提出了湖北省全省普通高中生均公用经费的指导标准：市(州)中心城区每生每学年不低于 1200 元，大别山、武陵山、秦巴山、幕阜山等 4 个集中连片贫困山区县(市、区)不低于 800 元，其他地区不低于 1000 元，并建立生均公用经费标准随经济社会发展逐步提高的机制。

截至 2015 年年底，湖北省共有公办普通高中 420 多所，在校学生近 90 万人，教职员工 10 余万人。从 2015 年起，湖北公办普通高中取消“三限生”招收，意味着，公办高中少了“三限生”择校费这笔经济来源。以往，湖北省示范高中 20％的计划用于招收“三限生”，这些学生须交 2.4 万元择校费才能被录取，停收择校生学费后，全省普通高中每年减少一半左右的学费收入。为避免因择校生收费减少，公办高中办学经费出现入不敷出的情况，湖北省 2016 年春季出台普通高中生均公用经费标准，并开始执行。

文件规定，生均公用经费主要用于教育教学和后勤服务等方面的支出，不得用于人员支出、基本建设投资或偿还债务等其他支出。比照公办普通高中学费标准收费的民办普通高中，应参照公办普通高中享受公用经费补助。实际执行标准高于上述标准的地区不得降低标准，有条件的地方可依据当地财力状况适当提高。而在此前，生均公用经费主要用于支付学校办公费、水电费、设施购置费、教师培训费、零星维持费等，以保障和维持学校正常运转。

2015 年 10 月 21 日，江苏省财政厅、教育厅颁布《关于提高公办普通高中生均公用经费拨款标准的通知》，文件决定从 2016 年春季学期起，江苏省公办普通高中生年均公用经费财政拨款标准分地区分别提高，其中苏南地区不低于1000元、苏中地区不低于900元、苏北地区不低于800元。各地制定的2016年生均公用经费财政拨款标准不得低于省定基本标准，对各地实际执行标准已高于此次省定分地区基本标准的，不得低于原保障水平。各地应统筹考虑，科学研究，建立健全普通高中经费保障动态调整机制，确保本地普通高中正常运转。

2015年9月28日，教育部官方网站披露，[①] 重庆实现生均拨款各级各类教育全覆盖。其中，普通高中生均公用经费拨款标准为1000元；建立民办学校财政补助标准体系，民办中职学校生均公用经费财政补助标准500元；建立生均拨款(补助)标准动态调整机制，根据经济社会发展水平，建立各级各类教育生均拨款(补助)标准动态调整机制，不断提高保障水平。例如，2012年公办中等职业教育生均公用经费拨款标准为750元、公办高中生均公用经费拨款标准为500元、公办高职生均综合定额拨款标准为6000元，2015年分别提高到1500元、1000元、8000元。

从上述几个省市的情况看，政府制定的公办高职生均综合定额拨款标准在省内也不统一，为了建立长期稳定的高中教育经费投入保障机制，高中教育财政保障重心应该在省级政府，同时，中央政府也要多方面大力支持，防止债务数额继续增加。

与小学、初中相比，普通高中阶段财政性经费投入相对不足。生均经费是衡量教育经费的重要指标，与总量经费相比，生均经费更能体现出每个学生所享受到的教育资源，也能够避免由于在校生规模变动带来的影响。值得一提的是，生均经费与各阶段教育的实际成本也紧密相连。一般来说，教育层级越高，生均经费也应该越

---

① 《重庆：实现生均拨款各级各类教育全覆盖》，http：//www.moe.gov.cn/s78/A27/s8544/201509/t20150929_211254.html，2018-11-10。

高。这是因为在更高层级的教育中所耗费的物质资本(校舍建筑、硬件设施等)和人力资本(师资水平)都越大。下表为 2006－2014 年，我国小学、初中、普通高中的财政性生均经费占人均 GDP 的比例。从表中可以看出，小学、初中和高中的生均经费占人均 GDP 的百分比都在不断上升，说明政府财政对于各级教育的投入力度越来越大。

表 2-1　财政性生均经费占人均 GDP 百分比(%)

年份	小学	初中	普通高中
2006	9.84	11.12	13.50
2007	10.85	13.18	13.02
2008	11.53	14.82	13.42
2009	12.93	16.68	14.47
2010	13.13	17.06	14.75
2011	13.79	18.16	16.66
2012	15.5	20.58	19.66
2013	15.93	21.37	19.50
2014	16.47	22.22	19.35

如果将 2012 年的数据与 OECD(经合组织)国家平均值相比较，OECD 国家小学、初中、高中财政性生均经费占人均 GDP 百分比均值，分别为 22%、25%、25%，我国的情况没有超过 OECD 国家，甚至高中比初中还低。可见，我国高中教育经费投入还需要做出更大的努力。

二、提供择校机会是发展趋势

某些高中“择校”带来的乱收费问题，成为社会热议和质疑的舆论话题之后，教育行政部门改变了以往默许的态度，出台了“三限”政策。这是一项过渡性措施，暂时发挥了一定作用。但是，根本问题没有得到解决。

北京师范大学王善迈教授认为，择校是居民的权利，居民有权选择学校，居民择校的对象主要是基础教育阶段办学条件好、教育质量高的学校。从改革的目标来说，应是“择校找民校”。即在基础教育阶段，政府的职责是为适龄儿童和青少年提供最基本的均等化教育服务，随着社会经济和教育事业的发展，那些超出基本教育服务的更高质量的教育需求应由民办学校供给，当然，这一部分民办学校在办学条件和教育质量上要超出公办学校的水平。政府应支持民办学校的发展和质量的提高，重要手段之一是，对承担义务教育的民办学校与公立学校一视同仁，对承担非义务教育的民办高中学校也应给予适度拨款。我国民办学校起步较晚，提高教育质量需要一个过程，这也是“重点校”政策转变，取消“以钱择公校”，进而采取渐进策略的一个依据。①

通过对普通高中“三限”政策变迁的分析，我们可以看出，它虽然是教育领域中的一个过渡性政策，但某种意义上说，它表现出教育政策周期性的不稳定特征。

但是，随着政策执行过程中的走样，以及缺少有效的专业评估和监测，在舆论压力下，决策者被迫实施调整，“三限”政策成为周期最短的政策。由此可见，如何丰富高中教育资源，提高教育决策的前瞻性，把握大方向大趋势，是政策制定者必须考虑的事情。

三、高中办学体制仍需要探索

对于改制高中在公办与民办两种办学体制的归属困惑，学术界有三种不同的观点：一是以经费来源为标准进行区分。二是以学校办学的自主权为标准进行区分。三是以学校的办学主体和产权作为标准进行区分。但事实上，国际公办教育和私立教育的合作趋势，极大地改变了人们对公立私立学校的区分标准。如今不管是以经费

---

① 王善迈：《“重点校”政策影响了教育的公平》，载《中国教育报》，2007-03-08。

来源为标准还是以办学自主权为标准，抑或是以办学主体和产权为标准，公办和民办学校都越来越多地显现出趋同性，再用传统的公私二元对立观念来区分普通高中学校是行不通的。所以，我国实行的改制高中政策，先天的缺憾是没有将其定位为“改造薄弱学校”。

在美国，特许学校（Charter School）和签约学校（Contract School）的施行都是为了改造办学水平较差的公立学校，通过实行公校私营，利用运营权的变化来激励其重新恢复活力，但其属性仍然是公立学校。从这类学校的发展实践来看，公办民办不是势不两立的二元对立关系，而是相互协调促进的关系。在这方面，我国香港地区的“直资学校”就是一个很好的案例。

回顾改制学校发展的进程我们可以看出，中央对改制学校的定位已经开始从“社会力量办学”和教育体制改革的一部分转而成为教育领域“乱收费”的焦点和需要清理整顿的重点。其实，对改制高中的异议早在治理乱收费和讨论教育公平问题的过程中就开始了。几乎在下发的每个杜绝乱收费的文件中都涉及改制高中，似乎改制高中必然带来乱收费。其实，这些问题的存在是多种因素导致的，在改制高中出现之前就存在，在改制高中政策废止后依然存在。

对于“名校办民校”，有支持者，也有反对者。支持者认为，为了扩大普通高中优质教育资源，应该允许名校办民校，但必须做到“四独立”，这样才能使普通高中优质教育资源增加，能为学生享有优质教育资源创造更多的机会。反对者认为，普通高中领域的“名校办民校”会引起不公平竞争，会造成学校国有资产流失；高收费会增加学生家长负担，会导致教育不公平和教育腐败。另有中间派认为，普通高中阶段的“名校改制”在一定时期内存在一定的合理性，有利于缓解普通高中优质教育资源供求矛盾。

第三章

中等职业教育，综合高中和普职融通

中等职业教育包含的教育实践很丰富。改革开放以来，我国中学阶段的各种职业类、专业类学校教育，职业高中教育，综合高中实验，普职融通教育探索等，都有很大的发展。

第一节　中等职业教育发展

一、中等教育结构改革

本书第一章中已经回顾和分析了改革开放初期中等教育结构调整的政策。1978年4月22日，邓小平在全国教育工作会议上强调，应该考虑各级各类学校发展的比例，特别是扩大农业中学、各种中等专业学校、技工学校的比例①。由此，中等教育结构改革成为改革开放初期教育改革的重头戏。

1980年10月7日，国务院《批转教育部、国家劳动总局关于中等教育结构改革的报告的通知》②促进了中等职业教育的改革和普通

---

① 邓小平：《在全国教育工作会议上的讲话》(1978年4月22日)，见《邓小平文选》(第二卷)，105页，北京，人民出版社，1983。

② 《批转教育部、国家劳动总局关于中等教育结构改革的报告的通知》(国发[1980]252号)，载《中华人民共和国国务院公报》，2—4页，1980(16)。

高中的改革。在后来的发展进程中，有一部分中等专业学校升格为高等专科院校，其余的中等专业学校和技工学校以招收初中毕业生为主，正式被纳入中等职业技术教育体系。文件实施 10 年之后，我国高中阶段职业技术学校招生数占高中阶段招生总数的比例，已超过半数，达到 50.3%。从根本上改变了长期以来中等教育结构单一的局面，促进了职业教育的快速发展，基本形成了普通教育与职业教育双轨并行的格局。

1982 年 8 月，教育部将中等专业教育司改为职业技术教育司，负责管理中专、职业学校和农业学校。1983 年 5 月 9 日，教育部、劳动人事部、财政部、国家计划委员会《关于改革城市中等教育结构、发展职业技术教育的意见》为我国中等教育结构大规模的调整做好了准备。

1985 年 5 月 27 日，《中共中央关于教育体制改革的决定》的发布，将调整中等教育结构、大力发展职业技术教育作为我国教育体制改革的重点。文件指出，社会主义现代化建设不仅需要高级科学技术专家，而且迫切需要千百万受过良好职业技术教育的中、初级技术人员、管理人员、技工和其他受过良好职业培训的城乡劳动者。没有这样一支劳动技术大军，先进的科学技术和先进的设备就不能成为现实的社会生产力。文件认为，职业技术教育是我国整个教育事业最薄弱的环节，职业技术教育局面没有打开的原因在于长期以来对就业者的政治、文化、技术缺乏应有的要求，在于历史遗留的鄙薄职业技术教育的陈腐观念的根深蒂固，为此一定要采取切实有效的措施，改变这种状况，力争职业技术教育有一个大的发展。

文件要求更新观念，要求树立新的劳动就业观。在改革教育体制的同时改革有关的劳动人事制度，实行“先培训，后就业”的原则和持证上岗的制度。“今后各单位招工，必须首先从各种职业技术学校毕业生中优先录取。一切从业人员，首先是专业技术性较强行业的从业人员，都要像汽车司机经过考试合格取得驾驶证才许开车那样，必须取得考核合格证书才能走上工作岗位。”这些规定开辟了教育与就业良好对接的全新局面，而且抓住了职业教育得以开展的关键性配套措施。文件还提出，应以中等职业技术教育为重点，同时积极发展高等职业技术院校，力争在五年左右，使大多数地区的各类高中阶段的职业技术学校招生数相当于普通高中的招生数，形成从初级到高级，行业配套，结构合理，又能与普通教育相互沟通的职业教育体系。

二、职业高中的发展

所谓职业高中，尽管具体的校名、办学方式各有差异，但其共同点是，它们都是在原来普通中学基础上建立起来的职业学校。在20世纪80年代初的中等教育结构改革中，一些中学试办职业班，逐步使整个高中部都改为职业高中。多数职业高中后来将初中部剥离，成为单纯的职业高中。有的职业高中最初就有主体专业领域，类似传统的中专、技校，如外事职业高中、财会职业高中等。有的职业高中则没有特定的专业、行业倾向，而是根据社会需要和自身条件设置各类相应的专业，

职业高中具有很多特征。

第一，与中专和技校相比，不包分配，在当时这是一种压力，但是，职业高中比较注重教学质量和效果，按照普通高中的教学质量办学，学生除了基础知识之外，还要努力学习职业技术，形成了职业高中的优势。

第二，人才培养紧密联系实际，为社会经济发展服务，尤其是为保障就业服务。职业高中的专业设置、培养目标和规格都是高度实用型的、职业化的。许多专业就是针对特定的职业岗位的需要和要求来展开教学，目的是使毕业生在工作岗位的适应期缩到最短，从而获得就业竞争的优势。在思想方法和行为决策上，职业高中不墨守成规，现实感强，适应性强，应变力强，富于创新和开拓精神。

第三，办学形式多样化。大体上有3类：一是教育部门自己办学，优点是领导系统一元化，便于管理；缺点是往往受经费、师资、设备以及就业出路的限制，并且专业设置面也有限。二是教育部门和业务部门联合办学，一般是由教育部门提供校舍、文化课师资、管理人员和教学经费、仪器设备，业务部门提供部分专业课和实习指导师资、专业教学设备、实习场地、补助经费，参与部分管理工作，承担部分毕业生的录用。这样的优点是双方扬长避短，对教育部门来说，解决了经费、场地、设备及就业问题；对业务部门来说，可以投资少、见效快的培养人才，比自己办学划算。缺点是双方的要求和条件往往不一致，协议达成的难度较大，联合办学中会产生各种矛盾。三是教育部门与用人单位协议培养人才。由用人单位提出所需人数和标准要求，学校以此设立专业并招生培养，用人单位予以不同程度和方式的协作，学生毕业后由用人单位根据协议录用。这种方式兼有单独办学和联合办学的优点，能保证按需培养的基本条件，又能减少双边矛盾，所以逐渐成为职业高中办学的主要形式，现又称为“订单式培养”。不过这种方式带有即时性，不能获得延续不断的“订单”，过于拘泥用人单位要求的订单也可能造成学校培养的困难。

第四，办学经费来源多途径。职业高中有教育主管部门延续过去普通中学拨款的经费来源，但这笔款项只够基本开支，例如编制内教师的基本工资等。另外还可以获得一些职教补助费或项目费，但这笔经费不像教育经费那样稳定。所以职业高中办学所需的必要经费中，相当一部分要靠学校自己筹集，得靠学费来维持办学。

职业高中是改革开放后职业教育兴起的具体标志，它利用原有中学的基础，投入小，见效快，促成了中等教育结构改革，有效地实现了中学毕业生分流，缓解了高校升学压力，而且培养了一大批有一技之长的劳动者，也促进了就业体制的改革，这是一个历史性的进步。有些职业高中后来成为支撑中等职业教育的主要力量。

从1991年到1996年，有关部门组织对三类中等职业学校进行了全面评估。1993年劳动部门评出130所首届国家级重点技校；1994年8月国家教委颁布了249所国家级重点中专名单；1996年2月国家教委审批认定了296所首批国家级重点职业高中。总之，职业高中早已发展成了与普通高中并列的一种高中教育类型，职业高中和县级职教中心一起成为我国中等职业教育的主干。

三、农村中学“绿色证书”政策

从学段划分看，我国的“绿色证书”政策不属于高中阶段的教育，但是，国家的文件定位说，“绿色证书”教育是在完成9年义务教育要求之后的一种教育，所以也有必要在本章加以关注，其经验教训值得反思。

早在100多年前，欧美一些国家就开始对从事农业的人员的技术水平进行等级认证。各国认证的对象群体、内容、标准、名称等不完全相同。国外的农民技术资格证书被称为“绿色证书”。20世纪90年代初期，我国也引进了“绿色证书”制度，农业部对在北京等地农村进行的“绿色证书”试点经验给予肯定，并且开始在全国推行这种对青年农民实施农业技术考核认证的制度。

2001年，教育部和农业部发出《关于在农村普通初中试行“绿色证书”教育的指导意见》，从此，“绿色证书”政策开始出现在农村初中教育过程中。文件要求农村普通初中“应在达到九年义务教育要求的前提下，坚持为当地经济和社会发展服务，为学生的发展打好基础。”要在初中阶段的劳动技术课时和地方安排课时中安排“绿色证书”培训课程，使学生在初中阶段有300课时左右的教学时间，其中60％左右用于理论课，40％左右用于生产实践课。课程学习合格者初中毕业时发给培训结业证书，有了培训结业证书，再经过一段农业生产实践(实习)和一定程序及核验备案之后，才能得到农业部门发放的“绿色证书”。

农村初中“绿色证书”教育很不均衡，在大多数农村初中没有真正开展起来，有些地方出现了“走过场”现象，很不扎实。据笔者调查，开展“绿色证书”教育存在的问题主要有以下几方面。

第一，“绿色证书”缺乏吸引力。尽管设计者要求“绿色证书”要和农民承包土地、取得银行贷款、购买种子和化肥等优惠政策挂钩，但是，现实的土地承包制度、银行贷款制度、一些农业生产资料的购买规则等，均没有和“绿色证书”挂钩。所以“绿色证书”实际的社会价值和经济价值不存在。农村儿童因为有农村户口早在上学前就取得了家庭承包的土地了，至于贷款和购买生产资料均是受市场经济规律制约的，基本不考虑“绿色证书”。这个没有价值的证书制度在农村学校当然没有吸引力。

第二，农村学校不具备基本的“绿色证书”教育条件。很多地方的农村初中面临着师资队伍专业结构不完整的问题，特别是合格的音、体、美、外语、计算机教师比较缺乏，初中阶段本该有的课程门类都开设不全，也就更没有可能开设其他涉农方面的地方课程了。

第三，绿色证书开发的主体没有积极性。“绿色证书”属于地方课程。2007 年，《财政部　教育部关于调整完善农村义务教育经费保障机制改革有关政策的通知》规定，从 2008 年秋季以后，地方课程教科书将不纳入免费提供范围，也不得组织农村义务教育阶段学生集体征订。各地自行开发的地方乡土教材的审批也将严格控制，原则上不再核准，实行“谁开发、谁买单”的原则。这一政策也对“绿色证书”有很大影响。

第四，经费没有保障，乡镇政府的办学积极性下降。在教育部和农业部《关于在农村普通初中试行“绿色证书”教育的指导意见》中，要求县乡两级政府帮助协调解决“绿色证书”的师资等。但是农村义务教育自从实行“以县为主”管理体制以来，乡镇政府的办学责任已经发生了很大变化，有些乡镇财力也很薄弱，所以对支持“绿色证书”也就流于形式了。

第二节　县级职教中心的兴起

一、诞生于河北省[①]

1978年12月，在党的十一届三中全会精神指引下，我国开始实行经济体制改革。河北作为一个农业人口比例高达86%的农业大省，培养实用技术人才的职业教育规模却很小，当时河北仅有农村职业中学74所，在校生0.54万人；中专校105所，在校生4.49万人，远远不能满足农村经济社会发展的要求，因此加快发展农村职业教育成为十分紧迫的任务。对此，河北省采取了一系列举措，推进农村职业教育的发展。

1979年下半年，河北省制定了《关于农村中等教育结构改革的实施方案》，提出了积极发展农业高中或农业技术中学的意见。

1983年7月，根据中共中央、国务院《关于加强和改革农村学校教育若干问题的通知》精神，河北省出台了《关于加快农村中等教育改革的意见》，要求每个县都拿出一所条件较好的公办高中改办成重点农业技术学校，使之成为培养中、初级农业技术人才和推广农业科学技术的基地和中心。

1985年12月，为落实《中共中央关于教育体制改革的决定》提出的大力发展职业教育及依法治教的要求，河北省人大通过了全国第一个省级地方性职业教育法规《河北省发展职业技术教育暂行条例》，要求各级政府把发展职业教育列入重要议事日程，强化各级政府的

---

① 这部分内容参考资料：高奇：《河北省的职教中心》，载《教育与职业》，1993(8)。河北省职业教育中心：《河北省县级职教中心建设取得重大进展》，载《中国职业技术教育》，1995(2)。翟帆：《县级职教中心的二十载峥嵘岁月》，载《中国教育报》，2012-01-07。

统筹协同作用，动员各经济部门、厂矿企业积极发展联合办学、行业办学。

1986 年，河北省召开全省第一次职业技术教育工作会，提出了“提高认识，加强领导，统筹规划，分类指导，改革体制，完善政策，提高质量，讲求效益”的指导方针。

上述措施，极大地促进了河北省农村职业教育的快速发展。到 1986 年年底，河北省各类职业学校在校生占高中阶段在校生人数的比例，由 1978 年的 4.5％上升到 38.6％。

就在农村职业教育取得一个个成就的同时，也出现了一些明显的问题。主要是布局分散，校均规模小，整体效益低。据统计，到 1989 年，河北省 139 个县域内由政府及相关部门或行业举办的各类职业学校达 1297 所，平均每个县 9 所，大多数学校在校生数量较少，有的不到 100 人。由于各部门分别办学，不仅学校培养能力和设施利用率低，而且专业设置难以调控。一方面各校争相开设一些热门专业，造成某些专业在一个地方多处设置，人才需求假性饱和；另一方面，某些社会上急需的特殊专业却由于办学难度高或投资大而没有及时设置，导致人才缺口较大，不能满足当地经济建设需求。这些问题严重制约了农村职教的进一步发展。如何提高职业学校办学规模和效益，如何塑造职业学校的形象，成为河北省农村职教发展面临的首要问题。

由于河北省这时期的农村职业学校大都是由比较薄弱的普通中学改建的，尽管总体办学规模增长幅度较大，但办学条件普遍落后，师资队伍整体素质较差，专业课师资数量严重不足。由于受普通教育办学模式影响较深，学校管理体制封闭，机制僵化，与当地农业科技推广、产业结构调整及农村群众生活的联系不够密切。为此，河北省和国家教委于 1986 年先后提出进行农村教育综合改革实验的设想，通过抓点探路、以点带面的工作方法，推动整个农村教育更快发展和更好地为当地经济建设服务。

1986年7月，河北省政府确定在燕山腹地的青龙满族自治县进行农村教育改革实验。同年末，国家教委经过调研后决定，在河北省太行山区的阳原县和完县(今顺平县)进行农村教育综合改革实验，同时把河北省的实验县青龙满族自治县作为联系点。1987年2月，国家教委和河北省政府在涿州市联合召开“河北省农村教育改革实验区工作会议”，新中国历史上第一次大规模的农村教育综合改革实验工作由此拉开序幕。在各方面的共同努力下，阳原县、完县、青龙满族自治县的农村教育综合改革实验工作按照预定计划进展得非常顺利。为进一步推进农村教育改革，1988年8月，国家教委在全国建立“百县农村教育综合改革实验区”，实施“燎原计划”。1989年1月，经国家教委同意，河北省政府增列经济较发达的丰南、任丘、获鹿(今鹿泉)、藁城、三河和经济发展水平一般或较落后的南宫、邱县、安平、丰宁等县(市)为农村教育综合改革实验区。

1989年8月，国家教委、国家科委、农业部、林业部、中国农业银行联合建立了农科教结合协调与指导小组。1990年1月，河北省政府宣布成立由省长任组长、有关部门主要负责人为成员的河北省农科教统筹领导小组。“农科教统筹”思想的提出和实行，打破了部门樊篱，统筹了各方面力量，合理配置了办学资源，大力促进了农村职业教育事业的发展。“统筹领导小组”通过整合职业教育办学资源、集中投入各方面财政性经费的办法，将原来县域内分散办学的各类公办职业学校集中在一起，建成一所规模较大、设施较好的综合性职业学校。

二、第一所县级职业教育中心成立

1989年，获鹿县被列为农村教育综合改革实验区之后，该县教育部门准备再投资兴建一所职业中专。该建设计划与河北省教育行政部门提出的建立县级综合职业技术学校的构想吻合，得到获鹿县委、县政府的认同和支持。不到一年时间，县里就建成了获鹿县综合职业技术学校(后改名为职业技术教育中心)。该中心是将 10 所利用财政性经费投资但却分散办学的农业中学、职业中学、农民中专、技工学校、农业广播电视学校、卫生学校等集中到了一个新的校址而建成的。中心拥有 10 个专业，7 个实验场所，20 个教学班，在校生 1000 多名，占地 580 亩，建筑面积 10000 多平方米。县政府和有关部门还把大片的农业实验场和几个工厂划归学校，作为专业实习场所。经过一年的运行，获鹿县职教中心显现出强大的优势和活力，较好地实现了县域经济发展中人才需求与人才培养的统一。国家教委和河北省主要领导多次对获鹿县职教中心的建设和教学工作进行考察，一致认为这是推进农村职业教育发展，使之为当地经济建设服务的成功之举。

1991 年 4 月 11 日，河北省政府召开省长办公会，决定在全省推广获鹿经验。4 月 14 日，在省政府召开的全省职业教育工作会议上，参会代表经过充分讨论，通过了建立县综合职教中心的一系列文件。在这些文件中规定，县综合职教中心实行以政府主要领导担任主任的校务委员会领导下的校长负责制。文件要求职教中心应发挥多种功能，成为培养、培训人才的基地，生产示范、科学实验、技术推广、经营服务的中心或枢纽。要形成上挂(取得高校和科研单位的帮助和支持)、横联(与有关单位、企业密切联系与合作)、下辐射(将技术与服务辐射到乡、村、户)的办学机制，基本办学条件和规模一般应达到“五个一”，即在校生 1000 人左右，占地 100 亩左右的校园，建筑面积 10000 平方米以上的校舍，用于农业类专业的 100 亩以上的实验实习基地，年产值 100 万元以上、年纯利 10 万元以上的校办厂(场)。

1995 年 2 月 10 日，河北省政府在石家庄市召开了“河北省职教中心建设工作会议”，总结交流了各地县职教中心建设的经验，动员和部署了第三批职教中心建设工作，研究了如何进一步抓好已建成的职教中心的完善和提高。到1995年年底，河北省139个县的职教中心先后分3批全部挂牌，实现了每个县建有一所职教中心的目标，校均在校生达到1226人，比1990年县办各类职业学校的校均383人增长了220.1％。从此，县级职教中心的办学模式在河北省正式定型和定位。此后，在一些全国性和国际性的学术会议上，河北省的县级职教中心被称为"河北模式"，成为我国高中阶段职业教育体系中的一个重要类型。

三、县级职教中心的发展壮大

2005年11月9日，国务院印发的《国务院关于大力发展职业教育的决定》规定"每个县（市、区）都要重点办好一所起骨干示范作用的职教中心（中等职业学校）"。2010年7月29日，《国家中长期教育改革和发展规划纲要（2010－2020年）》要求"根据需要办好县级职教中心"。在这两个文件中，国家政策由原先的"每个县要办好一所职教中心"转变为"根据需要办好县级职教中心"，可见两个文件在县级职教中心的布局及发展要求上有着不小的差异，县级职教中心的创办从由上而下的准政治任务转变为从下而上的需求性发展。

2011年11月7日，教育部、国家发展改革委、科技部、财政部、人力资源和社会保障部、水利部、农业部、国家林业局、国家粮食局等9部门在西安联合召开了加快发展面向农村的职业教育工作会议。会议要求贯彻实施9部门联合印发的《关于加快发展面向农村的职业教育的意见》，总结推广各地的好机制、好经验和好做法，分析农村经济社会发展的新需求，全面推进面向农村的职业教育改革与发展。教育部领导强调，一是尽快将免学费范围扩大到所有农村学生。二是在中等职业教育改革发展示范校、优质特色校和高等职业教育示范校等建设项目中要向农村、农业职业学校和涉农专业点倾斜。三是加快现代职业教育体系建设步伐，增强服务农业现代化、工业化、城镇化的能力。四是密切工学结合、校企合作、产教融合。五是积极动员农村职业学校、乡村成人学校、农村中小学开展新型农民和农村富余劳动力培训。六是推进中等和高等农业职业教育协调发展，构建人才成长的立交桥。

综上所述，从县域经济发展的需求、教育促进农村发展、普及高中教育、高中阶段教育分流以及国家教育政策的连续性等角度看，县级职教中心的前景广阔，值得期待。

第三节　综合高中的发展

一、综合高中的探索

20 世纪 80 年代末期，以河北省为代表的农村学校综合改革，即“三教结合”的实验，在当时侧重于强调在农村初中阶段的实验，但是在实践中，有不少高中学校也参与其中，例如辽宁海城同泽中学[①]，山西运城风陵渡中学，并取得了显著成效。从历史发展的角度看，综合高中的出现也是在 20 世纪 80 年代，但是，由于名称表述的不确定，直到 90 年代后期才在我国的政府文件中加以确认。

国家教委 1992 年颁布的《全国教育事业十年规划和“八五”计划要点》在确定“八五”期间教育发展的基本任务时指出，普通高中办的过多和经济落后的地区，应适当调减规模，或实行高三分流。1993 年颁布的《中国教育改革和发展纲要》进一步指出：中小学要由应试教育转向全面提高国民素质的轨道，普通高中的办学体制和办学模式要多元化。这是我国政府在政策文件中，首次对普通高中办学体制和办学模式做出的明确规定，充分肯定了现阶段普通高中多样化发展的必要性。

1995 年，当时的国家教委召开了全国普通高中教育工作会议，

---

① 魏光华：《创建人才培养的立交桥——海城同泽中学创办“综合高中”实践写真》，载《辽宁教育》，1999(10)。

颁布了《关于大力办好普通高级中学的若干意见》，指出“要继续抓紧普通高中办学模式的改革，改变比较单一的升学预备教育模式，逐步实现多种模式办学。一部分普通高中可以以升学预备教育为主，有侧重地为学生升入高一级学校打下坚实的基础，为高等学校输送合格的新生；大部分普通高中，可以通过分流，办成兼有升学预备教育和就业预备教育的学校；少部分普通高中可试办成以就业预备教育为主的学校……为了适应社会需要和发展学生的个性、特长，各地可以举办少量侧重外语、体育、艺术以及加强某一学科的特色学校或特色班，培养德智体全面发展并在某一方面具有特长的学生。”可以说，1995年的改革思路已经为综合高中的发展做好了铺垫，但遗憾的是，高中阶段的教育分类改革的设计没有得到国家政策的进一步引导。

在综合高中政策指导下，各地不同程度地进行了普通高中办学模式的探索，如1992年北京市东城区综合高中办学模式改革、1992年南通三中综合高中实验改革、1994年浙江省湖州市南浔中学综合高中实验改革等，其中以1995年上海市开始在一些普通高中和中等职业学校试办的“双学籍、双文凭”教育最为突出，在此过程中，涌现出诸如宝山中学、向锋中学、罗店中学、向明中学等先进典型。

1999年，《面向21世纪教育振兴行动计划》(以下简称《计划》)提出“经济比较发达的地区可发展部分综合高中”，这是在国家文件中第一次明确提出“综合高中”的概念。教育部1999年的工作要点中也提出要加快农村初中课程、高中综合课程改革，积极扩大综合高中办学模式的试点。“教育部还倡导各省市进行综合高中试点，上海、北京、浙江、江苏、山东、广东、河北、福建、湖南等10余个省市都进行了试点。到2000年，黑龙江、吉林、辽宁、山西、安徽、河南、四川、广西、云南等其他大部分省(市、区)也都开始试办综合高中”[1]。遗憾的是，在《计划》提出后的其他政策文件中，我们很少再看到有关综合高中的明确提法。

2001 年，《国务院关于基础教育改革与发展的决定》和《全国教育事业第十个五年计划》都提出“鼓励发展普通教育与职业教育沟通的高级中学”，《国民经济和社会发展第十个五年计划科技教育发展重点专项规划(教育发展规划)》中也提出，中等发达程度的地区要通过多种形式加快高中阶段教育发展步伐，积极探索和推广普通高中课程与职业技能教育相结合的综合性教育形式，要尽快建立职业技术教育与普通教育之间相互沟通、相互衔接、协调发展的新的教育体系，通过改革考试选拔和质量评估制度，促进职业教育与学历教育相互兼容，为毕业生提供继续学习深造的机会。

2002 年，教育部部长陈至立在全国职业教育工作会议上的讲话指出，要建立和完善人才培养的立交桥，沟通中等职业教育与高等职业教育、职业教育和普通教育之间的渠道，在高中阶段开展职业教育与普通教育相沟通的综合课程教育试验。建立中等与高等职业教育相衔接的课程体系。高等职业学校应优先对口招收中等职业学校毕业生，并可单独组织对口招生考试，对取得相应中级职业资格证书的中等职业学校毕业生，可免试技能考核。[2] 此外，2004 年国务院转发的《2003—2007 年教育振兴行动计划》指出，要积极推进农村中小学课程和教学改革，在实现国家规定的基础教育基本要求时，紧密联系农村实际，在农村初、高中适当增加职业教育内容。多种形式积极发展普通高中教育，扩大规模，提高质量。

从上述文件我们可以看出，常常是以“普通教育与职业教育相互沟通”来替代综合高中，这在一定程度上反映出国家对综合高中的认

① 桂建生：《论综合高中教育的产生、现状及发展》，载《当代教育论坛》(上半月刊)，2005(2)。

② 陈至立：《振奋精神，开拓进取，大力推进职业教育改革与发展》，载《中国教育报》，2002-07-29。

识还比较模糊，对综合高中还缺乏准确的定位和价值判断，而这表现在政策导向上也就比较模糊。

尽管这一时期国家没有明确的综合高中政策出台，但是在现实中，各地都从实际出发进行了综合高中办学模式改革的有关实验，其中浙江省在2001年还颁布了《关于进一步完善和推广综合高中教育模式的意见》，上海市在2001年颁布了《关于本市中等学校进行综合高中试点工作的意见》，都明确提出了综合高中的培养目标和教学基本组织形式；江苏省在综合高中办学模式上初步形成了“二一分段，高三分流，厂校挂钩，联合办学”的江宁中学模式、“二一分段，高三分流与就业培训结合”的南京行知实验中学模式和“全县统筹，二一分段，高三校际分流”的无锡模式。湖南省湘潭市第九中学实行了“一年统整，二年试探，三年分流选择”的模式，高三分流采用本校内部分流和跨校分流两种方式①。

各地进行的综合高中实验，在很大程度上推动了我国综合高中的进一步发展，2010年颁布的《国家中长期教育改革和发展规划纲要(2010—2020年)》进一步明确提出，“要推动普通高中多样化发展……探索综合高中发展模式。采取多种方式，为在校生和未升学毕业生提供职业教育”。这个文件的颁布和实施，为今后我国综合高中的发展提供了思想引领和政策支持。之后，全国关于高中教育多样化发展的研讨和试验如雨后春笋般呈现出来，教育部也确立了北京、黑龙江、南京、上海、新疆为国家普通高中多样化办学改革的试点。

据统计，到2018年，全国自称为综合高中的高中学校寥寥无几，且内涵表述各不相同，而且发展面临诸多体制机制难题。不过，在我们教育界同行眼中，真正意义上的综合高中还要数20世纪80年代出现的山西风陵渡中学。

---

① 桂建生：《论综合高中教育的产生、现状及发展》。载《当代教育论坛》(上半月刊)，2005(2)。

二、风陵渡中学的经验

风陵渡中学改革实验实际上就是综合高中发展的成功探索。该校的实验得到了国家相关部门的充分肯定。

风陵渡中学位于晋秦豫三省交界、黄河急拐弯的山西省芮城县风陵渡镇，是一所普通的农村中学。学校学习实践陶行知的“教育与农业携手”的思想，坚持在全体学生中开展以农科实验为主要内容的创新实践活动，创设了为当地社会经济发展服务的校本课程。在基础教育中渗透职业技术教育，走“农科教”相结合的特色办学道路，初步形成了既有升学预备教育，又有就业预备教育的综合高中办学模式。

学校在农科教结合方面的做法主要有：

（一）坚持在基础教育中渗透农科技术教育。风陵渡中学结合当地农村实际，在上好各门必修课的同时，编写了校本课程，作为各门必修课的补充内容，比如：数学课增添了数理统计，用来比较土壤肥力等；化学课增添了农药、化肥的使用方法和土壤分析；生物课增添了小麦遗传育种、玉米优良品种的培育、果树嫁接等有关内容；语文课增添了实用写作；物理课增添了电工、农用水泵的使用及故障的排除等；地理课介绍了当地区域气候的特点等相关知识。

（二）设立了职教部，以适应社会对各类人才的需求。职教部开设了农业、计算机、文秘、机电修理等专业，使毕业生除了获得学校颁发的高中毕业证外，还可获得初级技术合格证及职高毕业证。风陵渡中学探索的“三教融合” 的农村中学办学模式，是从高三年级起将学生分为升学、就业、特长等不同类型的侧重班。侧重班仍然以必修课为主要学习内容，保证文化课的学习时间和质量，保证达到毕业会考要求，侧重内容只是在活动课上体现。毕业会考后，学生可根据自己的兴趣、志愿和条件进行选择。升学侧重班开设有高考课程拓宽加深的选修课，同时为职教生参加对口升学考试创造了条件，为学生提供了又一条升学深造的道路。

（三）开展成人教育，利用学校校舍设备为农民举办农业技术短训班。在农业产业结构调整中，当地发展苹果、花椒、红枣、芦笋、大棚蔬菜等产业，风陵渡中学便及时组织农民进行技术培训，引导农民改变传统的生产经营方式，科学种养，优化经济结构，提高经济效益。开办农民技术培训班不仅直接为农民传递了科学技术和信息，为当地培养了大批技术人才，而且有力地促进了农村经济的发展，增加了农民的收入。

学校先后承担和完成了国家黄淮流域小麦区域试验等 45 项科研任务，培养出 30 多个小麦新品种，10 余个大豆、玉米新品种，探索出苹果、花椒等经济作物栽培新技术 10 余项。试验成果先后荣获国际金奖 1 项，国家级奖牌 9 枚，其中 1988 年 9 月，姚引丹、姚引红两位同学培育的 80(4)－1 高水肥地高产小麦新品种参加全国第四届青少年科技发明比赛，夺得大会设立的唯一特别奖，并获金牌一枚，同时获得论文答辩第一名及中国发明协会一等奖；2005 年，该校学生培育出的小麦“风选三号”和“月季不同花色嫁接实验”两个项目还获得山西省农科院专项奖，而由学校培育的小麦良种也远播陕西、河南、内蒙古等省区。

多年来，风陵渡中学既为高等学校输送了 5000 余名合格新生，连续多年获运城市“教学质量先进校”，还为当地培养出数千名懂技术、会经营的高素质实用人才，较好地完成了农村普通中学的双重任务。1983 年国务院发文曾充分肯定了风陵渡中学的办学方向，学校被国家教委誉为“农村中学的一面红旗”。1993 年，原国家教委副主任何东昌同志为风陵渡中学题词：“创造‘升学不慌、种田不愁’教改经验的风陵渡中学一定会越办越好”。2006 年 10 月，中国陶行知研究会以“一所人民群众满意的农村中学”为题，给温家宝总理写信介绍了风陵渡中学的知行教育为三农服务的事迹，温总理做了专门批示。2009 年，全国人大常委会副委员长严隽琪、全国政协副主席罗富和率领民进中央教育考察团视察风陵渡中学后，对学校学习实践陶行知教育理论，为三农服务的做法和成果给予了高度赞扬。严副委员长还欣然为学校题词：“发扬特色，培养各行各业的俊才”。

不过总的来说，像风陵渡中学这样长期坚持综合高中发展方向的学校在全国还是很少的。

三、综合高中发展缓慢的原因

(一)认识上不到位、不准确

“综合高中”发展缓慢的原因首先是理论研究滞后、政策导向模糊，以及缺乏准确的价值定位。人们常用普职高中来替代综合高中，甚至有不少的人认为，综合高中办学的目的就是为了解决“生源荒”的问题，在高一高二进行普通教育，高三对一部分升学无望的学生进行职业教育，使他们获得一技之长。而大多数研究者和实践者还停留在对综合高中的表象认识上，将普通教育与职业教育的简单相加看作是综合高中的本质之所在，并没有从根本上搞清综合高中的综合究竟是什么？衡量一所高中是否属于综合高中的基本判断标准有哪些？综合高中的创办是否需要自身的课程结构等问题。

(二)缺乏自身的课程结构

课程是学校培养目标得以落实的具体体现，也是教育教学活动实施的最主要依据。然而，遗憾的是，我国 20 世纪 80 年代以来综合高中的发展，并没有在课程上有所突破，2000 年颁布的《全日制普通高级中学课程计划(试验修订稿)》和 2003 年颁布的《普通高中课程方案(实验)》都没有体现综合高中课程的综合性和其与普职课程融合的特点。因此，无论是江宁中学模式，还是南京行知实验中学模式以及无锡模式等，从本质上来说，只是为高三升学无望的学生进行了职业技能培训。纵观 20 世纪 80 年代以来我国综合高中的发展，主要以“拼盘式”为主，没有体现和发挥出综合高中的内在优势，这往往使综合高中的学生和普通高中的学生相比在基础知识上处于劣势，和职业学校的学生相比在专业理论上不足。专业技能训练不够，最终导致综合高中的发展陷入困境。

(三)两种学籍制度，两种管理制度的影响

两种学籍制度即普通高中学生学籍制度和中等职业学校学生学籍制度，而两种管理制度主要是指普通高中和职业高中分别隶属于不同的职能部门，采用不同的管理模式。普通高中和中等职业学校在教育部隶属于不同的司管理。在两种学籍制度下，不论是各省出台的《普通高中学生学籍管理办法》，还是国家教委于1992年颁布的《职业高级中学学生学籍管理暂行规定》，基本都限制了不同学籍学生之间相互流动的可能。在两种管理制度的影响下，基础教育部门和职业教育部门各行其职，各负其责，都是基于各自的立场来设计学校的课程和实施教育管理。虽然县域职教中心作为一种新型的办学模式，不仅强调普通教育与职业教育在课程上相互融合与渗透，也强调师资的综合性，以及在教育过程中给予学生多次选择的机会，延缓学生分化的时间等(这些显然对学生的渐进式成长有利)，可是，县域职业教育中心只是一种学校类型，并没有涵盖县域内的所有高中阶段学校，高中阶段的两种学籍制度，两种管理制度模式并没有消除的迹象。

(四)缺乏经费和师资薄弱

从我国综合高中的创办类型来看，创办综合高中的学校大致可以分为两类，一类是改制学校，一类是合并学校。改制学校有两种，一种是由普通高中改制而来，这部分学校虽然在文化课方面有较大的优势，但是学校缺乏职业技能训练方面的器材和师资；另一种是由职业学校改制而来的，这类学校一般是由于严重的生源问题才试办综合高中的，一方面缺乏文化课教师，另一方面，学校的教学设施较为陈旧(合并学校在职业课程的教学仪器方面与这类改制学校相类似)，很难满足现代职业技能教育的需求。像在黑龙江安达市，由职业学校改制而来的、具备一定职业训练设备的学校，要想在综合高中方面有较好的发展，仅在资金投入方面每校大约需要3000万元至5000万元。巨大的资金缺口和师资的结构性短缺仅仅依靠学校自身显然是无法解决的。尽管国家倡导发展综合高中，探索综合高中的办学模式，但是从具体的办学实践来看，除课程、学籍和师资等因素外，国家对创办综合高中还是缺乏明确的经费支持。因此，可以说，长期以来，国家只是象征性地支持综合高中的发展，而缺乏对综合高中发展的具体政策支持。

此外，尽管20世纪80年代以来我国中等教育取得了快速发展，但是高中的入学率依然不高，特别是在2007年之前，我国高中教育的毛入学率都在60％以下。中等教育的普及程度不高，在很大程度上也影响了综合高中的发展。

综观综合高中的发展历程可以看出，综合高中发展的最大障碍一方面在于认识上不到位。对于究竟要不要办综合高中在理论界和实践界都还存在争论(更不用说对综合高中的本质内涵与价值理念、综合高中的认定与评价标准等问题的深层认识了)；另一方面，从综合高中的发展过程中我们也可以看出，课程结构一直是影响综合高中发展的根本性因素(一旦课程结构确立了，就需要将之付诸实践，需要在实践的过程中配备师资队伍和教学设备，建立相应的评价机制，促进综合高中由弱小走向强大)。

四、重庆市综合高中计划的搁浅

2012年9月20日，重庆市教委发布了《关于开展综合高中试点工作的通知》(渝教基[2012]72号)，确定首批22所学校①开始综合

① 重庆市首批综合高中试点学校名单(22所)：重庆市涪陵第十七中学、重庆市茄子溪中学、重庆市第四十七中学、重庆市第四十八中学、重庆市木洞中学、重庆市江津第五中学、重庆市合川盐井中学、重庆市南川水江中学、重庆市綦江三江中学、重庆市大足第三中学、重庆市荣昌永荣中学、重庆市璧山大路中学、重庆市垫江第四中学、重庆市梁平实验中学、重庆市开县陈家中学、重庆市开县丰乐中学、重庆市云阳江口中学、重庆市奉节长龙实验中学、重庆市巫山大昌中学、重庆市石柱民族中学、重庆市酉阳第三中学、重庆市彭水民族中学。

高中试点，试点时间为3年(2012年9月—2015年7月)，到2015年8月份将进一步推广。然而，由于种种原因，综合高中试点工作并未真正开展。

根据重庆市的文件精神，综合高中试点面向的是全体学生，致力于培养具有普通高中文化基础知识和中等职业专业知识与专业技能、具有继续学习能力和一定就业能力的高素质毕业生，为学生升入高等院校学习打下坚实的文化基础和职业技能基础，为社会培养较高文化水平的应用型人才。因此，综合高中试点要在办学模式、师资队伍建设、招生和学籍管理、收费和资助、课程教学以及考试就业等方面进行一些新探索。

(一)办学模式

重庆综合高中试点主要探索3种办学模式：普通高中举办中等职业教育班、普通高中与中等职业学校联合举办中等职业教育班、普通高中增设1至2门中等职业教育专业基础课程。其中，普通高中举办的中等职业教育班，应在普通高中文化基础知识教育的基础上，设置职业技术教育课程，加强职业技术理论和专业技能的教育；普通高中和中等职业学校联合举办中等职业教育班，应在优势互补、资源共享的基础上，共同完成普通高中文化基础知识、中等职业专业知识和专业技能的教育。

(二)教师队伍建设

开展以综合高中文化课和专业课骨干教师为重点的全员培训，培养一批高水平的专业带头人。鼓励专业课教师和实习指导教师考取相应的专业技术资格或职业资格，有计划地安排专业课教师到对口企事业单位进行专业实习和考察，大力提高专业课教师的专业水平和实践能力。鼓励企事业单位的专业技术人员、管理人员和有特殊技能的人员到综合高中任教。

（三）招生和学籍管理

综合高中招生计划纳入相应区县普通高中的招生计划管理，试点期间仅招收具有重庆市户籍生源。录取工作按普通高中和中等职业学校相关要求进行，录取分数线不能低于当年本区县普通高中最低录取分数线，同时不能低于相关中等职业学校同专业的最低录取分数。综合高中学生高一、高二年级统一注册普通高中教育学籍；第三学年将自愿接受中等职业教育的学生转注册为中等职业教育学籍（纳入中职招生计划管理），同时注销普通高中学籍。

（四）收费和资助

综合高中学生在注册普通高中教育学籍期间，按照普通高中学校的收费办法和标准执行；注册中等职业教育学籍后，将参照重庆市中等职业技术学校学生资助各类优惠政策（另行制订综合高中学生资助政策）实施。学生不得同时享受普通高中教育和中等职业教育优惠政策。

（五）课程教学

综合高中应根据教育部和市有关普通高中、中等职业教育课程管理的规定，合理设置普通高中文化课程、中等职业专业知识和专业技能课程。综合高中第一、二学年开设与普通高中教育相同的课程，采用普通高中新课程实验教材；第二学年增设1至2门中等职业教育专业基础课程；第三学年根据学生本人发展意愿，分别编成普通高中教育班、中等职业教育班，对应开设与升学或就业相关的课程。中等职业教育班学生实习在寒暑假完成。鼓励综合高中根据实际开设选修课程、校本课程及与之相适应的拓展性课程。综合高中中等职业教育班专业设置参照《重庆市中等职业学校专业设置管理实施细则（试行）》（渝教职成[2011]1号）执行。

（六）考试就业

学生参加普通高中学业水平考试或中等职业专业课程考试（学分

互认办法另行制订），达到普通高中教育毕业要求的综合高中毕业生，发给普通高中毕业证书；达到中等职业教育毕业要求的毕业生，发给中等职业教育毕业证书；既达到普通高中教育毕业要求、又达到中等职业教育毕业要求的毕业生，可以同时发给上述两类毕业证书。鼓励和支持学生参加职业技能认证，获得国家职业资格证书。综合高中获得中等职业教育毕业证书或国家职业资格证书的学生，由毕业学校推荐就业或自主择业，实行双向选择。

当年，那些被重庆市政府公布的学校翘首以盼政府进一步支持，特别希望在招生政策和经费投入方面得到政府的支持。然而，在这个问题上，政府没有任何后续的举动。不过，作为22所试点学校之一，重庆市綦江区三江中学逐渐发展成为一所不错的综合高中。

五、案例学校：重庆市三江中学高中部

2011年10月，国务院批准撤销重庆市万盛区、綦江县，设立重庆市綦江区，綦江的发展站上了新的历史起点。全区有各级各类学校165所，其中公办学校105所，民办学校59所，在校生126899人，其中，高中学校7所，高中生26475人。

綦江区三江中学是一所农村完全中学。高中部的规模多年来保持在1800人左右。以前，由于学校地理位置不佳、师资水平不高、办学条件不好、学生基础很差，学生辍学现象特别严重。这种状况迫使学校改革创新，让学生进得来、留得住、学得好。自2005年以来，学校先后在国家课程校本化，校本选修课程多元化，丰富活动促成长，职业技术课程精品化等方面进行了探索实践。事实证明，为学生提供适合的活动与课程，不但能够减少学生辍学，大面积提升学生的学业成绩，而且能够很好地提升学生的综合素养。从2006年以来，该校连续9年获得綦江区高中教学质量考核一等奖。《中国教师报》、《基础教育课程》杂志等国内多家专业报刊对该校进行了报道，很多学校来学习考察，该校也多次在相关教育工作会议上介绍经验。

（一）国家课程校本化

一是根据学科特点，入学伊始就做好初高中衔接教学。文科在教学中穿插所需，理科采取集中 2 至 4 周的办法进行。二是进行学案导学。学生选择适合自己的层次，教师根据学生层次，对国家课程进行分解，将“学了也不会”的部分剔除，编制成适合学生的学案，让学生学习形成梯次层进。易学易懂，先打好基础、培养好兴趣，逐步向国家课程标准靠近。三是缓进度、降难度教学。对计划升入职业类院校的学生，文化学习仍然采用普通高中文化课教材，用 2 年时间完成必修内容。例如，数学的必修课程延长至 2 年。体育等其他领域按普通高中课程标准执行。

（二）校本选修课程多元化

选修与必修结合。高一全年的写字课和高三上学期的社交礼仪课为必修；其他兴趣课为选修，共开设一年半，每周 2 课时，进行走班教学。

课内与课外结合。课内开设选修与必修课；课外利用每天放学时段、寒暑假等时间开设体育与艺术专业课。

校内与校外结合。艺术类专业课程，前 2 年由本校教师指导，高三上学期聘请社会师资进行指导。

表 3-1　三江中学 2011—2015 年艺术类学生升学情况统计表（以高考为准）

	选修人数	升学情况	备注
2011	47	升学率 93.62%，本科占 42.55%	
2012	38	升学率 89.47%，本科占 52.63%	
2013	44	升学率 88.64%，本科占 38.64%	
2014	58	升学率 91.38%，本科占 36.21%	
2015	55	升学率 98.18%，本科占 36.36%	清华大学 1 人

2012至2014年3年期间，学校分别向学生提供了21门、20门、19门课内选修课程，这些课程包括：跟我学拉二胡、书法、形体训练、跟我学礼仪、自由搏击、影视作品中的文学艺术、合唱、唐诗宋词等内容。丰富多彩的校本课程，不仅满足了不同潜质学生的需求，有效控制了学生辍学，而且培养了学生的特长，逐步形成了学校的特色。

（三）丰富活动促成长

高中阶段，学生不仅需要专业学习，更要多方面发展。学校结合常规工作组织了丰富多彩的教育活动促进学生成长。

班级值周。通过值周班参与清洁、出勤、纪律等各方面的管理，培养学生处理问题的能力，帮助学生形成自律意识。

成长记录袋展示。导师指导学生做好成长记录，学校要求学生定期展示。三江中学的成长记录袋有与众不同的四个材料：一是校长的寄语卡；二是学生进校时和学校签订的诚信考试合同书；三是每年送给学生的一张激励贺卡；四是学生18岁的时候学校颁发的特制成年纪念卡。学校通过每学期期中和期末两次展示，以促进其成长。事实证明，其效果是过去评价体系难以达到的。

社团活动。2014年成立了10个社团。如爱心社、文学社、象棋社、广播社等，成为学生志向、兴趣和特长交流的平台。

校会。每周星期一校会有“班级值周总结”“校长国旗下讲话”“序列化的专题教育”3个板块，丰富了学校“诚信、认真、慎独”的校训，很好地培养了学生的公民意识。

长途拉练。每年进行一次30至40千米的长途拉练(3条固定线路)，高三学生也要参加。通过拉练活动，不仅锻炼了身体，而且磨炼了意志。沿途老百姓都说：“我们的教育就应该这样，我们家长做不到的，学校做到了！”

成人宣誓。每年五四青年节隆重举行。

通过上述教育活动可以看出，学校把学生的成长过程凝结成课程，提到课程的高度来对待，收获了真正的素质教育果实。

(四)职业技术课程精品化

从 2007 年开始，学校在高三年级增设了电子、机械、财经、计算机等专业课程，2012 年，成为重庆市综合高中试点学校以后，学校进而从高二年级就开设专业课程。经过不断筛选，最终设定电子、机械、财经 3 门职业技术课程供学生选修。一方面，学生在高中阶段学到了一技之长，为高中毕业走向社会打下了基础；另一方面，学生通过选修一门职业技术课，使自己通过重庆市三校高职高考，考上大学的希望大大增加。

表 3-2　三江中学 2011—2015 年开设职业技术课程情况统计表(以高考人数为准)

<table>
<tr><th>年度</th><th>课程</th><th>选修人数</th><th>占年级学生比例</th><th>升学情况</th><th>备注</th></tr>
<tr><td rowspan="2">2011</td><td>电子</td><td>97</td><td rowspan="2">53%</td><td rowspan="2">203 人，升学率 88.65%</td><td rowspan="2">其中本科 20 人，占 8.73%</td></tr>
<tr><td>财经</td><td>132</td></tr>
<tr><td rowspan="2">2012</td><td>电子</td><td>125</td><td rowspan="2">59.78%</td><td rowspan="2">183 人，升学率 65.83%</td><td rowspan="2">其中本科 5 人，占 1.8%</td></tr>
<tr><td>财经</td><td>153</td></tr>
<tr><td rowspan="2">2013</td><td>电子</td><td>180</td><td rowspan="2">53.65%</td><td rowspan="2">261 人，升学率 84.47%</td><td rowspan="2">其中本科 12 人，占 3.88%</td></tr>
<tr><td>财经</td><td>129</td></tr>
<tr><td rowspan="3">2014</td><td>电子</td><td>153</td><td rowspan="3">54.11%</td><td rowspan="3">291 人，升学率 92.09%</td><td rowspan="3">其中本科 37 人，占 11.71%</td></tr>
<tr><td>机械</td><td>54</td></tr>
<tr><td>财经</td><td>109</td></tr>
<tr><td rowspan="3">2015</td><td>电子</td><td>246</td><td rowspan="3">64.08%</td><td rowspan="3">325 人，升学率 89.29%</td><td rowspan="3">其中本科 41 人，占 11.26%</td></tr>
<tr><td>机械</td><td>49</td></tr>
<tr><td>财经</td><td>69</td></tr>
</table>

三江中学通过向学生提供适合的课程，很好地践行了“让每一个学生发展好，让每一位家长都满意”这一理念，学生 3 年的辍学率从

过去的25%左右降到5%左右，91%以上的学生考上了大学，并且学生的综合素养得到了很大提升。三江中学的发展已经进入良性发展的轨道。

第四节　普职融通教育的探索

一、普职融通的出现

普职融通最初不是出现在政策文本中，也不是出现在职业中学里，而是出自普通高中校长的办学思想。在我国，很多改革都是从实践中萌发出来的。一些具有改革意识的校长和老师们心系学生，就会出现创新之举。普职融通最活跃的地区是农村中学，而且最早出现在农村初中。20世纪80年代中期，某些农村中学为了控制隐形辍学，让那些有辍学念头的学生留在学校的“职业班”学习，坚持到毕业。这些学校开始实施的普职融通改革，得到国家教育行政部门的重视，被认可、宣传和推广。1983年，《中共中央、国务院关于加强和改革农村学校教育若干问题的通知》指出，初中要增设劳动技术课程，或在三年级时分为普通科和职业科。这种政策导向很快影响到一些普通高中。

在高中阶段，由于优质重点示范性高中和一般高中的分化，那些生源一般的高中，为了提供适宜学生的教学内容，使学生学以致用，闯出了一条改革的道路。

教育的产生和发展都与劳动密不可分。但是，受到社会分工的影响，教育也发生了普通教育和职业教育分离的现象。20世纪中叶出现的通才教育力图将二者结合起来，但是收效甚微。因此，理想化的解决方案应该是坚持多样化发展模式，既有普通教育，又有职业教育，同时还要鼓励综合高中模式和普职融通的教育模式。

我们研究发现，普职融通教育是在普通高中学校课程方案基本不变的情况下，采取渗透或者实践等形式，开展的联系生活、联系社会实践的教育。普职融合遇到的阻力，一方面来自文化传统和管理体制，另一方面来自对狭隘课程的顽固坚持。

从普职分流、两种学校类型、两套课程分道扬镳看，无论是强调学术性学习，还是强调职业性学习，给学生选择的权利都是有限的，甚至是被动的，是被分数画线决定的。如果我们的课程从普职相互包含的角度，从寻找普职技能相通的角度思考和设计，并且普职相融的课程占比超过半数以上，就能跨越普职之间的鸿沟。因此，对于如何建立普职融通的核心能力课程，很有进行探索的必要。

二、北京市第一六五中学的案例

2014 年，我们到北京市第一六五中学调研，该校学生以北京市普通生源为主。一些家长把孩子送到第一六五中学就是为了避免去上职业高中，求得“孩子考上了普通高中”的心理安慰。但是，第一六五中学领导考虑的不仅仅是满足家长们要面子的虚荣心，而是要给学生真才实学，让他们有适应社会的真本事。

《国家中长期教育改革和发展规划纲要(2010－2020 年)》和北京市相关文件都指出：在普通高中适当增加职业教育，开展职业指导教育，开设专业技能课，推动普职融通。据此，北京市第一六五中学从 2012 年开始，提出了新的办学理念。即努力开拓适合学生发展的培养途径，力争让每一名学生找到适合自己发展的方向，在原有程度上获得更大发展，以此来为大学输送具有职业追求的人才。学校的特色由此逐渐显现出来。

(一)调查学情，设计教育方案

该校一位心理咨询专业毕业的彭老师，积极拓展自己的工作领域，开设了学生发展指导等课程。在彭老师主持下，学校通过问卷、访谈、作业等形式，从多角度对学生社会认知、职业倾向等情况进行了调研。

为了调查学生的职业目标情况，他们问了学生这样一些问题：你理想的职业是什么？这个职业具有的什么特点让你喜欢？你是否听到过成年人抱怨自己的职业？那是些什么职业？

经过统计发现，学生们对职业的认识要么一无所知，要么一知半解。提到的理想职业无外乎医生、教师、律师、公务员等，种类比较单一。另外，学生对职业的认识大都停留在自己的想象，例如：警察的待遇很高，可以随便罚款；公务员很轻松，赚钱又多。有的学生搞不清楚休闲娱乐与职业的区别，例如：理想的职业是旅游或者极限运动等。还有的学生的理想职业不切实际，比如：当职业拳击手，开银行当行长等。在调查问卷中，有15%的学生甚至什么也没写，对未来从事的职业没有任何想法。70%的学生只有模糊的目标，比如：白领、金融等。只有15%的学生有比较清晰的目标，对自己的理想职业有一定的了解。

为了进一步了解学生的职业生涯规划意识，他们自编了《第一六五中学生职业生涯规划意识调查问卷》。调查结果显示：20%的学生完全不了解职业规划是什么，75%的学生有点了解。68%的学生认为“最适合对我进行职业生涯规划”的人是自己，有14.5%的学生选择了“由父母决定”。对于“现在开展职业生涯规划教育的必要性”一问，80%的学生选择了“很有必要”。对于职业生涯规划教育的内容，90.6%的学生希望通过职业生涯规划课了解自己的性格适合什么样的职业；有84.7%的学生希望通过该课程确定自己的职业方向；有54%的学生希望了解自己喜欢的某种职业。针对“如何选择适合自己的职业”，学生们所提的问题大致可以分为3类：

表 3-3　北京市第一六五中学学生就“如何选择职业”所提的问题

分类	具体问题举例
什么是适合自己的职业	什么影响人们对职业好坏的判断？理想的职业是否真正适合自己？兴趣、爱好、梦想与职业的关系。
如何解决选择职业时遇到的一些矛盾	怎样找到一个使家人和自己都满意的工作？是要选择自己热爱的工作，还是只注重薪水等条件？职业与理想能否并存？
对具体职业的兴趣	教师这个职业的利与弊。当一名医生需要些什么知识？如何实现自己的飞行员之梦？

借助专业的生涯规划系统，学校全面地掌握了学生情况，而学生的整体情况分析为项目的实施也提供了指导和方向，保证了课程设计的科学性。

学科兴趣测验。从调查结果来看，该校学生 9 个科目的学科兴趣得分都比常模人群低，说明该校学生对所有学科的学习兴趣都低于平均水平。学生学习兴趣低，一方面是因为在学习中缺乏乐趣和成就感，丧失了对知识本身的兴趣；另一方面是因为学生没有明确的长远目标，缺乏学习的外部动机，认识不到所学知识的价值。为了培养学生的学习兴趣，学校除了在教学上下功夫，还帮助学生树立远景目标，让学生认识到自己的水平与目标之间的差距，唤醒学生的学习动机，激发学习兴趣。

性格测验。从性格测验的结果来看，该校学生在感觉—直觉维度，情感—思考维度和判断—知觉维度上存在显著差异。大部分学生的性格特点倾向于从整体感知世界，思维跳跃，喜欢预测未来。他们的优点是具有同情心、渴望和谐的人际关系，在决策时往往考虑他人的感受；喜欢宽松的生活方式，适应性强，灵活多变，不拘小节，思考多于行动，对规则和约束反感。缺点在于，不注重观察和信息的收集，过于感性，思维不够理性，没有条理，不善于规划，目的性差。

针对学生的性格特点，学校在教学中注重培养学生的计划性，从制订旅游计划到制定人生的计划，从设定总目标到设定分目标，手把手指导学生。同时由家长和教师监督学生的计划完成情况，克服想法多、行动少的缺点。

职业兴趣测验。测验结果显示该校学生在艺术和社会等方面的兴趣高于常模人群，而在其他方面的兴趣弱于常模人群。说明该校学生对从事手工制造、艺术创造和社会交往类职业比较有兴趣。从学生兴趣类型的人数来看，社会型最多，占全部学生的47.2%，其次是艺术型，占17.6%。企业型和常规型分别占全部学生的2.8%和3.7%，人数比较少。针对不同类型学生的特点，学校开设了不同的选修课、职业技能指导课，并开展各项活动，为不同类型的学生提供体验未来职业的机会。

表3-4　北京市第一六五中学课程体系表

	必修课及选修课	职业技能指导课	社团与社会实践	其他
现实型	通用技术	园艺、修理	DIY社、模型社	
研究型	能源及新能源		走进博物馆	研究性学习
艺术型	茶艺、摄影等	美容美发、服装设计	话剧社、配音社	艺术节、联欢会
社会型		旅游地理、航空服务	爱心储蓄、小记者	社区劳动、志愿服务
企业型		JA经济学、学生公司	团委、学生会	辩论赛、演讲赛
常规型		金融实务		

能力测验。在能力方面，学生在视觉一空间能力，音乐一节奏能力方面的平均分高于常模人群的分数，而逻辑—数理能力显著低于平均水平。学生对旋律、节奏、线条和色彩等非常敏感，音乐和绘画方面的能力较强，但对抽象概念不敏感，数理运算和逻辑推理能力较差。

对此，一方面，学校在教学上指导教师将抽象概念运用更具体更形象的方式呈现给学生，帮助学生理解；在平时注重学生逻辑思维的培养，促进国家课程目标的落实。另一方面，开设艺术类选修课，指导部分有艺术特长的学生发展自身优势，成为艺术领域的专业人才。此外，学生在各项技能上的平均分不高也反映出学生对自身能力的不自信。学校将为学生提供更多体验成功的机会，培养学生的自信心。

学生文理科选择的相关分析。从文理分科的报告可以看出一些学生偏科严重，大约30%的学生表现出非常明显的文理倾向，有8%左右的学生文理倾向分化严重，对不喜欢的学科完全否定，丝毫不感兴趣。

文理分科的倾向一定程度反映了学生的偏科情况。在这些偏科的学生中不乏单科成绩优异者，但就是因为某一门或几门课，他们的总成绩一落千丈。因为缺乏兴趣，虽然把大量时间用于弱势学科，但是总不见成效。每次会考前，这些偏科生都是老师的重点“照顾”对象。久而久之，不仅影响了其他科目的学习，甚至导致学生自暴自弃，产生厌学情绪。

针对这些学生，学校如果能有政策上的支持，允许他们用其他形式的学习替代会考中的弱势科目，那么会减轻学生的学习压力，极大激励这些学生的学习热情。

（二）根据学生特点，开展校本职业生涯教育

第一六五中学被北京市列为国家级多样化改革实验学校之后，

学校对“普职融通”的理解聚焦为4个关键词：理想、体验、内驱力、素养。“普职融通”首先是课程上的融通，但这种“融通”绝非是简单地将职业学校的课程搬进普高，而是专为普高学生建立一套全新的“普职”课程体系。

北京市第一六五中学的普职融通课程建设得到了政府的支持，与北京国际职业教育学校（以下简称“北国职”）联手建设。通过普通高中的综合实践活动课、校本选修课、教育主题活动等多个平台，为学生提供职业指导、职业体验、职业研究等多类课程。

表3-5　北京市第一六五中学普职融通课程体系

<table>
<tr><th colspan="2">课程平台</th><th>第一学期</th><th>第二学期</th></tr>
<tr><td rowspan="3">综合实践活动课</td><td>研究性学习</td><td colspan="2">主题：如何选择适合自己的职业和专业</td></tr>
<tr><td>社区服务</td><td>一日职业体验（寒假）</td><td></td></tr>
<tr><td>社会实践</td><td></td><td>职教实训基地体验</td></tr>
<tr><td colspan="2" rowspan="3">校本课程</td><td>生涯指导</td><td>生涯规划</td></tr>
<tr><td rowspan="2">了解职业（北国职授课）</td><td>金融实务（北国职）</td></tr>
<tr><td>旅游地理（北国职）</td></tr>
<tr><td colspan="2">教育、活动</td><td colspan="2">双语导游职业体验、走进博物馆系列（地质、自然、科技馆等）、培养翱翔学员、礼仪标兵、学习节期间读一本职场人物传记</td></tr>
</table>

从上表可以看出，该课程体系绝非是开设一门生涯指导课这样简单，而是围绕“如何选择适合自己的职业”这一主题开设的一系列、持续一年的综合课程体系。学校在每一门课程中都安排了丰富的活动、体验、交流及老师的指导。

已被列入课表的综合实践活动课和校本选修课，为普职融通课程体系提供了稳定的课时保障，同时又不影响其他国家级课程的正常进行。综合实践活动课作为校本化实施的国家级课程，三个领域围绕同一主题，又体现了学校特色，可谓一举多得。

实施普职融通课程之后，通过专家评审肯定，学校更加确定了

“普职融通”实验项目的意义，通过职业理想教育，激发了普高学生发展的内驱力；通过职业体验培训，提升了学生的综合素养；开设职业教育课程，促进了教师专业化发展；构建普职融通课程体系，打造了校本课程精品；尝试学分互认、会考替代、学籍转换，破解了普职融通瓶颈；借助职教资源，提升了普高办学品质。需要指出的是，第一六五中学作为“普通高中”的定位是实验项目的重要前提保障。

第一六五中学在充分调查学生情况的基础上，开发校本生涯规划课程，并针对学生的需求设计生涯教育活动，采用体验式教学，注重师生互动。从高一到高三，设计不同的生涯教育内容，一步一步指导学生树立职业理想，找到适合自己的发展方向。已经实施的职业生涯教育主要包括以下 3 个方面。

1. 认识自我

学生提的最多的问题就是“什么是适合自己的职业”，要想解答这一问题必须充分认识自己的兴趣、性格、能力和价值观，根据自身特点寻找适合自己的职业。为此学校设计了一系列活动，带领学生一起探索自我、认识自我。

生涯教育和传统的“师传言教”不同，它非常重视教师与学生的“互动”。只有建立在成功的师生互动基础之上，教师才能深入地了解学生，从而做出正确的生涯指导。因此学校设计的活动大都是体验式的、活动式的。

表 3-6　北京市第一六五中学校本职业生涯教育“认识自我”活动一览表

内容	主要活动	作业	辅助测验
发现兴趣	生涯幻游：我的岛屿计划	定做自己的喜好地图	霍兰德职业兴趣量表
了解性格	“如果我有 500 万”情景剧表演	编排情景剧	MBTI 性格测评

续表

内容	主要活动	作业	辅助测验
发掘能力	“我的优点树”分享成就故事	撰写成就故事	多元智能测评
澄清价值观	价值观拍卖	列出自己的价值清单	价值观探索

在老师一步一步地引导下，同学们开始思考一些以前从来没有考虑过的问题，比如“我是谁”“我想过什么样的生活”“我能干什么”。学生开始懂得选择适合自己的职业，不仅仅根据自身兴趣，还要考虑很多方面的因素。

在第二次调查中，面对同样的问题——“你理想的职业是什么？这个职业的什么特点让你喜欢？”具有清晰职业理想的学生比例提高了60%，没有职业理想的学生比例下降了10%。一些学生开始主动将所学知识运用到职业选择中，通过分析平衡各方面因素选择适合自己的职业。

2. 认识职业

针对学生在职业认识方面存在的问题，学校设计了一系列活动，引导学生了解职业、探索职业，体验职业。

表3-7　北京市第一六五中学校本职业生涯教育“认识职业”活动一览表

主题	主要内容	作业	辅助材料
认识职业	什么是职业、国内就业市场的现状、职业的发展变化	绘制家庭职业树	登录高中生涯发展教育系统，查看职业信息
掌握探索职业的方法	静态资料、动态资料、真实情景、职场人士面对面	访谈一位职场人	
了解职业信息	国职教师授课		

在第二次调查中，学生们的理想职业不再局限于原有的十几种，一个班 34 名学生就列出了 25 种不同的职业目标，不仅有教师、医生等传统职业，还有旅游体验师、淘宝店主等新兴职业。通过认识职业和探索职业的过程，学生对职业有了更全面的认识，并且了解了自己将来要从事的职业需要具备哪些知识和技能，需要什么样的教育。

3. 职业体验

职业体验是职业生涯规划的重要内容。在学生初步确立了自己的职业理想后，学校将社区服务、社会实践与职业体验相对接，在假期开展了“一日工作体验”活动，要求学生根据自己的职业规划和人生理想，想办法接触一位与自己职业理想相近的从业人士。首先去展开一次访谈，了解其从业经历；其次为其义务做一天的工作助理，体验相关职业的特点与要求。活动完成后要如实填写相关表格，并附 3 张活动照片，开学后一周内交给班主任，认定学分。

在职业体验过程中，学校充分尊重学生个性，学生可以选择适合自己的体验方式。比如：学生既可以独自体验，也可以和职业理想相似的同学结成一个小组，采访同一个职业榜样，到同一个单位进行职业体验，但是每组不超过 5 人。学生可以自己寻找合适的职业体验场所，也可以到学校提供的社会实践基地参与职业体验。比如：到某医院做导医，下社区做一天社工，到区检察院与法官面对面，做一天高三教师，等等。对于还没有职业目标的学生，学校鼓励其到父母单位去，体验一下父母的工作。

开学后所有学生都上交了“职业体验记录表”，记录了职业体验的过程和个人的收获体会。根据统计，学生们在 113 个不同的单位体验了 36 大类，51 小类的职业。其中体验最多的职业是公司经理(18 人)和教师(中学 8 人、小学 2 人、幼师 6 人)。

值得欣慰的是所有单位都给予学生肯定的评价，表扬同学们认真负责、谦虚好学的工作态度，还有单位在赞扬之余给出了一些中肯的意见。例如：该实习生比较虚心，认真踏实，但做事情慢，还需要培养和坚定自信心。

从学生上交的“职业体验记录表”和活动照片来看，大约70％的人认真参与了活动并进行了深刻的反思，20％的人参与了活动但没有认真分析活动带给自己的收获，10％的人的反馈表没有加盖实习单位公章，或者没有上交活动照片，有弄虚作假的嫌疑。

通过体验职业，学生亲身感受了自己是不是真正喜欢并适合这样的职业，并在探索和体验的过程中锻炼了自己查找资讯的能力、分析问题解决问题的能力、与人交往的能力、与人合作的能力以及适应社会的能力。

（三）组建教师团队

“普职融通”实验关键在教师方面的融通，一方面表现在教师资源的共享，聘请职教学校的老师来普高授课；另一方面，学校也需要培养一部分既能够承担国家级课程、又能够同时兼任职业指导课或成为职业技能课助教的普通高中教师，建立一支“双师型”教师队伍。

经过努力，第一六五中学已经初步拥有了一支普职融通教师团队。上文提到的彭老师是高中生发展指导的教师，也是学校开展职业生涯规划教育的受益者。她在改革实践中体会到好的职业生涯教育不仅仅是上好几节课，更重要的是将生涯规划的理念融入到学校工作的方方面面。在开发课程、设计活动时不生搬硬套以往的经验，分析学生的实际情况，采用行动研究的方式，边摸索边研究，通过解决一个又一个学生的实际问题，推动项目的实施。同时，彭老师视野扩展了，站位更高了，能力提升了，从单纯的科任教师逐步成长为科研型教师。她和班主任一起备课上课，她的课程开发、活动设计、教学能力等各方面都得到提升。大家集体备课，认真琢磨每一节课，使生涯规划课更贴近学生需求，适合学生情况，并且逐渐完善了生涯规划课校本教材。她的心理活动课体验式的教学模式得到老师们的认可，也让更多人了解了心理咨询和学生发展指导教师的作用。

在构建教师队伍过程中，学校感到，几乎全部的教师在职业教育方面没有任何经验，遇到了很多困难。所以，学校不断探索，形成了集体备课、共同讨论、及时反思、边干边学的工作模式。同时，也对各类教师提出了明确的要求：

1. 课程开发团队教师须设计好每一节普职课程，至少要上一次公开示范课，参与集体备课讨论，并分析积累的过程性资料。

2. 课程实施团队教师须在进班授课前听一次公开示范课，参与集体备课讨论，同时进行职业指导课授课、担任职业技能体验课助教、及时反馈学生情况。

3. 研究性学习指导教师必须出席开题评审、中期汇报、结题答辩等重要环节，并在课题进行过程中给予学生需要的指导。

以上工作模式及制度要求，为学校培养"双师型"教师队伍积累了宝贵经验。

（四）开展丰富多样的教育活动

在老师指导下，学生们围绕"如何选择适合自己的职业"这一主题完成了多项活动课程。其中包括自我认知活动（"我的成就故事""职业理想大拍卖"等）、职场探索活动（"听职教老师讲座""一日职业体验"等）；人生规划活动（制定人生规划书）、研究性学习活动（如何选择适合自己的职业）等。这些活动不仅有助于学生了解社会分工、形成比较明确的职业意识，根据自身特点和兴趣，做出初步的职业选择；也促进了学生学习态度与习惯的改进；更增强了学生参与社会活动的人际交往能力。在美国校长团到该校参观校本课程博览会、社区志愿服务等大型活动中，学生均有优秀表现。

普职融通项目推进过程中，对学校、年级、班级文化均产生了积极的影响。学校利用各种会议、校报、宣传栏等方式，在学校进行广泛的普职融通知识普及。将普职融通项目提出的“理想→体验→内驱力→素养”理念渗透进学校的各项教育、教学工作中。关于职业理想的思考使学生们开始关注、关心周围的社会。“崇尚科学、慈爱包容”的校训在普职融通项目中得到进一步体现；成功人士访谈让学生们找到努力的方向，职业体验让学生理解家长的辛苦，研究性学习和网络测试让学生懂得用科学的方法规划人生。由于项目推进的过程中涉及的领域众多，普职融通带来的变化已渗透进学校的各个工作环节，使其不仅仅作为一个实验项目，而真正成为学校的特色。

通过开展职业规划课程和学生参与的各类实践活动，学生发生着不同的变化，班级建设也发生着明显的变化。教室内班级文化、楼道内年级文化的布置突出，学生展示个人才艺积极踊跃，在学校的各项重大活动中也有良好表现。有的班级学生以前对班级事务很冷漠，在选举班干部时只有5位同学报名，在大扫除时只有8位同学主动承担，开学军训中有3位同学想中途放弃。普职融通项目实施之后，班级地面上有多余的纸屑，每一位同学都会弯腰捡起。学生积极参加学校班级的各项活动，班级的凝聚力增强了。同学们的学习态度也发生了转变，学习热情有了提升，学习成绩也稳步提高。

连续几年，第一六五中学高考本科升学率逐年攀升，多个学科会考通过率达到100%。学生们面临的已不是“上不上大学”的问题，而是“上什么大学”“学什么专业”的问题。一部分对职业教育痴迷的学生，也通过第一六五中学与北国职学历互认协议的规定，有了明确的职业方向，搭建他们走向职业之路的“立交桥”。学校将职业教育引入普通高中，正是为了帮助学生找到适合自己的专业、树立正确的职业理想，从而提升学生的公民素养和自我发展的内驱力，使之适合未来社会发展的多元需要。

三、南京市高淳湖滨高级中学案例

南京市作为普通高中多样化发展国家级实验区，政府设计的高中实验类型之一就包含“普职融通”实验。南京市高淳县湖滨高级中学是申报开展这个主题实验的典型代表。

南京市高淳县湖滨高级中学是一所全新的学校，它是2005年经县政府批准，投资6000多万元兴建的一所现代化学校。同时，它又是一所有近30年办学经验的老学校，它的前身是高淳县第二中学，创建于1979年，1996年升格为南京市重点中学，2003年转评为江苏省二星级学校。2005年，根据高淳县人民政府《十一五期间教育布局调整工作意见》，原第二中学初高中剥离，高中部搬迁至此，成立“高淳县湖滨高级中学”，2006年秋开始面向全县正式招生。

2011年，南京市被列为国家普通高中多样化办学改革试点地区之一，高淳湖滨高级中学选择了“普职融通高中”的试点项目。2012年3月，学校的46名高中生按照自己意愿选择进入高淳中等专业学校学习，普通高中学生选择职业教育的普职融通育人机制在南京开始成为现实。

学校选择“普职融通”试验项目，是基于以下几个方面的考虑：一是从整个县的生源来讲，高中生源锐减，七八年前一个县有七八千初中毕业生，现在只有3000左右，高中学校面临生源减少的挑战。学校要想在竞争中立足，一个很现实的因素就是高考升学率。二是普通高中对生涯规划不够重视，学生进入社会无一技之长、就业难，而好多用人单位人才需求得不到满足的矛盾也异常突出。三是基于学校现状，千军万马挤独木桥造成了很多学生的陪读，损害了学生的自信心。基于这些考虑，且以2011南京市的高中学校特色化、多样化改革方案为契机，学校进行了“普职融通”试验。

学校的整个改革思路是努力搭建好两座立交桥。一座是人才立交桥，一部分学生对口招生，如电子电工，虽然这些学生高中时候就将自己选择3年都在一个狭隘的专业范围内，具有一定冒险性，但是反过来讲，能有更长时间锻炼自己的业务技能。第二座是课程立交桥。学生们中考的时候已经经历了一次选择，但这次选择比较迷茫。因此，学校对高一新生进行普及性的职业生涯规划，让学生认识自己、思考自己与社会怎么嫁接起来。同时，建立了一些跟对口单招的专业有一定关系的实践基地，如电子电工、机械专业。定期带学生去实践基地，帮助学生了解行业。学校在高一开设了5大类(农、工、商、服务业等)13门职业课程，如当代农业与农业机械化、淡水养殖、加工操作、物业管理、信息技术与未来、室内装饰设计、广播电视编导、园林绿化等。这些课程的老师有的是高校的，有的是企业的，有的是政府的(如农业局局长讲淡水养殖)，也有学校自己的教师。通过这些课程，学生一定程度上了解了自己，了解了社会，在高一升高二的时候，他们可以再进行一次选择。

南京市高淳湖滨高级中学之所以能够办“普职融通”，一个重要原因是学校具有得天独厚的地理、人事与资源等条件。与学校一墙之隔的是高淳中专，两校校长曾是同事，私人关系非常好，因此学校与高淳中专就在课程资源、师资利用上形成了顺利的合作关系。教师的工作量由他们在两个学校的工作量进行合计，不存在为对方学校拨付酬劳的问题，教师任课时间由两学校进行协调。除了有高淳中专的联系外，学校周边的一些企业也为学校提供了多种类型的社会实践机会。另外，特殊的政策保障也是融通得以进行的有效条件。在整个江苏省，学业水平考试参加即过，不存在及格与不及格之说(校长访谈时这样表述)，这样就不存在学业水平测试科目替代等问题，为学校课程实施提供了巨大的空间。

南京市高淳湖滨高级中学2011年的试验班一共46名学生(一名为浙江籍，属异地考生)，均为高二开学(2011年10月)时自愿选择进班的。试验班专业为电子电工，学生们在学习语、数、外文化课的同时，学习专业技能课，参加专业实训。他们既拥有普高的学籍，也具有高淳中专的学籍，可以参加相应的技能资格考试，获技能证书。具有参加对口单招的资格。这批学生，除专业实训等需要在中专实训基地进行外，其他一切活动在湖滨高级中学进行。基础技能课、专业文化课等由中专教师到普高教学区进行教学，而湖滨高级中学的教师也会去高淳中专对中专的学生进行文化课教学。

试验班之外，学校面向全部学生实施职业生涯规划教育、职业探索微型课程。《湖滨高中职业探索微型课程纲要》由南师大顾建军教授的专家团队编写，2013 年 5 月在高一年级开设。

试验班 2012 年 3 月参加了对口单招技能考试，4 月参加了文化考试，全班 45 个人，30 个上本科线。这个升学率对学生和家长来说是非常有吸引力的。而这之中隐性的成绩，也是最重要的成绩，就是学生有了自己喜欢的事情，哪怕考不上大学，也树立了自信。在追求自己兴趣的同时，身心特别愉悦。以前一个班 50 个人也许就一个人能考上，49 个人都感觉不到希望。现在则是大家都找到了自己的兴趣，且看到了希望，在各种技能展示及评价中，自信又重新拾起。

2013 年暑假，南京市高淳湖滨高级中学普职融通项目的顶层设计者夏季云校长调至南京一中，学校普职融通项目主要负责人史主任调至高淳区教育科学研究与培训中心，学校的普职融通项目在课程开设及参与基地活动方面有萎缩的趋势。用史主任的话说，“普职融通项目进展中出现波动”。

从 2013 年 6 月开始，学校针对所有高一学生开设的“课程超市”（技术类的课程，以及请企业技术专家、地方特色产业技术员、技术学院教授到学校讲授相关校本类课程）在 2013 年 9 月开学后出现减少或停止现象，但学校针对普职融通类学生将来对口单招（高职考试）需要考的课程依旧正常开设。

总的来说，该校的试验得到了政府的政策支持：2010年，南京市教育局给学校拨款100万，以实施该项目。2011年，南京市被正式列入普通高中多样化改革试点地区之一，之后南京市颁布的普职改革的政策是，允许普高类学生在高一年级结束后分班，分班时学生可以选择职高类学业发展方向(普职系统泾渭分明)。有了这个政策，普通类学生可以选择进入职高系统。学生可以获得两证(普高、职高毕业证书)。这也是南京市教育局向江苏省教育厅申请后给予的特殊政策(按照过去做法，不参加普通高中学业水平测试是不能发普通高中毕业证书的)。可见，省教育厅对南京市普职融通改革的大力支持。

学校目前面临的最大困难是师资问题。因为学校已经形成了相对成熟的普职融通理念，但遇到的还是具体的落实，以及师资等棘手问题。学校的教师在对普职融通班的教学上也需要进行调整，因为职业化是另外的一套课程体系。另外，上级教育部门，如省教育厅对于学校普职融通的做法持不同的声音，管辖职业教育的领导认为普职融通实验班的做法挤占了中职对口单招的名额，造成了对中职教育的冲击。

第五节　经验与展望

高中阶段作为基础教育和高等教育衔接的一个学段，培养国家的基础性人才、实用性人才，是普通劳动者都离不开的教育阶段。高中分流功能是高中教育的根本特征，这也是国际上的共识。然而，具体到怎么分流，却是对一个国家的民族智慧的考验。

一、普职比重动态调整

我国普通高中学校类型主要是普通高中和职业高中两大类。在管理体制方面，从中央政府到各级地方政府常常出现分割管理的弊端，即分别设置管理机构。因此，教育体制改革任重道远。

在高中教育普职两类不同的管理体制下，普职关系到底受制于什么因素值得关注。著名教育家吕型伟先生早在1979年就曾指出，中等教育结构改革势在必行。[①] 我国是人口大国，幅员辽阔，农业人口比重极大，经济发展很不平衡，全民所有制和集体所有制并存，自动化、半自动化，机械化、半机械化和手工劳动并存，老的行业亟待发展，新的行业还要建立，社会结构十分复杂。我国“四化”要求的多样性人才与教育结构单一性之间的矛盾十分突出。除高等学校和极少数中专、技校培养高、中、初级专业技术人才之外，中等教育主要是普通初中和高中，普通教育与专业教育比例严重失调。以上海为例，每年有20万左右的普通高中毕业生，而大学招生每年不过2万人左右，大量的毕业生需要安排就业。这些待业生除了有一些文化知识之外，没有任何专业知识和技能，到生产岗位以后，都要从头学起，造成社会资源的极大浪费。而另一方面，生产部门迫切需要的中等技术人员，多年来没有得到补充。据有关部门统计，不少工业部门技术人员在职工总数中的比例极低，最高的不到10%，低的甚至只占3%～4%。而工业发达国家一般都在20%～30%。不少行业急需补充的中、初级技术人员如电子技术、机械制图、财务会计，等等，需求量都很大，但都没有来源。在农村，情况也是一样。如上海郊区的县，如果要实现农业现代化和发展农工商联合企业，所需要的人才，如建筑、财经、农机、农业、农副产品加工、卫生等技术人员的数量也非常大。而培养这些人才的学校却基本上没有。教育结构单一化与国民经济发展严重不相适应，矛盾十分突出。这是教育部门亟待解决的一个重大问题。

现阶段，我们的教育政策要求普职比重大体相当，但缺乏具体

① 吕型伟：《改革中等教育结构势在必行》，载《人民教育》，1979(7)。

依据，容易出现失误。经济发展和社会需求的大数据研究，国际经验借鉴、动态机制建立等都需要不断强化。国际上流行的经济学理论、“人岗匹配”理论等值得重视和研究。

二、县级职教中心的基本经验

县级职教中心出现之后很快在全国得到了普及，此项改革为什么能够在实践中推行，主要是因为基本经验符合中国国情。

（一）加强行政领导力，中心行政级别较高

1991年，河北省为抓好职教中心班子建设，省委组织部、省教委、省人事厅联合发文，明确县级职教中心校长由县（市）长兼任；常务副校长享受县级干部待遇。具体做法是，职教中心建立办学委员会，一般由县（市）委书记或县（市）长任主任，各有关部门的一把手任委员。其主要职责包括：按需研究制定学校发展规划；筹措解决办学资金；协调各有关部门在办学中的任务与职责；研定专业设置、招生规模、教学计划、教学实习及毕业生的安置使用等；研定职教中心主要人员的任用，指导检查办学情况等。

（二）政府资源配置力度大

在河北省，县级职教中心资金来源，一是地方财政投资；二是筹措贷款，省、地（市）贴息；三是各县（市、区）领导带头，发动各部门、厂矿企业、乡村集体、干部群众，通过多种渠道集资捐款；四是通过变卖原校产、学生适当交费、外加校办产业收入等；五是国家教委拨付职教专项补助款。以河北省武强县为例，该县是全国贫困县，全县仅有20万人口，县里采取7种渠道（减免配套费、领导干部群众捐资、争取贷款、政府领导出面借款、停购小汽车、缓建招待所、建筑队垫款）筹措资金621万元，仅用4个月的时间，就建起了一所占地102亩，建筑面积达1万多平方米的职教中心。

（三）得到了上级政府财政的支持

在江苏省，县级职教中心都不同程度地得到了上级政府的支持。

如中央财政投入职业教育建设的各专项资金(县级职教中心专项建设计划、示范性中等职业学校建设计划、职业院校教师素质提高计划、职业教育实训基地建设计划等)，江苏省政府及各地市级政府的财政配套资金，以及各类职业教育专项资金等等。2012年，江苏省宜兴职教中心成为国家中等职业教育改革发展示范立项建设学校，取得了中央财政支持的立项建设资金1100万元。常州市金坛区政府通过政策扶持和资源整合建设占地260亩的金坛职业教育中心；常州溧阳市政府筹集资金1.2亿元，建成占地305亩的溧阳职业教育中心；常州市武进区政府投资3亿元，在280亩的武进职业教育中心的基础上，进一步整合全区的职业教育资源，建成了占地约450亩、在校生15000人的新职教中心。2012—2013年，南通市如皋中等专业学校争取到了各级财政9000多万元用于学校建设。南通市如东县筹划征地400亩，投入1亿元易地重建县职教中心。南通市海安县筹划征地400亩，投入1.68亿元，整合5所职业学校，建立海安职教中心。

(四)有利于教育体系改革

在河北省，县级职教中心都是合并各类职业学校和培训机构而成的，并且新建集中的校舍。例如，沧州市青县职教中心是由技工学校、师范学校、农广校、电大、成人教育总校、教育电视台等单位合并而成。衡水市冀县综合职业技术教育中心是全县一职中、二职中、农广校、卫生学校、农机学校、教师进修学校、中华会计函授班等9所职业教育机构合并而成的，成为一种融职前职后于一体，多专业、多层次、多种培养目标和培训形式的综合性、多功能的人才培训中心。其综合性还表现在校企紧密结合，各中心都有相当规模的实习基地和校办产业，集人才培训、科研示范、技术推广、技术服务、信息传递于一体。有的中心在乡镇还有分校。

在江苏省，县级职教中心都是多种学制兼容的办学模式。例如，宜兴职教中心从办学形式和规格来看，有全日制中、高级技工班，职业高中班，职业中专班，五年制、三年制高职班，还有成人教育专科班、本科班，奥鹏远程教育(本科班)与江苏大学联办研究生班等。同时还积极参与南北合作、中日合作办学。另外，与社区培训学院及各镇区成人学校合作，开展社区培训教育。江苏许多县级职教中心，尤其是国示范职教中心，积极组建职教集团，在教学、管理、人才培养、学生就业、社会服务以及教研、科研、课程和教材开发等方面与职业学校，包括部分成人学校积极合作、协同发展，使得职教中心真正起到了引领、示范和辐射作用。

(五)发挥终身教育的功能

在江苏省，县级职教中心将面向“四农”(农村、农民、农业、农民工)的成人职业教育培训作为其重要功能和服务内容。职教中心在积极发展全日制中等职业教育的同时，积极发展成人职业教育培训。例如，昆山市根据外来务工人员“三多一低”的特点——数量多、从事务工经商的多、从事外企工作的多、文化技能素质较低，在全面调研基础上，提出实施“外来务工人员素质提升四项计划”，即“文明素质提升计划、文化学历提升计划、职业技能提升计划、科技知识普及提升计划”。

昆山市职教中心、成人教育中心等在实施外来务工人员培训工程的基础上，还推进实施“新生代农民工素质双提升工程”，即让“80后”“90后”在昆务工的新生代农民工通过在职学习与培训，在学历上达到高中及高中以上文化程度，在技能上按照产业升级和岗位需求，按需培训成为技能型人才。

无锡惠山区对新生代农民工实施免费的引导性培训、技能培训和创业培训，开办新生代农民工学历、技能双提升培训。

(六)学历教育与非学历教育并重

绝大多数职教中心开始意识到：职教中心不仅应进行学历教育，

而且应进行多形式的非学历教育。例如江苏省靖江职教中心组织实施8项培养培训和服务工程：新增劳动力培训工程、失地农民培训工程、农民实用人才培训工程、创业农民培育培训工程、回流农民工转岗培训工程、农民远程教育工程、农民上网知识普及培训工程、技术支农服务工程。

（七）促进了中职和高职教育的衔接

自20世纪90年代中期，江苏省在全国率先开通普通高校对口单独招生考试以来，学校共向高校输送了近4000名学生，其中被本科录取的有1200多名。学校每年组织中职学生参加成人高考，录取成人本专科的学生约3000多人。近几年，学校又根据形势需求，组织五年制高职和普专毕业生参加“专转本”“专接本”培养，帮助近200名大专生圆了自己的本科梦。2012年，学校积极参与中高职衔接试点项目，与江苏理工学院联合招收本科试点班学生290名。

（八）为地方经济发展做出了贡献

以河北省为例，如迁安职教中心的农林专业、南宫职教中心的食用菌专业、清河职教中心的羊绒加工专业、丰宁职教中心的建筑专业、武强职教中心的民间美术（年画）专业、曲阳职教中心的石雕专业等，都对当地农业产业化经营以及农村富余劳动力向非农产业转移起到了推动作用。

而在江苏省，大丰职教中心以国家和省产业规划为指导，牢牢把握当地产业结构调整的脉搏，一方面围绕机械加工、汽车制造及配套件等产业，做强机电技术应用等优势专业，充实、改造和扩建相应的专业群，满足传统产业提升的需要；另一方面，围绕低碳经济、节能环保装备、高新技术等新兴产业，借助国家一类口岸大丰港建设的背景，大力发展海洋生物、风电设备、绿色食品加工等新兴专业；抓住江苏沿海地区发展和长三角一体化发展服务软件和服务外包等新兴专业的建设，在原有相近专业的基础上加以充实、改造和提升。截至2014年，大丰职教中心已经建成江苏省示范专业4个、品牌专业2个，形成了契合当地现代产业体系建设的信息技术、加工制造、财经商贸类三大骨干专业群，为培养适应大丰经济社会发展需要的技能型人才奠定了良好的基础。

（九）建立了工学结合、校企合作的培养模式

在江苏，大丰职教中心树立集人才培养、社会服务、科技创新为一体的办学思想，走与区域内行业、企业密切合作的办学道路，努力培养社会急缺的技能人才。大丰职教中心校企合作的路径主要表现在三个方面。

一是努力构建行业指导、企业参与的办学机制。学校与中国热处理学会、全国热处理技术装备龙头企业江苏丰东热技术公司等企业合作培养技术工人。与常州高新区大丰工业园结成联盟，与园内谷登机械、达泰宁电子等企业进行深度合作，打造了校企园合作的成功案例。学校依托行业企业建立了教学改革指导委员会，充分发挥行业企业专家对学校专业建设、课程改革的参谋作用，制定既符合企业需求又遵循人才培养规律的培养方案、教学计划，实现了校企办学互动、校企人员互聘、校企资源共享，提升了学生的技术应用能力和岗位适应能力。

二是瞄准新兴主导行业的企业开展合作。瞄准沿海经济发展的最前沿，将新兴行业的高端企业作为校企合作育人的主要对象，做精“订单式”教育。先后与国内风电设备研发和制造的领军企业金风科技公司、全国设备最先进的非开挖钻机制造企业江苏谷登工程机械有限公司合作，建立实训基地，为学生提供掌握专业新工艺、新技能的机会和就业体验，实现了学校的人才培养与新兴产业高端企业就业岗位的无缝对接。

三是协助企业开展科研开发。经常组织骨干教师、领军人才为企业人员开设讲座，协助企业开展科研开发，加强科技攻关，促进

科研成果转化。学校机械工程系与江苏云马农机共同开发国家支持推广的农用播种机系列产品，校企技术人员共同研制的一种“双轮播种机”获得了国家发明专利，校企合作的模式受到江苏省教育厅的表彰。

在宜兴，职教中心先后创设了两种典型的校企合作模式。一种是把学校直接办到企业的“1+1+1”的“江缆模式”；另一种是通过投资合作，校企共建数控实训车间，学校学生定期驻厂实习的“江旭模式”。

(十)促进了教师队伍建设

为了建设一支数量足够、质量合格、结构合理、专兼结合的职教师资队伍，河北省的经验是，文化基础课师资以专职为主，一些从普通高中调配，一些从离退休的老教师中选聘。专业教师专兼职相结合，建立专业师资培养培训基地。如河北农技师院，侧重培养第一产业专业师资；河北职技师院侧重培养第二产业专业师资；邢台高等职业技术学校，侧重培养第三产业专业师资。同时在省属12所院校的27个专业开设了职教师资班，兼职教师则主要从联办单位聘请。

在江苏，宜兴职教中心对于具有较高技术技能水平且符合学校专业发展需求的引进人才，在学历、资历、职称等方面不做严格要求。学校成功招聘了国家和省级技能大赛一等奖获得者来校工作，并且解决了编制问题；学校还从企业招聘合同制实训指导教师，由地方财政负责工资、福利、三金等。南通市如皋职教中心开展了教师素质提升工程，其中的“教师培训工程”引导先进理念、提升教学技能。每年组织教师参加校本培训、省级和国家级骨干教师培训，鼓励青年教师参加企业实践，并安排学科带头人和骨干教师出国进行培训。“教师进修工程”递增学历学位、提高实践技能。鼓励教师参加各种形式的学历教育。“名师培育工程”增强优秀教师的垂范、辐射效应。“科研推升工程”一方面为教育科学理论提供源头活水，另一方面以科研促进教师的专业化发展，以科研促进教学质量的提高，推进教育教学改革。

综上所述，县级职教中心优势明显，体现了我国基层干部、教育工作者和广大师生的教育积极性，因此，也受到了各方面的肯定和支持。但是，县级职教中心也存在一些问题，由于办学成本较大，投入不足还是值得关注的问题，另外，职业教育规划、布局、教育培训资源浪费，校企合作的动力机制还比较脆弱等，这些都还制约着县级职教中心功能的发挥。

三、“普职融通”是应用型人才培养的需要

国际上近几十年出现了“为所有人提供职业教育”的呼声，把普通教育和职业教育分割设置本身就是落后的模式。然而在我国，长期存在着鄙视职业教育的现象，社会观念普遍认为学习成绩差的学生才去读职业学校。家长和学生受到这种观念的影响，以考上普通高中为荣，这无形中给进入中等职业学校的学生贴上了“差生”的标签。北京市第一六五中学在改革中发现，教师、家长和学生对普通高中很认同，对学校开展职业教育存在误解。一方面家长认为普通高中要以学术性课程为主，不要对职业教育花费太多精力；但是，另一方面，学校不能对学生的大学目标没有实现，就业技能又一片空白的现象无动于衷。因此本着对学生负责的指导思想，学校开展学生生涯指导和职业教育势在必行。

基于此，教师队伍建设显得至关重要。普通高中教师的专业知识结构对职业教育来说是很陌生的。很多教师的职业理想都不是在高中建立的，往往自身的职业发展规划都是到了用人单位之后，被迫之下草草应对。教师们不能体验到自我认知、职场探索等活动对于孩子成长的重要影响，也无法设身处地地理解学生，这样使得职业理想教育的效果大打折扣。针对这个问题，北京市第一六五中学认为“普职融通”需要开发更多方面的合作伙伴，尤其是来自大学就业指导部门的合作，这可以让普职融通项目被更多人所接受，同时促进教师在学生生涯指导方面发挥作用。

国内那一部分开设了生涯教育课程或通过各种途径开展了生涯教育的学校，有三个比较突出的问题：一是被动应急，当学生在升学和专业选择遇到问题时，才举行一次讲座或组织一次活动，往往收效甚微；二是水土不服，将大学或职高的课程稍加修改就搬到高中，重讲述偏理论，不符合高中生的实际情况，课程效果不佳；三是缺乏个性，学生没有选择的余地，所提供的教育与学生的需要存在偏差。这些问题是需要改革的问题。

事实上，要在社会需求和个人发展方面取得平衡，关键是开发合适的课程体系，让学生如其所是的步入未成年阶段到成年阶段的桥梁，跨越基础性普通教育模式和职业教育模式的鸿沟。美国著名教育家，加利福尼亚大学洛杉矶分校的古德莱得教授指出，“大多数职业教育倡导者认为，职业教育在课程中占有一席之地，主要是为了满足国家劳动大军中85％的人们的职业需要。他们说无论对于个人来讲，还是对于国家来讲，这都是一笔明智的商业投资，其地位一旦与数学、科学、社会学习和英语一道被确认，职业教育就可以成为通才教育的一部分。学生不但学会工作技能，还学到关于工作的经济和社会观点。”①这是一种理想化的设计。然而在实践中的情况并没有那么乐观。古德莱得通过调查发现，有两种情况要引起注意，第一种情况是把中学，特别是高中，明确地划分为以学术教育为重点的和以职业教育为重点的中学。第二种情况是进一步将这样的课程和与其相应的教学法分别组合成不同的课，名义上是开办通

① ［美］约翰·I. 古德莱得：《一个称作学校的地方》，苏智欣等译，上海，华东师范大学出版社，2014。

才教育，但是它们根本不能构成给所有学生的共同核心课程。①

在北京，某些综合高中和特色高中早在2002年就获得了“会考替代”政策，即可以用综合高中的3门专业课程考试替代高中教育阶段会考的物理、化学、生物3科。会考替代政策并非面向全体学生，也不强制执行，仅针对部分学校认可的“在某些方面确实表现突出”的人才，由学生自行提出申请，在不超过学校会考人数10%的范围内，予以实行。允许学生替代的科目为：文科生“生物课”由北国职“园林专业”相关课程替代；理科生“地理课”由北国职“旅游专业”相关课程替代。会考替代科目考试该校享有自主命题权，由普职学校联手共同命题。学生资格审核、阅卷、评分等工作均在双方共同监督下完成。成绩张榜公布，不合格者须参加替代科目补考。

而北京市第一六五中学不属于综合高中也就没有得到这项政策。学校向政府提出了申请，但是没有获得批复。在南京，高淳湖滨高级中学就得到了政府的这项政策，使得该校普职融通实验减少了很大阻力。

“学籍转换”政策的申请也是多年来北京市第一六五中学的一项重要诉求。学籍转换制度由职教和普高共同制定“学力互认”协议，确定学生转学后的年级和免修科目。2012年9月前，北京市第一六五中学完成了“学力互认”协议的签订，估计每届大约有5%的学生会有明确的职业理想，并且掌握一技之长，但是，时至今天学历互认还是没有实现。

在北京市第一六五中学，学校职业技能体验课虽然借助了北国职的教师资源，但在保证需要的专业课教师及提供稳定课程方面仍存在一定困难。学校教师队伍能够胜任生涯规划指导课，但是承担专业性较强的职业体验课困难较大。所以如何得到专业性足够强且

---

① ［美］约翰·I. 古德莱得：《一个称作学校的地方》，苏智欣等译，124页，上海，华东师范大学出版社，2014。

能够持续稳定开课的教师队伍，将普职融通课程形成长久稳定的特色工作，仍是学校需要探索的道路。

南京高淳湖滨高级中学也在教师队伍建设时遇到职业教育教师不能公开招聘，职业教育教师在普通高中学校系统内无法评职称等自缚手脚的规定。

四、发展综合高中前景广阔

综合高中既不同于普通高中，也不同于职业高中。从纵向上看，综合高中不是通过“中考”成绩来招生，而是在学习过程中通过课程逐步分化的一种高级中学；从横向上看，综合高中、普通高中和职业高中是并列的一种类型，并且各种类型之间还可以沟通与融合，强调依据学生的兴趣设置不同类型的课程，依据学生的认识水平和能力特点设置不同层级的课程，满足了不同类型，不同能力学生多样化、个性化的需求，为学生的自主发展和个性成长创造了条件。

普通教育和职业教育的分流是源于农业社会和工业社会对人的不同分工的需要。在农业社会和工业社会，行业人群的教育程度相对较低，职业流动缓慢，然而随着信息化社会进程的不断加快，职业流动已是现代社会的一个重要特征，因此，以往那种以狭隘的职业训练为目的的中等职业教育已变得不再重要，难以应付多元和多变的经济活动，也不再适应动态变化社会的需要。

从世界教育的发展情况来看，综合高中基本是建立在中等教育大众化基础之上的。我国在2005年以前，高中阶段毛入学率还不足50%。如果说在教育资源非常有限的条件下，对高中学生按分数进行分流是必要的和可行的话，那么，近年来，我国中等教育取得了快速发展(2010年高中阶段毛入学率已达到82.5%。随着高中教育规模的不断扩大，高中阶段毛入学率在2015年达到了87%以上，预估2020年将达到90%以上)。在这种情况下，我们依然按照学生的统考分数对学生进行被动分流，过早地对他们进行专业定向，显然不妥。让学生自然分流，参与自己的生涯规划，对于构建学生个性化发展十分必要。

从我国综合高中的构成来看，主要以“拼盘型”“合并型”和“职业高中改制型”为主。这些学校由于之前都进行过职业教育，因此，合并与改制之后，在教学设备和师资队伍等方面基本都能满足综合高中里职业教育的需求，有一定的发展基础。

在国际上，综合高中发展很快，也很稳定。美国的综合高中大约占高中学校的95%左右。美国也有升学预备学校，主要是私立的和教会办的学校。在英国、德国和瑞典等国家，中等教育阶段也是以综合高中为主体。其中，英格兰的综合高中占高中规模的85%，在威尔士和苏格兰，这个比例均为99%。1993年，日本文部科学省内设了“高中教育改革推进会议”，提出了综合高中的四个基本课题(第一，综合实施普通课程和职业或专业课程的教育制度；第二，创设使学生广泛而自由的选择成为可能的教育形式；第三，采用学分制进行教育课程的编制；第四，使学生有多种出路的选择)，此后创建综合学科高中的试验开始实施。据日本文部科学省的年度统计资料，2010年综合高中达到349所，占高中学校数的6.82%。综合高中学生为18.16万人，占高中学生数的5.1%。在我国台湾地区，具有多元性和地域性的综合高中学校数占高中学校数量的1/4以上，学生数占高中生的12%左右(2010年)。

第四章
高中课程改革

第一节　历史回顾

新中国成立之后，在学习苏联体制的过程中，我国的课程理论研究和实践探索比较滞后。一般是把课程和教材建设归结为教学内容的范围，属国家教育行政部门的管理业务，教育研究者、教研人员和中小学老师关注的重点是如何搞好教学，而不是研究课程。

改革开放初期，各条战线进行拨乱反正，课程改革也在行政领导下缓慢推进。1978 年编订颁发中小学教学大纲，1981 年和 1984 年教育部两次组织修订小学教学计划，1978 年和 1981 年两次修订和颁发中学教学计划。

1981 年颁发的普通高中教学计划强调语数外的教学，注意适应和发展学生的兴趣与特长，在必修课的基础上安排了选修课，重视劳动教育并开设了劳动技术课。这对于当时整顿和建立正常的教育教学秩序起了重要作用。但在后来的实践过程中，也暴露出不少问题：第一，三年制普通高中教学计划本来是为重点高中制定的，但由于未制定出适用一般高中的计划，全国只好都采用此计划，从而造成很多学校与学生的不适应。第二，课程结构不尽合理。从单科性选修的教学计划来看，物理、化学和外语的课时比重大，改革的幅度也大，历史、地理和生物的课时偏少，内容也不够充实完整。长期“重理轻文”的倾向仍未得到大的改变。选修范围较窄，对学生个性与适应社会生活等方面重视不够。这时期的课程改革，强调现代科学技术的思想指导，人文类课程课时比重较小，教科书存在深、难、重复等问题，学生负担比较重。此外，对于分科选修教学计划，并没有编制出有关学科的教学大纲与教材。而且在课程实施中强调为升学服务，文科少开或不开理科课，理科班少开或不开文科课，造成学生知识面的狭窄。

1985年，中共中央发布《关于教育体制改革的决定》，我国开始有步骤、有计划、有组织地进行教育改革。1986年，国家教委组织制定了《义务教育全日制小学、初级中学教学计划(初稿)》，但与其相衔接的普通高中教学计划一直未制定出来。

1990年，国家教委发布《现行普通高中教学计划的调整意见》，将各科教学大纲作了修订。调整原则如下：

第一，加强思想政治教育，加强劳动教育和社会实践，适当调整文理科的比例，力求各类课程比例趋于合理，克服文理偏科现象。

第二，减轻学生过重课业负担，减少各门学科过多内容，降低过高的教学要求与难度，为大面积提高教学质量，打好基础。

第三，有利于因材施教，发展学生个性特长。在打好基础的前提下适当减少必修课的课时，适当增加文理科、外语、艺术、体育和职业技术方面的选修课。

第四，有利于适应各地发展不平衡现状，有利于适应师资、生源和办学条件不同的学校需要。

第五，有利于普通高中的整体改革，注意与九年义务教育教学计划和新的普通高中教学计划的衔接，推动高中会考制度的实施。

1994年6月，为适应国务院颁布新工时制的要求，国家教委再次发文，对1990年的《现行普通高中教学计划的调整意见》进行调整。这次调整在保持整体结构不变的前提下，高中三年课时总量减少 252 节，减少周活动总量，加强了高中的艺术教育，并有利于向尚未制定出的高中新课程计划过渡。

总的来说,改革初期,每次课程方案实行的时间不长就又被新的方案替代,缺乏长远的前瞻性设计,这与我们课程理论研究滞后息息相关。而真正针对高中阶段的课程改革是在 1996 年开始的,本章下节将系统介绍。

1997 年 11 月，首届全国课程学术研讨会在广州举行,① 这次会议标志着我国课程理论研究真正摆脱教学论的框架，正式进入人们的视野。

1999 年 6 月，国务院召开的第三次全教会颁布了《中共中央国务院关于深化教育改革，全面推进素质教育的决定》，文件指出，加速改革课程体系、结构、内容，建立新的基础教育课程体系，试行国家课程、地方课程和学校课程。

2001 年开始，在基础教育课程改革文本中，课程标准无论是目标、要求还是结构、体例上都是全新的，蕴含着素质教育的理念，体现了鲜明的时代气息，课程标准是国家教育质量在特定教育阶段应达到的具体指标，它具有法定的性质。它是国家管理和评价课程与教学的基础，是教材编写、教学、评估和考试命题的依据。课程标准的研制，是基础教育课程改革的核心环节。

第二节　1996 年高中课程改革

一、国家教委的高中课程计划

为了进一步改革和发展普通高中教育，使之更好地适应 21 世纪

---

①　王永红、黄甫全:《课程现代化：跨世纪的思考——首届全国课程学术研讨会述评》，载《课程・教材・教法》，1998(2)。

我国经济和社会发展的需要，使高中教学与九年义务教育课程方案相衔接，全面实施素质教育，提高普通高中教育的质量和效益。国家教委在进行了大量调查工作的基础上制订了《普通高中新课程方案》，以下简称“新课程方案”。

“新课程方案”包括课程计划、教学大纲和根据教学大纲编写的高中各学科教材，目的是落实党的教育方针，把普通高中作为一个独立的学段，提出相应的培养目标。“新课程方案”建立了以学科类课程为主、活动类课程为辅的课程结构，并且按照优化必修课、规范和加强选修课的原则，构建了学科课程体系，从而使新课程方案体现出统一性与多样性、层次性与灵活性的结合，使其具有较为广泛的适应性。这样不仅有利于提高学生的全面素质，而且有利于学生个性和特长的发展。“新课程方案”在课程内容的选择和确定上面向全体普通高中生，力求为其进一步的学习和发展打好共同的知识基础和能力基础；并且从普通高中的实际出发，重视多样性、层次性和灵活性的要求，注重课程内容的纵向联系和横向结合，发挥课程的整体优化效应。

1996年3月，《国家教委关于印发〈全日制普通高级中学课程计划(试验)〉的通知》[①]指出，普通高中的培养目标是进一步提高学生的思想道德、文化科学、劳动技能和身体心理素质，发展学生的个性和特长，有侧重地对学生实施升学预备教育或就业预备教育，为高等学校输送合格的新生，为社会各行各业输送素质较高的劳动后备力量，为培养社会主义现代化建设所需要的各类人才奠定基础。这是相关部门第一次将普通高中的培养目标从中学的培养目标中剥离出来单独表述，意义重大。

普通高中的课程结构由学科类课程和活动类课程组成。具体课

① 《国家教委关于印发〈全日制普通高级中学课程计划(试验)〉的通知》(教基司[1996]13号)，载《课程·教材·教法》，1996(6)。

程设置见下表。

表 4-1　普通高中课程设置表

<table>
<tr><th>类别</th><th colspan="3">学科</th><th>必修、限选周课时累计(注 1)</th><th>必修、限选授课总时数(注 2)</th><th>授课总时数</th></tr>
<tr><td rowspan="27">学科</td><td rowspan="26">必修和限选</td><td colspan="2">思想政治</td><td>6</td><td>192</td><td>192</td></tr>
<tr><td rowspan="2">语文</td><td>必修</td><td>8</td><td>280</td><td rowspan="2">332—384</td></tr>
<tr><td>限选</td><td>2—4</td><td>52—104</td></tr>
<tr><td rowspan="2">数学</td><td>必修</td><td>8</td><td>280</td><td rowspan="2">332—384</td></tr>
<tr><td>限选</td><td>2—4</td><td>52—104</td></tr>
<tr><td rowspan="2">外语</td><td>必修</td><td>7</td><td>245</td><td rowspan="2">297—349</td></tr>
<tr><td>限选</td><td>2—4</td><td>52—104</td></tr>
<tr><td rowspan="2">物理</td><td>必修</td><td>4.5</td><td>158</td><td rowspan="2">158—306</td></tr>
<tr><td>限选</td><td>5</td><td>148</td></tr>
<tr><td rowspan="2">化学</td><td>必修</td><td>4</td><td>140</td><td rowspan="2">140—253</td></tr>
<tr><td>限选</td><td>4</td><td>113</td></tr>
<tr><td rowspan="2">生物</td><td>必修</td><td>3</td><td>105</td><td rowspan="2">105—183</td></tr>
<tr><td>限选</td><td>3</td><td>78</td></tr>
<tr><td rowspan="2">历史</td><td>必修</td><td>3</td><td>105</td><td rowspan="2">105—253</td></tr>
<tr><td>限选</td><td>5</td><td>148</td></tr>
<tr><td rowspan="2">地理</td><td>必修</td><td>3</td><td>105</td><td rowspan="2">105—192</td></tr>
<tr><td>限选</td><td>3</td><td>87</td></tr>
<tr><td colspan="2">体 育</td><td>6</td><td>192</td><td>192</td></tr>
<tr><td rowspan="2">艺术</td><td>音乐</td><td rowspan="2">2</td><td rowspan="2">70</td><td rowspan="2">70</td></tr>
<tr><td>美术</td></tr>
<tr><td rowspan="2">劳动技术</td><td>必修</td><td>分散 4,集中 2 周(注 3)</td><td rowspan="2">122234</td><td>122—356</td></tr>
<tr><td>限选</td><td>9</td><td></td></tr>
<tr><td>任选</td><td colspan="2"></td><td>9.5—16.5</td><td></td><td>288—497</td></tr>
<tr><td rowspan="2">活动</td><td colspan="3">校会、班会、科技艺体活动、课间操、眼保健操</td><td>9，每天半小时</td><td></td><td>315</td></tr>
<tr><td colspan="3">社会实践活动</td><td>每学年二周，三年共六周</td><td></td><td></td></tr>
</table>

表中的限选系指限定选修学科，任选系指任意选修学科，下同。

注1. 周课时累计指每个学科各学年周课时之和。如：思想政治每学年周课时为2，三年累计为6。

注2. 授课总时数是以《课程安排示例表》为依据计算的。由于各地和学校可在周课时累计不变的情况下编排课程表，因此各学校实际授课总时数会有所不同。

注3. 劳动技术必修学科采取分散和集中相结合的方式安排。分散安排：周课时累计为4，授课总时数为122；集中安排：高一、高二年级各一周，共二周。

该课程计划主要特点如下。

(一)明确提出普通高中的培养目标。本次改革把普通高中作为一个独立的学段，提出了相应的培养目标，与以往的基础教育课程改革完全不同。

(二)实现课程结构创新。建立了以学科类课程为主，活动类课程为辅的课程结构，并按照优化必修课，规范选修课的原则构建学科课程体系。

(三)适应不同办学模式。课程计划既有统一要求，又有适度灵活性，为学科与学生提供了选择余地，更具有适应不同地区和不同类型学校的教学需要的普遍适应性。

(四)分权管理。高中课程管理实施由中央、地方和学校三级管理。

该课程计划对普通高中课程设置情况如下。

(一)学科类课程。分为必修、限定选修和任意选修3种方式。必修学科是每个高中学生必须修习的课程，有思想政治、语文、数学、外语、物理、化学、生物、历史、地理、体育、艺术和劳动技术12门学科。限定选修学科是学生在学习必修学科的基础上，侧重接受升学预备教育或就业预备教育必须进一步学习的课程，设有语文、数学、外语、物理、化学、生物、历史、地理、劳动技术等学科。学生可根据自己的志向、爱好与需要，在教师指导下选修。任意选修学科是为发展学生兴趣爱好、发展个性特长而设，学生可根据自己的需要，在教师指导下，从学校可能提供的任意选修学校科目中自主选修。

(二)活动类课程。包括校会、班会，社会实践，体育锻炼，科技，艺术等活动。校会班会、社会实践和体育锻炼是全体学生必须参加的活动课程，科技、艺术等活动是学生自愿选择参加的活动课程。

该计划还对课程与考试的关系、课程与考查的关系做了规定。

二、“两省一市”普通高中课程改革实验

为了检验“普通高中新课程方案”的科学性、可行性和适度性，国家教委决定在江西省、山西省和天津市，即“两省一市”先行先试，并聘请了有关教育评估专家、课程专家和第一线教研人员成立了科研课题组，边试验，边研究，在科研指导下开展工作。现根据教育部办公厅“教基厅函[1999]6 号文件”“附件一：全日制普通高级中学课程设置及其说明（试验·修订稿）”和“附件二：普通高中新课程试验监测报告摘要”，从课程结构、课程安排、特点、改革的经验与成就以及问题与建议等方面对其作简单介绍：①

(一)课程特点

1. 注重课程内容的时代性。新课程普遍增加了反映当代科学发展的基本内容。比如，新的政治课教材增加了“所有制结构”“分配”“依法治国”“国家主权和国家统一”等内容，这使课程内容的时代性有了较大的提升。

2. 给予学生一定的自主选择性。新课程增设了任意选修课。任意选修课的开设受到学生的普遍欢迎，高达 93.49%的学生希望上这

---

① 程材：《教育部推荐“普通高中新课程方案”并征求意见》，载《课程·教材·教法》，2000(1)。

门课。学生自主选择的效果使68.5%的学生认为自己的兴趣爱好特长得到了一定的发展。

3. 强调知识与技能的实用性。新课程注重与社会生活的联系。比如：地理课以人地关系为主线选取基本的自然地理、人文地理知识来组织教学内容，削减了以圈层为线索的自然地理内容，是很大的进步；外语课则强调了听、说、读、写的训练。

4. 重视教育教学的人文性。艺术教学大纲从无到有，以及艺术欣赏的增加，是一个很大的突破。81.77%的学生认为，活动课对自己的成长发展"帮助很大"。55.99%的学生认为，新课程计划使自己的学习兴趣比初中时有很大提高或有一定提高。

(二)课程改革的主要经验与成绩

1. 基本经验

(1)坚持一个核心，即以素质教育为核心。在新课程计划试教的过程中，各省(市)都特别强调以全面提高学生的素质为核心，积极推进课程改革，把课改作为推进素质教育的突破口来抓，这就使课改有了正确的方向。

(2)抓住两个结合，即课程改革与教育科研结合；课程改革与教师专业发展结合。

课程改革与教育科研结合。新课程的试验极大地促进了试验地区的科研活动。两省一市的教委(教育局)和教研室都结合试验工作规划了本地区的教科研活动，提出了"地(市)成体系，校校有课题，人人都参与"的要求。许多学校结合本校实际，成立了课题组，或以年级组或教研组为基础开展教育科研活动。他们研究课改中的新问题，结合课改积极探索新的教学方法，总结教学经验。同时，对完善新教材也提出了一些很好的建议。

课程改革与教师专业发展结合。课程改革没有教师的理解与支持是不可能取得成功的。两省一市都十分注意把实施课改的过程当做提高教师专业发展水平的过程。他们积极创造条件，为教师提供了各种培训的机会，使教师在课改中得到锻炼和提高。

(3)落实三项措施，即领导重视、组织保障、条件支持。

领导重视。天津市教育局、山西省和江西省教委在课改刚开始时，就分别下发了“津教中［1997］12 号文件”、“晋教普［1997］7 号、13、14 号”和“赣教普［1997］011、012 和 013 号”文件，对试验工作提出了具体要求。江西省教委还提出勇于试验，精心组织、积极进取、首战必胜的要求，并提出了 10 项具体措施。

组织保障。除成立专门的领导小组外，两省一市基教处与相关教研室都投入了大量的精力在组织上保证试验工作有序进行。

条件支持。在教育经费十分紧张的情况下，两省一市都拨出专款用于课改必需的教学设施、设备的添置。

(4)注重四个环节，即舆论宣传领先；师资培训开路；改革课堂教学；评价制度保障。

舆论宣传领先。为推动课改顺利进行，各省(市)都十分注意舆论宣传工作，除人教社出版的《试教通讯》外，两省一市还分别创办了《试教简报》《试教动态》和《试教研究》。有关学校还以家长座谈会的形式，积极宣传课改的意义与指导思想，这为课改创造了良好的舆论环境。

师资培训开路。除基教司与人教社组织各种培训外，各省市也组织了各种形式的师资培训活动，帮助教师熟悉与理解新大纲与新教材，这就为课改的进行提供了师资的保障。

改革课堂教学。课程改革作为实施素质教育的突破口，如果没有课堂教学的同步改革，它的目的是不可能实现的。两省一市在推进课改的过程中都十分注意课堂教学的改革，在这方面也做了大量的工作。

评价制度保障。基教司为了保证课改的成功，及时发现课改中的问题，在试验开展的同时就成立了“普通高中新课程试验质量监控系统”以发现问题，采取措施加以改进。两省一市也相应地开展了这一工作，在制度上保证了课改中重要问题能得到及时改进。

2. 主要成绩

(1)学生在德、智、体、美等方面取得了较好的发展。在新课程规定的普通高中培养目标中，知识、技能、学习能力、良好的学习习惯、个性特长等目标的达成度较好。69.8%的教师认为与过去相比，教学质量有了较大幅度的提高，外语、历史、体育、艺术、政治学科教师们给出的相应数字则高于总体水平。73.96%的教师认为，在自己所教的学科中，绝大多数学生超过或达到了教学大纲规定的基本要求。

(2)学生学习负担有所减轻。减轻学生学习负担是新课程的主要目标之一，从调查结果看，总计有61.56%的教师认为，新课程实施以来，学生的学习负担减轻了。据调查结果，新课程实施后，双休日大部分学生能把一半以上的时间用于自己的活动。

(3)新课程关于任意选修课、活动课的规定和要求适应了高中学生的身心发展需要，对于保证普通高中培养目标的实现具有不可替代的作用。

(4)新课程促进了学生生动、活泼、主动地发展。

(5)新课程关于课程管理体制的规定，既强调了国家对于普通高中教育教学活动的要求，同时兼顾了我国现阶段的基本国情，比较符合实际。

(6)教师的工作态度得到了提高，专业发展得到了加强。在调查中，93.93%的教师自述自己工作比过去更努力。可见，新课程及其试验工作比较显著地改善了教师的工作状态。与此同时，课改也促进了教师专业水平的提高，在新课程实施的第一阶段，合计有

90.72%的教师参加了各种形式的专业活动。他们撰写、发表论文，参加教材的编写和进行教学改革探索，促进了自身专业水平的提高。

(三)存在的问题

新课程在实施过程中还存在一定的问题，这些问题主要是：

1. 部分教材偏难、偏深、内容偏多，与课时的矛盾比较突出。学生普遍认为理科教材较难。不同课程，学生认为难学的比例分别为：物理 56.9%、地理 45.6%、数学 38.4%、外语 37.1%、化学 25.1%、语文 19.2%、历史 9.7%。教师反映，理科的一些教材知识点增加较多，而课时减少，矛盾比较突出，希望理科教材，尤其是物理和数学难度能适当降低。

2. 教师的教育观念还有待进一步改进，要从学科本位和知识本位中解脱出来。

3. 教学条件还有待于进一步改善。在调查中，有 67.6%的教师认为本校的教学设施设备不能满足新课程的要求。

4. 新课程尚缺乏较大弹性。

三、基本定型

1999 年，教育部根据第三次全国教育工作会议和有关文件的精神，针对试验中反映出的问题，对"新课程方案"进行了修订和完善，于 2000 年印发了《全日制普通高级中学课程计划(试验修订稿)》和语文等学科教学大纲。在原两省一市的基础上，江苏、山东、河南、黑龙江、辽宁、安徽、青海等省也于 2000 年秋季开始使用这套"新课程方案"。同时，全国统一使用了普通高中语文、思想政治两个学科教学大纲的试验修订版；2001 年全国统一使用普通高中体育与健康教学大纲的试验修订版。

2000 年 1 月，教育部发布了关于全国使用《全日制普通高级中学课程计划(试验修订稿)》和各学科试验修订版教学大纲的通知，[①] 文件指出，1996年启动的课程方案，于1997年在江西省、山西省和天津市进行试验，受到试验省、市师生以及专家的普遍好评。现在要认真学习领会《全日制普通高级中学课程计划(试验修订稿)》的精神，从当地实际出发，积极进行普通高中课程改革，全面提高普通高中教育质量。

文件指出，普通高中阶段要进一步提高学生的思想道德、文化科学、劳动技能、审美情趣和身体心理素质，培养学生的创新精神、实践能力、终身学习的能力和适应社会生活的能力，促进学生个性的健康发展，为高等学校和社会各行各业输送素质良好的普通高中毕业生。

课程设置包括思想政治、语文、数学、外语(英语、俄语、日语等语种)、物理、化学、生物、历史、地理、信息技术、体育和保健、艺术、综合实践活动13门必修课和数学、物理、化学、生物、历史、地理、信息技术7门选修课，以及地方和学校根据学生兴趣要求和发展需要所开设的课程。

课程安排各学年教学时间是：全年52周，教学时间40周；假期(包括寒暑假、节假日和农忙假)10—11周；机动时间1—2周。各学年教学时间40周的安排是：高一、高二年级每学年上课35周，复习考试3周，社会实践和劳动技术教育2周；高三年级上课26周，复习考试12周，社会实践和劳动技术教育2周。另外每周活动按5天安排教学，周活动总量34课时，每课时45分钟。课程设置见下表。

---

① 教育部政策研究与法制建设司：《中华人民共和国现行教育法规汇编》(上下卷)，274页，北京，高等教育出版社，2002。

表 4-2　普通高中课程设置表

<table>
<tr><th colspan="3">学科</th><th>周课时累计*</th><th>必修、选修授课时数</th><th>总授课时数</th></tr>
<tr><td colspan="2">思想政治</td><td>必修</td><td>6</td><td>192</td><td>192</td></tr>
<tr><td colspan="2">语文</td><td>必修</td><td>12</td><td>384</td><td>384</td></tr>
<tr><td colspan="2">外语</td><td>必修</td><td>12</td><td>384</td><td>384</td></tr>
<tr><td colspan="2" rowspan="2">数学</td><td>必修</td><td>8</td><td>280</td><td rowspan="2">332～384</td></tr>
<tr><td>选修</td><td>2～4</td><td>52～104</td></tr>
<tr><td colspan="2" rowspan="2">信息技术</td><td>必修</td><td>2</td><td>70</td><td rowspan="2">70～140</td></tr>
<tr><td>选修</td><td>2</td><td>70</td></tr>
<tr><td colspan="2" rowspan="2">物理</td><td>必修</td><td>4.5</td><td>158</td><td>158～306</td></tr>
<tr><td>选修</td><td>5</td><td>148</td><td></td></tr>
<tr><td colspan="2" rowspan="2">化学</td><td>必修</td><td>4</td><td>140</td><td rowspan="2">140～271</td></tr>
<tr><td>选修</td><td>4.5</td><td>131</td></tr>
<tr><td colspan="2" rowspan="2">生物</td><td>必修</td><td>3</td><td>105</td><td rowspan="2">105～183</td></tr>
<tr><td>选修</td><td>3</td><td>78</td></tr>
<tr><td colspan="2" rowspan="2">历史</td><td>必修</td><td>3</td><td>105</td><td rowspan="2">105～236</td></tr>
<tr><td>选修</td><td>4.5</td><td>131</td></tr>
<tr><td colspan="2" rowspan="2">地理</td><td>必修</td><td>3</td><td>105</td><td rowspan="2">105～209</td></tr>
<tr><td>选修</td><td>4</td><td>104</td></tr>
<tr><td colspan="2">体育和保健</td><td>必修</td><td>6</td><td>192</td><td>192</td></tr>
<tr><td colspan="2">艺术(音乐、美术)</td><td>必修</td><td>3</td><td>96</td><td>96</td></tr>
<tr><td rowspan="4">综合实践活动</td><td>研究性学习</td><td>必修</td><td>9</td><td>288</td><td>288</td></tr>
<tr><td>劳动技术教育</td><td rowspan="3"></td><td colspan="3">每学年 1 周(可集中安排，可分散安排)</td></tr>
<tr><td>社区服务</td><td colspan="3">一般应利用校外时间安排</td></tr>
<tr><td>社会实践</td><td colspan="3">每学年 1 周(可集中安排，可分散安排)</td></tr>
<tr><td colspan="3">地方和学校选修课</td><td>11～19</td><td colspan="2">340～566</td></tr>
</table>

注：周课时累计指各学科每学年周课时之和。

文件对课程设置说明如下。

（一）普通高中必修课是为学生打好共同基础开设的，每位学生必须修习。选修课是在必修课基础上，为拓宽和增强学生有关学科领域的知识和能力开设的，学校除按照国家规定开设选修课外，地方和学校为满足学生多样发展的需要也应创造条件开设灵活多样的选修课，学生可以根据个人志向、兴趣和需要自主选择修习。

（二）时事政策教育是思想政治课的重要组成部分，主要通过组织学生每天收听、收看广播电视时事新闻进行。

（三）国防教育、环境教育、人口教育等专题教育内容主要渗透在相关学科和活动中进行，也可利用地方和学校选修课开设专题讲座。

（四）综合实践活动是国家规定的必修课，包括研究性学习、劳动技术教育、社区服务、社会实践四部分内容。开设综合实践活动旨在让学生联系社会实际，通过亲身体验进行学习，积累和丰富直接经验，培养创新精神、实践能力和终身学习的能力。学校要从实际出发，具体安排、确定综合实践活动各部分内容和组织形式。

研究性学习以学生的自主性、探索性学习为基础，从学生生活和社会生活中选择和确定研究专题，主要以个人或小组合作的方式进行。让学生通过亲身实践获取直接经验，养成科学精神和科学态度，掌握基本的科学方法，提高综合运用所学知识解决实际问题的能力。在研究性学习中，教师是组织者、参与者和指导者。

劳动技术教育主要对学生进行劳动观念和一般劳动技术能力的教育，进行现代职业意识、职业技能的培养和就业选择的指导。

社区服务主要通过学生在本社区以集体或个人形式参加各种公益活动，进行社会责任意识、助人为乐精神的教育，为社区的建设和发展服务。

社会实践主要通过军训和工农业生产劳动对学生进行国防教育、

生产劳动教育，培养组织纪律性、集体观念和吃苦耐劳精神。学校可以结合实际，为学生走出学校，深入社会创造条件。

（五）各地可根据本地实际，充分利用当地资源，积极创造条件开设职业技术类课程，可在地方和学校选修课中安排。学生可结合个人兴趣和需要选择修习。

（六）校、班、团等集体活动原则上每周1课时，可在地方和学校选修课中安排，并且要与综合实践活动的开展紧密结合。

（七）学校要根据普通高中学生的特点，结合实际，组织开展丰富多彩、形式多样的社团、俱乐部、兴趣小组等课外、校外活动。

文件还对课程的实施阐释如下。

课程实施是课程体系的有机组成部分，是实现课程目标的重要途径。课程实施应加强对学生创新精神和实践能力的培养。课程实施主要涉及教材、教师、学生、教学组织等因素。

（一）教材是教学内容的重要载体，是课程实施的基本依据，应体现科学性、基础性、时代性和开放性。课程实施要充分发挥和利用教材以外的课程资源，充分利用信息技术在开发课程资源方面的巨大潜力，引导和启发学生生动、活泼、主动地学习。

（二）教师是课程实施的组织者、促进者，也是课程的开发者和研究者；在教学目标的设计、教学活动的组织、课程资源的选择、现代教育技术的运用等方面都应有利于每一个学生的发展；教师的教学应是富有创造性的活动；教师应当不断提高师德素养和专业水平。

（三）学生的发展是课程实施的出发点和归宿。课程实施应当着眼于学生全面素质的提高，为学生健全人格的形成和态度、能力、知识诸方面的学习与发展创造条件；根据学习内容和目标的不同，采用多样化的学习方式和现代化的学习手段；使学生的学习成为主动、富有个性的过程。

（四）倡导教学民主，建立平等的师生关系。教师要尊重学生的人格，每一位教师都有责任爱护和培养学生的探索精神、创新精神，营造崇尚真知、追求真理的氛围，促进学生自主学习、独立思考，为学生禀赋和潜能自由、充分的发展创造宽松的环境。

文件还说明了课程如何评价的问题。

课程评价是实现课程目标的关键环节。正确的教育质量观是实施课程评价的关键。课程评价在课程实施过程中发挥着教育导向和质量监控的作用。同时，课程评价也是重要的教育手段之一，它可以及时地指导和帮助师生改进教和学的活动，不断提高教学质量。

（一）课程评价应以尊重学生为基本前提，以促进学生发展为根本目的。课程评价应根据普通高中教育的性质和任务，重视学生个性健康发展和人格完善，促进学生的全面发展；应根据普通高中学生的成长规律和发展需要，正确地确定评价标准和使用恰当的评价方式；积极地发挥评价结果的作用，通过评价帮助学生正确地认识自己在态度、能力、知识等方面的成就和问题，增加自尊和自信，改进学习方法，提高学习质量。

（二）考试是课程评价的重要方式之一。考试应依据教学大纲规定的目标和标准确定考试方式和组织命题，侧重考查学生对知识的综合理解，运用所学知识综合解决问题的能力。正确地对待考试结果。教师要指导每个学生认真分析考试结果，帮助学生改进学习，进一步提高学习成绩；教师要通过对每一位学生考试结果的分析和说明，改进和提高教学质量。不允许公布学生的考试成绩和名次。

（三）普通高中毕业会考或其他形式的毕业考试都要坚持毕业水平考试的性质，要依照学科教学大纲规定的教学目标或标准，全面考核学生的学习水平。学科会考应在学科必修内容的教学活动全部结束后进行。

要利用学分制管理综合实践活动，各地要指导学校制订相应的学分制实施办法，学生必须按照规定取得相应学分后方可毕业。

文件对课程管理规定如下。

普通高中课程实行国家、地方和学校三级管理体制。教育部规定普通高中教育的培养目标、课程设置及课时安排，颁布各学科教学大纲(或课程标准)和《普通高中研究性学习指南》。

省级教育行政部门应按照本课程计划的精神，结合实际情况，制订本省(自治区、直辖市)的课程计划，并报教育部基础教育司备案。各级教育主管部门应结合当地经济、社会、文化教育发展实际，积极创造条件，努力开发、完善地方课程，并对综合实践活动和由学校安排的选修课的开发与实施给予全面的指导。

学校应根据教育部和本省(自治区、直辖市)课程方案的有关规定，从实际出发，认真实施国家规定的必修课和选修课以及地方课程，积极开发综合实践活动资源以及由学校安排的选修课资源，办出学校特色。学校对课程的具体安排需上一级教育行政部门批准后实施。

第三节　有影响的区域性课程改革

长期以来，全国统一的课程教材体系始终处于一个主导地位，其优势明显，但是暴露出的问题也很多。为此我国自 20 世纪 80 年代末开始在一些地区进行了中小学课程的改革探索。其中，上海、广东、浙江等地的改革影响较大。还有一些高中学校也在综合课程、活动课程、校本课程等专门领域开展了改革探索。本节主要介绍上海和广东的课程改革。

一、上海高中课程改革的探索与实践

上海属于我国经济文化比较发达的地区。20 世纪 80 年代后期，上海就开始了中小学课程教材的重大系统改革，其改革的力度、广

度、深度与规模，为国内外所瞩目。

1988年5月，受国家教委的委托，上海市人民政府决定成立上海中小学课程教材改革委员会，负责中小学课程教材的全面改革，并组织编写适应经济文化较发达地区和条件较好学校使用的教材。上海市制订了《上海中小学课程改革方案》，改革了中小学教学大纲，编制了课程标准，编订配套的教材。从1991年秋季开始，这套教材的试用本在上海各校部分年级进行试验。1993年秋，上海市全部小学全面试行新的课程方案、课程标准与新教材。初中、高中则分别于1996年、1995年逐步全面推开试行。①

（一）指导思想与理论依据

上海中小学课程教材改革的期望目标是两个"改变"、三个"突破"：改变以"升学——考试"为中心的课程教材体系，改变学得过死、统得过死的课程模式；在减轻负担、提高质量方面有所突破，在提高素质、发展个性方面有所突破，建立一个以素质教育为核心的课程教材新体系。

上海课程方案、课程标准和教材的编制，在理论上建立了一个教育学的模型，就是以社会的需求、学科的体系与学生的发展为基点，以全面提高素质为核心，在三个"基点"上不走极端，在一个"核心"上求得平衡。

（二）高中的课程方案

上海中小学课程改革方案是在一年多市内外、教育界内外、国内外的广泛调研的基础上，经过反复修改论证后制定的，其中包括《高级中学课程改革试行方案》《高级中学课程改革试点方案》两个文件。

---

① 张福生：《上海中小学课程教材改革的理论和实践》，见《中国课程变革研究》，西安，陕西人民教育出版社，1994。

《高级中学课程改革试行方案》供大部分学校试行。“二一分段，高三分科”，即高一、高二年级主要让学生获得共同的基础知识，设计了较多的必修课，适量的选修课和活动课。高三分文科班、理科班和实科班，由学生根据自身实际报名。文科班与理科班除语文、数学、外语、思想政治、劳动技术、体育与保健等6门必修学科外，历史、地理、物理、化学、生物只作为选修学科。实科班的必修学科为语文、数学、外语、思想政治、体育与保健等5门，其余按工、农、商、文秘等类别开设选修课。文科班与理科班办在本校，实科班由区、县统一办班。

《高级中学课程改革试点方案》仅供少数学校试点，要求“三年一贯，办特色学校”，即高中三年不分段，采用学分制，鼓励学校特色发展。该方案与上面的试行方案相比，必修课时减少，选修课时从高一就大幅增加。必修学科的语文、数学、外语、思想政治、劳动技术、体育与保健等6门的内容、要求与课时同试行方案一样，而自然类和社会类学科则采取综合设科形式。选修课不但要满足学生的兴趣与个性特长，而且起着办特色班、特色学校的作用。选修课分A、B两级，A组是特色型的，B组是共同的。

上海改革的主要特点如下。

加强德育。设计了多渠道、全方位的“三线一面”的德育课程体系。“三线”指课程方案安排的三个显性德育渠道：理论教育包括高中的马克思主义常识学科，班组、少先队或共青团的活动，社会实践活动；“一面”是指各学科、活动都要全方位地贯穿和渗透德育，以显性或隐性的形式发挥作用。

重视文化科学基础。语文、数学、外语三科作为基础知识的核心，其课时数占所有必修课时总数的50%以上。

减轻学生负担，发展个性特长。必修课课时明显减少，选修与活动课课时明显增加，这为减轻学生身心负担和发展个性特长提供了条件。此外，还增加了文科、技术、体艺等学科的课时比例，还要求各科重视情感教育与非智力因素的开发，培养学生的健康心理素质。

重视劳动技能的培养。高中设置劳动技术和职业指导，形成“自我服务劳动——家务劳动——公益劳动——以职业技术项目为载体的劳动技术教育训练——职业指导”的系列。此外，还要求加强联系实际动手动脑的训练。

适应发达地区的需要。重视发达地区改革开放与社会经济文化发展对人才培养的新要求。把九年义务教育与高中教育独立开来。高中阶段加强公民、外语、计算机、劳动技术、职业指导等现代社会公民不可或缺的学科教育，在教学内容中体现贸易、市场等方面的知识与技能。

（三）课程标准

根据专家建议，上海在制定课程方案后，没有编制传统的教学计划与教学大纲，而是改为编制了课程标准，在内容与体例上设计得更全面、实用。课程标准的总纲包括：培养目标、课程设置、教材编选、教学过程、教学评价、教学环境、教师职责、教学管理等八部分；各科课程标准即分纲包括：科学目标、课时安排、教学内容与教学要求、教材编选、训练形式和要求、教学组织和教学方法、教学评价和成绩核定、配套措施等八个部分。

课程标准的总纲规定了课程的开设年级和课时的安排，特别重视按方案确定必修、选修与活动及各学科的课时配比。课程标准还更新课程设置和内容，一方面增设新学科，一方面更新各学科的内容。

（四）教材编订

上海教材的结构体系与选材，努力做到精选原则、结构化原则、相关性原则。在内容组织和编写上，致力于处理这几对关系：知识性与教育性的关系、基础性与先进性的关系、理论性与实践性的关系、科学性和可读性的关系。教材能适应经济文化较发达地区改革开放的需要，对促进学生素质全面发展有着重要作用。

二、广东普通高中综合课程改革

广东省教育厅受国家教委基础教育司的委托，于1997年成立课题组，就“普通高中综合课程研究与实验”这一课题进行了研究和探索。课题组经过一年多的理论研究与实践，在构建普通高中综合课程方面取得了初步的成功。下面主要就构建的指导思想和原则、课程设置、综合课程的设计、教材的编写等几个方面作简单的介绍。

（一）综合课程构建的指导思想和原则

1. 综合课程构建的指导思想

根据邓小平同志有关我国课程建设的思想：即教材要反映出现代科学文化的先进水平，要符合我国的实际情况，要按照中小学生所能接受的程度。

21世纪知识经济的来临和广东“科教兴粤”战略的实施，对教育提出了全新的要求，课程的构建要主动适应信息社会、知识经济时代创新人才的要求，使得学生在汲取人类文明精华的同时，学会四种基本能力——学知、学做、学会发展、学会共同生活。

普通高中综合课程目标应与培养21世纪高素质的专门人才和劳动者的目标相一致。综合理科、文科分别以“人与自然”“人与社会”为线索来构建知识模块。使学生通过学习活动，能与生态环境共荣，建立美好的“自然乐园”；能与他人和谐合作，建立完善的“人文乐园”；能以全面发展为本，建立真、善、美、特的“精神乐园”。

普通高中综合课程教材建设应以课程的系统理论作为理论和实践的出发点。课程设计要把提高人的综合素质、创造意识和创造能力放在首位；要高度重视作为发展素质、能力的双基知识，优化其结构，并与促进学生认知结构的发展相统一。

2. 综合课程构建应遵循的原则

科学性原则。课程科学合理，才能生存。构建综合课程应按照社会发展和人的身心发展的需要，按科学发展和人的认识发展规律来构建课程，解决课程结构和教学内容某些不合理的地方，使普通高中课程更有利于实施素质教育，能最大限度地促进学生全面素质的提高和个性特长的发展，形成一个科学的普通高中综合课程体系。

本土化原则。课程构建要从我国的国情、教育"三个面向"的实际出发，在总结教学领域改革的经验与教训的同时，吸纳国内外有关综合课程改革的经验，用先进的教育思想和课程观作指导，采用多样化的组织形式，对课程各部分内容进行整合，构建出符合国情的多类型、各具特色、体系合理的综合课程系列。

协同性原则。课程构建要多方面协同考虑。一是与九年义务教育课程相衔接；二要与分科课程的发展同步进行，走分科课程与综合课程相结合的课程设置之路；三要必修综合课程与选修课程协同，做到课程多样化；四是课程构建与实验点建设协同起来，边构建边实验。

循序渐进原则。综合课程的构建是一个系统工程，将随着社会的发展而不断发展，是一个动态发展的过程。应做好总体设计，分步实施，先易后难，分阶段完成。

(二)课程的设置

设置综合课程，不是增加一门新课程的问题，而是通过综合课的开设，改革课程观念，推动普通高中的课程改革，形成一个包括分科课程和综合课程在内的新的高中课程体系，实现育德、育智、育体、育心的综合功能。

课题组提出有计划有步骤地构建多种形式的普通高中综合课程，使普通高中课程门类多样化，为不同类型的学校、学生提供更多的选择课程的机会，优化学校课程设置，以适应现代社会多样化人才需要的总体构想。整个构建工作分三步完成：

第一步，高一分科，高二、高三开设综合课的模式，如下表。

表 4-3　广东省普通高中综合课程设置表一

<table>
<tr><th>年级
学校、学生</th><th>高一</th><th>高二</th><th colspan="2">高三</th></tr>
<tr><td>侧重文科类</td><td rowspan="3">按课程计划分科教学</td><td>限选《综合理科 I》
必修文科单科</td><td rowspan="3">任选《综合理科 II》《综合文科 II》</td><td>必修文科单科</td></tr>
<tr><td>侧重理科类</td><td>限选《综合文科 I》
必修理科单科</td><td>必修理科单科</td></tr>
<tr><td>侧重就业类</td><td>必修《综合理科 I》
和《综合文科 I》</td><td>必修职业指导类课程</td></tr>
</table>

第二步，高一开始开设综合课程的模式，如下表。

表 4-4　广东省普通高中综合课程设置表二

<table>
<tr><th>年级
学校、学生</th><th>高一</th><th>高二</th><th colspan="2">高三</th></tr>
<tr><td>侧重文科类</td><td rowspan="3">必修《综合理科 I》和《综合文科 I》任选文理单科</td><td>限选《综合理科 II》
必修文科单科</td><td rowspan="3">任选《综合理科 III》《综合文科 III》</td><td>必修文科单科</td></tr>
<tr><td>侧重理科类</td><td>限选《综合文科 II》
必修理科单科</td><td>必修理科单科</td></tr>
<tr><td>侧重就业类</td><td>必修《综合理科 II》
和《综合文科 II》</td><td>必修职业指导类课程</td></tr>
</table>

第三步，构建开放式课程模式，高一至高三提供多类型、多层次的综合课程和分科课程供学校、学生使用，如下表。

表 4-5　广东省普通高中综合课程设置表三

年级	高一	高二	高三
选修科目	(高一学生选用)综合课程与分科课程	(高二学生选用)综合课程与分科课程	(高三学生选用)综合课程与分科课程

其中综合理科课程由物理学、化学、生物学、自然地理以及生态、环境等基础知识与基本方法相融合，知识体系包括物质、运动、

变化、生命、能源、自然、现代科技等部分；综合文科课程由历史学、人文地理、社会人类学、伦理学、经济学、美学及社会发展史基础知识和基本方法相融合。

（三）课程目标

课程目标是课程设计的起点，制约着课程设计的方向，规定着课程内容的构成和学习活动方式的性质。

普通高中综合课程的课程目标应与培养21世纪合格人才的目标相一致，并以此来确定综合文科与综合理科的课程标准（教学大纲）。这种人才的知识和能力结构必须具有全面性、整体性和适应性：

全面性——基础知识全面而扎实；整体性——整体分析和综合处理问题的能力强；适应性——对社会、对未来的适应性广。

高中综合理科的培养目标为：使学生比较全面地掌握与现代社会生活关系密切的科学知识，增强对自身、社会和现代科技的了解；培养学生的科学态度和科学方法，培养学生的创造意识和创造精神；培养学生思考、分析和解决问题的能力，以及科学研究的初步能力和创造能力；增强学生适应现代社会的基本能力。

高中综合文科的培养目标为：使学生进一步了解社会现象；认识社会发展规律；学习研究社会的基本方法；提高适应社会的能力。

（四）综合课程的设计

综合课程的设计可多种多样，如模块化、微型化、活动系列化等。综合文科、综合理科分别以人类与社会、人类与自然这两条线索来构建模块。综合理科设计时每个模块有一个主线，每个模块不要求知识系统很严密、完整；模块间要求能相互衔接，即贯穿模块的基本原理和理论模式应一致。可以采用系统分析技术——关联树法。其实质是在确定了一个总的目标后，对一切有关的因素进行“梳辫子”，按纵向因果关系或其他从属关系进行分级，然后横向更具体地分出各级项目。

（五）教材编写

编写队伍直接关系到教材的质量。由于精通各学科知识又熟知教育教学规律的“通才”甚少，所以课题组聘请多学科高水平专家参加教材编写工作，建立起一支优化的编写队伍。

第四节　2003 年的高中课程改革实验

2001 年 7 月，为落实《中共中央国务院关于深化教育改革，全面推进素质教育的决定》和《国务院关于基础教育改革与发展的决定》，加快构建符合素质教育要求的基础教育课程体系，教育部决定从 2001 年秋季起，开始进行基础教育新课程实验推广工作。同时下发了《关于开展基础教育新课程实验推广工作的意见》，对普通高中新课程的推广工作做出安排：2001 年全面启动；2002 年形成新的普通高中课程结构与有关管理制度的方案，完成普通高中各学科课程标准（实验稿）的起草工作；2003 年开始组织新高中课程的实验与推广工作，2005 年正式颁布普通高中课程计划、各学科课程标准以及其他相关文件。[①]

根据《教育部关于积极推进中小学评价与考试制度改革的通知》（教基[2002]26 号，以下简称《通知》）精神，在总结 2004 年 17 个国家课程改革实验区改革工作的基础上，教育部于 2005 年 2 月印发了《关于基础教育课程改革实验区初中毕业考试与普通高中招生制度改革的指导意见》，要求各地在实施新课程地区，积极推进初中毕业考试与普通高中招生制度改革。

2003 年 3 月 31 日，教育部印发了《普通高中课程方案（实验）》和

---

① 《教育部关于印发〈开展基础教育新课程实验推广工作的意见〉的通知》，http：//old.moe.gov.cn//publicfiles/business/htmlfiles/moe/s8001/201404/167350.html，2018-11-10。

15 个学科课程标准(实验)。课程改革实验正式在各地相继启动，教育部指导各地展开实验，及时反馈信息，到 2010 年全面实施新课程。

表 4-6　全国部分地区普通高中新课程实验进程情况

开始实验实践	参与实验的地区	文件依据
2004 年 9 月	广东、山东、海南、宁夏	《教育部关于开展普通高中新课程实验工作的通知》(教基[2003]21 号)
2005 年 9 月	江苏、福建	《教育部关于进一步加强普通高中新课程实验工作的指导意见》(教基[2005]6 号)
2007 年 9 月	北京、湖南、黑龙江、吉林、陕西	《教育部办公厅关于 2007 年推进普通高中新课程实验工作的通知》(教基厅[2007]1 号)
2008 年 9 月	山西、江西、河南、新疆	《教育部关于同意山西等省(区、兵团) 2008 年进行普通高中新课程实验的批复》(教基[2008]5 号)
2009 年 9 月	河北、内蒙古	《教育部关于河北省、内蒙古自治区 2009 年进行普通高中新课程实验的批复》(教基二[2009]2 号)
2009 年 9 月	湖北、云南	《教育部关于湖北省、云南省 2009 年进行普通高中新课程实验的批复》(教基二函[2009]5 号)

教育部及时启动了高中课程方案和各学科课程标准使用情况的调研工作。一边扩大普通高中新课程试验范围。一边召开实验省和学校改革经验总结交流会。深化教学改革，组织研究创新人才培养的途径与政策，推动建立高中校本教研制度。研究建立普通高中学业水平考试制度，参与指导普通高中新课程省份的高校招生考试综合改革。

2003年的课程改革实验是一个持续不断的过程。党的十八大召开之后，高中的课程改革又出现了一个新高潮。

第五节　2013年启动的高中课程改革

一、立德树人开启了新一轮课程改革

2013年，为了落实党的十八届三中全会关于立德树人的要求，充分发挥课程在人才培养中的核心作用，进一步提升综合育人水平，更好地促进各级各类学校学生全面发展、健康成长，教育部率先启动了普通高中课程方案和课程标准修订工作。紧接着又启动了高校和中小学课程改革。

2014年3月，教育部发出了《教育部关于全面深化课程改革 落实立德树人根本任务的意见》,① 文件对新一轮高中课程改革进行了部署。即课程改革要坚持系统设计，整体规划各个环节的改革，整合利用各种资源，统筹协调各方力量。主要任务是统筹各学段(包括职业院校)，各学科，各环节，各方面力量和各阵地，全面营造立德树人的育人环境。合理确定必修、选修课时比例，打牢学生终身发展的基础，增加学生选择学习的机会，满足持续发展、个性发展需要。坚持知行统一原则，加强职业体验、社会实践等方面的课程。进一步精选课程内容，科学确定课程容量和难度。制订(修订)中等职业学校相关课程教学大纲，加强文化基础教育和职业道德教育。省级教育行政部门和学校要依据修订后的基础教育国家课程方案，调整完善地方课程和学校课程。文件确定，教育部将组织编写、修订中小学德育、语文、历史等学科教材；组织编写、修订中等职业

① 《教育部关于全面深化课程改革 落实立德树人根本任务的意见》(教基二[2014]4号)，http：//old. moe. gov. cn/publicfiles/business/htmlfiles/moe/s7054/201404/167226. html，2018-11-10。

学校相关课程教材。各地要结合育人工作实际，开发完善地方课程教材。

2014年4月，国内各大媒体报道了教育部在北京举行新闻发布会，将启动普通高中课程修订的情况。① 据报道，普通高中课程修订工作预计两年完成。此次修订将合理确定必修、选修课时比例，增加学生选择学习的机会，满足持续发展、个性发展的需要。同时将加强职业体验、社会实践等方面的课程。

2014年12月8日，教育部召开普通高中课程标准修订工作启动会。② 教育部副部长刘利民强调，要深入贯彻党的十八大和十八届三中、四中全会精神、习近平总书记系列重要讲话精神，把普通高中课程标准修订作为全面深化课程改革、落实立德树人根本任务的关键领域和重要环节，整体规划，系统设计，确保修订工作统筹推进，取得实效，为培养社会主义合格建设者和可靠接班人做出新贡献。课程标准在整个教育教学链条中具有核心地位和关键作用。这次高中课程标准修订，极其重要，也非常紧迫。首先，要放在立德树人的全局视野和战略高度来认识，放在统筹推进课改的大背景下来设计、来谋划，把学生发展核心素养和学业质量标准要求率先落实到高中课程标准中。其次，必须坚持问题导向，着力解决10余年高中课改存在的突出问题。再次，要做好高中课程标准修订与高考改革政策的衔接，确保学和考的有机结合，增强育人效果。要增强思想性、科学性、可操作性、整体性，要全面部署、统筹推进。专家工作委员会要统一思想认识，明确目标要求，创新工作机制，确保高标准、高质量完成修订任务。

---

① 《教育部将启动普通高中课程修订　预计两年完成》，http：//news. sina. com. cn/c/2014－04－25/051030007506. shtml，2018-11-10。

② 《教育部普通高中课程标准修订工作启动会》，http：//old. moe. gov. cn/publicfiles/business/htmlfiles/moe/moe _ 1485/201412/180670. html，2018-11-10。

经过几年的努力，这次课程改革的成果已经公布，2018 年秋季开始，将在全国推行新的普通高中课程标准。

二、新一轮课程改革呈现的新理论

2017 年 12 月，教育部发布《普通高中课程方案和语文等学科课程标准(2017 年版)》的通知，该文件除了通知正文外，还将课程方案和 20 种学科课程标准作为附件同时公布。在课程方案中有如下主要内容。

关于培养目标：普通高中课程在义务教育的基础上，进一步提升学生综合素质，着力发展学生核心素养，使学生成为有理想、有本领、有担当的时代新人。

关于开设科目与学分：普通高中开设语文、数学、外语、思想政治、历史、地理、物理、化学、生物学、技术(含信息技术和通用技术)、艺术(含音乐、美术)、体育与健康科目和综合实践活动等国家课程，以及校本课程。具休学分安排如下：

表 4-7　普通高中国家课程和校本课程学分安排

科 目	必修学分	选择性必修学分	选修学分
语文	8	0—6	0—6
数学	8	0—6	0—6
外语	6	0—8	0—6
思想政治	6	0—6	0—4
历史	4	0—6	0—4
地理	4	0—6	0—4
物理	6	0—6	0—4
化学	4	0—6	0—4
生物学	4	0—6	0—4
技术(含信息技术和通用技术)	6	0—18	0—4
艺术(或音乐、美术)	6	0—18	0—4

续表

科 目	必修学分	选择性必修学分	选修学分
体育与健康	12	0—18	0—4
综合实践活动	14		
校本课程			≥8
合 计	88	≥42	≥14

关于科目安排：科目内容根据学科自身特点和学生学习需要设计。必修内容原则上按学期或学年设计，选择性必修和选修内容原则上按模块设计。模块之间既相对独立，又体现学科内在逻辑。模块教学时间根据实际需要设定，一般为18课时的倍数。

外语包括英语、日语、俄语、德语、法语、西班牙语。学校自主选择第一外语语种。鼓励学校创造条件开设第二外语。技术包括信息技术和通用技术。其必修内容分别按3学分设计模块。艺术可与音乐、美术两科相互替代，具体开设科目由学校自行确定。体育与健康的必修内容，必须在高中三学年持续开设。

综合实践活动由研究性学习、社会实践和志愿服务三部分组成，主要通过考察探究、社会服务、职业体验等方式进行，由学校统筹规划与实施。综合实践活动共14学分：研究性学习6学分。完成2个课题研究或项目设计，以开展跨学科研究为主；社会实践6学分，包括党团活动、军训、社会考察、职业体验等；基层服务2学分，在课外时间进行，3年不少于40小时。

关于毕业学分要求：学生完成相应课程规定课时的学习并考试(考核)合格，即可获得相应学分。学生毕业学分最低要求为144学分。其中，必修课程88学分。选择性必修课程42学分，选修课程14学分(含校本课程8学分)。文件还对本次改革课程内容确定的原则、课程实施与评价、条件保障、管理与监督等作了阐释和规定。

由于新一轮课程还没开始实施，我们尚无从获得实施效果的信息，在此将 2018 年年初的新闻发布通报会的情况介绍一下。

2018 年 1 月 16 日，教育部召开新闻发布会，教育部领导和有关专家对《普通高中课程方案和语文等学科课程标准(2017 年版)》有关情况进行介绍和说明。2013 年，教育部启动了普通高中课程方案和课程标准修订工作，修订工作历时 4 年，经国家教材委员会审查通过，于 2017 年年底印发。教育部部长助理、教材局局长郑富芝介绍，在修订过程中，教育部基础教育课程教材专家工作委员会成立修订组，组织 260 多位专家对普通高中课程方案和语文等 14 门学科课程标准进行了修订。同时，采取集中和分散相结合的工作机制，先后召开 16 次全体会议集中修订研讨。另外，还在全国选择了 19 个省(市)4 万余名学生对课标科学性和可操作性进行测试。在继承中前行，在改革中完善，使课程体系充满活力，努力打造具有中国特色国际视野的中国高中课程体系。最终经过反复打磨，不断完善，才正式颁布实施。

郑富芝强调，各地和学校在贯彻实施新修订的高中课程时，应把准两个方向、统筹两项改革、抓好一个关键，要把握好正确的政治方向和反映新时代要求的改革方向，协调好高中课程改革和高考综合改革关系，加强师资队伍建设。

会上领导和专家们对 2017 年版的课程方案，各学科课程标准的新变化做了如下概括。

(一)明确普通高中教育的定位。针对长期以来存在的片面追求升学率的倾向，强调普通高中教育是在义务教育基础上进一步提高国民素质、面向大众的基础教育，不只是为升大学做准备，还要为学生适应社会生活和职业发展做准备，为学生的终身发展奠定基础。普通高中培养目标是进一步提升学生的综合素质，着力发展核心素养，使学生具有理想信念和社会责任感，具有科学文化素养和终身学习能力，具有创新精神和实践能力，具有自主发展能力和沟通合作能力。

（二）优化课程结构。此次课程方案修订，一是保留原有学习科目，在英语、日语、俄语基础上，增加德语、法语和西班牙语。二是将课程类别调整为必修课程、选择性必修课程和选修课程。在保证共同基础的前提下，为不同发展方向的学生提供有选择的课程。三是进一步明确各类课程的功能定位，与高考综合改革相衔接：必修课程根据学生全面发展需要设置，全修全考；选择性必修课程根据学生个性发展和升学考试需要设置，选修选考；选修课程由学校根据实际情况统筹规划开设，学生自主选择修习，可以学而不考或学而备考，为学生就业和高校自主招生录取提供参考。四是合理确定各类课程学分比例，在毕业总学分不变的情况下，对原必修课程学分进行重构，由必修课程学分、选择性必修课程学分组成，适当增加选修课程学分，既保证基础性，又兼顾选择性。

（三）强化课程有效实施制度建设。进一步明确课程实施环节的责任主体和要求，从课程规划、课程标准、教材、教学管理以及评价、资源建设等方面，对国家、省、学校分别提出了要求。增设“条件保障”部分，从师资队伍建设、教学设施和经费保障等方面提出具体要求。增设“管理与监督”部分，强化各级教育行政部门和学校课程实施的责任。

此外，加强中华优秀传统文化教育是这次课标修订的重点之一，各学科结合自身特点，丰富充实相关内容。其中，语文课标最突出，中华优秀传统文化方面的内容贯穿必修、选择性必修和选修各个部分。一是内容更全，在“课内外读物建议”部分，除保留原有《论语》《孟子》《庄子》外，增加了《老子》《史记》等文化经典著作，要求学生广泛阅读各类古诗文，覆盖先秦到清末各个时期。二是分量更多，课程标准明确规定“课内阅读篇目中，中国古代优秀作品应占1/2”。三是要求更高，在全面加强的同时，还设置中华优秀传统文化学习专题，进行中华传统文化经典作品深入学习研讨。将原标准“诵读篇目的建议”改为“古诗文背诵推荐篇目”，推荐篇目数量也从 14 篇(首)增加到 72 篇(首)，提高了学习要求。此外，美术、音乐、体育与健康、数学等课标都增加了有关传统文化教育内容。如美术课标增设“中国书画”，内容涉及中国传统绘画、书法、篆刻等经典作品欣赏及传统画论，促进学生坚守中国文化立场，增强文化自信。

加强革命传统教育是本次课标修订的又一个重点。语文、历史、思想政治、音乐等课标都结合学科自身特点，对革命传统教育内容要求做了强化。如语文课标在革命传统教育方面做到了“两个结合”。一是全面加强与专题学习相结合，在将革命传统教育内容要求贯穿在必修、选择性必修、选修各部分的同时，还设立专门的“革命传统作品”专题，集中学习研讨。二是广泛阅读与深入精读相结合，要求学生在课内外广泛阅读革命先辈的名篇诗作，阐发革命精神的优秀论文与杂文，以及关于革命传统的新闻、通讯、演讲、述评等，课内外读物推荐篇目涉及毛泽东诗词，以及鲁迅、郭沫若、茅盾、巴金、艾青、臧克家、贺敬之、郭小川、周立波等作家的一批反映革命传统的作品，让学生充分体会崇高的革命情怀。再如，历史课标明确要求学生系统学习新民主主义革命、社会主义革命、建设和改革开放历程，认识并弘扬以爱国主义为核心的民族精神和以改革创新为核心的时代精神。还增设“老兵的故事”主题活动，让学生感悟在历史大背景下普通人物的所思所为，体会革命军人崇高的精神境界。

本次课程修订的一大亮点是各学科都凝练了学科核心素养。长期以来，宏观育人目标是明确的，即培养德、智、体、美全面发展的社会主义建设者和接班人，但是中观的学科育人目标比较笼统，造成了在微观的教学目标中只关注知识学习，容易形成知识学习与学科育人功能割裂的问题，导致宏观育人目标、中观学科育人目标和微观课堂教学目标有机联系不够。针对这一现象，教育部委托有关高校研究提出了跨学科的中国学生发展核心素养，把教育方针具体化、细化。结合学科特点，将中国学生发展核心素养转化为学科育人目标，即学科核心素养。学科核心素养如何落地？这次修订突出强调实践环节，引导学生在体验社会生活及自身的思维活动中理解理论的真谛，在践行正确价值观的过程中逐渐形成行动自觉。

会上领导和专家们对课程实施提出了如下建议。

（一）优化教学内容。一是根据学生年龄特征与生活经验，从学科特点出发，以学科核心素养为纲，重新梳理和安排了必修、选择性必修和选修的课程内容，既保证学生达到共同基础的要求，又实现学生个性的发展。二是重视以学科大概念为核心，使课程内容结构化，并以活动主题为引领，使课程内容情境化。例如：生物学必修课程提出4个大概念，其中之一是“细胞是生物体结构与生命活动的基本单位”，围绕这个大概念的学习，又提出了4个教学活动，通过活动促进学生对概念的理解和掌握。三是重视课程内容的与时俱进，将党的十八大、十九大提出的重要思想、重要观点、重大判断、重大举措等，结合各学科的性质和特点，与课程内容有机融合。努力呈现政治、经济、文化、科技、社会、生态等发展的新成就、新成果。

（二）补充学业质量要求。各学科增加了“学业质量”部分，明确了学生完成本学科学习内容后，学科核心素养应达到的等级水平，提出了学业质量标准。学业质量是对学生多方面发展状况的综合衡量，明确了新的质量观，改变过去单纯看知识、技能的掌握程度。学业质量标准把学业质量划分为不同水平，帮助教师更好地把握教学要求，因材施教，更加关注育人目标的有效落实。同时，学业质量要求的提出也为阶段性评价、学业水平考试和升学考试命题提供了重要依据，促进教、学、考有机衔接，形成育人合力。

（三）增强指导性。每一个学科课程标准的主题内容均由“内容要求”“教学提示”“学业要求”等部分组成，并依据学业质量要求细化了评价目标，大部分学科还增加了教学和评价案例，强化了对教材编写、教学实施、考试评价的具体指导，帮助教师准确理解和把握课程标准的要义，增强了指导性和可操作性。

第六节　经验与展望

一、明确了普通高中的单独培养目标

与新中国成立以来历次颁布的高中课程改革文件相比，1996 年制订的普通高中课程计划，明确提出普通高中的培养目标，首次将高中的课程改革从基础教育课程改革中分离出来，把教育方针中所规定的教育目的在普通高中教育中具体化。

时任国家教委基础教育司副司长金学方撰文指出，教育是一种有目的、有计划、有组织地向受教育者施加影响，促进受教育者的身心发展并使之社会化的实践活动。我国教育方针对受教育者的身心发展提出了总的要求，把受教育者培养的质量做出明确规定。这一教育目的，需要在各个学段的各级各类学校教育中具体化，并加以落实。普通高中课程计划中提出的培养目标正是根据高中学生身心发展的特点和规律，把教育目的在普通高中学段具体化，提出了高中阶段在德育、智育、体育、美育及劳动技术教育等方面的质量要求，指出了对高中学生在思想品德、文化科学、劳动技能、身体和心理素质等方面的培养目标。课程计划中的培养目标体现了面向 21 世纪我国高中教育的性质和特点及素质教育的要求，具有基础性、时代性和针对性。① 因此，高中课程实施过程中，首先要树立并不断

---

① 金学方：《关于〈全日制普通高级中学课程计划(试验)〉的介绍》，载《课程·教材·教法》，1997(1)。

增强目标意识，正确理解和掌握普通高中教育的培养目标，按照培养目标去指导和规范高中的教育教学活动，去检验评估高中的教育教学工作。

二、实施中央、地方和学校三级课程管理

从1996年高中课程改革开始，课程管理权限有了大的变化。规定了国家教委、省级教育行政部门及学校对于课程管理的职责和权限，同时给地方和学校更大的自主权，充分发挥地方和学校办学以及进行课程改革的积极性。改变了过去课程改革由中央教育行政部门颁发，地方教育行政部门转发，学校照办的模式。因为这种模式很难做到从实际出发，难以适应不同地区、不同学校的教学情况。课程计划中对高中课程分三级管理的构想正是针对这种弊端进行的一项改革，为高中课程改革增添了活力。

在新的管理体制下，教育部总体规划基础教育课程，制订基础教育课程管理政策，确定国家课程门类和课时。制订国家课程标准，积极试行新的课程评价制度。省级教育行政部门依据国家课程管理政策和本地实际情况，制订本省(自治区、直辖市)实施国家课程的计划，规划地方课程，报教育部备案并组织实施。经教育部批准，省级教育行政部门可单独制订本省(自治区、直辖市)范围内使用的课程计划和课程标准。学校在执行国家课程和地方课程的同时，应视当地社会、经济发展的具体情况，结合本校的传统和优势、学生的兴趣和需要，开发或选用适合本校的课程。各级教育行政部门要对课程的实施和开发进行指导和监督，学校有权力和责任反映在实施国家课程和地方课程中所遇到的问题。

国际上校本课程地位有两种情况，一种是国家加强对课程的控制，使课程的统一性增强，校本课程在整个学校课程中的地位逐渐下降；一种是政府减少对学校教育的控制，增加学校在决策上的自主权，课程的统一性减弱，而校本课程在整个学校课程中的地位有所上升。我

国是一个多民族的国家，各地发展不均衡，校本课程应该得到重视，特别是要联系地方文化，开发乡土教材。培养学生爱家乡、爱祖国的传统美德更需要校本课程的开发。

经过 20 多年的尝试，三级课程管理体制有了明显的优势，促进了课程管理民主化，同时，由于高考的考试科目基本是国家课程规定的科目，所以，地方课程和校本课程如何提高其地位仍然值得探讨。

三、核心课程的价值不断充实

在 1996 年普通高中课程改革中，语、数、外成为核心课程的定位已经基本确立，即无论是选择文科还是选择理科的考生，语、数、外是必考科目。甚至在语、数、外三科中，语文和外语的地位更优越些，因为，数学有文科类数学和理科类数学之分，而语文和外语则必须整齐划一，一个标准。语、数、外作为核心课程也有一个历史演变的过程。以下这段历史过程人们并没有完全忘记。

1977 年 10 月，《人民日报》社论透露了恢复高考的消息。由于时间紧迫，高校招生工作推迟到第四季度进行，从 11 月 28 日到 12 月 25 日，全国以省为单位举行了高考。积压了 12 年的青年学子在这年同时考大学，这本身就是教育史上的一个奇迹。虽然只有一两个月的准备时间，但全国 570 万人报名，知识青年占一半以上。据媒体披露，印制考卷的纸都不够了，中央决定调用印制《毛泽东选集》第五卷的纸来印制考卷。这次考试，在各行各业引起强烈反响，极大地调动了广大青年，特别是基础教育学校学生的学习积极性，形成了前所未有的为革命刻苦学习的热潮。1977 年的高考文理分科考试，没有考外语。高校录取应届高中毕业生有比例限制。

从 1978 年开始，很长一段时间延续了文理分科考试的制度，但是这一年开始考外语了，尽管外语成绩不计入总成绩，只作为高校录取的参考，但是对后来高中阶段强化外语课程和教学起到了至关重要的作用。从这一年开始，高校录取应届高中毕业生取消了比例限制。

1979 年的高考仍然有外语科目，但是不计入总成绩，只作为高校录取的参考。而 1980 年，外语成绩作为报考第一批录取的重点大学的成绩，按照 25％计算加入总成绩。一般大学暂时不计入总成绩。

从 1981 年开始到 1983 年，在高考中，除了继续实行文理分科考试外，外语地位不断攀升，分别按照 30％、50％、100％计入总成绩，作为所有高等院校招生的成绩，直至今天。

高考制度的恢复和外语考试科目的逐年变化，导致高中学校对外语教学重视程度与日俱增。有的高中学校没有专门的外语教师，但也短期培训承担外语课程。有的高中设置了零起点的外语课程。有的高中利用广播站在早晨上课前播放外语教学录音带，高中学生为了学好外语更是抓紧时间，在校园步行、食堂排队、晚上就寝前的时候都拿出单词来读读背背。一时间全国出现了学习外语的热潮。

虽然外语在我国特殊时期成为核心课程值得肯定，但是不是应该常态坚守则值得讨论。在欧美等发达国家，一般是将语、数、科学(物理、化学、生物任选一门)作为全体学生必修的核心课程。另外，从知识价值和国家需要看，科学的价值怎么也不能比外国语还要低。所以我国在这方面的研究还需要加强。科学课程至少应该与外国语课程取得同等重要的地位。

四、课程的新样态应高度关注

20 世纪 90 年代以来，课程改革中出现了综合课程、研究性学习、活动课程、选修课程等新的表述和实践样态。这些概念基本上来自发达国家，是国际上成熟的经验。

综合课程之所以在我国受到欢迎，是因为我国传统的课程体系以分科设置为主，分科课程一直占据着主导地位。国外的综合课程综合学习，科学、技术、社会(STS)等课程早有一些改革成果。但在 1987 年，东北师大附中才开始了综合课程的试验，此后，辽宁实验中学、上海师大附中也进行了综合课程改革，积累了一些经验。首先，合理设置综合课程，能改变我国过去学科门类多、学生负担过重的局面，有利于学生身心健康发展；其次，能克服过去界限森严的分科课程下学生养成的片面知识观与单一的思维模式；再次，有利于学生掌握普及性与基础性的知识，为学生将来发展奠定好基础；另外，有利于学生掌握综合化的知识与方法，促进学生综合素质的养成。上海的课程改革实验设置的“社会科学基础”和“自然科学基础”，就具有打破学科界限，强调知识之间的联系性和包容性的特点。广东省在综合文科与综合理科课程改革中取得的成绩也在国内居于领先水平。

近年来，在国际上流行一时的科学、技术、艺术、工程、数学(STAEM)、创客(Mak-er)等综合课程也在我国高中学校有较大影响，这些改革应该得到鼓励和支持。

总的来说，活动课程在高中课程改革中是热点也是难点。我国课程结构单一，学科课程一统天下，不符合世界教育改革的潮流，也不符合培养合格的跨世纪人才的目标。将活动课程纳入课程体系，与学科课程相辅相成，是全面贯彻教育方针，向学生进行素质教育的重要途径。活动课程区别于学科课程，有着不可替代的育人功能。1992年国家教委颁发的课程文件第一次涉及活动类课程，将活动类课程规定为晨(夕)会、班团队活动、体育锻炼、科技文体活动、社会实践活动、校传统活动。此后，学术界讨论较多，学校的探索也层出不穷，活动课程的实践性、综合性、自主性和开放性等特征弥补了课堂教学的局限性。显然，课程组合、呈现、实施的新样态来自于学校、课堂、校长、教师和学生，课程改革决不能等待国家教育行政部门的指令，要在实践中勇于创新。

第五章
外国语学校和高中培优项目

外国语学校是在我国公办学校中延续了几十年的特殊类型，高中培优项目是近年才出现的针对少量高中优等生扩大教育资源的培养新模式，这两者关联性很大，都是为国家培养特殊人才。

第一节　历史回顾

一、外国语学校的出现

20 世纪 60 年代初，在中苏关系紧张，中国与西方国家，以及亚非拉第三世界国家建立了更多外交经贸关系的大背景下，中国急需大量外语外交人才，周恩来总理和陈毅外长决定创办一批外国语学校。

1959 年，北京外国语学院附属外国语学校成立；1960 年，北京市外国语学校成立。并且从 1960 年开始，中央和国务院相关部门在国内一些大城市，陆陆续续新建了一批外国语学校。

1960 年 12 月，中央宣传部部长办公会议决定，在几个大城市设立 10 所左右的外国语学校，并责成教育部提出方案尽早部署。1961 年 4 月，教育部党组根据中央宣传部的指示，提出了《关于设立外国语学校的初步意见》。

1962 年 8 月，教育部给广东、四川、吉林、陕西省教育厅；北京、上海市教育局；北京外国语学院、上海外国语学院、四川外国语学院、西安外国语学院、中山大学、吉林大学发出《关于在若干大城市设立外国语学校的建议》。建议于 1963 年秋季，除了北京现有两所外国语学校增设小学部和初中部以外，分别在上海、广州、重庆、西安、长春五地各设立一所外国语学校。

1963 年 3 月，教育部党组向中央宣传部作了《关于筹备外国语学校问题的请示报告》，4 月 30 日中央宣传部批示同意，并传达周恩来总理的批示："请教育部将高、初、小三级各语种衔接，包括学校、班数、学生人数、教师、教材和教学计划，订出五年计划送阅。"

1963 年 7 月，教育部发出了《关于开办外国语学校的通知》，通知指出，我国国际交往日益扩大和社会主义建设各项事业迅速发展，迫切需要培养一批高级外国语人才。培养外国语人才的途径，除了要努力办好现有的外国语院系，大力加强普通中学的外国语教学，并在师资条件具备的情况下，有计划有步骤地在全日制小学高年级开设外国语课以外，还有必要有计划、有重点地开办一些从小学三年级开始学习外国语的外国语学校。通知中提到要采用与普通中小学校相同的学制，即小学六年，初中和高中各三年。

1964 年，中共中央国务院批转的国务院外事办公室等部门《关于外语教育七年规划问题的报告》和《外语教育七年规划纲要》提出，举办外国语学校，对提高我国外语教育的水平具有决定意义。七年内，这类学校计划发展到 40 所左右，在校学生达到 3 万人。

二、培养目标及课程设置

1963 年《关于开办外国语学校的通知》(以下简称《通知》)对外国语学校的性质和任务、培养目标、学制、课程等作出了一系列的规定。

外国语学校的主要任务是为高等院校培养外语水平较高、一般文化知识较好的学生。此类学校可与高等外语院系衔接起来，从小学到大学“一条龙”，高中阶段可以实行文理分科。学生毕业考试合格后，可升入高等外语院系学习，也可以报考科技类大学和文科院校，或根据本人条件尽可能安排从事与专业有关的工作。

外国语学校的性质是具有专业性教育的学校，主要任务是为高等院校培养外语水平较高、一般文化知识较好的学生。外国语学校培养的目标和普通中小学是一致的，区别在于文化知识方面的要求有所不同，即外国语学校提高了语文、外国语和历史、地理课程的教学要求，外国语学校还特别加强了思想政治教育和道德品质教育，防止了特殊化。为了保证外国语教学的质量，中小学各级的外语课都实行小班教学，积极开展多种多样的外语课外活动，营造学生学习外语的环境。外国语学校非英语语种有法语、德语、日语、西班牙语、俄语等。

外国语学校的学制为10年，即从小学三年级一直读到高中三年级。外国语学校的课程设置与普通学校大体相同，适当提高外语要求。侧重文科的学校，外语授课时数应达到1400学时左右；侧重理科的学校，外语授课时数不少于1200学时。学生毕业时，应能比较熟练地掌握一门外语，掌握4000至5000个单词和基本语法，能读懂简易的原版读物，能进行一般社会生活会话，比较准确地表达思想，有一定的写作基础。

语种设置和学校规模方面可开设英、俄、日、法、德、西6个语种。每个学校规模不宜过大，学生总数不超过1000人。

为了办好外国语学校、加强外国语教学工具，《通知》要求必须妥善解决教材。外国语学校外语教材的编写工作宜采取分工协作的办法，每个语种由一个单位主编，有关单位协助，供各外国语学校使用。

虽然外国语学校的设立和兴起，受到了各界的关注和支持，但在“文化大革命”期间，外国语学校还是遭到了严重破坏。

第二节　改革开放以来的新发展

一、需求增加，品位提升

改革开放以后，我国对外交流非常活跃，外国语学校的发展有了新契机。教育部曾多次下达指示要整顿、恢复和办好现有的外国语学校，并逐步发展一批新的外国语学校。

1979 年，教育部颁发《关于办好外国语学校的几点意见》指出，我国工作重点已转移到社会主义现代化建设上来，各条战线都迫切需要外语人才，尤其是外语水平较高的翻译、研究人员、教师和工程技术人员。培养高级外国语人才以适应实现四个现代化和开展国际交往活动的需要，是一项刻不容缓的战略任务。为此，有必要整顿、恢复和办好现有的外国语学校，并逐步发展一批新的外国语学校。

1982 年，教育部又颁发了《关于办好外国语学校若干问题的通知》。文件指出，希望尚未列入重点的外国语学校能尽快正式列为省、市首批办好的重点中学。外国语学校在招生时应进行严格的挑选(包括面向全市进行单独考试，并增加口试等)。

1997 年，教育部在《全国中学外语教学座谈会纪要》中指出，新形势下，外国语学校要进一步发展。办好一批外国语学校，作为中学外语教学的龙头，有利于中学外语教学总体水平提高，也有利于为培养外语高级人才打好坚实的基础。外国语学校须具备一定的条件，各地教育行政部门对所辖地区的外国语学校要进行必要的评估认定，一般学校不宜随意定名为外国语学校。

改革开放以来的实践证明，外国语学校是培养外语人才的摇篮，办好一批外国语学校，既能为培养高水平外语人才打下基础，也有利于中学外语教学整体水平的提高。如今，外国语学校的毕业生中不少人已经成为国家外事、外交、外贸、教育等许多领域的中坚力量。

随着中国走向世界，外语越来越受到社会的重视，原有的外国语学校成了当地的一流学校，全国各地如雨后春笋般又兴办起了许多外国语学校。

1981 年 11 月，中国教育学会外语教学专业委员会成立。该学术组织非常关注外国语学校的发展，下设了全国外国语学校工作研究会，定期召开学术交流会议，并且评估教学质量。实践证明，外国语学校虽然经历过坎坷，但发展壮大是主流趋势，无论是数量还是质量，其规模都早已大大超过了周总理当年的期望。

从有关统计资料来看，1964 年建立的上海、长春、南京、重庆、武汉、天津、杭州等 7 所外国语学校，一直持续到今天。每一所学校都为国家培养了万名以上的高水平外语人才。改革开放以来，新老外国语学校不断研究探讨外国语学校的办学经验，制定了外国语学校的合格评估标准，为规范办学，探索出了一条具有中国特色的高级外语人才培养途径，在我国基础教育外语课程与教学改革中起到了“领头羊”的作用。如今遍布全国各地的 60 多所外国语学校几乎都成了最受学生和家长青睐的学校。

那么，外国语学校为什么如此受欢迎呢？归纳起来有 6 个特色：即办学方向明确、生源经过筛选、课程理念新颖、语言环境优越、管理严格有序、教学效果突出。

坚持以人为本的办学方向，即培养立足本国，面向世界，具有国际视野的高素质外语人才。例如，上海外国语大学附属外国语学校以“自强、至诚、志远”为校训，该校已成为上海市德育先进学校。苏州外国语学校的目标是“以德立身，以德育人，越是国际化越要筑牢民族魂。”

筛选生源。学生在小学毕业时，一般要经过地方教育部门举行的专门考试，合格者才能升入外国语学校。选拔竞争非常激烈。

课程理念多元化。国家课程与校本课程结合，必修与选修结合，既有国际班也有国学班(如经典文学班、翰墨班、国画班等)，既保证课堂教学又开展丰富多彩的课外活动，例如，模拟联合国培训营、夏令营、双语节、辩论会、戏剧表演、志愿者活动等。外国语学校的学生不单是国内外英语大奖赛中的获胜者，在全国汉字听写竞赛中也能名列前茅，甚至在国际数学比赛中崭露头角。

营造语言环境。高水平的中外籍师资、小班授课、学生住校，保证良好的语言环境，优越的外语教学技术，从丰富的国内外教学资源中选编合适的教材，举办大量中外交流活动，建立姊妹学校，定期与国外学校交换学生或教师、开办国际班吸引外国学生接受中国特色教育等。

严格有序管理。外国语学校学生的学习、生活均有规则规定，使学生养成良好的作风，既有高雅的气质，又有平民意识和劳动习惯。

教学效果突出。外国语学校学生，除了主修的外语课程成绩优异，文理科全面发展，还学习二外、三外。最难能可贵的是，学生在外国语学校找到了自己的兴趣爱好、发挥了潜能、感受到生命的意义，有了实现人生价值的信心。

由于外国语学校一般都有开阔的视野和超出普通学校的教学目标，加上拥有得天独厚的优质资源和发展空间，能够在教育改革中迈开较大的步伐，为各地的兄弟学校树立榜样，特别是为外语教学改革起到“领头羊”的作用。因此，这些学校的毕业生文理兼优，外语精通，具有很强的适应能力和发展潜力。外国语学校的高考升学率一般高于普通学校，而且学生往往被国内外名校录取。

二、面临的挑战

外国语学校成立之初的使命以及当时我国教育发展程度决定了外国语学校必然走“多语种、高质量、一条龙”的模式。即从小学开设英语课程，然后再学习二外、三外，从小学到大学，甚至到研究生班，初步实现了“一条龙”培养模式。

但是，在现行的国家课程和高考制度规定下，如何继续坚持“多语种、高质量、一条龙”的模式难度很大。目前除了外国语学校，还有示范性的中小学校外语实验班、民办学校、外语特色学校、国际学校或国际班，以及双语教学等各种不同的外语学习模式，都在给国家补充大量的外语教育资源。

当前，大众教育和精英教育相结合，引入市场竞争机制，充分发掘学生潜能，培养符合我国国情发展需要的高端的、多语种的外语人才，也都对外国语学校提出了挑战。显然，外国语学校不能仅仅停留在20世纪的政策保障上，仅依赖有保送生的政策，已经不能体现其优势地位了。况且，国家也将对保送生政策进行改革。长期以来享有特殊保送生政策的16所外国语学校(天津外国语学校、石家庄外国语学校、太原外国语学校、长春外国语学校、上海外国语大学附中、南京外国语学校、杭州外国语学校、厦门外国语学校、南昌外国语学校、济南外国语学校、郑州外国语学校、武汉外国语学校、广东外语外贸大学附中、深圳外国语学校、重庆外国语学校、成都外国语学校)，也面临挑战。

第三节　各省市的培优项目

2006年前后，北京市想要利用市教育资源雄厚的优势，给高中生创造更多学习机会，让高中生在科学家身边成长，于是提出了北京市的培优计划，而这一举措也带动若干省市相继开展了这方面的探索。

一、北京市的“翱翔计划”

（一）缘起

为稳步推进普通高中课程改革，发挥首都教育资源优势，在青少年中培养拔尖创新人才，2007 年 8 月，北京市教委开始酝酿成立“北京青少年科技创新学院”，启动了“翱翔计划”。此计划作为北京市教委重点资助的项目之一，由北京教育科学研究院负责组织实施，高校、科研院所、区县教委、示范高中等相关人员共同参与。目的是让学生通过实验室特有的氛围熏陶，形成持久的科研兴趣。让学生亲历一个完整的“感受科学研究和科学家——理解科学研究过程和科学家素养——对科学研究和成为科学家感兴趣——立志投身科学研究和成为科学家，为人类可持续发展做出卓越贡献”的过程。“翱翔计划”涉及的学科培养领域涵盖数学与信息科学、物理与地球科学、化学与生命科学、人文与社会科学等。形成了生源基地、培养基地和课程基地、实践基地“一条龙”。

“翱翔计划”以学生的兴趣为主导，不急于要求学生取得什么研究成果，学员和实验室实行双向选择，允许学生不适应研究时可中途退出。

2010 年，“翱翔计划”成为北京市所承担的国家教育体制改革试点项目，其“探索拔尖创新人才培养基地”的主要内容，被列入《首都中长期人才发展规划纲要》“年轻创新型后备人才发现培育体系”。2012 年，在北京市教委、北京市财政局印发的《北京市基础教育阶段创新人才培养项目管理办法（试行）》的指导下，北京市基础教育阶段创新人才培养项目全面推进，为继续实施“翱翔计划”打开了局面。

在“翱翔计划”的基础上，2010 年 1 月，北京市教委与市科委联合推出了面向全市中小学的创新教育项目——“雏鹰建言行动”（也称“雏鹰计划”），“雏鹰计划”在义务教育阶段实施，为“翱翔计划”提供后备生源，探索建立不同学段之间创新人才培养的纵向衔接机制。

（二）操作模式

“翱翔计划”对学员采用“三校、三师、三类、三段”的培养模式。“三校”，指生源基地、培养基地、实践基地分工协作；“三师”，指生源基地指导教师、培养基地指导教师、实践基地指导教师共同指导；“三类”，指由生源基地基础性课程、培养基地过渡性课程、实践基地熏陶体验课程构成的课程体系；“三段”，指由发现阶段的推选性评价、培养阶段的过程性评价、结业阶段的发展性评价构成的评价体系。

操作中，学生通过“网上申报、学校推荐、区县审查、资格初验、网上评审、专家面试、组织认定”等环节，确定为“翱翔计划”学员。

“计划”充分利用北京众多高校和科研院所的硬件和软件资源，将大学的研究性学习纳入高中课程。自高一年级第三学段至高二年级末，共分3个阶段实施，共计15学分，可抵算学员研究性学习的学分。原则上，学员每周要在实验室学习3学时，每月安排一次专家报告，参加基地学校组织的相关领域的学习；学员采取双导师制，由高校实验室与基地学校各派一名教师作为指导教师；学员在上述学习过程中，结合学科领域特点及个人兴趣，在导师指导下，完成具有一定探索创新意义的研究课题。在一年半的时间里，这些学员将利用各校的研究性学习时间或周末和寒暑假的时间到实验室或基地校进行学习，体验在“科学家身边成长”的独特经历。

（三）成效

经过几年实践，“翱翔计划”现已覆盖数学与信息科学、物理与地球科学、化学与生命科学、人文与社会科学等4个学科领域，确立了北京四中、人大附中、北师大附中等29所基地学校，其中，人文与社会科学领域有北京十四中、北京一零一中学和北京一七一中学共 3 所基地校。由各基地学校牵头，带领高中学生走进在京高校、科研院所的百余家实验室和科研基地，在科学家的指导下开展科研实践。到 2015 年，“翱翔计划”已招收了 8 批学员，共计 1417 人。[①] 参与“翱翔计划”的专家团队有 416 位专家(包括 30 余位院士)，750 位学科教师(包括 60 余位特级教师)。

该计划每批学员统计如下。

第一批(2008 级)：60 多所高中学校的 120 名学员。

第二批(2009 级)：94 所高中学校的 164 名学员。

第三批(2010 级)：92 所高中学校的 162 名学员。

第四批(2011 级)：92 所高中学校的 168 名学员。

第五批(2012 级)：90 所高中学校的 171 名学员。

第六批(2013 级)：101 所高中学校的 225 名学员。

第七批(2014 级)：96 所高中学校的 197 名学员。

第八批(2015 级)：97 所高中学校的 210 名学员。

“翱翔计划”对于拔尖创新人才的成长是一个难得的机遇和平台。虽然高校都很看重这种培养方式，但关于“翱翔计划”学员的出口问题，相关负责人表示，“翱翔计划”不会与高校“硬对接”，即“翱翔计划”与高校录取不直接挂钩。参与“翱翔计划”的学生在高考时不享受特殊优惠政策，但其研究经历可能会在高校自主招生选拔时得到认可。

“翱翔计划”对于教师转变的影响也很明显。2014 年《翱翔计划：人才培养方式创新的北京模式》获得了基础教育国家级教学成果奖一等奖。在成果奖的背后，750 位具有丰富一线教学经验的优秀高中教师直接参与其中。有教师说，“在科学家身边成长”的不仅仅是学生，还有我们自己。有教师说自己是“翱翔计划”的实施者、陪伴者、参

① 数据整理自网络，主要来源于北京市教育科学研究院网站以及中国教育报官网。

与者，也是学习者。也有教师说，实践探索历程使他们跳出了课本、跳出学科，真正基于学生成长需求设计、开发、实施课程。

二、南京市的"星光计划"

2009年4月29日，南京市教育局发布了《南京市中小学科技创新"星光计划"实施方案(试行)》，要求各区县和各学校要充分挖掘现有教育资源，精心制订本区域、本学校"星光计划"实施方案，全面推进学校科技文化建设，增强广大教师科技教育的紧迫感和责任感，积极参与学校科学课程和综合实践活动课程(研究性学习活动)的建设，创新教学模式，优化教学方法，大力培养中小学生和职校生的创新意识和实践能力，全面提高学生的科学素养，为未来创新型人才培养打下宽厚坚实的基础。2009年7月3日，南京市中小学科技创新"星光计划"正式启动。南京市中小学科技创新学院正式揭牌，为落实"星光计划"实施方案，经过评审，市教育局遴选出长江路小学等25所小学，南京市第一中学等30所中学①，南京财经学校等10所职业学校共65所学校作为首批"星光基地"学校，每所学校给予2万元启动经费②。2010年1月，南京市中小学科技创新学院组织专家评审，确定了55个项目为"南京市中小学科技创新星光计划"第一期研究项目，其中学项目名单如下。

---

① 30所中学名单：南京市第一中学、南京市金陵中学、南京外国语学校、南京师范大学附属中学、南京晓庄学院附属中学、第五十四中学、梅园中学、人民中学、第十三中学、第二十四初级中学、瑞金路中学、南航附属初级中学、第三高级中学、南航附属高级中学、南京金陵中学河西分校、江苏教育学院附属中学、田家炳高级中学、南京大学附属中学、五塘中学、共青团路中学、雨花台中学、上坊中学、秣陵中学、上峰中学、江宁高级中学、旭东中学、扬子一中、南师大附属扬子中学、溧水高级中学、高淳高级中学。

② 《繁星点点，照亮南京60万中小学生科创路》，载《江苏教育报》，2015-01-30。

表 5-1　南京市“星光计划”第一期研究项目中学名单

项目名称	基地学校
天文观测	南京市第一中学
化学兴趣活动	南京市第一中学
物理兴趣活动	南京市金陵中学
机器人	南京市金陵中学
数学兴趣活动	南京外国语学校
信息技术兴趣活动	南京外国语学校
系统思考在生物研究和环境保护方面的应用	南京师范大学附属中学
物理兴趣活动	南京师范大学附属中学
生物兴趣活动	南京师范大学附属中学
海模	南京晓庄学院附属中学
机器人	南京市第十三中学
航模	南京航空航天大学附属中学
业余无线电台	南京市第三高级中学文昌校区
航模	南京航空航天大学附属初级中学
机器人	南京市第二十四中学
发明创造	南京市第二十七高级中学
航模	南京市金陵中学河西分校
发明创造	南京市金陵中学河西分校
机器人	江苏教育学院附属高级中学
无线电测向	南京大学附属中学
无线电测向	南京市第二十九初级中学
发明创造	南京田家炳高级中学
航模	南京田家炳高级中学
业余无线电台	南京市第三十九中学五塘分校
无线电测向	南京市雨花台中学

续表

项目名称	基地学校
生物研究和环境保护	南京市共青团路中学
无线电测向	江宁区上峰初级中学
航模	江宁区上坊初级中学
机器人	江宁区秣陵初级中学
机器人	南京市扬子第一中学
化学兴趣活动	江苏省高淳高级中学
生物研究和环境保护	江苏省高淳高级中学

为培育更多“星光基地”学校，2012年和2013年南京市教育局又分别确定了22所和27所中小学为“星光基地”学校。2014年，为深入推进中小学科技创新“星光计划”，加强“星光基地”的建设，打造内涵丰富、特色鲜明、成果显著、引领示范的“星光基地”品牌学校，深化全市中小学科技创新教育内涵，南京市教育局决定从市中小学“星光基地”学校中以单个项目为主，创建20个“星光计划”特色示范项目。对于认定的中小学科技创新“星光计划”特色示范项目，市教育局每年给予项目补助经费20万元，视年度考核达到预期目标的情况适当增减，连续支持3年；区教育局需按1∶1配套经费支持，并负责保障其有关专项经费及配套经费到位，专款专用。经费使用情况将纳入年度项目考核中。同时，南京市中小学科技创新学院成立中小学科技创新“星光计划”特色示范项目基地专家指导团队，为每一个特色示范项目聘请有关高校、研究所专家提供专业支持。

经学校申报、区教育局推荐、市教育局评审，2015年初，南京市教育局公布了首批20所中小学科技创新“星光计划”特色示范项目学校，包括9所小学、9所中学和2所职业学校。而且，同年6月，市教育局决定继续遴选10所中小学科技创新“星光计划”特色示范项目学校。首批9所高中学校名单和项目名称如下：

表 5-2 南京市“星光计划”首批特色示范项目高中学校名单

项目名称	学校名称
天文观测	南京市第一中学
创意传媒	南京市中华中学
信息学竞赛	南京外国语学校
物理竞赛(系统动力学)	南京师范大学附属中学
科技在我身边	南京市弘光中学
业余无线电台	南京市第三高级中学文昌校区
三模活动	金陵中学河西分校
蝴蝶监测	南京市共青团路中学
农业科技特色项目	江苏省溧水高级中学

南京市中小学科技创新“星光计划”的主要内容由三个板块构成，即“科技爱好者”板块、“明天科学家”板块、“创业能手”板块。“科技爱好者”板块侧重于培养更多学生的科技兴趣和科学素养，提高他们的动手能力，强调校本建设，强调课程的整合、拓展和延伸。“明天科学家”板块的主要内容是为创新拔尖人才的培养制订计划、设置课程，特别强调走进实验室、参加科研项目的研究，培养他们对科技的热爱和求真能力。“创业能手”板块围绕创意、创业、创优三个培养方向，依托南京市优质职业教育资源以及日渐成熟的校企合作框架，突破现有的技能培养模式，为技能型拔尖人才的培养制订计划、设置课程，特别强调创业明星和岗位明星的培养特色。

“星光计划”的具体推进由南京市中小学科技创新学院负责，通过“五个 100 工程”来实现，即邀请 100 名院士(专家)进课堂；100 名创业之星进校园；建立 100 个“星光基地”；设立 100 个创新创业研究项目；组建 100 个专家指导团队。南京市在实施“星光计划”过程中重视两大对接，一是中小学校与高校、科研院所的教育资源实现对接，二是学校教育与南京各类社会实践基地实现对接，充分发挥南京科教资源优势。例如，“明天科学家”板块的基地学校侧重于培养拔尖和创新后备人才，在全市建立20所左右的奥林匹克学科竞赛及有关国际、国内大赛培训基地，并与相关高校、科研院所联合，建立10个左右青少年拔尖人才培养实验室。

重要的是，为全面推进“星光计划”的实施，市教育局设立“星光计划”专项资金，对中小学星光基地、科技创新与创业项目研究、优秀创新与创业竞赛及成果等提供资助与奖励。同时，积极争取政府、企业和社会各界的支持，并逐年增加专项经费的投入。另外，在激励机制方面，积极探索拔尖创新人才衔接机制。对确有创新意识、有创新专长的小学、初中学生经南京市中小学(职业学校)科技创新“星光计划”领导小组批准，可推荐直升到高一级相关“星光计划”基地学校就读。各普通高中学校可以试行相关学科课程必修模块的免修制，同时积极争取相关高校自主招生政策，对取得突出成绩的高中学生，由南京市青少年科技创新学院向自主招生的普通高校或高职校进行推荐，打通基础教育与高等教育升学渠道，探索科技拔尖人才培养新模式、新途径。

南京市设立的科技创新特色研究项目多达270多个，形成了“寒暑假科技周”“快乐星期六”“校园科技节”“五小”评比①等常态化的科普实践活动和平台；顾秉林院士、饶子和院士、韦钰院士等一大批科学家都曾亲自为该市中小学生的科技活动授课；基地注册科技创新教育指导教师近500名，全市每年注册参与星光计划活动的学生

---

① 为深入实施中小学科技创新“星光计划”，从2012年开始，南京市在全市中小学开展“五小”(小发明、小创造、小设计、小建议、小论文)活动，培养中小学生动手实验能力、科学探究精神和创新实践意识，为创新人才培养奠定基础。“五小”活动中“小发明”“小创造”“小设计”意在利用已学知识和技能动手设计制作富有创意的作品，重在对学生动手实践能力和创新意识的培养。“小建议”意在激发学生敏锐的社会观察力和判断力，针对生活中的热点或难点，献计献策，重在对学生观察力、判断力和创造力的培养。“小论文”意在就某一个现象、问题或观点经过独立思考、判断、分析、归纳，形成自己的认识，重在对学生综合理解和归纳能力的培养。

近3万人次。而且，南京市的科技教育资源基本都向学生免费或优惠开放。同时，南京市将科技创新教育与学校课程改革相结合，鼓励中小学积极开发学校特色项目，在区域内推进科技活动课程化，迅速在全市范围内形成了一大批特色学校。

三、重庆市的“雏鹰计划”

(一)概述

2011年年底，重庆市启动了青少年创新人才培养雏鹰计划(以下简称“雏鹰计划”)，同时成立了重庆市首个创新学院——重庆市青少年创新学院。该创新学院挂靠在市教科院，在“雏鹰计划”领导小组领导下，全面负责全市青少年创新人才培养工作。

“雏鹰计划”是重庆市青少年创新人才培养的重头戏，采取“项目中学与高校实验基地联合培养”的模式。具体内容为，每年选拔一定数量具有创造性潜质的普通高中学生，利用综合实践活动课程时间和节假日，进入高校、科研院所、高科技企业的重点实验室、工程技术研究中心，在高校实验室和项目学校双方教师指导下，开展专题课题研究，完成专题作业，让学生们走进科学、了解科研，激发他们对科学研究的兴趣和热情。

“雏鹰计划”的学员是通过“学生自荐＋学校推荐＋区县教委审查＋专家面试”的方式选拔的对科学具有浓厚兴趣、学有余力的高一年级学生，入选的学生将通过“两校学习、双师指导”的方式接受为期两年(高一、高二年级)的创新培养。其中，“两校学习”是指学生在学籍所在的普通高中项目学校参加专题课题研究所需的相关辅助性课程学习，在高校的重点实验室、工程研究中心开展专题课题研究；“双师指导”是指由学生学籍所在普通高中项目学校和高校的重点实验室或工程研究中心各选配1—2名优秀教师联合组成导师团队，共同指导学员的学习和专题课题研究工作。

经过实践和探索，“雏鹰计划”学员培养工作逐渐开始以相关高校的国家、市级重点实验室或工程技术研究中心、教学实验示范中心与普通高中学校合作办班的模式来开展。① 合作办班分为固定行政班(简称“基地班”)和学生走班参加活动(简称“活动班”)两种形式。基地班是将高一年级遴选出来的“雏鹰计划”学员，组建为一个40人以内的行政班，设立创新素质培养课程，学生日常上课及各种活动在同一个班进行。活动班是从高一年级遴选出“雏鹰计划”学员，日常上课分散在各个行政班，每周教学时间安排一个下午或两个下午，集中开展“雏鹰计划”通识培训、相关课程教学和专题研究。“雏鹰计划”基地学校、项目学校要坚持就近选择、方便出行的原则，学员从基地学校、项目学校到专题研究课题实施高校的路途时间原则上不超过1个小时，且有轻轨或直达公交车作为交通工具，确保学员出行安全。

首批纳入“雏鹰计划”项目的中学共有22所，包括巴蜀中学、重庆一中、南开中学、西南大学附属中学、朝阳中学、巴县中学、清华中学等学校。重庆大学、西南大学、重庆师范大学等重庆市9所高校的35个国家级、市级重点实验室成为该项计划的首批实验基地，如西南大学的认知与人格教育部重点实验室，重庆邮电大学的工业物联网与智能仪器仪表教育部重点实验室，重庆交通大学的山区桥梁与隧道工程重点实验室等。“雏鹰计划”第一期只在数学、物理、化学、生物、地理、信息技术等学科领域开展，创新人才培养还仅限于自然科学领域。

由于学员主要是利用综合实践活动课程时间和节假日进入高校进行学习和研究，为此，根据2012年4月《重庆市教委关于青少年创新人才培养雏鹰计划相关工作的通知》，各项目学校需要合理安排综合实践活动和选修课时间，让“雏鹰计划”学员每周有半天时间到

---

① 详见《重庆市教育委员会关于印发〈重庆市青少年创新人才培养雏鹰计划第四期培养方案〉的通知》。

实验基地学习，同时要按综合实践活动课程标准对学员培养进行考核，计相应学分，载入成长记录档案；各项目学校要安排创新人才培养“雏鹰计划”专项经费，用于学员交通及生活补助、指导教师津贴、创新人才培养研究等方面，并且不得以“雏鹰计划”为名向学生违规收取费用。

截至 2015 年，首期 117 名学员，第二期 100 名学员，第三期 500 名学员均已顺利结业，第四期 380 名学员正在培训中。[①] 据重庆市教委网站数据，“雏鹰计划”实施 3 年以来[②]，10 所高校、135 个高校实验室、15 所基地中学、7 所项目中学，高度重视创新人才培养工作，积极参与“雏鹰计划”；18 位国家二级教授、280 名高校专家、160 名中学优秀教师、500 余名大学生志愿者对培训学员悉心指导，构建出大学教育和中学教育有效衔接、高校专家与中学教师协同配合的青少年创新人才培养机制；高校与高中学校合作举办了 9 个青少年创新人才培养基地班、28 个活动班，开发了 60 多门“先修课程”，组织学员开展专项课题研究 360 个，研究领域涵盖理学、农学、法学、医学等 9 个领域，形成了以学生兴趣为导向，以培养创新精神和实践能力为核心，以“学员在科学家身边成长”为基本形式的创新人才培养方式。“雏鹰计划”第四期学员专题研究领域逐渐由理学、工学、医学、农学等学科适度扩大到了法学、经济学、历史学、艺术学等学科，为学员提供多样化的学习选择和成长路径。第四期学员专题研究课题对接表如下。

---

① 《雏鹰计划收获首批成果，百名学子全部升入大学》，载《重庆晨报》，2014-11-05。

② 指 2011 年底到 2014 年底。

表 5-3　重庆市“雏鹰计划”第四期学员专题研究课题对接表

序号	专题研究课题名称	所属重点实验室或工程技术研究中心、教学实验示范中心	所属学科	依托单位（高校）	对接高中学校
1	环境与药用植物次生代谢产物积累、代谢研究	生物流变科学与技术教育部重点实验室	生物学	重庆大学	巴蜀中学
2	新型电光效应的非接触式电压电流传感单元	输配电装备及系统安全与新技术国家重点实验室	高电压与绝缘技术	重庆大学	南开中学
3	智能小车技术的研究与实现	光电技术及系统教育部重点实验室	光电工程	重庆大学	重庆七中
4	城市公共空间、旧城更新、社区发展与规划研究与实践	山地城镇教育部重点实验室	城市规划	重庆大学	巴蜀中学
5	装配自动化和智能自动化研究	信息物理社会可信服务计算教育部重点实验室	自动化	重庆大学	重庆一中
6	高性能二次锂离子电池电极材料的组装测试	洁净能源与资源利用化工过程重庆市重点实验室	化学化工	重庆大学	巴蜀中学
7	城市声景观	山地城镇教育部重点实验室	建筑城规	重庆大学	重庆八中
8	智能手机软件开发	信息安全与计算智能实验室	信息安全	重庆大学	重庆八中
9	普通物理效应综合演示及应用研发	重庆大学研究生创新实践基地	物理学	重庆大学	巴蜀中学

续表

序号	专题研究课题名称	所属重点实验室或工程技术研究中心、教学实验示范中心	所属学科	依托单位（高校）	对接高中学校
10	页岩微观孔隙结构的研究	煤炭灾害动力学及控制国家重点实验室	岩石力学	重庆大学	巴蜀中学
11	绿色建筑设计理论与方法	山地城镇教育部重点实验室	建筑学	重庆大学	南开中学
12	航空航天领域飞行器热防护	非均质材料力学重庆市重点实验室	工程力学	重庆大学	南开中学
13	公益慈善、社区服务与社会建设研究	重庆大学公益慈善与社会发展研究中心	公共管理	重庆大学	重庆一中
14	社会学视角下的城市空间认知与调查	山地城镇教育部重点实验室	建筑学	重庆大学	重庆七中
15	绿色建筑设计	山地城镇教育部重点实验室	建筑学	重庆大学	南开中学
16	TOR 基因在果实成熟过程中的功能研究	基因中心	生命工程	重庆大学	重庆一中
17	膳食纤维、黄酮等生物功能分析以及营养功能评价	洁净能源与资源利用化工过程重庆市重点实验室	化学工程	重庆大学	重庆七中
18	奇妙的微观世界	重庆大学电镜中心	材料学	重庆大学	巴蜀中学
19	建筑设计及其理论	山地城镇教育部重点实验室	建筑学	重庆大学	重庆一中

续表

序号	专题研究课题名称	所属重点实验室或工程技术研究中心、教学实验示范中心	所属学科	依托单位（高校）	对接高中学校
20	智能仪器以及传感技术	光电技术及系统教育部重点实验室	光电技术	重庆大学	巴蜀中学
21	山地建筑结构抗震性能研究	山地城镇教育部重点实验室	土木结构	重庆大学	重庆八中
22	城乡规划视野下的城市社会空间认知与调查	重庆大学山地城镇建设与新技术教育部重点实验室	城乡规划	重庆大学	巴蜀中学
23	制造系统工程、制造业信息化和现代企业管理	机械传动国家重点实验室	工业工程	重庆大学	重庆八中
24	重庆金佛山国家级自然保护区脊椎动物多样性调查与研究	重庆市三峡库区生态环境与生物资源省部共建国家重点实验室培育基地	生物学	西南大学	清华中学
25	专吃细菌的微生物的分离	重庆市三峡库区生态环境与生物资源省部共建国家重点实验室培育基地	微生物学	西南大学	西大附中
26	神奇的地球表层土	西南大学工程实验教学中心	力学、土木工程	西南大学	西大附中
27	幻彩霓虹灯设计与制作	西南大学工程实验教学中心	电子科学与技术	西南大学	西大附中
28	大肠杆菌临床分离株的药物敏感性分析及耐药基因检测	西南大学动物科学与技术实验教学中心	微生物学	西南大学	西大附中
29	白酒中塑化剂的可视化快速检测	重庆市应用化学重点实验室	化学	西南大学	松树桥中学

续表

序号	专题研究课题名称	所属重点实验室或工程技术研究中心、教学实验示范中心	所属学科	依托单位（高校）	对接高中学校
30	纳米 TiO_2/紫外光催化降解活性染料的研究	重庆市应用化学重点实验室	化学	西南大学	西大附中
31	绿色全合成金属切削液的研制	发光与实时分析教育部重点实验室	化学	西南大学	清华中学
32	生活物理与创新实验研究	重庆市物理实验教学示范中心	物理	西南大学	朝阳中学
33	观赏植物香雪球的组织快繁体系的建立	重庆市花卉工程技术研究中心	观赏园艺学	西南大学	西大附中
34	两种检疫性李属疫霉丁香疫霉和栗黑水疫霉的三重 PCR 特异分子检测	重庆市作物品质改良重点实验室	植病学	西南大学	松树桥中学
35	进入基因世界探秘转基因植物的安全性	重庆市作物品质改良重点实验室	农学	西南大学	西大附中
36	智能机器人技术	重庆市农业农村信息化工程技术研究中心	计算机科学、自动化	西南大学	松树桥中学
37	家蚕变态发育过程观察及相关机制研究	家蚕基因组生物学国家重点实验室	畜牧学	西南大学	西大附中
38	中学生科学研究写作与演讲能力训练	物证工程技术研究中心	社会学	西南政法大学	渝北中学

续表

序号	专题研究课题名称	所属重点实验室或工程技术研究中心、教学实验示范中心	所属学科	依托单位（高校）	对接高中学校
39	走近法庭科学	1. 国家级证据技术实验教学中心 2. 重庆市物证技术工程研究中心	法学	西南政法大学	渝北中学
40	FAT/CD36 的棕榈酰化修饰与非酒精性脂肪性肝病	脂糖代谢性疾病重庆市重点实验室	临床医学	重庆医科大学	育才中学
41	基于重组慢病毒的新型 HBV 表型分析系统	感染性疾病分子生物学教育部重点实验室	感染病学	重庆医科大学	育才中学
42	吡格列酮衍生物 CQUMHS——03 抗糖尿病作用研究	重庆市生化和分子药理学重点实验室	药理学	重庆医科大学	字水中学
43	探究人体生物学“身份证”——血型的奥秘	临床检验诊断学教育部重点实验室	临床检验诊断学	重庆医科大学	育才中学
44	免疫荧光检测肾脏相关基因表达	分子肾脏病学研究室	基础医学	重庆医科大学	育才中学
45	三峡库区湿地资源遥感监测研究	重庆高校地理信息系统应用研究实验室	地理学	重庆师范大学	重庆三十七中
46	基于多源遥感数据的三峡库区植被动态变化研究	重庆高校地理信息系统应用研究实验室	地理学	重庆师范大学	重庆十八中

续表

序号	专题研究课题名称	所属重点实验室或工程技术研究中心、教学实验示范中心	所属学科	依托单位（高校）	对接高中学校
47	基于多源统计与遥感数据的重庆市城镇化演进与态势分析	重庆高校地理信息系统应用研究实验室	地理学	重庆师范大学	重庆十八中
48	重庆市气温空间分布的三维建模	重庆高校地理信息系统应用研究实验室	地理学	重庆师范大学	重庆十八中
49	神奇的纳米镀膜技术	重庆市光电功能材料重点实验室	物理学	重庆师范大学	重庆三十七中
50	模块化机器人创新应用	重庆师范大学计算机教学实验示范中心	计算机	重庆师范大学	重庆市第十八中学
51	应急通信的分类分级模型研究及应用	电子商务与现代物流实验室	管理科学与工程	重庆邮电大学	育才中学
52	消防站选址研究	电子商务与现代物流实验室	管理科学与工程	重庆邮电大学	育才中学
53	基于网络结构的小说人物关系分析	重庆邮电大学网络与信息安全技术市级工程实验室	计算机	重庆邮电大学	重庆二十九中
54	基于智能电网的APP应用终端软件的开发	工业物联网与网络化控制教育部重点实验室	控制理论与控制工程	重庆邮电大学	育才中学

续表

序号	专题研究课题名称	所属重点实验室或工程技术研究中心、教学实验示范中心	所属学科	依托单位（高校）	对接高中学校
55	物联网安全系统的研究与开发	工业物联网与网络化控制教育部重点实验室	控制理论与控制工程	重庆邮电大学	育才中学
56	风光互补家用发电系统的研究	网络控制技术与智能仪器仪表重庆高校市级重点实验室	控制理论与控制工程	重庆邮电大学	杨家坪中学
57	基于wifi接入的红外家电控制器的设计	网络控制技术与智能仪器仪表重庆高校市级重点实验室	控制理论与控制工程	重庆邮电大学	杨家坪中学
58	智能婴儿车	教育部移动通信工程研究中心	电子信息	重庆邮电大学	重庆第二外国语学校
59	温室状态监视反馈仪	教育部移动通信工程研究中心	电子信息	重庆邮电大学	重庆第二外国语学校
60	基于Android的家庭防盗报警装置	教育部移动通信工程研究中心	电子信息	重庆邮电大学	重庆二十九中
61	城市污水资源化再利用技术研究	水利水运工程教育部重点实验室	理学	重庆交通大学	川外附中
62	有压管道引水发电系统水力及输沙特性试验研究	内河航道整治技术交通行业重点实验室重庆市院士专家工作站	水利工程	重庆交通大学	求精中学

续表

序号	专题研究课题名称	所属重点实验室或工程技术研究中心、教学实验示范中心	所属学科	依托单位（高校）	对接高中学校
63	创新型海洋平台概念设计及强度分析	重庆市特种船舶数字化设计与制造工程技术研究中心	船舶与海洋工程	重庆交通大学	求精中学
64	桥梁智能检测机器人技术	山区桥梁与隧道国家重点实验室培育基地	土木工程与控制科学	重庆交通大学	求精中学
65	基于低碳经济模式的丽攀高速公路节能新技术研究	重庆交通大学土木建筑学院结构工程实验室	自然科学	重庆交通大学	川外附中
66	基于磁罗经的船舶航向变换与方位修正	航海实验教学示范中心	交通运输工程	重庆交通大学	川外附中
67	新能源电动汽车充电及能源回收利用装置开发技术	重庆市检测控制集成系统实验室	控制工程	重庆工商大学	重庆十一中
68	城市家庭生活垃圾原位分类和预处理技术	催化理论与应用技术重庆高校市级重点实验室	环境工程	重庆工商大学	重庆十一中
69	家用轿车用油污染状态评价研究	废油资源化技术与装备教育部工程研究中心	物理、化学	重庆工商大学	实验中学
70	运动对慢性应激抑郁模型大鼠行为学及体重的影响	天然药物研究重庆高校市级重点实验室，催化与功能有机分子重庆市重点实验室	医学	重庆工商大学	实验中学
71	不同家庭投资理财策略分析	重庆理工大学经济管理实验教学中心	经济学金融学	重庆理工大学	实验中学

续表

序号	专题研究课题名称	所属重点实验室或工程技术研究中心、教学实验示范中心	所属学科	依托单位（高校）	对接高中学校
72	基于无线通信与Android系统的智能家居环境搭建与监控方法研究	理论电工实验示范中心	电子	重庆理工大学	清华中学
73	基于物联网的家庭信息采集及监控系统	重庆市重庆理工大学计算机实验教学中心	计算机科学与技术	重庆理工大学	清华中学
74	掌上“千里眼”	重庆理工大学物联网创业创新实验室、重庆理工大学计算机实验教学中心	计算机科学与技术	重庆理工大学	实验中学
75	基于BIM的建筑三维全息投影展示实践研究	重庆科技学院建筑工程学院BIM实验与工程中心	建筑工程	重庆科技学院	凤鸣山中学

总的来说，重庆市的雏鹰计划与其他省市的培养计划异曲同工，部分学生参与，中学与大学合作，给学生创造更多的教育机会和资源。

(二)“雏鹰计划”基地学校：巴蜀中学

巴蜀中学作为重庆首批“雏鹰计划”中学与重庆大学煤炭灾害动力学及控制国家重点实验室，生物流变教育部重点实验室对接合作培养创新人才。何雨寒、王艺钦、胡益凡等7名高一年级的学生，通过“自我推荐+学校推荐+区县教委审查+专家面试”的方式入选重庆首期“雏鹰计划”，进行课题研究。其研究项目有《煤层气开采中煤层气渗透率演化规律的试验研究》(江正一)、《“笑商”——以重庆居民为例》(王艺钦)等。

2013 年 5 月 21 日，巴蜀中学首批“雏鹰计划”学员通过结业答辩。第二批创新人才培养“雏鹰计划”学员中，巴蜀中学有 6 名学生入选。其课程安排共分 9 个大专题，为期 25 周，每周 2 小时。培养计划采用现场实验参观、授课、实验研究与理论研究等方式相结合，综合培养“雏鹰计划”学员的动手能力、分析能力和研究能力。通过与重庆大学对接合作项目的研究使“雏鹰计划”学员掌握了煤与瓦斯的物理力学性质、煤的微观孔隙结构、煤与瓦斯的相互作用关系、煤对瓦斯的吸附/解吸规律、高压水射提高煤层气抽采率等方面的机理。巴蜀中学“雏鹰计划”第三期组建了拥有 60 名学员的基地班，与重庆大学对接，分为 12 个课题小组，课程计划包括机械以及自动化、物联网课题、建筑技术科学、无机化学、轻合金材料基础和应用开发研究、飞行仿真、生物流变、水资源保护等。

四、上海市两项培优项目

(一)上海中学生拔尖人才培养计划

上海市高中生“创新能力”“创新素养”的培育，在国内教育改革的探索过程中一直处于前沿。1998 年，上海市教育学会就对“资优(超常)教育与创新人才的培养”进行过专题研讨。2008 年，上海市率先开展“创新素养培育”试验。2009 年，华东师大二附中、复旦大学附中和上海交大附中也加入该项目。在此基础上，2010 年上半年，上海市教委启动了上海市普通高中学生创新素养培育实验项目，共有 26 所高中和 2 个区加入。①

2011 年年初，这一项目结合国家教育体制综合改革项目“探索建立创新拔尖人才培养基地”，积极探索创新人才培养体制改革与创新。26 所实验学校和 4 个实验区在培育高中学生创新素养和对极小

① 《想象力被抑制，高中生实践能力不足》，载《东方早报》，2014-01-19。

部分拔尖创新人才的早期培养两个不同的层面作出了积极探索。2012年，30所项目实验高中和2个区(徐汇和金山)分别聚焦于学生创新素养培育的目标与测评方法、培养内容与课程学程设置、培养模式与学业管理3个方面开展研究。2013年，改革探索进入实验项目的总结反思阶段，最终形成4种较为典型的培养模式：专设试验班模式(以上海中学为代表)；全体与部分学生相结合的金字塔模式(以七宝中学为代表)；校际联动模式(如卢湾高级中学和向明中学的联合)；区域统筹整体推进模式(如金山区的"金山计划")。

值得一提的是，从2012年开始，上海市科协在中国科协的支持下，与上海市教委合作，开展"2012年上海中学生拔尖人才培养计划——上海市普通高中学生的创新素养培育实验项目"，为青少年科技爱好者及具有潜质的中学生探索早期培养的途径与方法，优化创新人才的成长环境，为国家培养科技后备人才。

"2012年上海中学生拔尖人才培养计划"以上海青少年科学社每年开展的青少年科技创新培育工作为基础，在"探索建立拔尖创新人才培养基地"项目试点高中(上海中学、华师大二附中、复旦附中、交大附中)以及"上海市普通高中学生创新素养培育实验项目"试点学校申报学生中，选拔热爱科技、品学兼优的优秀学生，依托上海市科协下属学会以及上海市各大高校、研究所，组织学会根据学生项目成立专家团，指导学生研究创新项目；参加全国青少年高校科学营；并根据项目实际需要，带领学生走进高校、研究所的实验室，指导会员开展实验、收集数据、撰写论文，完成项目。该计划每年招生总人数约30—50人，每个学科2—4人。其学科分布及支持学会如下表。

表 5-4　2012 年上海中学生拔尖人才培养计划学科分布及支持学会

序号	学科	支持学会
1	数　学	上海市数学学会、上海市工业与应用数学学会
2	物　理	上海市物理学会
3	化　学	上海市化学化工学会、上海市硅酸盐学会
4	动　物	上海市动物学会、上海市昆虫学会
5	植　物	上海市植物学会
6	工　程	上海市机械工程学会、上海市自动化学会
7	计算机	上海市计算机学会、上海市通信学会
8	微生物	上海市微生物学会
9	生物化学	上海市生物化学与分子生物学会
10	社会科学	上海市社会学学会、上海市未来研究会
11	环境科学	上海市环境科学学会、上海市生态学学会
12	医学健康	上海市医学会、上海市药学会
13	地球空间	上海市地球物理学会、上海市天文学会、上海市气象学会

(二)科学种子计划(“中学生英才计划”)

2012 年 10 月 30 日，上海青少年科学社联合复旦大学、上海交通大学等重点高校创立了“科学种子计划”，亦称“中学生英才计划”。该计划结合国际 STEM(科学、技术、工程、数学)教育理念推进实施，构建从兴趣会员、实习会员、研究会员到高级会员的创新人才培育链，为具有科学兴趣及科研潜质的青少年构建一个多元化、多层次的培育平台，着力提升青少年的科学素养、科学精神，培养具有创造力、有志于从事科研事业的人才。

“科学种子计划”本着“重创新，育能力，铸人才”的理念，进一步发挥上海市科协所属学会在青少年科技创新人才培养上的优势，通过构建“35111”支撑体系、搭建三大支持平台、推出“52211”成才计划，为学生的培养提供坚实的保障机制，一以贯之地培养学生创造力，并通过上海市科协的社会化大联合大协作的工作网络和重点高校专业的教学资源与科研条件的优势结合，探索专业学会和高校共同协作的人才培育新模式。该计划于每年5月至7月进行科学种子选拔赛。

“35111”支撑体系：“科学种子计划”依托上海市科协所属180多个学会、协会、研究会，按照自然科学的学科分类，建立了由3000名一流科学家、上海学科和科技领军人才组成的学会专家团队，覆盖工程、数学、物理、化学、计算机、医学健康等16个学科。依托重点高校、科研院所教学研究资源，组织学生进入相关实验室，学习实验操作技能，并建立了500多名重点高校和科研院所在读硕士生、博士生组成的助教团队，在学会专家每周辅导一次的基础上，助教对学生进行长期跟踪式培育。科学社已自主研发了100套科学教育课件，创立科学导航60分、STEM(科学、技术、工程、数学)素养60分、“金奖集荟”(国内外优秀科技创新项目案例分析)等品牌课程资源。同时，科学社与复旦大学、上海交通大学等知名高校和中国科学院上海分院联合建立了100个科学种子实践基地，以青少年高校科学营、高校科普开放日等活动为平台，组织学生参加科学报告会、参与实验室科研实践、开展科技创新课题研究，逐步激发学生的科学兴趣，培育他们的科技创新能力。

三大支持平台：“科学种子计划”将建立社会平台、科学交流平台和网络平台等三大支持平台，动员社会力量搭建青少年科技创新人才培养的平台，为青少年提供参与国内外科技竞赛和学术交流的机会，在上海青少年科技英才网上设立“科学种子计划”专区，为青少年学生提供网络咨询、相互交流的互动机会。

“52211”成才计划：经过一段时期的发展，科学社计划每年培养

5000 名科学兴趣会员，激发学生科学探究兴趣；2000 名科学实习会员，逐步引导学生创立科学创新项目研究计划，掌握科学探究方法、具备解决科学问题的能力；2000 名科学研究会员，在专家团队和助教团队的指导下，将研究计划转换为实践成果；近 100 名高级会员，走进重点高校，感受名师魅力、体验科研过程、激发科学兴趣、提高创新能力、树立科学志向，培养科学精神和科学态度。

2013 年 4 月，上海市科协根据《中国科协办公厅关于开展中学生科技创新后备人才培养计划试点工作的通知》要求，以复旦大学、上海交通大学为试点单位，正式启动了中学生科技创新后备人才培养计划(即“中学生英才计划”)上海地区试点工作。为做好上海地区试点工作，发现并培育一批具有科学潜质的优秀中学生，上海青少年科学社开展了“科学种子选拔赛”。2013 年 9 月，来自华师大二附中、上海中学等 11 所高中的 60 名高中生通过上海青少年科学社“科学种子选拔赛”申报自己的科技创新课题(均为个人项目；学生为高一、高二年级在读)，并接受高校导师团的面试，入选了 2013 级中学生英才计划学员暨上海青少年科学社高级会员，接受复旦、上海交大两所大学为期一年的免费培育，在数学、物理、化学、生物、计算机五大学科导师团队的指导下学习并完善自己的课题。高级会员在校培育期间，由各试点高校定期组织阶段性评估，如发现高级会员不适合继续培养，可中止培养计划。如需调整，上海青少年科学社可推荐科学研究会会员。

在为期一年的培育中，“中学生英才计划”学员利用周六日及寒暑假，跟随复旦大学和上海交通大学各学科导师开展科技创新探究与实践，两所高校分别推荐涵盖数学、物理、化学、生物、计算机五大学科领域的著名科学家担任“中学生英才计划”学员的培育导师，他们均为各高校顶级的基础学科科学家，包括“两院院士”“长江学者”特聘教授、“千人计划”特聘专家、国家级教学名师、国家杰出青年科学基金获得者等。

从2014年开始，上海青少年科学社依托名校名师人才资源、科技教育资源与市科协所属180多个学会、协会、研究会的专家资源，设立上海青少年科学社英才会员预备班，招募优秀学生成为上海青少年科学社英才预备会员，通过参加科学社STEM学习、金奖集荟、励志报告、科学实践等课程，经网上申报、专家评审、高校面试，成为“中学生英才计划”培育学员暨上海青少年科学社英才会员。申报者为上海市青少年科技爱好者(同年9月升高一学生，仅限个人项目)，申报学科包括生命科学、物质科学、地球与空间、技术与设计。其培育内容和流程如下图：

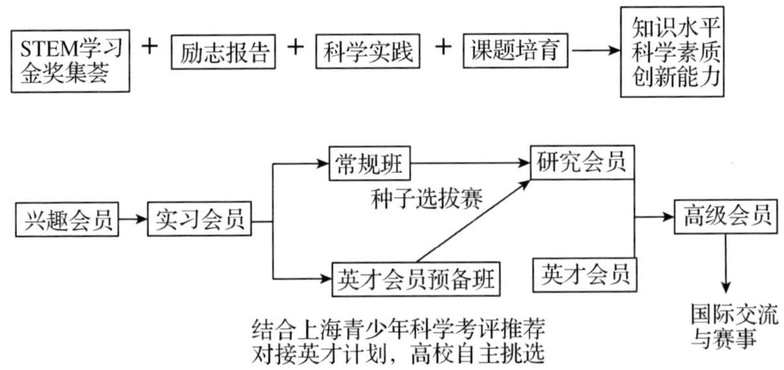

图5-1　上海市中学生英才计划培育内容及流程

五、陕西省的“春笋计划”

陕西省的“春笋计划”是该省承担的“创新人才培养计划”实验的重要内容。

2010年1月，陕西省教育厅下发了《关于启动大学与高中联合培养创新型人才“春笋计划”试点工作的通知》[①]，决定在普通高中课程改革的背景下，利用陕西省高校丰富的教育和科技资源优势，通过选拔少数具有创造性潜质的高中学生进入高校实验室参加课题研究，以及高校专家参与指导高中学生进行研究性学习、面向全体高中学生开放高校实验室等方式，培养高中学生的科学探索兴趣和创造性思维能力，拓宽基础教育阶段创造性人才培养的途径。这是陕西省深化人才培养体制改革，积极探索大学和高中合作开展拔尖创新人才培养模式，提高青少年创新精神和实践能力的重大举措。

2012 年 2 月，陕西省教育厅发布《关于命名陕西师范大学附属中学等 25 所学校为国家教育体制改革试点项目——普通高中与大学联合培养创新人才基地的通知》，[②] 该文件决定，命名陕西师范大学附属中学等 9 所普通高中为“国家教育体制改革试点项目——普通高中与大学联合培养创新人才学科基地”，西安交通大学等 16 所高等学校为“国家教育体制改革试点项目——普通高中创新人才培养基地”。这两类基地学校也是参与了陕西省“春笋计划”的学校。

文件公布的 9 所基地学校有：陕西师范大学附属中学、西安中学、西安市高新第一中学、西安市第八十三中学、西北工业大学附属中学、西安市铁一中学、西安交通大学附属中学、西安市第一中学、西北大学附属中学。文件委托西安市教育局督促指导各基地学校积极组织，大胆探索，深入研究，构建全省普通高中学习、研究、交流的学科平台，积极培养创新型人才，推进普通高中多样化、特色化、优质化发展。

---

① 陕西省教育厅：《陕西教育年鉴（2011）》，153—155 页，西安，三秦出版社，2011。

② 《关于命名陕西师范大学附属中学等 25 所学校为国家教育体制改革试点项目——普通高中与大学联合培养创新人才基地的通知》，http：//www.snedu.gov.cn/news/jiaoyutingwenjian/201203/02/2636.html，2018-11-10。

16所高校为：西安交通大学、西北工业大学、西北农林科技大学、西安电子科技大学、陕西师范大学、西北大学、西安理工大学、西安建筑科技大学、延安大学、陕西理工学院、宝鸡文理学院、咸阳师范学院、渭南师范学院、榆林学院、安康学院、商洛学院。文件委托各有关高等学校积极承担社会服务责任，广泛动员，深入实践，充分发挥学科优势，建设高素质的专家引领队伍，进一步推进与普通高中的合作，深化教育教学改革，提高人才培养质量，为探索发现创新人才的培养途径、推进培养模式多样化做出新的贡献。

陕西省公布的两个项目，一个是面向高中学校，在提高办学水平提升的同时，偏重于高中和大学的衔接体制和机制的探索；另一个是面向高等院校，偏重大学的治理，把人才培养的视域向基础教育延伸，既要收获，更要耕耘，在探讨人才成长的连续性上提升教育质量。这些探索都是很有学术价值和政策咨询意义的创新。这两个文件有力地保障了“春笋计划”的实施。

迄今为止，“春笋计划”已实施四期，分别是2010－2011年度、2012－2013年度、2014－2015年度和2016－2017年度，每期的工作内容主要包括三方面①：一是课题研究工作。在参与的高中选拔一部分具有创造性潜质、学有余力的高一学生，经过相关知识和能力培训后，利用综合实践活动课程时间和节假日，直接进入高校实验室或相关课题组，或独立承担课题，进行兴趣和任务驱动下的体验式、探究式研究。每名学生由高校一名专家和中学若干名优秀教师联合组成指导小组，确定具体研究课题，制定并实施个性化培养方案。学科领域从自然科学向人文科学拓展。自然科学为物理、化

① 《关于启动实施大学与高中联合培养拔尖创新人才“春笋计划”2014－2015年度工作的通知》，http：//www.snedu.gov.cn/news/jiaoyutingwenjian/201403/07/7682.html，2018-11-10。

学、生物、地理、信息技术等；人文科学为历史。二是专家报告团工作。主要是为高中学生作科普讲座；指导高中教师开好选修课，为有关选修课开设专题报告；指导高中开展研究性学习。三是开放实验室工作。相关高校向高中开放部分重点实验室，由高中学校组织学生参观和学习。下面是三期“春笋计划”的实施概况。

（一）“春笋计划”第一期

首期“春笋计划”从西安市高新一中、西北大学附中、西安中学等 9 所普通高中，层层选拔出 38 名具有创造性潜质、学有余力的优秀高一学生，学生所在高中通过与陕西师范大学、西北大学、西安交通大学等 7 所大学的对接合作，共同进行拔尖创新人才的培养。这些学生在经过相关知识和能力培训后，便开始利用综合实践活动课程时间和节假日，直接进入高校实验室或相关课题组，独立承担课题，进行兴趣和任务驱动下的体验式、探究性研究。最终，首期“春笋计划”共完成 33 项课题研究，其中，17 项属于科技前沿类，16 项属于工程应用类，包括交通、电子、航空、纳米、克隆、环境、网络、导航等多个领域，而且多名学生的论文在学术刊物上发表，多项成果在青少年科技创新大赛等比赛中获奖。其中，西安中学马振鑫、刘珂磊设计的《西安市智能公交系统软件设计与实现》已在国家知识产权局申请软件制作权登记。下面的表格包括了“春笋计划”学科基地学校、专家报告内容、研究性学习题目及高校实验室开放范围等内容，① 我们可以了解一些基本概况。

① 《关于印发“春笋计划”2010—2011 学年度工作试点方案的通知》，http：//www. snedu. gov. cn/news/jiaoyutingwenjian/201007/15/3965. html，2018-11-10。

表 5-5　2010—2011 年度“春笋计划”各学科基地学校

<table>
<tr><th>学科</th><th>名称</th><th>学　校</th><th>实　验　室</th></tr>
<tr><td>通识培训</td><td>基地学校</td><td>西安市中学</td><td></td></tr>
<tr><td rowspan="2">物理学科</td><td rowspan="2">基地学校</td><td>西工大附中</td><td rowspan="2">西安交通大学物理实验教学示范中心
西北工业大学物理实验教学中心
西北工业大学力学实验教学中心
西北工业大学航天实验教学中心
西安理工大学工程训练中心所有实验室
西安建筑科技大学物理实验中心</td></tr>
<tr><td>西安交大附中</td></tr>
<tr><td rowspan="2">生物学科</td><td rowspan="2">基地学校</td><td>陕师大附中</td><td rowspan="2">陕西师范大学西北濒危药材资源开发国家工程实验室
西北大学西部资源生物与现代生物技术实验室</td></tr>
<tr><td>西北大附中</td></tr>
<tr><td rowspan="2">化学学科</td><td rowspan="2">基地学校</td><td>西安市
高新一中</td><td rowspan="2">陕西师范大学国家级化学实验教学示范中心
西北大学合成与天然功能分子化学重点实验室</td></tr>
<tr><td>西安市
一中</td></tr>
<tr><td>地理学科</td><td>基地学校</td><td>西安市铁一中</td><td>西安建筑科技大学陕西省环境工程重点实验室</td></tr>
<tr><td rowspan="2">信息技术
学科</td><td rowspan="2">基地学校</td><td>西安市
八十三中</td><td rowspan="2">西安电子科技大学国家级通信与信息工程实验教学中心
西安电子科技大学省级物理实验教学示范中心</td></tr>
<tr><td>西安中学</td></tr>
</table>

表 5-6　基地学校专家报告内容

<table>
<tr><th>基地学校名称</th><th>报告内容和方向</th><th>报告时间</th></tr>
<tr><td rowspan="2">西工大附中</td><td>1. 航空航天事业的发展及前景</td><td>2010 年 7—8 月</td></tr>
<tr><td>2. 经典力学、相对论、量子力学及其应用</td><td>2010 年 7—8 月</td></tr>
<tr><td>西安交大附中</td><td>1. 航空、航天事业的发展及前景
2. 经典力学、相对论、量子力学及其应用</td><td>2010 年 10 月</td></tr>
</table>

续表

基地学校名称	报告内容和方向	报告时间
西安市高新一中	1. 化学面临的任务—能源、材料、医药、环保等 2. 西部特殊资源的开发、提取及应用等，或由专家自定报告题目也行，要和化学相关	2010 年 7—8 月
西安市铁一中	1. 地理信息技术在生产生活中的应用 2. 西安市城市远景规划介绍	2010 年 9 月
西安市一中	化学研究前沿	2010 年 9 月和 2011 年 3 月
陕师大附中	1. 植物组织培养的基础理论和基本方法 2. 植物气孔运动中的相互关系的研究进展	2010 年 7 月
西北大附中	1. 生物技术实践 2. 生物科技专题 3. 化学与环境 4. 生物技术安全性与伦理	2010 年 8—10 月
西安市八十三中	介绍和选题相关领域的发展现状和研究方法	2010 年 7 月
西安中学	1. 算法与程序设计(算法与数据结构知识、PASCAL 程序设计常用算法分析) 2. 网络技术应用、人工智能技术、科学与技术、技术与社会	2010 年 9—10 月

表 5-7　基地学校研究性学习题目

基地学校	研究性学习题目
西工大附中	航天领域、胡克定律
西安市高新一中	1. 化学面临的任务——能源、材料、医药、环保等 2. 西部特殊资源的开发、提取及应用等
陕师大附中	1. 铁皮石斛的植物组织培养和快速繁殖 2. 过氧化氢诱导蚕豆的气孔关闭与一氧化氮的产生有关

续表

基地学校	研究性学习题目
西安市铁一中	1. 农家乐的调查研究 2. 从城市北迁谈西安城市化
西安交大附中	1. 地球自转对单摆运动的影响研究 2. 磁性材料性质及应用研究
西北大附中	1. 西安市行道树现状调查及拟改观建议 2. 生物新科技
西安市一中	1. 食品安全问题 2. 环境污染问题
西安市八十三中	1. 算法演示系统 2. 计算机数据采集分析
西安中学	1. 计算机在数学建模中的应用 2. 智能机器人编程

表5-8　高校实验室开放范围

学　校	实验室名称
西安交通大学	物理实验教学示范中心
西北工业大学	物理实验教学中心
	力学实验教学中心
	航天实验教学中心
西安电子科技大学	国家级通信与信息工程实验教学中心 省级物理实验教学示范中心
陕西师范大学	国家级化学实验教学示范中心
	西北濒危药材资源开发国家工程实验室

续表

学　校	实验室名称
西北大学	西部资源生物与现代生物技术
	合成与天然功能分子化学
	地质实验室(待定)
西安理工大学	校工程训练中心所有实验室(物理)
西安建筑科技大学	陕西省环境工程重点实验室
	西安建筑科技大学物理实验中心

(二)"春笋计划"第二期

2011 年 12 月 31 日，陕西省教育厅颁布了《关于进一步做好大学与高中联合培养创新型人才"春笋计划"的指导意见》，文件对"春笋计划"实施过程细节和保障机制做出了规定。

与首期相比，第二期的"春笋计划"拓展了实施的时间、范围和领域。在时间上，从一年延长到一年半，即高一第二学期、高二整学年；在区域上，由西安市拓展到全省 10 个市(区)；在参与学校数量上，高校由 7 所扩大到 16 所，高中由 9 所扩大到 24 所；在内容上，从物理、化学、生物、地理、信息技术等自然学科，拓展到历史等人文学科；在参与课题研究学生数量上，由 38 名扩大到 112 名。

第二期"春笋计划"经过市区推荐、专家委员会智力和科学创造力测验、学科指导小组面试、专家委员会及课题研究工作小组审定，共确定郭一凡、刘卓焓等 112 名学生为"春笋计划"课题研究项目入选学生。① 同时，经有关高校和普通高中学校推荐，"春笋计划"领导小组审定，共有 70 名高校指导专家和 110 名高中指导教师参与

① 《关于公布"春笋计划"课题研究项目 2012—2013 年度入选学生名单的通知》，http：//www. snedu. gov. cn/news/jiaoyutingwenjian/201206/15/5084. html，2018-11-08。

“春笋计划”课题研究项目。① 另外，根据“春笋计划”2012－2013年度开放实验室主任会议的统一安排和要求，参加计划实施的16所高校的67个国家级或省级重点实验室，面向全省普通高中学生免费开放。② 所开展的课题研究涉及自然科学多项前沿领域，包括交通、电子、航空、纳米技术、克隆技术、环保、网络、导航、医药、农业等方面，也涉及历史地理、考古等社会科学领域，并且取得了丰硕的成果。例如，宝鸡中学孙嘉言同学的研究成果《三种中草药的振荡指纹图谱研究》已在国家级刊物《光谱实验室》发表；延安中学闫宏同学的《黄粉虫在不同饲料比例下的泡沫降解率研究》发表在国内核心期刊《环境昆虫学报》2013年第35卷第1期。

第二期“春笋计划”的实施也得到了一些经费的支持和政策的保障。在经费支持方面，陕西省教育厅设立创新人才早期培养“春笋计划”专项经费，并在高校重点实验室经费等方面对参与高校给予倾斜；各市、各高校、各高中也设立“春笋计划”专项工作经费；各高中依据参与课题研究的学生数量，每生筹措1万元研究经费。在政策保障方面，陕西省教育厅在高校科技创新与服务工程、访问学者计划安排等方面，将向参与高校倾斜；各相关高校、高中同时对专家、教师在计划实施中取得的成果给予奖励，并优先向全省哲学社会科学奖、全省科技进步奖、全省高等教育教学成果奖、全省基础教育教学成果奖及全国相关成果评奖活动推荐；参与计划实施的专家、教师的劳动，计入工作量，作为考核、评职、评优的重要依据；完善学生综合素质评价办法，将课题研究成果纳入研究性学习课程

① 《关于公布“春笋计划”课题研究项目2012—2013年度高校指导专家和高中指导教师名单的通知》，http：//www.jyt.shaanxi.gov.cn/news/jiaoyutingwenjian/201212/11/5832.html，2018-10-13。

② 《关于命名西安交通大学物理教学实验中心E0505，E0511等67个实验室为“春笋计划”课题研究实验基地的通知》，http：//www.snedu.gov.cn/news/jiaoyutingwenjian/201206/12/5044.html，2018-09-10。

考核，赋予相应学分；对于研究成果突出的学生，省内相关高校在自主招生时可优先招录，高中可优先保送与推荐。①

参与“春笋计划”2012－2013 年度项目学校的名单如下②：

表 5-9　“春笋计划”2012－2013 年度项目学校名单

10 市(区)	普通高中学校名单(24 所)	高校名单(16 所)
西安市	西工大附中 西安市铁一中 西安市高新一中 西安交大附中 西安中学 陕师大附中 西安市八十三中 西北大学附中 西安市第一中学	西安交通大学 西北工业大学 西北农林科技大学 西安电子科技大学 陕西师范大学 西北大学 西安理工大学 西安建筑科技大学
宝鸡市	宝鸡中学 眉县槐芽中学	宝鸡文理学院
咸阳市	咸阳彩虹中学 咸阳实验中学	咸阳师范学院
渭南市	渭南高级中学 临渭区杜桥中学	渭南师范学院
延安市	陕西延安中学 延安市实验中学	延安大学

① 《吕明凯同志在“春笋计划”2012—2013 年度工作会议上的讲话》，http：//www. snedu. gov. cn/news/jiaoyutingwenjian/201203/13/2610. html，2018-10-15。

② 《关于进一步做好大学与高中联合培养创新型人才“春笋计划”的指导意见》，http：//www. snedu. gov. cn/news/jiaoyutingwenjian/201201/07/2731. html，2018-11-10。

续表

10市(区)	普通高中学校名单(24所)	高校名单(16所)
榆林市	榆林中学 绥德中学	榆林学院
汉中市	汉中中学 勉县第一中学	陕西理工学院
安康市	陕西安康中学	安康学院
商洛市	商洛中学	商洛学院
杨凌区	杨凌高新中学	

（三）"春笋计划"第三期

第三期"春笋计划"推选了115名学生参与课题项目的研究，西安、宝鸡、咸阳等8个市28所高中①和16所高校参与了计划的实施，并且西安市的省级示范高中都被纳入了"春笋计划"项目。《陕西省关于启动实施大学与高中联合培养拔尖创新人才"春笋计划"2014—2015年度工作的通知》要求各高中把承担课题研究学生的成果纳入研究性学习考核，赋予相应学分，并在有关创优评先活动中优先考虑。对于研究成果突出的学生，省内相关高校在自主招生时可优先招录，高中也可优先保送与推荐。在经费支持方面，陕西省教育厅给每个课题下拨1万元课题研究经费，各生源校也按照省教育厅相关要求，为每个课题配套1万元科研经费。该期结题答辩会于2015年7月6日在西安市第八十三中学举行。下表反映的是"春笋计划"

① 宝鸡市(2所)、咸阳市(1所)、延安市(3所)、榆林市(2所)、汉中市(2所)、安康市(1所)、商洛市(1所)、西安市(16所)。

课题研究项目 2014—2015 年度入选学生研究课题情况。①

表 5-10 2014－2015 年度学员选择的题目一览表

序号	地市	高中学校	课题名称	学科
1	宝鸡	宝鸡中学	电学	物理
2			汽车主动安全研究	物理
3			环境友好型离子液体润滑剂的研究	化学
4			宝鸡秦岭山前残垣边坡绿化率与支流径流量研究——以茵香河流域为例	地理
5			2000 年以来扶风县水资源及水土流失研究	地理
6			秦人的崛起	历史
7			大数据时代网民隐私保护的研究及程序实现	信息技术
8			移动快报系统	信息技术
9		宝鸡石油中学	基于新型分离技术 cpc 的植物药有效成分分离	化学
10	咸阳	咸阳市实验中学	皂苷类提取物生物药剂学特征与其物理化学性质的相关性研究	生物、化学
11			基于物理化学参数表征的大黄炭炮制工艺及质量评价方法的研究	生物、化学
12			基于同病异治理论的解读与开窍方抗实验性脑缺血炎性损伤的分子机制研究	生物、化学
13			山茱萸总苷提取分离工艺与生物利用度的研究	生物、化学

① 《关于公布"春笋计划"课题研究项目 2014—2015 年度入选学员选题和指导教师、高校指导专家的通知》，http：//www. snedu. gov. cn/news/jiaoyutingwenjian/201408/06/8212. html，2018-10-17。

续表

序号	地市	高中学校	课题名称	学科
14	延安	延安中学	电磁感应佯谬现象及其分析	物理
15		延安实验中学	双酚A类环境激素电化学检测新方法研究	化学
16			陕北能源化工基地石油废弃物无害化处理技术研究及示范	生物
17			明清延安府城变迁	历史
18		延安育英中学	目标快速建模技术研究	信息技术
19	榆林	榆林市第一中学	有机小分子化合物热力学性质的量子化学计算	化学
20			基于氮杂配体的金属——有机骨架材料合成及其性质研究	化学
21			重质煤焦油轻组分提取研究	化学
22			两种农田土壤水分测定方法的比较分析	生物
23			山羊细胞培养	生物
24			山羊多胎性状相关基因克隆	生物
25			不同土壤水分条件对农作物光合作用的影响	生物
26		神木中学	兰炭废水电化学处理研究	化学
27			三唑类杀菌剂配合物的合成、表征和性质	化学
28			百里香挥发油的提取和成分测定	化学
29			榆林市特色沙生植物标本采集与制作	生物
30			染色体铺展技术	生物
31			榆林市主要树木害虫调查与标本采集	生物

续表

序号	地市	高中学校	课题名称	学科
32	汉中	汉中中学	紫薯花青素抗疲劳作用探究	生物
33			陕西柑橘品质分析评价	生物
34			开口箭卫星引物的开发与DNA指纹图谱研究	生物
35			西洋参中重金属含量分析	化学
36			杜仲雄花成分研究	化学
37			中药大黄茎叶有效成分分析及其开发利用研究	化学
38			太阳活动对陕西省降水量的影响	物理
39			可编程定时器的设计	物理
40			气体定律的研究	物理
41		南郑中学	响应面法优化微波辅助提取猪苓多糖的工艺研究	生物
42			紫山药多糖提取工艺研究	生物
43			略阳乌鸡胚胎成纤维细胞的分离、培养及转染技术研究	生物
44			介质的电阻温度特性研究	物理
45			智能小车的设计	物理
46			介质特性对声速的影响	物理
47			金属镁与氯化铁溶液的反应产物探究	化学
48			不同常规溶剂提取法提取香椿总黄酮的对比研究	化学
49			不同絮凝剂处理生活污水效果的对比	化学
50	安康	安康中学	基于单片机的音乐盒设计与实现	物理
51			化妆品重金属铅和汞的测定	化学
52			大球盖菇的主要成分研究	化学
53			安康野蔷薇 psbm－trnd DNA 序列分析	生物
54			安康茶文化旅游开发研究	历史
55			绘画调色原理的计算机证明研究	信息技术

续表

序号	地市	高中学校	课题名称	学科
56	商洛	陕西省商洛中学	公共场所语音戒烟报警系统的设计制作	物理
57			室内自然光照反射系统的设计与实验	物理
58			基于无线传感的积木式机器人的设计实验	物理
59			铝合金与铜合金的真空扩散连接研究	化学
60			热处理对蒙乃尔合金组织和性能的影响	化学
61			全尾矿废渣骨料混凝土的制备	化学
62			利用商洛钼尾矿制备免烧砖的物化性能分析	化学
63			特色丹参保健调味品的研究开发	生物
64			魔芋奶茶的研制	生物
65			桑枝美白霜的研究	生物
66	西安	陕师大附中	细胞凋亡相关分子与肿瘤基因治疗的研究	生物
67			过氧化氢与气孔运动的关系研究	生物
68			一氧化氮分子与保卫细胞信号转导的关系研究	生物
69			新型高氮离子型二茂铁燃速催化剂的研制	化学
70		西安市八十三中	硝基苯甲酸的合成	化学
71			智能手环	物理
72			智能手环	物理
73			智能手环	物理
74		西北大附中	陶片考古研究	历史
75			陶片考古研究	历史
76			金丝猴研究	生物
77			地理环境与环境意识研究	地理
78		西安中学	智能浇花系统	物理
79			智能浇花系统	物理
80			微量元素与人体健康	生物
81			生物技术与蔬菜垃圾的处理	生物
82		西安市高新一中	应用物理或工程物理方面的问题	物理
83			基本粒子方向或凝聚态物理方向	物理
84			新型量子点化学发光性能的研究	物理
85			中国古代史方面	历史

续表

序号	地市	高中学校	课题名称	学科
86	西安	西工大附中	飞机模型仿真研究	物理
87			如何提高汽车发动机机械效率	物理
88			有关青菜的组织培养问题	生物
89			机器人与现代生活	信息技术
90		西安市铁一中	系外行星的发现	地理
91			高热量饮食对动物器官形态的影响及运动训练的保护作用	生物
92			公交车实时到站情况与对策研究	信息技术
93		西安交大附中	基于数学模型的光的波粒二象性研究	物理
94			探究无机盐类与复合晶体的水合结晶的生长	化学
95			探究无机盐类与复合晶体的水合结晶的生长	化学
96			探究不同激素浓度对玉米幼胚愈伤组织诱导分化的影响	生物
97		西安市第一中学	基于无线网卡承载网络的环境建立 wifi 热点	信息技术
98			西安市城市功能分布研究	地理
99			合成全息三维立体投影方法的研究	物理
100		西安市长安一中	清末民初婚姻制度变迁考察	历史
101		西安市八十五中	西安市河流水环境现状与对策研究	地理
102		西安市八十九中	课题待定	待定
103		户县第一中学	关于户县城市未来发展规划计划	地理
104		西安市七十中	关于植物细胞内信号传导的研究	生物
105		西安市田家炳中学	灞河水质污染现状及综合治理研究	化学
106		周至中学	开普勒三大定律的证明	物理

2016年3月18日，陕西省教育厅颁布了《关于启动实施大学与高中联合培养拔尖创新人才"春笋计划"2016－2017年度工作的通知》①，这个文件启动了第四期"春笋计划"。

2016年7月26日，陕西省教育厅发出《关于公布"春笋计划"课题研究项目2016—2017年度入选学员、指导教师和高校指导专家名单的通知》，经过推荐、考核、选拔等程序，156名高中生申报的项目入选该计划。教育厅对每项计划都配备了高中指导教师和高校指导专家。按每个课题1万元标准划拨课题研究经费；各生源校也须按省教育厅相关要求，及时为每个课题配套1万元科研经费。②

第四节　四川省的创新人才培养计划

2010年10月24日，国务院办公厅《关于开展国家教育体制改革试点的通知》确定开展普通高中多样化、特色化发展试验，建立创新人才培养基地，探索西部欠发达地区普及高中阶段教育的措施和办法，③ 这也是落实《国家中长期教育改革和发展规划纲要（2010－2020年）》的主要举措。四川省是西南地区唯一一个国家级创新人才培养基地改革实验区。

2010年12月，《四川日报》报道，四川省被列入"建立创新人才培养基地"的试点地区。2011年7月19日，四川省组织召开"探索建

① 《关于启动实施大学与高中联合培养拔尖创新人才"春笋计划"2016－2017年度工作的通知》，http：//www.snedu.gov.cn/news/jiaoyutingwenjian/201603/18/10429.html，2018-10-13。

② 《关于公布"春笋计划"课题研究项目2016—2017年度入选学员、指导教师和高校指导专家名单的通知》，http：//www.snedu.gov.cn/news/jiaoyutingwenjian/201607/26/10991.html，2018-10-13。

③ 《国务院办公厅〈关于开展国家教育体制改革试点的通知〉》，http：//www.gov.cn/zwgk/2011－01/12/content_1783332.htm，2018-10-13。

立拔尖创新人才培养基地改革试点工作专题座谈会”①。探索建立拔尖创新人才培养基地是四川省教育厅承担的国家教育体制改革试点项目。成都石室中学、成都七中、成都树德中学、成都外国语学校、德阳外国语学校、绵阳南山中学等6所学校参加改革试点。该改革试点旨在遵循拔尖创新人才成长和教育规律，从办学机制、学生选拔、课程实施、培养模式、考试评价等多方面入手，创设有利于拔尖创新人才个性化发展的环境和条件，培养具有创新潜能的出类拔萃的优秀高中毕业生，为四川省基础教育，特别是普通高中阶段培养拔尖创新人才探索新路。

石室中学通过多项措施培养拔尖创新人才，② 该校面向全国招聘应届博士毕业生作为教师，建立“人才直通班”，聘请大学校长作为基地班学生的“创新导师”。在培养方式上，采用小组探究和导师制，同时开设国际课程，原版引进国外课程体系。另外，学校还在实验室、图书馆以及教师资源上与高校进行深度合作。实验班打破初中三年、高中三年的限制，实施弹性学制，例如，高一高二自主选课、自主探究、自主学习，高三可以结合现实需求准备高考；也可以从初中阶段对创新拔尖人才进行早期培养，两年完成初中课程，两年完成高中课程，两年集中进行创新意识与创新能力的培养；还可以以周为单位进行时间分配，3天在中学学习基础课程，2天在高校、图书馆和科研院所进行探究，2天自行安排参与实践与发展特长。弹性学制需要有导师制作支撑，导师负责对学生进行管理和指导。此外，石室中学还制定了牵手政坛领袖行动计划、走近科技巨匠行动计划、感受文艺大师行动计划、互动工商精英行动计划、合作剑桥育人行动计划、连线哈佛课堂行动计划、加盟耶鲁创新行动

① 《我省组织召开探索建立拔尖创新人才培养基地改革试点工作专题座谈会》，http://jytzgg.scedu.net/p/13/? StId=st_app_news_i_x4003_4714，2018-10-19。

② 《石室中学多项措施并举培养拔尖创新人才》，载《华西都市报》，2013-04-19。

计划、开展远程教学行动计划等8项卓越行动计划。

成都七中从2012年9月开始，分别在两个校区成立了创新拔尖人才基础培养实验班。2014年12月，中国科学院大学(以下简称国科大)、中国科学院成都分院与成都市第七中学签署“拔尖人才基础培养”合作协议。国科大将推荐高水平科学家为成都第七中学开设科学讲座，接受学生参加科技冬令营、夏令营，并帮助成都第七中学教师更新知识、开阔视野。中国科学院成都分院将向成都第七中学学生开放相关研究所或重点实验室，支持和指导学生进行相关科学实践活动。①

成都树德中学②早在2002年就创建了国际部，开始引入国际课程，探索教育国际化，这也是该校拔尖创新人才探索的起点。该校依托外国语校区的力量，在中学所有班级全部实行英语小班化教学，采用原版外语教材，开设法语、日语等校本选修课程。当时，学校已形成三大国际课程体系：VCE课程、IB课程两大国际高中课程和国际预科课程。另外，学校与美国、德国、英国、澳大利亚等国家保持每年一次的师生互访，而且每年派出师生参加国际学术活动和赴海外交流、学习、研修，同时接待国外的师生、官员或学者的来访。这对于国际化人才的培养具有重大推动作用。在实验中，该校还启动了“卓越人生教育”和“英才计划”。

成都外国语学校则从选拔方式、课程设置、培育过程等多方面都为拔尖创新人才培养做了有益的探索。学校把学生的培养具体概括为“八会”：会观察、会发现、会猜想、会批判、会设计、会操作、会写作、会交流，进而在推进教育教学改革方面取得了进展与

① 《国科大与成都七中协议 共同培养“拔尖人才”》，载《成都日报》，2014-12-18。
② 《卓越人生教育，揭开树德中学跨越发展新篇章》，载《成都商报》，2013-6-13。

成效。①

德阳外国语学校提出了多元个性化办学模式，如“三趣”教育模式(课堂教学有乐趣、课外活动有兴趣、校园生活有情趣)，寓学于乐；“四有”课堂教学模式(有学生、有教材、有激情、有拓展)，既强调扎实基础，深厚磨炼，拓宽学生视野，更注重把每个孩子都培养成为有教养的人，能担当的人。该校的人才培育分为“精英人才”“团队领军人才”“国际竞争人才”三大模块，努力创造各种条件，让不同个性、不同志趣、不同层次的学生都得到发展。②

绵阳南山中学被四川省教育部门确定为“拔尖创新人才培养基地试点”学校之后，学校课程设计倡导“以兴趣激励学生，以理趣启发学生，以情趣感动学生，以知识丰富学生，以能力提升学生，以实践锻炼学生，以创新引领学生”的人性化目标，突出科学、人文、艺术并重的课程实施模式，培养人格健全、富有创造力的优秀人才。③

第五节　经验与展望

一、普通高中系统中的奇葩

遍布全国的外国语学校和培养拔尖创新人才探索项目实验学校，都是普通高中系统中的亚类，是政府特别扶持的肩负着特殊使命的学校。从高中阶段普职分殊的大格局看，这类学校体现了高中阶段教育分流的功能，对国家人才战略十分必要。

外国语学校的建立从直接效果看，解决了国家急需的外交人才

---

① 《成都外国语学校：拔尖创新人才从这里走向世界》，载《华西都市报》，2015-05-20。

② 《国家拔尖创新人才 培养基地试点学校——四川省德阳外国语学校》，载《华西都市报》，2012-04-25。

③ 《让智慧在拔尖创新人才培养道路上闪耀——四川省绵阳南山中学拔尖创新人才培养的探索与实践》，载《中国教育报》，2014-10-28。

的后续补充问题，从教育改革的视角看，开启了我国高中教育推荐保送上大学的制度。

1984年，北京师范大学等院校打破了只依靠分数录取的唯一途径，通过保送制度确保了高等院校特殊人才和冷门专业得以延续和发展。此后，试点院校扩大到北京大学等43所大学。据统计，1985年我国各大学共招收保送生6000余人，占当年招生总数的1.2%。1988年，国家教委公布了《普通高等学校招收保送生的暂行规定》，对保送生工作的意义、保送生条件、有资格招收保送生的大学以及保送生的比重、有资格选送保送生的高中和比重等环节都做出了明确规定。保送生的基本条件是，德智体全面发展，各科成绩优良，参加过国际中学生学科奥林匹克竞赛集训的优秀高中应届毕业生。

外国语学校的保送生渠道在改革开放以来也得到了强化，特别是改革开放初期外国语教学水平普遍较低的情况下，外国语学校的优势地位更加明显。随着国家课程和考试对外语的重视，外国语一直处于核心课程地位，我国中小学外国语教学质量普遍提高，全国涌现出了大批外国语特色学校。不过时过境迁，客观现实需要我们重新审视，及时修订原有的政策。在笔者看来，对外国语保送政策要从减少保送名额开始，同时，还应该保留外国语特色学校的存在。这是打破千校一面的需要，也是普通高中多样化发展的需要。

几十年过去了，推荐保送生工作对丰富高等院校招生起到了很大的促进作用，但是回顾历史不难发现，其中问题还是不少。比如，在重点大学招生中，一些官员子女占保送生的比重较大，个别专业甚至达到了50%以上。在一些热门专业，比如计算机与电子信息、外语、国际贸易等，比重都超过了20%以上，① 而那些真正的特长生在保送生中的比重则很难保障。

① 罗立祝：《社会阶层对保送生高等教育入学机会的影响》，载《高等教育研究》，2008(8)。

二、各地培优项目各具特色

培优项目针对学生个体，选拔优秀的学生参加，整合了校内外资源，实施了跨校的联合培养，很好地弥补了高中阶段学校类型较少的弊端。不同省市实施的培优项目各具特色。

在项目启动时间点上，北京早于其他省市。北京的“翱翔计划”(2008 年)、南京的“星光计划”(2009 年)、陕西的“春笋计划”(2010 年)、重庆的“雏鹰计划”(2011 年)、上海的“科学种子计划”(2012 年)，多少有些“一脉相承”的意思。

各省市计划名称虽然不同，但这些计划都关注拔尖创新人才的早期培养，是每年掐尖或拔尖式地选择极少数学生的“苗子式培养模式”。选拔出来的学生大多能够在竞赛中获奖并升入名牌学府。在学生参与规模上，北京参与的高中学校众多，但平均人数较少(每校 1—5 名不等，如第 8 批 2015 级学员是来自全市 16 个区县及燕山的共 97 所学校的 210 名学生)，从 2008 年到 2015 年，8 批学员才 1400 余人。陕西三期计划共计 265 人，重庆四期共 1100 余人。上海的英才计划人数更少，而南京的覆盖面则相对要广一些。

各计划实施的学科领域一开始都集中在数学、物理、化学、生物、地理、信息技术等自然科学领域，然后逐渐扩展到人文社会科学领域，但人文社科领域只占很小的比重，只有个别学校在做这方面的探索。其中，南京、上海更注重科技创新教育，几乎不涉及人文社科领域。

各计划都成立了专门机构负责计划的具体实施，如北京青少年科技创新学院，南京市中小学科技创新学院、重庆市青少年创新学院等，并且都获得了各级政府和教育相关部门的支持。实施中注重以项目方式实现高中与高校的对接，将人才培养与课程建设结合起来。与北京、上海、陕西、重庆相比，南京市的科技创新人才培养更多的是重视“引进来”，如百名院士(专家)进课堂、寒暑假科技周的高校专家指导等，而不是学生“走出去”，实现与高校实验室和专家的对接。

各计划的培育周期 1—2 年不等，主要集中在高一和高二年级。如“翱翔计划”“春笋计划”为 1 年半，“科学种子计划”为 1 年，“雏鹰计划”为 2 年。

北京等地的计划都从高中与高校对接培养拔尖创新人才开始，然后逐渐向下延伸，探索不同学段之间创新人才培养的衔接机制。而南京市的“星光计划”则从一开始就是面向中小学的科技创新人才培养。陕西省是在借鉴北京市“翱翔计划”成功经验的基础上，结合陕西高中教育的实际开展起来的，减少了盲目性。在实施过程中，又吸收了上海市部分大学与高中共建“拔尖创新人才培养基地”的经验，将三方合作变成两方合作，提高了效率，减少了管理成本。

总之，这些计划对于重新配置教育资源，发挥基础教育之外的力量，培养基础教育阶段的学生，是一种有益的尝试，具有中国特色。

三、培优项目需要精心设计

受益面小是培优计划的一个缺憾，但是更重要的是该项目实施过程中遇到了一些意想不到的状况，这是不容忽视的问题。例如，笔者在北京市调研发现，有的计划，主观想象的成分太多，过于理想化，缺乏操作细节。比如，派出学校的学生遇到交通拥堵，不能及时到达培训学校该怎么办？如果培训学校安排的老师不热情指导外校的学生怎么办？尽管各计划都有明确的任务分工，但学生们毕竟是在假期、休息日到派出学校做实验，搞活动，难免会发生一些意想不到的状况。

那么怎么才能让高中生在科学家身边成长，让学生接触到更多的校外教育资源呢？笔者认为主要应该调整政校关系，让社会和学校探索创新，政府应给予鼓励和支持，而不是直接出面“拉郎配”。

事实上，历史上有学问的大师指导青年学子的故事屡见不鲜，从这些故事中我们也会得到一些启示。比如卢梭与拉马克的故事。

卢梭(1712—1778)是法国历史上著名的思想家、哲学家、教育家、文学家。拉马克(1744－1829)则是法国历史上最著名的生物学家。卢梭对拉马克的成才起到了巨大的作用。卢梭经常带他到自己的研究室里去参观，并向他介绍许多科学研究的经验和方法，使拉马克由一个兴趣广泛的青年，逐渐转向专注于生物学的研究。

再比如韩愈与李氏子蟠的故事。著名的思想家、教育家韩愈(768—824)在唐代贞元十八年对一个年仅17岁的学生李蟠进行悉心指导的佳话尽人皆知。在那个学风不振的年代，韩愈全身心投入指导，写下了千古不朽的名作《师说》。

其实韩愈的教育思想非常有现实意义。现在各地方的培养计划主张重新配置教育资源，发挥基础教育之外的力量培养基础教育阶段的学生，这是一种有益的尝试。但是，也暴露了一些问题。一是要不要平均分配名额？二是高校教师投入是自愿行为还是工作分配？是主动的还是被动的，其投入指导的时间与精力如何保障？三是如何避免参与计划的学生给外人留下“傲慢”的印象？四是如何完美的实现衔接？

我们在北京市调查发现，高中学生从某郊县学校来到市区所谓的优质高中基地学校，路上不堵车也要两个小时。那么问题就来了，难道这种现象我们设计者事先没有考虑到吗？如果考虑到了，难道在他们学校附近就没有有能力的科学家吗？如果有退休的科学家自愿参与这项有意义的活动，是不是比政府组织还经济有效？所以笔者认为，政府在调动社会资源关心教育方面还是太机械了。

四、要探索高中与大学的衔接

我国高中到大学之间，存在着不可逾越的高考这一选拔的过程。在这种状况下，各地探索高中与大学的衔接，探索人才成长的连续性很有必要。承担特殊使命的高中和拔尖创新人才培养途径项目的实施，有利于探索我国高中与大学衔接的制度、路径和机制。

如何既关照大多数学生成长的一般规律，又兼顾创新人才成长的差异性，在课程内容上给予不同的资源，在升学的时间上给予灵活的安排，营造良好的环境呢？笔者认为，那就是当统一的时间节点没有到来之前，允许先修下一学段的课程，避免重复浪费生命。

在国际上，20世纪50年代就出现了“大学先修课程”(AP)，后来又出现了“国际文凭课程”(IB)等新型课程体系，建立了高中与大学之间连接的桥梁。“大学先修课程”(AP)和“国际文凭课程”(IB)最显著的特征之一是社会第三方组织来创立、管理和运行，兼顾高中学生学习参差不齐的实际状况和高等院校招收优秀学生的愿望来设计课程和考试。该制度做到了使优秀的高中生能够连续学习，而不是停滞下来等待高考；使高等院校能够认可新生已经取得的课程学分，允许免修一些基础课程。这样，降低了高校和学生本人的成本，实现了早出人才的目的。而政府当然乐见其成，必然给予支持和保障。

总之，各地培优项目已经显露出我国高中与大学衔接的端倪，甚至个别地方政府已经牵线搭桥，把某高中对应的某高校(专业)公之于众了。而我们应该更好地去研究政府在其中扮演的角色。

第六章

普通高中多样化发展实验

第一节　改革的背景

2010年7月29日，中共中央、国务院颁发了《国家中长期教育改革和发展规划纲要(2010－2020年)》(以下简称《规划纲要》)，这是教育领域的一个里程碑式文件，文件全面规划了2020年之前我国教育的发展蓝图。文件专门指出，推动普通高中多样化发展。促进办学体制多样化，扩大优质资源。推进培养模式多样化，满足不同潜质学生的发展需要，探索发现和培养创新人才的途径。鼓励普通高中办出特色。鼓励有条件的普通高中根据需要适当增加职业教育的教学内容。探索综合高中发展模式。采取多种方式，为在校生和未升学毕业生提供职业教育。①

一、普通高中千校一面，目标趋同

在高考压力下，普通高中趋同的现象引起了人们的普通关注。

① 《国家中长期教育改革和发展规划纲要(2010－2020年)》，http://www.moe.edu.cn/srcsite/A01/s7048/201007/t20100729_171904.html，2018-11-10。

我们选择了各省(市、自治区)设立的第一批示范性普通高中，调查的重点是这些高中对自己培养目标的表述。其中包含学校直接使用“培养目标”这一概念，以及使用与培养目标相关的诸如办学理念、校训、校风、教风、学风及工作作风等，分析其中对培养对象的素质要求。

学校的办学理念是学校成员创造并共享的核心教育观念，它是结合学校自身现实情况对国家教育方针和教育思想作出的个性化表达与创造性实践，集中反映了学校的价值追求，决定着学校的发展目标。

校训是一所学校依据自己的办学理念而制定的激励和规范全体师生行为的简短语句，它是学校培养目标的高度概括，集中体现了学校的办学特色。鉴于校训与学校培养目标的关系如此密切，结合校训分析学校的培养目标具有很强的可行性与说服力。

校风是指学校的办学特色与风格，是一所学校师生精神面貌的总体概括，是师生所共有的比较稳定的思想和情感、理想和愿望、行为方式和传统习惯等多种因素的综合表现。校风主要体现在教风、学风和工作作风三个方面。对于校风，往往有两种认识。一种是实然层面的，如王汉澜教授认为校风是一所学校长期积聚而形成的集体行为风尚；一种是应然层面的，学校描述的校风、学风、教风，往往是一种理想追求，更接近于培养目标层面。为此，我们将校风(包括学风)也纳入培养目标的分析范畴。

二、普通高中培养目标表述调查

教育部哲学社会科学重大课题攻关项目“普通高中多样化发展研究”课题组的老师们对全国536所示范性普通高中培养目标表述进行了调查，发现有200所学校提出了培养目标，其余336所学校还没有明确提出学校的培养目标。对没有提出培养目标的学校，我们视其校训、校风、学风、教风等为培养目标表述，分析这些普通高中学校培养目标的特征。

研究采用中文词频统计软件(ROST WordParser)对536所样本学校的培养目标进行词频分析，汇总出学校培养目标高频用词情况，如下表所示。

表6-1 全国536所普通高中学校培养目标表述词频统计表

词频区间	描述词语
200以上	勤奋/勤勉/勤学/勤(308)，求实/务实/扎实/实(256)，创新/创造(253)，厚德/崇德/明德/道德/德/品质优良/品行雅正/品格高尚/品性优良(242)
100—199	进取/向上/追求进步/上进(149)，全面发展(133)，立志/尚志/明志/砺志/志气/笃志/志存高远(131)，笃行/躬行/力行/敦行/砥砺德行/敏行/知行合一/勇于实践/学会实践(121)，严谨/严格/严(118)，善思/慎思/勤思/多思/思辨/反思/精思/独立思考(116)，博学/博/知识广博/丰富(112)，团结(112)，诚实/诚信/守信(102)，能力(101)
50—99	个性(81)，求真/尚真(74)，特长(70)，刻苦/艰苦/苦练(69)，文明(69)，好学/笃学(66)，学有特色(63)，爱国/报效祖国/立志报国(59)，崇高/卓越/争创一流/勇攀高峰(59)，尊师(57)，朴实/朴(53)，和谐/和谐发展(52)，有纪律/守纪(52)
30—49	卓越(49)，自强/自强不息(48)，身心健康(40)，做人/学会做人(40)，合作(39)，睿智/启智/开智/智慧(38)，国际视野/国际意识/世界眼光/世界胸怀(38)，责任/敢于承担/尽责(37)，学会求知/善于求知/求知(36)，坚毅/毅/坚定/坚韧(36)，科学素养/科学知识(36)，自主(36)，强健体魄/强体/健体/健身(35)，求精/精进/精益求精(34)，为善/至善/善(32)，灵活/活/敏/巧(30)

续表

词频区间	描述词语
10—29	好问(28)，善学/学会学习/敏学(27)，正义/正气/公正(27)，博雅/高雅/儒雅(26)，开拓/拓新(23)，人文意识/人文情怀/人文精神(22)，奉献(21)，成才/成材/成器(19)，自律/律己(19)，有恒/恒心/求索不弃(19)，活泼(19)，友爱/博爱/关爱(19)，勇敢/勇(19)，主动/主动学习(18)，知礼/有礼/明礼(17)，敬业(17)，基础扎实(17)，自信(17)，理想(16)，爱校(16)，德才兼备/德智双全/亦德亦才(15)，自立(12)，有理想(10)，审美(10)，谦虚/谦恭/谦逊(10)
9及以下	格物致知(9)，学会生活(9)，惜时(9)，民主(9)，明礼(9)，独立的思维品质/独立思考(9)，有文化(8)，探究(8)，民族精神/民族意识/中国魂(8)，节俭(7)，争先(7)，有道德(7)，品学兼优(7)正直(6)，务本/尚本/弘本(6)，认真(6)，心系天下/忧天下/以天下为己任/胸怀天下(5)，人格独立/独立人格(5)，重道/立道/修身以道/治道(5)，有为(5)，视野开阔/宽广的视野(5)，服务社会/服务意识(4)，与时俱进(4)，正确的人生态度/积极的生活态度(4)，思维活跃/思维敏捷(4)，尚艺/艺术(3)，乐观(3)，学会劳动(3)，领袖(3)，尊重自然/关爱自然(3)，和谐的人际关系/人际关系良好(2)，信念(2)，任重道远/任重致远(2)，感恩(2)，包容/宽容(3)，品格高尚(2)，献身(2)，谦虚(2)，孜孜以求(1)，敬(1)

从对样本学校培养目标的分析来看，普通高中培养目标的内容主要包括以下几个方面：

道德品质方面，学生应该具备思想观念和品德素养。思想观念主要包括爱国、团结、明礼、集体意识、有理想、守法、律己等；品德素养包括诚实、守信、有礼貌、高尚、正直、感恩、负责任等。

知识学习方面，学生应该具备基本的学习态度、学习能力等。在学习态度上，要求学生做到爱学、好学、乐学；在学习能力上，要求学生具备学会学习、探究学习、创新学习与解决问题的基本能力；并且还强调学生学习知识的扎实程度，以及对知识学习的广度和深度。

在身体方面，学生应该具备健康的身体素质。要求学生掌握基本的卫生保健知识，掌握基本的健身技能，学会健体。

在心理方面，学生应该具备积极的人生态度和良好的个性品质。积极的人生态度主要包括乐观向上、积极进取、勤奋、自信、勇敢、坚定等；良好的个性品质应主要包括坚毅、阳光、大气等。

在生活方面，学生应该具备正确的生活态度和掌握基本生活与劳动技能。生活态度方面，学生应该具备吃苦耐劳的精神，具备尊重、合作、沟通、守信等基本社会行为规范；生活与劳动技能方面，学生应该具有较强的自理能力、善于动手实践。

在审美方面，学生应该具备一定的审美情趣和审美能力。

综上所述，普通高中学校培养目标主要是强调培养学生的基本素质，为今后进入社会或步入高校殿堂打下一定的基础，而非直接培养某个方面的专业基础知识和基本技能。很多学校提到的是注重学生某些方面品质的培养，为造就专门人才奠定基础。如某中学培养目标描述的是"培养学生具有正确的政治信念和强烈社会责任感，有科学的世界观和人生观，有高尚的道德情操；初步具有批判性思维、创新精神、创业思想、创造意识、风险意识；有扎实的基础和较强学习能力及课题研究、解决实际问题的能力；身心健康；有社会交往能力，有参与、合作与竞争意识。"另外一所中学的培养目标提到的是"培养品德优良、基础知识宽广而扎实，富于创新精神和个性特长、身心健康，具有优秀公民基本素质，具有终身学习和可持续发展能力并兼有民族意识和国际意识的优秀高中毕业生，为造就专门人才和创新人才奠定坚实的基础。"从中我们可以看出，普通高中学校培养目标还是注重学生各方面身心素质的培养，如对受教育者品德、知识、身体、心理、审美等方面的培养，为学生继续接受高等教育或步入社会做准备，即为学生今后的发展，成为各方面人才打下基础。

各学校在校训表述形式方面，多为四字结构、六字结构、八字结构、十二字结构、十六字结构。四字结构有单字组成的（如勤、诚、勇、毅，亲、爱、精、诚等），也有“两词四字”结构的（如厚德、笃学，务本、求实），也有一个词单独组成的，如自强不息。六字结构的一般为“三词六字”（如有猷、有为、有守，爱国、进取、奉献），八字结构有“四词八字”结构（如立志、修身、成才、报国），也有“两词八字”结构（如静心养德、潜学砺志）。

很多校训取自儒家经典或是从历史古籍中挑选经典字眼进行组合，一定意义上固然显示着我国传统文化的深厚底蕴与价值观念。但也有些不顾学校办学传统及学校特色的校训、校风与培养目标，算是一种不切实际的自我标榜。

在已有明确的学校培养目标中，部分学校仍然囿于校训、校风的刻板式结构，如有的中学将培养目标定为“知责任、有胸怀、会感恩”，有的学校将培养目标定为“高尚品德、高强才智、高质身心”。笔者认为，学校培养目标是要求简练，但硬是将其设成“三字式”“四字式”等刻板化模式，则没有太大必要，甚至这种刻板化模式反而会成为对学校确立培养目标内容的一种约束。

从上表的词频统计中可见，普通高中学校校训的雷同问题较为严重。“勤奋”“求实”“创新”等一些词频繁出现。在全国536所普通高中培养目标的表述中，使用频率较高的为勤奋、勤勉、勤学、勤，求实、务实、扎实、实，创新、创造，厚德、崇德、明德、道德、德等。勤奋、求实、创新等词语的使用率甚至高达47%～58%。

学校培养目标内容雷同，除了表现在一些高频用词上的雷同之外，还表现在学校培养目标整体表述词语的雷同，有些学校培养目标表述相似程度极高。如，某几所中学的校训“严谨、朴实、勤奋、进取”，“严谨、勤奋、细致、务实”，“勤奋、求实、团结、进取”，“团结、严谨、勤奋、进取”就极为相同；而另几所中学提出的学校培养目标“学会做人、学会认知、学会办事、学会健身”，“学会做人、学会学习、学会合作、学会创新”，“学会做人、学会学习、学会共处、学会创造”，“学会做人、学会求知、学会健身、学会生活”也几乎一样。

在笔者看来，学校的培养目标，应是学校从本校实际情况与需要出发制定的，是独特的。但实际上，我们从学校培养目标描述的统计可以看出，缺乏个性，千校一面，失去了各学校本应有的独特风格。所以说，改革势在必行。

第二节　国家级试验区启动

自从《规划纲要》提出普通高中多样化发展方向以来，普通高中多样化发展与各地高中学校特色建设携手推进，相辅相成，相得益彰，收到了很好的效果。

从国家教育体制改革委员会办公室直接推动的普通高中多样化发展国家级试验区，到各省、市、自治区地方政府开展的实验项目，全国各地大都积极行动起来了。高中多样化发展已经成为得到广泛共识的改革趋势，必将在我国高中发展史上写下浓重的一笔。

2010 年 10 月，国务院办公厅颁布了《关于开展国家教育体制改革试点的通知》，①公布了 10 大类改革实验项目，共计 425 项。从此，国家教育体制改革试点工作全面启动。在第三大类“推进素质教育，切实减轻中小学生课业负担”项目中，包含有“开展普通高中多样化、特色化发展试验”。而参与此项改革的试验区有北京市、天津市、上海市、南京市、黑龙江省、新疆维吾尔自治区。

一、北京市的实验

北京作为中国的首都和国际化大都市，各项事业，包括高中教育的发展在全国都处于领先水平。截至 2014 年，北京市普通高中有

① 《国务院办公厅关于开展国家教育体制改革试点的通知》(国办发[2010]48 号)，http：//www.gov.cn/zwgk/2011－01/12/content _ 1783332.htm，2018-11-10。

291所[①]。10多年来，北京市政府在推动高中改革方面有不少举措。可以说，北京市的高中改革在《规划纲要》之前就已经启动了。在国家级试验区运行过程中，北京市又确定了45所高中作为国家级实验学校，同时，北京市还指定25所学校作为市级实验学校。

（一）课程改革样本校

2007年7月2日，北京市普通高中课程改革实验工作方案公布，[②]确定在新一轮课程改革时，给予一些学校实验探索的机会，为其他学校树立样板。作为当年课程改革方案文件的附件，《普通高中课程改革实验样本校工作指导意见(试行)》同时公布，先后有65所中学被确定为课程改革实验样本校。这些学校成了北京市普通高中多样化发展实验的主体。

（二）自主排课实验项目

2008年4月，配合北京市新一轮课程改革的需求，北京市教委给予首批10所高中学校自主排课权。2012年8月，又有13所高中获得自主排课权。至此，北京市共有23所高中参与了自主排课实验项目。自主排课的学校可以自行组织高中会考(学业水平测试)，可以不完全按照国家规定的课程进度上课，学校自行安排教学进度。

首批10所获得自主排课权的学校名单如下：东城区北京市第二中学；西城区北京市第四中学、北师大附中、北师大二附中、北师大附属实验中学；海淀区北京市第一零一中学、人大附中、北京市盲人学校；通州区潞河中学、北京市中加学校。

第二批13所获得自主排课权的学校名单如下：东城区北京市广渠门中学、北京市汇文中学、景山学校；西城区北京市第十四中学、北京市育才学校、北京市第八中学、北京市第三十五中学；朝阳区

---

① 根据2014年北京市教育委员会政府网站公布的数据。

② 《北京市教育委员会关于印发〈北京市普通高中课程改革实验工作方案(试行)〉的通知》(京教基[2007]16号)，http://www.ceiea.com/html/200902/20090221145207 d5ff.shtml，2018-11-10。

北京市第八十中学；海淀区中央民大附中、首师大附中、清华大学附中；丰台区北京第十二中学；顺义区北京市牛栏山第一中学。

除此之外，北京的石景山区、大兴区、昌平区、平谷区、密云县、怀柔区、延庆县、门头沟区这 8 个区县至今没有学校获得自主排课的权利。

以上两批学校的认定是国家级试验区确定之前北京市的改革举措，国家级试验区启动之后北京市的改革项目又有了新的规划。

(三)特色学校建设项目

在国家体改办确定北京市为国家级“普通高中多样化发展”试验区之际，2010 年秋季，北京市启动了高中特色学校建设项目。而且，根据国家级试验区的需要，北京市将本市的高中特色学校建设项目与国家级试验区两个项目合并实施，通过申报、考核、答疑等程序，认定了北京市市级实验学校 25 所，国家级实验学校 45 所，共 70 所学校为北京市普通高中特色学校建设项目学校(有些国家级实验学校实际也是市级实验学校)。

70 所实验项目学校分别开展了一些改革试验，由北京市教育科学研究院具体指导实施。项目进展过程有开题、授牌、经验交流、中期检查、建设成果验收等环节。项目实施中实际上没有国家级和市级的本质区别。总体上看，虽然各校对项目重视程度参差不齐，但是实验项目不同程度促进了相关学校的发展和进步。

2014 年 4 月 24 日至 25 日，北京市教委基础教育二处和北京市教育科学学院基础教育研究所联合召开了“北京市高中特色实验成果推广大会”，会议对 70 所学校参与的普通高中多样化、特色化发展建设项目进行了阶段性总结，对下一步深化实验和推广成果进行了研讨。会议确定了按照市、区(县)、学校等层次，按照学校文化与育人模式、素养教育、课程与教学方式等类别，分层次、分类别推广实验成果，巩固实验成果，继续不断开展交流的思路。

(四)特色实验班项目

北京市重点高中办实验班已经有很长的历史，其实质是优中选优，为了更好地提升学校考入清华北大的升学率。

2010 年 9 月，为了避免单纯只提高考入清华北大的升学率，培养专门的拔尖创新人才，北京市先后共确定了 28 所开设实验班的学校。第一批 5 所学校于 2010 年开始招生，第二批 9 所学校于 2011 年开始招生，第三批 14 所学校于 2012 年开始招生。这 28 所高中的实验班涉及的领域和学科方向不一致，各有所长。招生范围和数量也不统一，由市教委统一顶层设计实施。有的学校实验班面向全市招生，有的则面向若干区县招生。特色实验班实验周期规定为 3 年，截至目前，效果如何尚待考察，后续是否还要继续开展实验班项目，也有待政府决策。

2010 年 5 所学校为：西城区北京市第四中学道元实验班，北师大附属实验中学理科实验班，朝阳区北京市第十七中学传媒特色实验班，海淀区北京市第一零一中学人文实验班，北京十一学校科学实验班。

2011 年 9 所学校为：东城区北京市第一六六中学生命科学实验班，北京市第一四二中学中医药实验班，西城区北师大附中钱学森班，北京市第八中学科技综合素质实验班，北京市第三十五中学科技创新实验班，朝阳区北京市第八十中学科学创新实验班，海淀区首师大附中创新教育实验班，丰台区北京丰台第二中学人文实验班，北京第十二中学钱学森航天实验班。另外，这一年还恢复了北师大二附中 20 世纪 90 年代中期就试办的实验班，共计 10 所学校。

2012 年 14 所学校为：东城区北京市第一零九中学小语种实验班，北京市东直门中学叶企孙实验班，西城区北京市第十三中学科技综合素质实验班，北京市第十五中学筑真人文实验班，北京市第一六一中学理科学科思想方法培养特色班，北师大二附中项目式学习实验班，朝阳区北京第二外国语学院附中外语特色课程实验班，北京市陈经纶中学经纶科技人才班，海淀区北京市第五十七中学飞行员早期培养实验班，北京航空航天大学附中航空科技教育实验班，北京理工大学附中理工实验班，丰台区北京第十二中学空军飞行员预备班(2012年不招生)，石景山区北京市古城高级中学西班牙语实验班，房山区北师大燕化附中石化科技班。其中，丰台区北京第十二中学的实验班是该校的第二个实验班。

早在20世纪80年代中期，北京市第八中学就开始试办“少年班”，为天赋超常儿童创造特殊的教育成长环境，并且进展顺利，得到了很好的社会评价。

在新普通高中多样化发展改革实验背景下，人大附中也开始进行早期儿童培养实验。2011年1月，人大附中的早期教育实验班正式开学，成为北京市普通高中多样化发展的一项主要内容。

根据北京市2015年高中招生计划，高中特色实验班从2014年年的33个减少到27个。相应的招生人数也由922名减少到867名。市政府强调，特色高中实验班的招生是普惠式的，按区县分配招生名额，会有不低于50%的招生比例向远郊区县倾斜，70%投放到一般初中校。要求各区县不得随意增加项目招生规模和变更项目招生方式。

(五)北京市第四中学“道元实验班”案例

2010年9月，北京市第四中学正式实施“道元培养计划”。“道元实验班”是“道元培养计划”的实施载体。

该计划旨在激发学生创造性思维潜质，依托学生的兴趣领域发展其个性化的认知方式和独特的思维视角，培养学生对事物的广泛兴趣和敏感性，使他们关注自然与社会现象，为未来成为创新型人才奠定基础。

“道元实验班”的课程设置特点明显：必修课课时减少，基本不安排习题课，以减少重复性训练时间；尽量减少考试次数，考试实行单独命题，增加了开放式考试；每周安排3课时“研究与交流”；每周安排3课时“自主与探究”；每周安排2课时艺术课；施行全员导师制以及双导师制(聘请校外导师)；部分科目采取分层次教学；有些学科增加了科学研究方法方面的学习内容；学生定期组织“道元论坛”，并作为课程的组成部分。

从学生的发展状况来看，“道元实验班”的多数学生已经适应了这样的教学环境，所有学生的兴趣领域都得到了最大限度的保护，而且学生在其兴趣领域中的发展水平已经明显超越了同龄人。

（六）普职融通实验项目

1. 在普通高中框架内探索普职融通教育

在高中学校特色建设项目申报过程中，北京市共有3所学校提出在普职融通方面开展改革实验，即东城区北京市第一六五中学、北京市崇文门中学、朝阳区北京市第一一九中学。这3所学校都是普通高中，但是生源状况不适宜毕业后继续升学深造，接受高等教育。因此，学校考虑到对学生负责，向学生开展职业预备教育，使学生获得一技之长，获得了家长的认可。

2. 试办综合高中班，延续会考替代优势

2014年1月，北京市教育委员会发出了《北京市教育委员会关于在职业高中开展综合高中班试点的通知》(京教职成[2014]1号)(以下简称《通知》)，要求各区县教委，加强职业教育与普通教育的融通与协调发展，构建人才培养立交桥，在职业高中开展综合高中班试点工作。该《通知》对综合高中班的性质界定是高中阶段普通教育和职业教育互相渗透融合，为学生提供升学为主、就业为辅的一种教育模式，培养既有扎实的文化基础知识，又达到一定的专业技能标准的综合性人才。

《通知》要求，综合高中班试点选择在区县教委所属职业高中进行。原则上每区县可选择1所办学条件好、办学质量高的职业高中试办综合高中班。每个试点学校可选择1至2个社会需求好、专业优势明显、师资水平和办学条件较好、升学或就业途径顺畅的专业进行试点。区县教委如需举办综合高中班试点，需向市教委提交申请及试点方案，并经市教委审批。试点方案包括：必要性、可行性分析，试点学校情况、规模、课程方案、师资配备等。文件规定，综合高中班的学制为3年，班额30至40人。综合高中班试点按照职业教育专业招生，列入中考招生计划，纳入普通高中招生计划管理。

综合高中班统筹开设普通高中课程和专业课程。普通高中课程按教育部高中课程方案执行。其中，通用技术课、综合实践活动应根据专业确定课程内容。学校可以根据专业需要设置3至4门专业课程。学生可以参加普通高中的会考及相关学业水平测试。在普通高中会考中，物理、化学、生物等部分科目经市教委批准，可用专业课程替代。替代课程考试由学校自行组织。

综合高中班新生入学后，试点学校应为其办理普通高中学籍，纳入中小学电子学籍管理系统，参加综合素质评价。学生在学校组织下可参加全市普通高中会考，成绩合格者发给普通高中会考证书。综合高中班毕业生可报考高职院校或普通高校，也可由毕业学校择优推荐，双向选择，自主就业。允许综合高中班学生在第一学年末或第二学年第一学期内，根据学业成绩和个人意愿，转入职高普通班继续学习。

综合高中班学生按照注册的学生身份执行北京市普通高中或中等职业学校现行收费及学生奖助学政策。中途转变学生身份的，下学期按照转变后的学生身份执行相关收费及奖助学政策。

2014年3月10日，北京市教育委员会公布了职业高中开展综合高中班试点的学校和专业。详见下表。

表6-2　2014年北京市职高综合高中班改革试点项目列表

序号	区县	学校(专业)
1	东城	北京国际职业教育学校(服装设计与工艺、学前教育)
2	西城	北京市实美职业学校(美术绘画、计算机平面设计)
3	朝阳	北京市劲松职业高中(商务英语、电子商务)
4	海淀	北京市信息管理学校(音乐、美术)
5	丰台	北京市丰台区职业教育中心学校(影像与影视技术、会计)

续表

序号	区县	学校(专业)
6	石景山	北京市黄庄职业高中(动漫设计与制作)
7	门头沟	北京市门头沟区中等职业学校(汽车运用与维修、学前教育)
8	房山	北京市房山区第二职业高中(美术)
9	通州	北京新城职业学校(学前教育、计算机应用)
10	顺义	北京市顺义区第一职业学校(物流服务与管理)
11	昌平	北京市昌平职业学校(计算机动漫与游戏制作、学前教育)
12	平谷	北京市平谷区第一职业学校(计算机网络技术、汽车运用与维修)
13	怀柔	北京市怀柔区职业学校(计算机动漫与游戏制作、旅游服务与管理)
14	密云	北京市密云县职业学校(计算机平面设计)

以怀柔区职业学校①为例，该校经北京市教委批准举办综合高中试点班之后，2014年9月新学期开始，该校两个职业的综合高中班正式招生。综合高中班计算机动漫与游戏制作专业，分别由素描、速写、色彩3科学校考核科目替代物理、化学、生物3科北京市统一会考科目。综合高中班旅游服务与管理专业，分别由导游业务、旅游职业英语、旅游地理3科学校考核科目替代物理、化学、生物3科北京市统一会考科目。

学生参加综合班之后，参与北京市统一会考科目减少了，容易获得普高毕业证。由于学习科目减少，可把有限的精力集中在其他高考科目上，考取大学本科机会明显增加，尤其是计算机动漫与游戏制作专业的学生，考取艺术本科院校的概率加大。

---

① 怀柔区职业学校始建于1983年，是一所国家级重点职业学校(由原劳动局技校、怀柔二职、怀柔一职)合并而成，是怀柔区唯一一所公办中等职业学校。学校建立了职业高中教学+综合高中(普高)教学+外地成人中专教学三位一体的办学格局。

3. 中外合作办学项目

近年来，北京市有一批高中学校获得政府许可，开展了中外课程合作项目以及合作办学项目。据不完全统计，2010—2014 年期间，北京市教育委员会先后批复中外课程合作项目以及合作办学新项目或继续项目的学校有北师大附属实验中学、北京市第二十五中学、北师大附中、北京市第二中学、北京市第十二中学、北京市第四中学、人大附中、北京市第十一学校、首师大附中、北京潞河国际教育学园、北师大二附中、北京大学附中、北京市第三十五中学、北京市一零一中学、北京市第八十中学、北京市八一中学、北京市第八中学、北京市二十一世纪国际学校、人大附中西山分校、人大附中朝阳分校以及北京市中加学校、北京市王府学校等。

二、天津市的实验

截至 2014 年，天津市有普通高中 202 所，其中完全中学 125 所、高级中学 77 所(普通高中 202 所是 2012 年的数据，根据天津市教育事业统计信息：2012 年为 202 所，2013 年为 193 所，2014 年为 181 所)。与其他直辖市相比，天津市启动普通高中多样化发展实验项目稍晚一点。

(一)特色高中建设实施方案

为了加强普通高中建设，提升天津市基础教育的综合实力，适应国家对多层次创新人才的需求，根据《天津市“十二五”教育发展规划纲要》，2011 年天津市出台了《天津市特色高中建设标准》，计划在全市范围内创建 50 所特色普通高中。

其总体目标是：经过 5 年的建设，促进普通高中由标准化、规范化向高质量有特色发展，形成办学体制灵活多样，拓展融通运行健康，特色普通高中合理布局的建设新格局。使一批普通高中形成独特的学校文化，鲜明的办学特色，丰硕的育人成果，较高的办学品质，成为全市知名、国内有影响的特色高中。特色高中建设应遵循以下4项原则：

多样化原则。特色高中建设要根据学校自身发展的基础和优势，因校制宜，不拘一格，扬长补短，彰显特色。

整体性原则。特色高中是在学校特色整体构建的基础上培育形成的，创建特色高中必须整体思考，系统设计。

重内涵原则。特色高中建设必须在正确的办学思想指导下，注重内涵发展，在制度建设、队伍建设、教学改革等方面为学校特色的形成创造条件。

重创建原则。学校特色是长期培育积淀的结果，不能一蹴而就。要制定规划，科学实施，把特色的办学理念贯穿于教育教学的全过程，促进办学品质不断优化。

特色高中实验项目采取“自愿申报、区县推荐、专家评审、竞争入选”的方式申请实验研究。不分重点与非重点，公办学校与民办学校，均可申报特色高中实验项目。特色高中实验申报咨询评审组对各区县推荐的实验项目学校进行考察评价，择优确认“天津市特色高中项目实验学校”，批准实验研究，并给予政策支持。

天津市教委对实验学校进行严格的项目管理，总体把握实验进程，监督学校的实验过程，保障实验健康发展。评审组还将分阶段对特色项目实验学校的阶段性实验成果进行评估验收。通过市教委评估验收的项目实验学校，由市教委命名为“天津市特色高中学校”。市教委给予“特色高中实验项目学校”一定的实验经费支持，以加强特色实验室、特色实验基地、特色教材建设；被命名的天津市普通高中特色学校，可依据办学特色需求，适当调整高中课程计划，加大选修课程比例，自主开设特色选修课程。按照规划确定的步骤，2011年，天津市在全市范围内完成了第一批特色高中实验项目的布点和启动任务。

以市级特色高中创建工作为契机，2012年5月，天津市河东区教育局出台了《2012年河东区特色高中建设实施方案》，并召开河东区特色高中实验项目启动大会，在全市率先启动区级特色高中建设项目。经学校申报、校长答辩、教育局及评审专家组论证和评审，2013年5月，第一零二中学等6所学校正式启动区级特色高中实验项目。其中，第一零二中学开展了“创新人格教育”特色实验项目；第五十四中学在学校足球文化特色的基础上，提出“行健教育”特色；第三十二中学以“正风文化”为引领，培养品德高尚、勇于进取、善于合作的人才和遵纪守法的公民；第八十二中学以“自主发展”为特色，坚持开展“自我管理，自我教育”；第八中学开展“尊重教育”实践探索；第九十八中学开展“环境教育”实践研究。

另外，河东区还有3所高中学校参与了天津市的市级特色高中建设项目。分别是：第四十五中学的“幸福教育”特色项目；第七中学的“发展潜能教育”特色项目；第一零二中学的“创新人格教育”特色项目。这标志着，在河东区，市、区两级特色高中实验项目同时推进，相辅相成。

（二）特色高中学校实验项目

2011年12月，天津市公布了首批特色高中实验学校及实验项目，见下表。

表6-3　天津市首批特色高中实验项目一览表

序号	区县	学校	项目名称
1	和平区	第一中学	理科创新型人才培养
2	和平区	第二十中学	“语商”教育
3	河西区	实验中学	科技创新型人才培养

续表

序号	区县	学校	项目名称
4	河西区	天津师大附中	技术立身，艺术修心
5	河北区	第二中学	自主发展教育
6	河北区	外国语学校	开放式教育
7	河东区	第四十五中学	幸福教育
8	南开区	崇化中学	“全面发展，人文见长”
9	南开区	南开中学	拔尖创新型人才培养
10	南开区	天津中学	综合实践活动课程常态化
11	红桥区	民族中学	民族和谐教育
12	塘沽区	塘沽一中	自主教育
13	汉沽区	汉沽一中	生态教育
14	大港区	大港一中	自我发展教育
15	东丽区	军粮城中学	普通高中渗透职业教育
16	西青区	杨柳青四中	以美育人
17	津南区	双港中学	书香校园
18	北辰区	第四十七中学	卓雅教育
19	宝坻区	宝坻一中	发展性教育
20	武清区	杨村一中	“幸福发展、快乐成长”
21	蓟　县	杨家楼中学	“双成”教育
22	静海县	静海一中	潜质教育
23	宁河县	芦台一中	人格教育
24	油　田	油田实验中学	“三自”教育

(三)军粮城中学的渗透职业教育案例

军粮城中学坐落于天津市东丽区军粮城镇刘台村，建于1956年，是一所典型的农村完全中学，也是天津市东丽区唯一一所公办普通高中①，学校坚持“为每位学生成为高素质的劳动者奠基”的办学理念，形成了“勤勉奉献、自强不息”的学校精神。“高素质”是指有健康的体魄和丰富的科学文化知识，有高尚的道德修养、品格情操，有优良的心理素质，善于独立思考，有创新意识，掌握劳动技能。

2011年年底，学校被天津市教委批准为首批特色高中建设项目实验校，项目名称为“普通高中渗透职业教育”(以下简称“普职渗透”)。就是在进行普通高中教育的同时，通过渗透相应的职业教育内容和开展职业技能培训活动，对学生进行职业道德、职业理想和职业规划的教育，以促进学生主动适应社会发展，成为具有职业理想和初步职业技能的高中毕业生。“普职渗透”是天津市高中教育的首创，是结合学校多年形成的劳动教育特色而确定的特色高中建设目标。为确保特色建设工作的顺利开展，学校进行了积极的实践和探索。

1. 学校管理与社会支持

学校成立了以校长为组长的特色建设领导小组和研究指导小组，把特色学校建设列入重点工作范围。学校领导及教师积极参与学校的特色建设，校长直接分管，教导处将特色教育纳入课程计划管理，任课教师按计划上课。而且，学校还拿出专项资金，并争取上级主管部门和社会资金支持，保证普职渗透教育正常开展。

另外，学校成立了特色高中建设专家组和顾问组，学校定期向专家汇报特色建设过程中的问题，收集意见，不断改进调整。同时，积极与高职院校建立联系，聘请高职院校教师为学校提供知识培训和技术指导，学校为高职院校提供生源，做好专业进修准备。学校

① 邓蕙：《天津市军粮城中学：普通高中渗透职业教育的思考与实践》，载《天津教育》，2013(5)。

还与家长、社会沟通，宣传普职渗透教育的思想和发展方向，寻求共识。

2. 课程设置与管理

拓展普通高中现行的课程资源(通用技术、信息技术、研究性学习、综合实践等)，把职业教育内容融入其中；另外，增设教师自主开发的校本课程。高一年级开设“职业规划与人生规划”校本课程20课时，高二年级开设“专业技能介绍”校本课程10课时、实践培训课程10课时，高三年级开设“高职院校专业介绍及录取要求”校本课程10课时。选择高职高专的特色专业基础课程，引导学生了解相关知识。涉及的主要专业有：计算机网络工程与管理、应用电子技术、计算机控制技术、数控设备应用与维护、汽车电子技术、汽车检测与维修技术、汽车运用技术、机械设计与制造、会计与统计核算、资产评估与管理、会计电算化、机电一体化技术、应用化工技术、治安管理、市场营销、工业与民用建筑、水产养殖技术、畜牧、小学教育、影视技术、物流管理、酒店管理、物业管理、园艺技术、服装设计等。

各专业均由文化基础课、综合素质课、专业课构成。在注重文化基础教育的同时，渗透专业技术教育，把理论教学与实践教学结合起来，专业课教学和综合素质课教学统一在一起，嵌入到相应的能力板块中，整合运行，贯穿全程。

文化基础课即普通高中基础课程，旨在提高学生文化底蕴，增强学生的理解能力、逻辑思维能力，使学生保持健康的体魄、积极向上的思想。综合素质课由礼仪、演讲口才、心理健康、就业指导等几部分组成，旨在培养学生“先成人，后成才”，使其具有宽广的社会适应性。专业课为职业素质教育内容，彻底从以单一的学科学历教育为主导的传统观念转变为培养学生未来就业、择业、创业和创新能力培养的多目标的教育轨道上来。坚持能力本位的教育思想，以培养学生的综合能力为主线开发课程。考虑中、高职教育的相互衔接，考虑专业知识与技能的有机整合与融通，实现课程模式多样化、课程设计动态化、课程结构模块化、课程内容综合化、教学模式科学化、课程信息现代化、课程教学个性化。

采取学分制促进学生学习进程。高中新课程改革以后，社会实践、社区服务和研究性学习作为必修课程进入高中，结合实际情况，学校把职业教育与研究性学习结合起来，学生 5 个学期完成 5 个课题，获得 15 个学分。将职业教育与社会实践、社区服务相结合，学生走出校门到各个社区、厂矿参观，并获得必修学分。高中新课程改革新增了通用技术课程和信息技术课程，学校充分利用本校资源，在开足开齐必修课程的前提下，增设技术类选修课程，学生根据兴趣选修，并做到人人有技术类选修课程。同时，利用学校地理位置优势，开发了蔬菜的种植和培育、果树的种植和培育、花草种植技术、编织技术、木工技术等选修课程；利用理化生实验室设备、电教设备等，开发无线电技术、照相技术、摄像技术等选修课程。

3. 基地实践

建设校内外劳动实践基地。学校利用宽广的校园和多处花坛，划分不同的区域，建设成种植园区、花园区等，将各区域按年级分配至各班，由班主任及全体学生负责培育、种植、管理、收获。学校地处军粮城镇中心，周边有十几个自然村落，学校与村庄紧密相连。为此，学校与村队联合开发劳动实践基地和学生实验田，并聘请经验丰富的村民作为学生的校外指导教师，使学生亲近土地，亲近大自然，体验劳动的辛苦，收获劳动的快乐。

充分利用东丽区社会实践基地的教育资源。东丽区育才中学是东丽区社会实践基地，距离军粮城中学只有十余千米，基地内设备齐全，种植面积大，品种多，军粮城中学学生每年到基地学农训练一周，参观学校中看不到的农作物、植物等，并在教官的指导和帮助下学习培育、种植、管理农作物的知识技能。

充分利用东丽区职业教育中心的教育资源。东丽区职业教育中心是国家重点职业教育学校，新校区刚刚落成，距离军粮城中学只有五千米，交通便利，师资力量强，设备齐全，管理严格。因此，学校聘请了该中心的专业教师来校任教，学生定期到该中心学习培训，培养职业技能。

4. 技能训练

学校组织学生校外实习，强化动手能力培养，突出普职渗透特色。如组织学生到邮政局，亲身体验报刊发行的系列程序和技巧；到银行体验开户、存款、取款、销户；到旅行社、百货商场、超市进行调查体验，学习接待顾客、真假币识别、收款机使用、点钞、理货等专业技能。其间，学生的礼仪素质、表达能力、沟通协调能力、承受挫折能力得到提高，团队凝聚力和组织纪律观念得到进一步加强，学校逐步形成“课程性实习——认识性实习——操作性实习——顶岗性实习”的良性实习体系。

为张扬学生个性，学校还组建了多个以“技能训练”为主线的学生社团，利用课余时间，开展促进专业技能提高的丰富多彩的有益活动，既丰富了校园文化，又使技能训练延伸到课外。各社团以技能训练为核心，将零散小组逐步过渡为以专业组为单位的系统化、课程化、精品化的学生社团，力争使学生社团文化融入学校课程文化之中，深化拓展了专业设置标准中的能力训练。

另外，学校还培训在职教师，强化教师的职业渗透意识与人才观念；依托区职教中心和海河职业教育园区，对学生进行职业技能培训，按照高职院校的相关要求开设相关课程，经相应考核合格的学生，给予证书或优先录取资格。2013年4月，天津市公布了第二批特色高中实验学校及实验项目。见下表。

表 6-4　天津市第二批特色高中实验项目一览表

序号	区县	学校	项目名称
1	和平区	第五十五中学	生态型教育
2	河西区	梅江中学	“尚美”教育
3	河北区	第十四中学	全面发展，科技见长
4	河东区	七中	发展潜能教育
5	南开区	南大附中	公能引领，主动发展
6	大港区	大港三中	激励·互动教育
7	西青区	杨柳青一中	生命教育
8	宁河县	潘庄中学	生态文明教育
9	直属校	耀华中学	“以学养志，以文化人”构建卓越学校
10	直属校	新华中学	养正育才，发展优长
11	直属校	复兴中学	创建“普职结合”育人模式
12	直属校	瑞景中学	以美育人

(四)天津市瑞景中学——以美育人案例

天津市瑞景中学是天津市教委直属示范中学，其前身是天津市师范学校。学校积极推进高中教育特色化、多样化发展，注重充分发挥自身音美艺术教育资源的优势。2009 年经市教委批准，瑞景中学在普通高中教育基础上，开办了音美艺术高中班，每年招收学生 44 人。此外，学校还积极探索和实践在普通高中班开展特色教学工作，使学生全面修习普通高中课程的同时，通过选修课、活动课、研究性学习及综合实践活动，多方位发展学生在文化、艺术、体育等方面的专长。

2011 年 4 月，天津市教育体制改革领导小组《关于开展天津市教育体制改革试点的通知》(津教体改[2011]1 号文件)确定瑞景中学为全市 12 个教育体制改革试点项目单位之一，试点项目为“音乐美术特色高中建设”。2013年4月，学校成为天津市第二批特色高中实验项目12所学校之一，实验项目为“办大美教育、育特色人才”。

优秀的音美师资队伍与丰富的社会资源是瑞景中学创建音乐美术特色高中的法宝之一。学校拥有音美教师22名，均为大学音美专业本科以上学历，近80%的教师为高级教师，其中音乐特级教师1名，天津市十佳青年画家1名。他们在多年学校教育工作中积累了丰富的音美专业课教育教学经验，也为学校建立形成了一整套卓有成效的课程方案和教学方法。① 而且，2009年，天津市教育教学研究室在瑞景中学建立了天津市首个“高中课程改革教学研究实践基地”，使学校能充分借助市教研室专家的全面帮助和指导，更科学有效地推进和做好特色高中创建工作。

学校还注重争取社会资源支持。瑞景中学努力探索建立与高校有机衔接的可行方式与合作关系，在课程开发、项目合作、学生发展指导等领域广泛合作，为学生成长发展和学校特色及多样化发展铺路搭桥。另外，天津市众多高校从事音美艺术教育及研究管理工作的专家学者中有许多人都曾在瑞景中学从教，至今仍与学校保持着密切联系，这些都为瑞景中学创建音美特色高中提供了良好的条件。2014年，学校开办“大美教育讲坛”，定期聘请校内外专家和优秀教师、教育工作者作“办大美教育、育特色人才”的理论与实践经验成果的宣讲，指导学校特色建设。

学校营造特色育人环境。瑞景中学实施校园“艺术工程”，营造出特色突出的校园育人环境，展示师生文化艺术成果。学校将教学楼的各个楼层划分为不同的艺术展区，展示学生的作品，营造出浓厚的艺术氛围。

学校教学楼、行政楼1楼至4楼的宣传橱窗定期充实更换内容，

---

① 王尧：《突出音美艺术教育，打造特色优质高中——记瑞景中学特色高中建设》，载《天津教育报》。

既为学校烘托出一种浓厚的文化氛围，又为学生展示艺术作品提供了园地；楼道内一幅幅校园生活剪影，讲述了学校曾经发生的故事；略显稚嫩的学生习作、风格独特的教师作品，陈列在二楼主楼通道两侧，彰显了学生的进步，洋溢着教师的幸福。教学楼 5 楼的美术教学区和 6 楼的音乐教学区。各种西洋乐器、民族乐器的实物展示，著名演奏家、歌唱家及其代表作品，56 个民族的舞蹈特色的展示介绍，大卫、海盗、战神马赛等大型美术雕塑展示，极大地满足了学生对音美艺术的渴求，拓宽了学生在音美艺术方面的眼界。

此外，学校还积极开展特色校园生活，组织多种活动，形成以美辅德、启智、健体的校园文化。在积极探索艺术教育的同时，大力开展丰富多彩的校园文化艺术活动，有计划、有组织地举办艺术节、书画展、摄影展和手工艺品制作等比赛。校园文化艺术节已经成为学校一道亮丽的风景和师生不可缺少的精神大餐，成为特色学校建设的一个重要组成部分。2009 年以来，在各级各类演出、竞赛和展览活动中，瑞景中学屡创佳绩。

瑞景中学为更好地为音美教育提供保障，不断加大投入，设立专项资金，全力保障音美教育硬件及软件建设。学校拥有现代化的器乐演奏及练习室、舞蹈及形体训练教室、美术专用教室，为学生艺术特长发展搭建了舞台。二胡、琵琶、小提琴、手风琴、萨克斯、小号等中西乐器一应俱全，约 70 架钢琴摆放在隔音效果良好的琴房内，供学生使用；图书馆丰富的音美艺术书籍，让学生更好地开阔眼界、积累知识。

2012 年 5 月，天津市河东区教育局出台了《2012 年河东区特色高中建设实施方案》，有 6 所高中参与了区内的多样化发展项目。河东区本来就有 3 所学校参与了天津市国家级实验，这 3 所学校又参与了河东区的实验。与上海的组织模式有所不同，上海的长宁区作为参与国家级实验的窗口，上海市又设计了一套本市的平行实验；

而天津市正相反，全市是国家级试验区，同时，河东区作为区级教育行政部门，学校开展与国家级实验平行的实验，可见改革的意识很强烈。

2014年6月13日，天津市公布了第三批特色高中实验学校及实验项目。见下表。

表6-5　天津市第三批特色高中实验项目一览表

序号	区县	学校	项目名称
1	和平区	汇文中学	自强教育
2	河西区	海河中学	人文海河，生命情怀
3	河东区	一〇二中学	创新人格教育
4	河北区	五十七中	融情教育
5	南开区	六十六中	以美育人，和谐发展
6	红桥区	五中	以生为本 自主发展教育
7	滨海新区	紫云中学	和谐教育，共生发展
8	东丽区	一百中	以心育人，健康发展
9	西青区	九十五中	主体教育，持续发展
10	津南区	咸水沽一中	文化润泽，敦品励学
11	北辰区	南仓中学	求真教育
12	宝坻区	宝坻四中	勇于担当，践责发展
13	铁 厂	铁厂二中	全面发展，工程见长
14	开发区	开发一中	多元开放教育

三、黑龙江省的实验

（一）项目启动

黑龙江省指定哈尔滨市和鸡西市作为省内区域改革试点。2011年2月，黑龙江省教育厅根据《国务院办公厅关于开展国家教育体制改革试点的通知》（国办发[2010]48号）和《黑龙江省中长期教育改革和发展规划纲要(2010—2020年)》的要求，启动了普通高中多样化、特色化发展试点工作，并制定了工作方案和管理办法。

方案从指导思想、工作任务、工作原则、试点单位、工作步骤与要求等方面做了详细部署。该省拟设置实验区和实验学校两种类别。其中，普通高中多样化、特色化发展实验区2—3个，普通高中多样化、特色化发展实验学校10所。

黑龙江省教育厅按照全省普通高中多样化、特色化发展需要，设定若干个试点类别，供各地各校选择。各行政区和各高中学校自愿提出申请，省教育厅组织专家对各行政区和学校的申报书进行论证评估，提出指导意见，批准实验立项，并给予政策支持。省教育厅对实验区和实验学校实行动态管理，总体把握试点进程，监督实验区和实验学校的试点进程，保障试点工作健康开展。对已命名的地区和学校，每3年进行一次全面督导检查，达标的继续享受相关政策，不达标的限期整改，并取消称号和享受的政策。对于继续申请的学校，按以上程序重新进行。到2020年，全省各市全部实现区域内普通高中多样化、特色化发展目标，确立30所普通高中多样化、特色化发展示范学校，其他学校力争达到“校校有特色，人人有发展”。

黑龙江省教育厅设定的若干类型包括以下9种：

1. 综合高中类。学校办学体现出普职融通、相互渗透、相互促进的特点，兼顾升学预备教育和职业技能教育，为学生提供多种需求和选择。

2. 高二分流类。高二年级课程结束后，有参加高考意愿的学生按普通高中模式继续学习，有学习职业技能意愿的学生分流到职业高中学习。

3. 艺体特色类。具备省体育、艺术基点校资格，围绕艺术、体育教育整体设计，把艺术、体育作为学校的核心课程，打造、整合高素质专业教师队伍，着力培养学生的体育、艺术特长。

4. 外语特色类。具有与国际融合的教育理念，重点加强外语教学，培育外语教学师资力量，积极参与对外交流，与学科基地建设整合，着力培养学生的外语特长和国际视野。

5. 理科特色类。在理科教学方面师资力量雄厚，学科优势明显，在学生培养方向上强化理科基础，形成独特的教学方式，教学成效突出，学生具有良好的科学素养和创新能力。校园自然科学气氛浓厚。

6. 人文特色类。学校在长期办学实践中积累形成优良的德育传统和学校文化，强化人文管理，形成人文化、制度化、规范化的育人机制。培养学生以人文素养的养成为目标，各类课程和活动广泛渗透人文性。学生的人文精神、道德情操、审美情趣等和谐发展。

7. 科技教育特色类。课程设置着重突出科技教育、研究性学习和综合实践活动，以实践探究为重点培养方式，培养学生的科学方法、科学态度、科学行为习惯和价值观，提高其解决科技问题的能力，让学生"学科学、爱科学、用科学"，有充分展示创造和发明的空间和平台，有较高的科学素养。

8. 创新型拔尖人才培养类。坚持因材施教的培养原则，通过多样化、选择性的课程和科学的指导对学生进行个性化培养，校本课程、选修课程在课程体系中占有较大比重，学生动手实践机会和平台较多。重视发挥学生的主体作用，强调以学生学习为中心，培养学生较强的创新意识、创新精神、质疑能力和动手实践能力，为学生成为创新型拔尖人才奠定坚实的基础。

9. 其他类。学校在办学实践中形成特征鲜明、效果稳定、上述类别不能涵盖的特色。

这些类型的提出体现了该省教育行政部门对高中现状和发展趋势的预判，体现了改革实验顶层设计引领的作用。

（二）实验工作的开展

2011年6月，黑龙江省教育厅公布了“首批普通高中多样化特色化发展试点单位名单”，公布的这些试验区和实验学校有不同类型，具体如下：

12个国家项目试点学校是：齐齐哈尔市第十六中学（综合改革、普职融合探索）、农垦宝泉岭管理局第二高级中学（综合改革、普职融合探索）、鸡西市第四中学（艺体特色）、哈尔滨市第九中学（外语特色类）、哈尔滨市第六中学（外语特色类）、牡丹江市第一高级中学（理科特色类，多元发展）、佳木斯市第一中学（科技创新）、哈尔滨市第一中学（人文特色类）、哈尔滨师范大学附属中学（创新型拔尖人才）、哈尔滨市第三中学（创新型拔尖人才）、黑龙江省实验中学（国际交流、美术、小语种）、哈尔滨市第七十三中学（其他类，多元特色）。

12个省级试点学校是：七台河市第六中学（七台河市职业技术学校）、海林林业局第一中学（外语，艺体特长）、哈尔滨市第三十二中学（艺体特色类）、鹤岗市第一中学（国际交流）、双鸭山市田家炳中学（体育类）、大庆市第十六中学（艺体类）、鸡西市第十九中学（艺体教育，创新型人才）、佳木斯市第十一中学（艺体特长，排球）、尚志市尚志中学（“先学后教、分层训练、跟踪指导”教学模式）、伊春市友好三中（创新教育）、铁力市第二中学（“1＋3”课堂教学模式）、黑河市嫩江县高级中学（“一少三多”为主体的多元教学模式）。

9所省级试点预备学校：齐齐哈尔市克山县第三中学（艺术类）、双鸭山市第三十一中学（艺术特色类）、哈尔滨市第五中学（艺体特色类）、齐齐哈尔中学（科技、国学）、齐齐哈尔市第一中学（体育、国际交流）、鸡西市实验中学（体育艺术类）、齐齐哈尔市朝鲜族中学（科技类）、哈尔滨市方正县第一中学（其他类，多元特色）、绥化市绥棱县第一中学（绿色学校，创新教育实验学校）。

2011 年 9 月，黑龙江省教育厅在伊春市召开了全省普通高中多样化、特色化发展试点工作启动会议。试验区和实验学校代表在会上交流了实验工作方案。按照省教育厅的设计，实验学校“对号入座”初步确定了各自的实验任务。

在 33 所参与各层次实验的学校中，哈尔滨市共有 11 所学校，占据三分之一。体现了省会城市高中资源存量的优势，也表明高中多样化、特色化发展容易在优势地区获得响应。

2011 年 6 月，哈尔滨市教育局召开了普通高中多样化发展启动大会。哈尔滨确定的 14 所普通高中实验学校如下：

人文特色 1 所：哈尔滨市第四中学(省示范校)；艺体特色 7 所：哈尔滨市第八中学(市重点校)、哈尔滨市第十二中学(市重点校)、尚志市一曼中学、哈尔滨市第五十八中学、哈尔滨市第二十六中学、哈尔滨市第八十八中学、清华园高级中学(民办学校)；高二分流 2 所：哈尔滨市第四十四中学、哈尔滨对青一中；外语特色类 3 所：哈尔滨市朝一中(省示范校)、哈尔滨市第十八中学(市重点校)、哈尔滨市工大附中(民办学校)；信息技术类 1 所：哈尔滨市第四十中学。

在黑龙江省，被批准的实验校将享有如下权利。根据普通高中多样化、特色化发展的目标和工作任务，对学校的办学模式和培养模式进行改革。在贯彻党的教育方针的前提下，自主决定学校的发展方向、办学理念、学校文化和办学特色，优先享用区域内的各种社会教育资源，为提高学生的全面素质和个性发展服务；赋予相应的课程开发和设置权力。进行高二后分流试点的学校，给予高三年级自行开发、设置课程的权力。对于艺体特色学校的学生，学业水平考试省考科目由省考评办单独命题考试，单独划定等级和分数线，校考科目成绩等级分数线由学校自行划定；给予相应的高考政策支持。为高二后学习职业教育的学生打通高考出口，逐步实行以学业水平考试成绩和学生综合素质评价结果为依据的录取方式，使学习职业教育内容的学生也能有较大机会升入高等院校；在省级示范性普通高中建设中，优先向特色普通高中倾斜。

四、新疆维吾尔自治区的实验

普通高中多样化发展改革实验在新疆维吾尔自治区得到了积极响应。

2011 年 6 月，新疆维吾尔自治区教育厅下发《自治区普通高中多样化发展改革试点方案》，通过改革现有普通高中课程结构、教学方式、管理模式和评价标准，推动不同层次的普通高中学校多样化、特色化发展，实现培养目标和课程的多样化。根据文件，自治区教育厅将评选出 15—20 所普通高中学校作为改革试点学校，并指导每所学校制订出单独的课程计划，力争在选修课程中体现学校的办学特色。计划要求每一所学校研究制定 2011 年至 2014 年课程方案，鼓励学校开展国家课程校本化尝试，适当增加地方教育背景，多种形式呈现教学内容。

自治区教育厅计划对试点学校实施校本课程的 50—60 名教师进行培训。此外还将每年组织一次试点学校的经验交流活动，帮助学校凝聚办学特色。通过改革试点，将逐步建立多样化发展普通高中教育的体制机制，使普通高中能为高一级学校输送更多高素质的、有特长或专长的多样化的生源。同时，也为当地培养出更多有一技之长的普通高中毕业生。逐步形成普通高中教育灵活多样、学校特色鲜明的新格局。

自治区教育厅要求，试点学校要有自己的办学定位，每所学校都要有鲜明的特色，根据学生的实际，确定多层次的培养目标，从而提高高中毕业生的整体质量，使学生的道德品质、公民素养、身体素质、实践能力、劳动与生活技能等都有明显提高。

自治区教育厅组织学校开发出一批与地方经济、社会发展相适应的普通高中学校校本课程，增加学校课程与地方经济、社会的联系，帮助学校开展对校本课程的师资培训，建立起与普通高中多样化发展相适应的校本课程教师队伍。

自治区教育厅同时提供一定的专项经费，对各试点单位进行资助，还计划在招生政策、办学条件改善等方面提供支持，每年都要对各试点单位进行考核评价，对试点工作不力、不按项目实施方案、要求开展工作的试点单位，自治区教育厅将取消其试点单位的资格。

2012年1月，自治区教育厅召开国家及自治区基础教育体制改革试点项目启动会议，宣布乌鲁木齐八一中学、乌鲁木齐市第十二中学等20所高中成为首批多样化改革试点学校。这些中学将通过改革现有普通高中课程结构、教学方式、管理模式和评价标准，实现培养目标和课程多样化发展的新局面，以遏制高中办学的同质化倾向。

新疆首批多样化改革试点学校名单：

新疆实验中学、乌鲁木齐八一中学(国际课程PGA实验，航空特色实验班)、乌鲁木齐市第一零一中学(珍珠班，心理健康教育，篮球、健美操等体育项目特色)、乌鲁木齐市第十二中学(外语特色学校，英语、俄语、德语等国际班)、新疆师范大学附属中学("树人班"实验班，初、高中"二、四学制"实验班)、新疆农业大学附属中学、乌鲁木齐市第二十三中学(珍珠班实验，宏志班实验)、克州第一中学、温宿县第二中学(德育特色课程、艺体教育)、疏附县第二中学、昌吉市第四中学(艺术教育)、昌吉州回民中学(音体美特长班、民族团结教育，双语教学班)、伊宁市第八中学(法制教育)、库尔勒市第三中学(研究性学习)、石河子第十二中学、克拉玛依市实验中学(科技教育、艺体教育)、克拉玛依市第十三中学(研究性学习)、焉耆回族自治县第一中学(艺体教育)、阿勒泰地区第一高级中学(双语教育)、博乐市高级中学、华中师大附中博乐分校(科技创新教育，心理健康教育，艺体教育)。

作为首批试点学校，有些学校显露了特色课程。例如，乌鲁木齐市第十二中学已经先行推广了全疆首个初中俄语特色班，八一中学也开设了京剧、哑语、编导等校本课程。

2014 年 2 月，自治区教育厅又公布了第二批普通高中多样化发展改革试点学校。这些学校名单如下：

乌鲁木齐市第八中学(科研创新)、乌鲁木齐市第九中学(美育贯穿各科教学)、乌鲁木齐市第十中学(创新教育课堂)、乌鲁木齐市第六十八中学(德美特色，诚信教育)、和静县高级中学(创新教育)、博湖县博湖中学(创办舞蹈、音乐、武术、乒乓球等 10 余个学生社团，形成独具特色的校本课程体系)、温州大学拜城县实验中学(国际班，校本课程多样化与教学模式多元化，民汉合校、温拜模式、封闭式管理的办学特色)。

在过去的六七年时间里，自治区虽然挂牌了一些示范性普通高中学校，也按计划启动了高中的基础教育课程改革工作。但是，这些示范性高中学校并没有起到明显的示范和引领作用，高中学校的课程改革也没有从根本上改变普通高中学校的人才培养模式，应试教育问题仍然十分突出。

五、上海市的实验

据上海市官方公布的数据显示，截至 2013 年，上海市共有 239 所普通高中，这其中包含完全中学高中部，一贯制学校高中部。

为了落实中央提出的普通高中多样化发展要求，推进培养模式多样化，满足不同潜质学生的发展需要。上海市也申报了普通高中多样化发展国家级试验区项目，为此，上海市还专门将长宁区确定为国家级试验区，由行政力量推动，自上而下将高中带入一个多样化的新境界。

（一）长宁国家级普通高中多样化发展试验区

1. 长宁试验区总体思路

2009年，长宁区教育局正式启动了一项区域重大教育改革项目——“区域推进高中多样化特色发展行动研究”。该项目直面高中教育同质化的现状，试图探索出一条“通过课程改革促进学校特色发展，形成区域高中多样化格局”的行动路径。长宁区位于上海市中心城区西部，共有8所公办普通高中。这项高中改革，以“主题轴”综合课程建设为抓手，以培养学生综合素质为目标，结合各学校的文化特色、学生兴趣等，将零散的、孤立的校本课程统整起来，形成独具特色的课程群，最终推进高中特色化多样化的发展。

“主题轴”综合课程建设构想是从校长的课程领导力入手，推进学校特色课程建设。“主题轴”综合课程的“主题”是由区域内各高中根据学校的学科优势和学生特点以及校园文化确定；“轴”，则是学校围绕这一“主题”，进行跨领域综合设计而形成的富有特色的课程体系。“主题轴”综合课程旨在培养学生综合学习的能力，提高学生跨学科学习的水平，养成其综合思维的方式，并最终提高学生的综合素质。

2010年3月底，上海市教委专家组到长宁区调研，区内8所高中的校长围绕“主题轴”综合课程的构建，分别汇报了其对学校多样化特色发展的思考，并正式确立了各高中学校的“主题轴”综合课程核心。与此同时，2010年上半年，教育部在沪召开了两次有关高中多样化的座谈会，标志着上海市向高中“同质化”现象正式发起挑战。

2010年9月，在“教育部、上海市人民政府共建国家教育综合改革试验区”的“普通高中创新素质培养行动实验项目”中，长宁区成为上海市唯一的“高中多样化特色发展试验区”。第三女子中学、延安中学和复旦中学为项目实验学校。

2011年，“教育部普通高中多样化有特色发展改革试点情况交流会”在长宁召开，长宁作为唯一的区县参会单位作专题汇报。2012年，长宁“区域分学段推进素质教育综合改革实验”获第二届全国教育改革创新特别奖，国家教育咨询委员会推进素质教育改革组调研团来长宁专题调研高中多样化特色发展进展情况。华政附中和复旦中学被立项为“上海市特色普通高中建设推进项目”的项目学校。2014年，长宁“区域推进高中多样化特色发展行动研究”被评为上海市基础教育教学成果一等奖。

经过几年的研究和探索，长宁区高中多样化发展的态势已基本形成，8所高中融合办学理念和育人目标的特色课程方案在一定程度上也通过“主题轴”综合课程的构建得以完成，同时，为了使各校“主题轴”综合课程的教学目标可视化，突出体验式、实践性、探究性的学习方式，长宁区鼓励各校围绕“主题轴”综合课程进行硬件载体建设，但强调载体建设必须和学校“主题轴”综合课程在内涵、育人目标、学校特色和师资建设上保持一致。这些课程实施载体，有的是学校借助高校和社会资源搭建的，有的是区里给予重点经费扶持的，还有的是在区和学校已有资源的基础上改建的，并且在建成后也都作为区域“主题轴”综合课程的共享资源进行使用。另外，在“主题轴”综合课程构建过程中，长宁区教育行政部门和基层学校也形成了一套较为科学的合作模式来共同推进区域教育教学改革。长宁区8所公办高中的“主题轴”课程主题及载体如下表所示：

表6-6　上海市长宁区8所公办高中的“主题轴”课程主题及载体

学校	主题	载体
延安中学	数学与科技	科普实验墙
第三女子中学	IACE女生教育	教育剧场
建青实验学校	传媒与语言发展	传媒与语言实验中心
复旦中学	博雅文化	博雅文化讲坛
天山中学	生涯规划	生涯发展主题馆

续表

学校	主题	载体
华政附中	明德尚法	明德尚法实验室
仙霞高中	信息素养	视觉艺术工作室
西郊学校	科学健身	科学健身实验室

2. 8所高中各具特色

延安中学是上海市实验性示范性高中，以“数学与科技”为主题，除数学与科技课程建设外，学校还积极开设人文综合讲座和教材外的理科系列实验，以拓宽学生眼界，增强学生的动手和实践能力，培养文理相融、德才兼备的复合型人才。例如，语文组的欧美文学精选系列、中国现代作家系列；政治组的走进哲学的殿堂、趣味逻辑、学博弈；美术组的匠心构筑巧夺天工——建筑对比、宗教故事在艺术中的巧妙运用、时间维度内外——雕塑生命等。其课程体系呈现出“数学特色、科技见长、人文相济、和谐发展”的特色。

上海市第三女子中学是上海市唯一的一所公办女子重点中学，学校特点鲜明，但特色课程不够突出，学校课程与育人目标的结合也不紧密。通过“主题轴”综合课程构建，第三女子中学确立了“IACE女生教育”主题，培养以“独立(Independence)、能干(Ability)、关爱(Caring)、优雅(Elegance)”为特征的德才兼备、秀外慧中的开放型现代女子人才。学校所有课程都围绕这一主题进行统整。基础型课程结合女生特点，进行教学内容的调整和教学方法的改进。拓展型和研究型课程，围绕主题内容进行延伸，并重点建设了学校的“教育剧场”课程，以培养学生综合学习能力，给女生提供角色体验和独立实践的情景。

建青实验学校是一所15年一贯制学校，学校充分利用“传媒与语言实验中心”等载体，在各学段着力进行“提高学生传媒素养、发展语言能力”的学校特色课程建设。其中，高中阶段“传媒与语言发展”特色课程的主题为“思辨、探索、创新”。学校以语言能力、传媒素养的培养为抓手实现学校和学生的特色发展，最终实现学校的“德行好、基础实、能力强、特长显、视野阔”的培养目标。

天山中学“生涯发展指导”主题轴综合课程以“高中生发展的成长轨迹”为主线，将课程分为学业生涯和职业生涯指导两大板块，根据不同需求制定分年级的阶段目标，以学科渗透领悟、社团实践体验、主题讲座学习、自我反思等形式开展实施，培养具有生命价值意识、生涯规划意识和生态共存意识的人才。高中 3 年，该主题课程的阶段性目标有不同的侧重点：高一重在认识自我、了解兴趣，形成生涯认知；高二集中发展自我、培育情趣，进行生涯探索；高三着重完善自我、形成志趣，作出生涯选择。经过探索，学校形成了以“我的人生我做主”为核心，以生命价值教育系列课程和生态共存教育系列课程为基础的课程体系。

2010 年 3 月，复旦中学被上海市教委列为首批“创新素养培育项目”实验学校，开展以“课程・课堂・践行”为主线的实践探索，初步形成了以“文化主题轴综合课程”为核心的博雅课程序列。以学生为主体的“博思学子讲堂”与以大师为主体的“相辉文化讲谈”是学校实施“博雅文化”主题教育相辅相成的两大载体，共同服务于学校“文理相融，人文见长”的育人目标。“博雅文化”主题轴课程由《文化与人生——中外名文的文化解读》《TI 技术环境下的高中数理化综合学习》《“相辉”文化讲谈》《世界风情与审美》等 10 大模块组成。

华政附中以“明德精业”为校训，本着“明德尚法，品业双馨”的教育理念，以“民主法治”为核心，开发建设“明德尚法”主题轴综合课程，致力于培养更多的适应未来社会需要的“明德・尚法・精业”的现代公民。综合课程主要包括基础型、拓展型、研究型 3 种类型。在课程设置方面，基础型课程整合渗透，拓展型课程凸显特色，研究型课程体验深化。课程实施以“明德尚法”实验室为载体。同时，在课程开发、设计和实施的过程中，推进人文管理，民主课堂、班级自治以及师生、干群关系民主化的建设，借此提升学校办学品质，促进学校特色发展。

仙霞高级中学也是一所区实验性示范性中学，在信息技术运用和数字化校园开发与实践、美术教育等方面具有鲜明特色。因此，学校依托“信息素养”主题轴课程，筹建了“地理信息化互动学习室”，并成立了视觉艺术工作室，作为课程的实施载体。经过课程建设，学校形成了《做知书达理仙霞人》和《做信息时代的智慧人》两个核心课程，并且与学校“知书达理”的育人目标相结合，即培养具有现代信息素养和国际意识的现代学生。

西郊学校，其生源在8所高中里相对较差，2009年“区域推进高中多样化特色发展”项目启动初期，考虑到新校长刚刚上任半年，并未参与到先期试点之中。2010年在“主题轴”综合课程全区推进的过程中，学校充分利用与区少体校合作办学的条件，借助体育教练及场馆设施，依托高校体育教育专家指导，明确了“科学健身”主题，独一无二的学校特色随之明晰。在后续实践中，学校建立了“科学健身实验室”，由此作为特色课程的载体供全区共享。

（二）上海市的市级实验

在国家级试验区运作的同时，上海市也有市级的普通高中多样化发展实验。2011年3月，上海市基础教育工作会议决定，对于普通高中分类指导，一部分高中聚焦拔尖创新人才培养，一部分高中聚焦创新素养培育的实践和研究，而另一部分高中加强特色办学。通过高中的差异定位和分类指导，实现优质多样的整体布局。

1.“学生创新素养培育实验项目”启动

2010年4月，上海市教育委员会发布了《关于开展“上海市普通高中学生创新素养培育实验项目”的通知》，表明上海市其他高中也可以参与学生创新素养培育实验项目。文件提出，高中学生的特质是什么？如何选拔和培养高中生的创新能力？学校的课程体系和教学模式又是如何适应高中生创新能力培养的需要？这些问题需要更多学校参与实验，从理论和实践两方面做出回应。上海市科研部门专家及时开发了上海市高中学生创新素养培育目标指标体系（如下表），给改革实验增添了信心。

表 6-7　上海市高中学生创新素养培育目标指标体系

一级指标	二级指标	三级指标
创新人格	创新意识 创新情感 创新意志	问题意识、发现意识、怀疑意识、好奇心、 创新激情、愉悦感、成功感 目标性、坚持性
创新能力	创新思维 创新技能 创新知识	流畅性、独特性、灵活性、精致性 基本技能：演绎、推理，综合技能：信息加工能力、动手实践能力 相关的学科知识背景

为切实推进实验项目，上海市教委成立了项目组，通过政策、经费和专家资源等手段支持参与实验的单位积极改革。卢湾、徐汇、金山 3 区的 22 所实验性示范性高中，自 2010 学年起正式开展高中学生创新素养培育实验工作。加上已经启动项目的 4 所高中，实际有 26 所高中被列入项目实验学校。

2010 年下半年，项目组邀请国内有关专家，如北京“翱翔计划”负责人对全体实验项目单位和项目组全体成员进行了专题学习培训，学习和借鉴国内外相关经验和做法。同时，委派专家到各单位进行实地调研，了解项目实施现状。

2. 上海市特色普通高中建设推进项目

在上海，除了优质高中开展拔尖创新人才培养实验，实验性示范性高中学生创新素养实验之外，那些生源一般，不属于实验性示范性高中的普通高中也备受关注。

2011年12月，《上海市特色普通高中建设推进项目实施方案》出台。该文件规定，参加“特色普通高中建设”项目的学校初步确定为10—15所，入选的项目学校应符合以下条件：

(1)属于上海市普通高中学校中除上海市实验性示范性高中以外的，生源一般的公办高中(完全中学)。

(2)学校近年来树立以人为本、适应学生差异发展需求、全面实施素质教育的观念，结合学校的实际情况，通过一个或数个方面的改革突破和特色实践，取得的成效比较显著。

(3)学校乐意参与本项目，接受项目专家的指导、帮助，承担相关的实践研究、总结提炼、展示传播等任务。

(4)所在区教育局能够给予学校项目经费和其他必要的支持，指定本区教育局或教师进修学院的有关科室与学校合作总结经验。

该文件还设计了“特色普通高中”主要类型以及案例学校，供各高中学校特色建设参考，具体如下。

(1)以特色学科为依托，通过加强学科教学满足学生特色需求和升学需要。如香山中学的美术教育、城桥中学的艺体教育特色等。

(2)以一个或多个项目为载体，通过项目引领特色发展并有一定时间积淀的学校。如嘉定二中的科技创新特色教育。

(3)把特色纳入学校的育人目标和课程体系，成为引领学校发展的主要思路和抓手。如复旦中学的人文特色、上海戏剧学院附中的戏剧特色等。

经过一段时间的实践，2014年6月，《上海市教育委员会关于印发〈上海市推进特色普通高中建设实施方案(试行)〉的通知》指出，通过上海市特色普通高中建设，在全市建成一批课程特色遍及人文、社科、理工、艺体等多个领域，布局相对合理，有效满足学生多样化学习需求的特色普通高中，并发挥示范引领作用。文件提出了特色普通高中建设的3个建设原则，校本化、递进性、稳定性。特色普通高中建设采用“项目孵化、滚动推进、分类指导、分阶提升”的策略。

六、南京市的实验

南京市是唯一一个以地级市参与国家级改革的试验区。

(一)普通高中多样化发展项目启动

2011 年 8 月 17 日，南京市政府转发了该市教育局拟定的《南京市推进普通高中多样化特色化建设实施意见》，标志着南京市普通高中多样化特色化发展项目正式启动。根据文件，南京市要在“十二五”期间实施“普通高中多样化特色化建设工程”，重点建设一批富有鲜明办学特征的高水平普通高中，即综合改革高中、学科创新高中、普职融通高中和国际高中，努力形成特色鲜明、课程丰富、资源开放、评价多元、育人全面的普通高中发展新局面。通过重点建设、典型引路、滚动发展，构建南京市普通高中多样化特色化办学格局。

第一类，综合改革高中。以培养基础宽厚、全面发展的学生为基本目标，在办学体制、办学模式和培养方式等方面形成明确的思路和举措。第二类，学科创新高中。在全面执行国家课程方案的基础上，突出学科建设特征，在数理、人文、科技、体育、艺术某一个或几个方面形成明显的学科优势。第三类，普职融通高中。融合升学预备教育和职业技能教育，形成多元选择的课程体系，灵活多样的教学管理，富有成效的就业指导，可与职业类学校合作办学，实行学籍流动和学分互认。第四类，国际高中。以接纳外籍学生和开展国际课程教学为主，科学整合中外高中教育优秀元素，广泛开展国际交流与合作，课程相互影响、相互渗透，培养学生的国际视野和对中国文化的认同。

南京市共有高中学校 66 所。根据南京市教育局顶层设计，最初计划遴选 20 所左右的学校参与本次改革实验项目，改革启动之后，南京市的改革和江苏省高中课程基地建设，以及省级拔尖创新人才培养基地项目结合进行，使得参与实验的学校有所增加。

2011年10月21日，南京市普通高中多样化特色化建设工作会议在中华中学河西新校区召开。各区县教育局局长、分管局长、中教科长和各普通高中校长近100人参加了会议。南京市第一中学、宁海中学、大厂高级中学的领导分别从申报综合改革高中、学科创新高中、普职融通高中3个项目类别介绍了学校"普通高中多样化特色化建设工程"项目的实施方案。在这次会议召开时，已经有39所高中申报了普通高中多样化特色化建设工程项目，其中也包括"普职融通高中"项目。如大厂高级中学、行知实验中学、高淳湖滨高级中学在内的多所中学等。

2012年8月，南京市教育局下发《关于进一步推进普通高中多样化特色化建设的意见》，总结了一年来南京市各高中学校的改革实践，进一步明确了改革思路，决定进入改革实验实施阶段。同时，南京市教育局下发了《关于确认南京市第一中学等43所高中参加"普通高中多样化特色化建设工程"的通知》。这43所学校中获批11个"省级课程基地"，2个"省级拔尖创新人才培养基地"，5个普职融通试点学校，有9所高中成立市级交响乐团、舞蹈团、民乐团、书画艺术团、管乐团等。

（二）实验学校及其实验内容

南京市高中教育底蕴很雄厚，参与多样化实验的学校都是勇于创新的学校。从各校的以下简单信息可以看出，围绕课程基地建设是一大亮点。除了有些学校是江苏省的课程基地建设学校外，没有特别标注的学校则是南京市课程基地建设项目学校。

南京市第一中学（江苏省环境生物技术课程基地）、南京市金陵中学（省级拔尖创新人才培养基地）、南京市中华中学（江苏省生命·生活·生态教育课程基地）、南京市外国语学校（江苏省模拟联合国课程基地）、南京师范大学附属中学（省级拔尖创新人才培养基地）、南京市第九中学（江苏省音乐课程基地）、南京市第十三中学（江苏省语文学习实验课程基地）、南京市人民中学（学科创新高中）、女子高中、南京市玄武高级中学（心理健康教育特色学校）、南京市第三高级中学（开展美术教育）、南京市第五中学（江苏省“落花生”文学教育课程基地）、南京航空航天大学附属中学（体育与健康模块选项教学课程基地）、南京市行知实验中学（开展普职融通实验）、南京市第二十七中（江苏省高中通用技术课程基地）、南京市文枢中学（开展普职融通实验）、南京市建邺高级中学（江苏省数学自主学习课程基地）、南京市金陵中学河西分校（生涯规划课程基地）、江苏省教育学院附属高级中学（2014 年 4 月 17 日恢复了“南京市第二十九中学”校名，是江苏省普通高中儒学经典课程基地）、南京市宁海中学（学科创新高中）、南京田家炳高级中学（江苏省科技教育课程基地）、南京大学附属中学（科技体育特色学校）。

南京市第十二中学（小班化教育模式）、南京市燕子矶中学（小班化教学，书法教育特色）、南京市栖霞中学（开展体育教育）、南京外国语学校仙林分校（综合改革高中）、南京市雨花台高级中学（综合改革高中）、南京市板桥中学（美术课程基地）、南京市江宁高级中学（以垒球为特色的体育与健康课程基地）、南京市秦淮中学（美术教育课程基地）、南京市秣陵中学（开展普职融通）、南京师范大学附属中学江宁分校（物理全纳教育课程基地）、江苏省江浦高级中学（数学课程基地）、南京市第十四中学（学科创新美术教育）、江苏省六合高级中学（火山·雨花石课程基地）、南京市六合区程桥高级中学（开展普职融通）、南京市六合实验高级中学（艺体教育学科创新高中）、南京师范大学附属扬子中学（江苏省中外语言文化体验英语课程基地）、南京市大厂高级中学（普职融通高中）、江苏省溧水高级中学（江苏省基于农村乡土资源的化学生物课程基地）、溧水县第二高级中学（开展美术教育）、溧水县第三高级中学（开展艺术教育、小班化教育）、江苏省高淳高级中学(开展江苏省数学文化实践课程基地)、高淳县湖滨高级中学(普职融通下的校本课程基地)。

上述43所学校是南京市确定的普通高中多样化特色化改革实验学校。南京市政府支持高中硬件改造和软件提升，首批支持1200万元。同时，不同改革内容，获得支持的额度也有所区别。综合改革高中100万，学科创新高中60万，普职融通高中80万。南京市政府要求各区县1∶1配套投入。2013年11月，南京市又批准同意南京市临江高级中学开展普职融通改革实验。到此时，南京市参与普通高中多样化特色化改革实验的学校共44所。参与改革的学校占全市高中的78%。

另外，没有列入实验学校，但是被列入江苏省课程基地的还有南京市天印高级中学，该校是2007年南京市高中布局调整之后，新建的一所高标准高起点的学校。也是“汽车文化课程基地”。

第三节　各地方普通高中多样化发展实验

在国家级试验区运行的同时，各省市区层面的普通高中多样化发展改革实验也陆续启动。据统计，湖南、重庆、浙江、辽宁、河南、甘肃、湖南、福建、江西、云南、广西等地也启动了实验。其中，辽宁、浙江、河南、福建在省级改革实验的安排下，也同时启动地级市层面的改革实验。例如，浙江省的宁波市，辽宁省的沈阳市、大连市，河南省的郑州市，福建省的福州市、厦门市、漳州市、泉州市等。另外，也有的地方只启动了地级市层面的改革。例如。安徽蚌埠、内蒙古呼和浩特、河北石家庄、广东湛江等城市。一些至今没有出台普通高中多样化特色化发展改革实验的其他省市区也开展了一些调研活动，召开了研讨会，推进会，甚至在个别学校启动了一些改革尝试和探索。并且某些学校的改革探索没有得到政府促进和指导，没有得到财政经费支持也取得了明显成效。

从各地方普通高中的优化改革中，我们可以发现，这项改革深受广大教育行政主管部门和教育实践者的欢迎，参与者热情很高，有很多精彩亮点。在实践中把普通高中多样化发展、特色学校建设、示范性高中建设、高中学校评估等相互结合进行，体现了基层智慧，且各有特点，对高中教育发展起到了积极的推动作用。

一、湖南省改革启动较早

2009年1月，湖南省教育厅发布了《关于印发〈湖南省普通高中特色教育实验学校建设基本条件(试行)〉的通知》[①]，文件指出，特色定位要考虑以下几个方面：根据区域内普通高中学生的需求与经济社会发展的时代要求确定办学特色；积极借鉴国内外先进的办学经验，在学校建设、管理体制、队伍建设、办学机制、教育教学、校园文化等方面形成特色体系；学校在落实普通高中国家课程计划的基础上，注重形成学科教学特色或学科综合特色，有自主创新的特色教育教学体系、教学模式和运行机制，教学成效显著；特色教育面向全体学生。

文件强调对于特色建设要从学校规划、课程设置、队伍建设、资源建设和教学管理制度建设等方面着手：政府要加大财政投入力度，教育行政部门要出台相应的政策；校长要根据学校的办学传统和学校实际定位特色教育办学方向，同时围绕学校特色教育构建必修课程、选修课程及与之相适应的拓展性课程体系；学校要有保障特色教学实验需要的专业教师队伍，形成与特色教育相适应的作为学科带头人的骨干教师队伍，并且注重构建特色教育校本课程资源和校外教育资源体系，同时建立健全特色教育的教学制度和促进学校特色发展的管理机制。

申请学校的基本条件是：学校为全日制普通高中(不含完全中

---

① 资料来自湖南省教育厅基础教育处网站(http：//jcjyc.gov.hnedu.cn)。

学），办学规模原则上在15个班以上，班额原则上不超过45人；有3年以上普通高中特色教育实验，学生学业水平考试合格率95%以上，特色教育课程学业水平考试成绩优良率达60%以上；特色教育教研教改成果显著，学校参加各类竞赛活动成绩优异，特色教育整体水平和教育质量得到社会广泛认同，在本市州同类学校中具有示范作用。

申请学校的基本程序是：市州属普通高中学校申报省特色教育实验学校，由市州教育局申报，市州人民政府审核签署意见，报省教育厅评审认定；县市区属普通高中学校申报省特色教育实验学校，由所在县市区人民政府申报，市州教育局审核签署意见，报省教育厅评审认定。省普通高中特色教育实验学校一经认定，享受省示范性普通高中同等待遇。

经专家组检查，评审委员会评审，湖南省教育厅分别于2011年4月和2013年6月公布了《关于认定长沙市外国语学校等4所学校为湖南省普通高中特色教育实验学校的通知》和《关于认定汨罗市三中等3所学校为湖南省普通高中特色教育实验学校的通知》，批准长沙市外国语学校、娄底市二中、汨罗市四中、株洲市十八中、汨罗市三中、新邵县八中、醴陵市四中共7所学校为省级特色教育实验学校，并希望各地进一步加强对学校的领导与管理，指导和支持学校积极探索，大胆实验，不断强化办学特色，创新人才培养模式，满足不同潜质学生的发展需要。

二、辽宁省实验区的改革探索

（一）总体指导精神

2011年8月22日，辽宁省教育厅发布了《关于加强特色普通高中建设工作的意见》，提出建设特色高中的必要性、特色高中的定位、遵循的基本原则、目标任务和阶段性目标以及具体做法和制度保障。

2011年11月，辽宁省教育厅发布了《关于遴选辽宁省特色普通高中实验学校的通知》，指出特色普通高中实验学校的基本要求，即必须是在全面贯彻党的教育方针、认真实施素质教育过程中，构建独特的课程体系，已经形成传统、个性特点鲜明、育人效果显著、发展前景稳定、省内有一定声誉和影响的学校。特色普通高中实验学校的特色内容包括科技、艺术、外语、体育、音乐、美术等。实验校通过申报推荐，省教育厅组织评估遴选组逐校评估遴选产生。根据评估遴选结果，确定了 10 所“辽宁省特色普通高中实验学校”。

2012 年 4 月，辽宁省教育厅《关于开展辽宁省特色普通高中实验学校指导评估工作的通知》中发布了《辽宁省特色普通高中实验学校指导评估细则》和《辽宁省特色普通高中实验学校指导评估日程》两个文件，对 2011 年各市推荐的“辽宁省特色普通高中实验学校”候选学校进行指导评估。

2012 年 6 月，辽宁省教育厅《关于认定省特色普通高中实验学校的通知》公布了首批“辽宁省特色普通高中实验学校”名单。接下来，辽宁省教育厅分别于 2013 年 6 月 1 日和 2014 年 6 月 4 日，公布了第二批、第三批“辽宁省特色普通高中实验学校”名单。三批共计 40 所。见下表。

表 6-8　辽宁省特色普通高中实验学校名单

第一批(16 所)	第二批(12 所)	第三批(12 所)
大连市第十五中学	沈阳市第五中学	沈阳市第一中学
锦州市铁路高级中学	大连市第八中学	沈阳市第一二〇中学
辽宁省实验中学	沈阳市第九中学	沈阳市第十一中学
东北育才学校	辽宁省实验中学营口分校	大连市第二十四中学
沈阳市第三十一中学	大连市第十一中学	大连育明高级中学
本溪市第一中学	抚顺市第二中学	岫岩满族自治县第二高级中学

续表

第一批(16所)	第二批(12所)	第三批(12所)
鞍山市第一中学	盘山县高级中学	本溪市第二高级中学
大连市开发区第一中学	开原市第二高级中学	北镇市第三高级中学
盘锦市大洼县第三高级中学	东港市第三中学	大石桥市高级中学
绥中县利伟实验中学	朝阳市第四高级中学	昌图县第一高级中学
辽阳市第一高级中学	建昌县凌东高级中学	凌源市第二高级中学
铁岭市朝鲜族高级中学	鞍钢市鞍钢高级中学	辽河油田第三高级中学
阜新市第二高级中学		
抚顺市四方高级中学		
营口市高级中学		
沈阳市第二十中学		

(二)沈阳市的改革实验

2012年11月，沈阳市教育局发布了《沈阳市教育局关于推进全市特色普通高中建设工作的通知》，落实辽宁省教育厅的文件精神，指出特色高中在语言与文学、数学、人文与社会、科学、技术、艺术、体育与健康、综合实践活动等学习领域，体育、音乐、美术、外语等学科教育方面形成办学特色；创新教育教学方式、教育教学过程、教育教学管理模式、创新课程资源，在人才培养模式方面形成办学特色；在办学体制改革方面形成办学特色。

文件指出，原则上，通过市标准化学校验收的公办普通高中方可申报。申报学校的特色项目必须得到区县财政的经费保障，并获得区县财政提供的启动资金。今后，成为沈阳市特色普通高中实验学校的，方可参与省特色实验学校的遴选。

文件要求在保障措施方面，要加强领导，把普通高中特色建设纳入本地区高中教育事业改革与发展的总体规划中，要积极协调同级财政部门，设立专项资金，支持特色高中建设，根据学校的实际需求全额安排专项经费并纳入预算，保障特色高中建设工作顺利开展。

2013年12月，沈阳市教育局发布《关于开展首批沈阳市特色普通高中实验学校评估验收工作的通知》，对申报的16所学校进行评估验收，其中，东北育才学校、沈阳市第三十一中学、沈阳市第二十中学、沈阳市第五中学、沈阳市第九中学5所省特色普通高中实验学校免于评估验收。最终，经专家组从办学特色、组织管理、课程建设、师资队伍、办学条件、质量及成果6个方面对申报学校进行实地指导评估，2014年1月，沈阳市教育局《关于认定首批市特色普通高中实验学校的通知》公布了首批市特色普通高中实验学校的名单。

2014年1月，沈阳市教育局《关于做好普通高中特色学科建设的通知》指出，特色学科建设工作最核心的价值取向是尊重和满足学生自主选择权利，关注每一名学生的成长，所有相关工作都要服从这一核心价值观。特色学科建设要坚持顶层设计、试点先行、有序推进的原则，要求各校校长要负责亲自主抓特色学科建设，亲自主持制定特色学科建设的总体规划和具体实施方案。同时，要求各地区要设立特色学科建设专项资金。

市教育局建议的课程体系建设基本框架是，以国家课程为基础，以拓展课程为延伸，以丰富的社团活动课程和假期实践课程为补充。特色学科课程实施的各项准备工作要在2014年7月底全部完成。

特色学科实行分层教学和走班学习。特色学科必修课程分层(分类)教学至少要达到3层以上，学校可以结合实际自主确定。分层教学必须打破行政班界限，不得以行政班为单位划分教学层次；必修课和选修课都要实行走班学习。建设数量充足的特色学科教室，特色学科教室必须有基本的数字化教学设备；鼓励和支持有条件的学校实行特色学科小班化教学改革。分层教学和走班学习从2014年秋起开始在高一年级实行，学生升入高三年级时是否继续采取分层教学和走班学习由学校自主确定。

文件要求完善管理制度，改革人才培养模式。要紧紧抓住特色学科建设的契机，推动学校组织管理结构的变革，促进选课指导制度、学分管理制度、走班管理制度、学生自我管理制度、学生发展指导制度、顾问制、导师制、教师评价制度、学生评价制度、师生和家长评价学校制度、学生评价课程制度、学生评价教师制度、校本研修制度、招生制度等一系列制度的完善。

文件鼓励和支持有条件的普通高中与高等院校、科研院所合作，开展创新人才培养研究和实验；鼓励和支持有条件的普通高中设立面向全市普通高中学生的专题研修平台；鼓励和支持普通高中邀请高水平的专家学者为学生举办学术讲座，开展个别辅导；鼓励和支持有条件的普通高中开设大学先修课程；鼓励和支持探索举办高端的科学高中和人文高中。

（三）大连市的改革实验

2011年10月，大连市教育局印发了《大连市推进特色普通高中建设工作方案》(以下简称《方案》)。在《方案》中，对特色普通高中建设的指导思想、工作原则、工作目标、工作任务以及保障措施作了相关规定。

《方案》明确了特色高中的内涵是指在先进的办学理念指导下，经过长期的办学实践，形成独特、稳定的办学风格，办学成效显著，赢得社会广泛认可的学校。特色高中建设的核心和载体是构建多样化并具有选择性的课程，本质是人才培养模式的创新，通过办学体制多样化、办学形式多样化、培养目标特色化、教育教学方式多样化、课程资源多样化、管理评价方式多样化等来实现，目的是促进学生全面而有个性地发展。

特色高中还应具有整体性、稳定性和先进性的属性，即办学特色应面向全体学生或多数学生；办学特色在相当长的时期内相对稳定并不断完善；办学特色符合教育改革发展的方向，具有较强的生命力，促进了办学水平和教育质量不断提高，成为学校内涵式发展的生长点。

特色高中的建设要遵循因校制宜、继承创新、课程支撑、促进提高等四项原则，强调要从学校实际出发，确定特色发展方向，继承传统优势，不断创新，构建特色课程体系，促进学生发展。

其中，特色高中的“特色”主要体现在以下几点。

办学体制特色化。学校在坚持教育公益性原则的前提下，形成办学主体多元、办学形式多样，公办教育与民办教育、国内与国际教育等相互融合的多样化、特色化办学体制。

培养目标特色化。学校结合国家对多样化、个性化人才的培养需求，根据学生的兴趣和特长，通过设置、增加特色课程，重点培养学生某一或某些学科的素养和技能，凸显学生的个性特长，形成科技、艺术、体育、外语、数理、人文等学科的教育特色。

人才培养模式特色化。在教育内容和手段上，围绕办学理念及培养目标，整合、创新教育教学内容，创新教育教学方式、创新教育教学过程、创新教育教学管理模式、创新课程资源，探索出独特的人才培养模式。

特色高中建设的保障措施有以下几点。

加强领导和管理。成立推进特色高中建设领导小组，明确责任分工。

建立特色高中评估考核机制。市教育局建立特色高中评估考核制度，开展市级特色普通高中评估活动，从 2011 年开始，原则上每年评估 1 次，并命名表彰。把特色高中建设工作纳入对区市县教育行政部门年度教育考核目标、普通高中综合督导评估考核指标体系之中。

设立特色高中建设专项奖励资金。市教育局会同市财政局设立特色高中建设专项奖励资金，通过“以奖代补”的方式，奖励被授予“特色普通高中”称号的学校。各级教育行政部门要积极协调同级财政部门设立专项资金，支持特色高中建设。

完善中等学校招生政策。扩大特长生的招生计划和特长项目，完善特长生的考评办法及降分录取标准，逐步扩大高中招收特长生的自主权，扩大特色高中招收特长生的遴选范围，通过招生政策的导向作用引导特色高中发展。

加强特色教师队伍建设。各级教育行政和业务部门要加大对特色教师培养和引进的力度，增加特色教师培训经费，创新培养方式，整合特色教师资源，建立特色教师合理流动与资源共享机制。加强与高校、科研院所、社会专业团体的合作，努力建设一支满足特色发展需要的专兼职相结合的特色师资队伍。

文件指出，特色普通高中评估考核依据大连市特色普通高中评估考核标准，按照组织管理、办学特色、课程建设、保障措施、办学成果5项主要指标进行考核。考核程序为：学校依据大连市评估考核标准自评申报，区市县教育行政部门进行初评推荐，市教育局相关部门组织评估组实地评估，市教育局特色普通高中建设领导小组审核确认。

2012年2月，大连市教育局发布了《关于命名大连市特色高中和特色项目学校的决定》，命名大连市第十一中学等4所学校为大连市首批特色高中，11所学校为首批特色项目学校，其名单和特色项目如下表。

表 6-9 大连市第一批特色高中和特色项目学校

特色学校	特色项目
大连市第十一中学	分层教育特色高中
大连市第十五中学	美术教育特色高中
大连经济技术开发区第一中学	多元化教育特色高中
大连枫叶国际学校	国际化教育特色高中
大连市第一中学	外语教育特色项目学校
大连市第二中学	艺术教育特色项目学校
大连市第八中学	科技教育特色项目学校
大连市第二十四中学	多元发展教育特色项目学校
大连市第二十五中学	健美教育特色项目学校
大连市第四十四中学	音乐教育特色项目学校
大连市第四十八中学	外语教育特色项目学校
大连育明高级中学	个性特长教育特色项目学校
辽宁师范大学附属中学	个性化教育特色项目学校
大连经济技术开发区第八高级中学	人文教育特色项目学校
普兰店市第二中学	体验式教育特色项目学校

2013 年 3 月，大连市教育局《关于命名第二批大连市特色高中和特色项目学校的决定》命名大连市第二十四中学等 4 所学校为大连市特色高中，12 所学校为特色项目学校，其名单和特色项目如下表。

表 6-10 大连市第二批特色高中和特色项目学校

特色学校	特色项目
大连市第二十四中学	多元教育特色高中
大连市第八中学	科技教育特色高中
大连育明高级中学	学科专长教育特色高中
大连市第一中学	外语教育特色高中

续表

特色学校	特色项目
大连市第三十六中学	善小教育特色项目学校
大连市第十二中学	人文素养教育特色项目学校
大连市旅顺中学	变构教学特色项目学校
大连市第二十高级中学	三自教育特色项目学校
大连市一〇二中学	扬长教育特色项目学校
庄河市高级中学	责务教育特色项目学校
瓦房店市高级中学	自主学习教育特色项目学校
大连市第十三中学	多元教育特色项目学校
大连经济技术开发区第十高级中学	心理教育特色项目学校
大连市第五中学	和雅教育特色项目学校
大连市第十六中学	外语教育特色项目学校
大连市第二十三中学	自主管理教育特色项目学校

2014年2月，大连市教育局《关于命名第三批大连市特色高中和特色项目学校的决定》命名大连经济技术开发区第八高级中学为特色高中，大连市第三中学等7所学校为特色项目学校，其名单和特色项目如下表。

表6-11　大连市第三批特色高中和特色项目学校

特色学校	特色项目
大连经济技术开发区第八高级中学	人文教育特色高中
大连市第三中学	创意思维培养特色项目学校
大连市甘井子区鉴开中学	科技教育特色项目学校
大连市旅顺第二高级中学	美育特色项目学校
大连市一〇三中学	自主发展力教育特色项目学校
瓦房店市第八高级中学	三心教育特色项目学校
大连长兴岛高级中学	志趣教育特色项目学校
庄河市第六高级中学	励志教育特色项目学校

大连市教育局对特色高中和特色项目学校实行动态管理，依据《大连市特色普通高中评估考核办法及标准》不定期进行复检，对复检不合格的学校将取消其获得的荣誉称号。

三、浙江省普通高中多样化发展实验

(一)发展优质特色高中

2011年6月，浙江省教育厅对《浙江省优质特色普通高中评估标准》进行了意见征求，在汇总意见和建议基础上，修改形成《浙江省特色普通高中学校标准(试行)》(讨论稿)，最终于2011年11月，浙江省教育厅印发了《浙江省普通高中特色示范学校建设标准(试行)》。

其中在2011年6月的征求意见中的《关于〈浙江省优质特色普通高中评估标准〉的起草说明》里对优质特色普通高中的内涵、形成以及与普通高中多样化的关系进行了说明。

优质特色普通高中应当是形成了稳定的、适合本校学生发展需要的育人模式的学校，学校应有完备的、富有特色的课程体系和执行系统，学生得到全面而又有个性的发展。优质意味着各类人才辈出、人人成才；特色意味着具有鲜明个性的校园文化和培养模式。

省特色示范学校建设标准共设立办学理念和方向、学校课程体系、育人模式、组织与管理、办学绩效等5个方面内容，16项评估指标，并且对于申请不同等级(省一级和省二级)的特色示范校，有不同的达标要求。

从文件中可以看出，普通高中特色示范学校建设突出以课程体系建设为主要内容。特色示范学校的评估认定有严格程序。对于省普通高中特色示范学校的管理，通知指出建立周期性审查制度，实行动态调整机制。审查的重点是课程体系、选课制度、学分制度和育人特色情况等，周期性审查获得通过的学校保持原先等级，未获通过的，限期整改，整改到期仍未达到要求的做降级处理或取消省普通高中特色示范学校称号。凡查实出现严重问题的学校，由省教育厅直接取消其省普通高中特色示范学校称号。

（二）通过选修课程建设促进高中多样化

2011年7月，浙江省教育体制改革领导小组办公室公布了普通高中多样化发展选修课程建设改革试点学校的名单，见下表。

表6-12　浙江省普通高中多样化发展选修课程建设改革试点学校

选修课类型	学校名单
学科专业类选修课程	杭州高级中学、镇海中学、温州中学、金华二中、东阳中学、衢州二中
技术技能类选修课程	湖州练市中学、普陀三中、龙游第二高级中学、衢州高级中学、温岭市箬横中学、杭州市中策职业学校、宁波职业技术教育中心学校、温州职业中等专业学校、平湖市职业中等专业学校、绍兴市职业教育中心
兴趣特长类选修课程	萧山二中、宁波四中、桐庐分水高级中学、上虞崧厦中学、新昌县鼓山中学、磐安县二中、丽水学院附中、椒江区三梅中学
社会实践类选修课程	奉化武岭中学、柯桥中学、嘉兴五中、义乌市义亭高级中学、缙云县壶镇中学、余杭高级中学

（三）以评估为导向促进特色示范高中建设

2012年7月，浙江省教育厅印发了《浙江省普通高中特色示范学校评估手册》，对省普通高中特色示范学校的申报、评估认定以及各项指标的操作细则等都作了具体规定，它是普通高中特色示范学校评估认定的工作手册，同时也可作为学校自评、申报的重要参考。

文件要求，特色示范学校的产生按照严格的程序进行。

一是学校申报。学校对照《浙江省普通高中特色示范学校建设标准（试行）》（以下简称《建设标准》），发动全体教职工自评，达到申报目标等级要求的，向所属教育行政部门提出评估申请。

二是教育主管部门推荐。凡申请省普通高中特色示范学校，须经县(市、区)教育局推荐，并转报到所属设区市的教育局审核，审核同意的，由设区市的教育局于每年 3 月底前向省教育厅转报学校书面申请。

三是组织评估。省普通高中特色示范学校评估实行两级负责制。省教育厅接到申请后，在初步审核材料的基础上，先组织省督学对申报学校进行随机考察，再根据省督学考察结果，确定是否组织评估。省一级普通高中特色示范学校由省教育厅组织评估；省二级普通高中特色示范学校委托各设区市教育局组织评估。

四是公示和认定。每年 10 月，省教育厅根据评估意见，将拟认定的省普通高中特色示范学校名单在浙江省教育厅门户网站上公示，公示无异议的，正式发文认定相应等级的省普通高中特色示范学校。

五是周期性审查。对已被认定为省普通高中特色示范学校的，每 3 年进行一次重新资格认定，省一级由省教育厅组织审查，省二级由设区市教育局组织审查。审查的重点是课程体系、选课制度、学分制度和育人特色情况等。

2014 年 4 月，浙江省教育厅发布了《关于确认杭州外国语学校等 32 所学校为省一级普通高中特色示范学校的通知》，① 这些学校均属于浙江省内高质量的普通高中。

(四)宁波市促进高中多样化类型发展

2012 年 12 月，浙江省宁波市教育局印发的《关于深化课程改革

---

① 32 所学校名单：杭州外国语学校、杭州高级中学、杭州第二中学、杭州第十四中学、杭州师范大学附属中学、杭州第七中学、杭州绿城育华学校、杭州市萧山区第二高级中学、宁波市效实中学、浙江省宁波中学、浙江省镇海中学、宁波万里国际学校、奉化市武岭中学、浙江省温州中学、浙江省永嘉中学、嘉兴市第一中学、海宁市高级中学、浙江海盐元济高级中学、海盐县高级中学、桐乡市高级中学、浙江省长兴中学、德清县高级中学、上虞春晖中学、浙江省诸暨中学、浙江师范大学附属中学、浙江金华第一中学、浙江省义乌中学、浙江省天台中学、台州市第一中学、浙江省衢州第二中学、浙江省青田县中学、浙江省普陀中学。

推进普通高中多样化特色化发展的意见》①指出，要稳步深化普通高中课程改革工作，着力推进普通高中特色创新项目建设（简称"12341"创新项目）。即力争通过3年努力，打造10个左右市级拔尖创新后备人才早期培养基地，建设20个左右的市级普通高中课程改革基地学校，形成30个左右的市级课改学科基地，创建40个左右有影响力的市级普通高中特色创新项目，推出100门市级选修精品课程。全市建成一批与课程改革相配套的学科探究室、数字实验室和创新实验室等教学专用设施，满足学校开展特色教育的需要。

此外，文件要求要打造一支适合普通高中课程改革的卓越师资队伍。全面实施教师队伍建设"百川计划"和"卓越工程"，力争到2015年，在全市普通高中学校中，引进或评选30名左右的市学科骨干教师和15名左右的市级教师。培养和造就一批社会认可度高、成绩卓越的名教师、省特级教师和正高级普通高中教师。建立一批名优教师工作室。以课程改革业绩为导向，打造一批最具课改影响力的校长、榜样教师与协同创新团队（简称课改"1255"教师培养项目）。即评选10名左右最具课改影响力的校长，20个协同创新卓越团队，50名左右课改榜样教师，重点选拔培养50名左右具有国际视野，扎实专业功底，在课改实践中具有很强教学和研究能力的一线"创新型"教师。

同时，全面开展省特色示范普通高中创建活动。争取到2015年前后，全市特色示范普通高中达到50%以上，创建教育现代化的县（市）区力争达到85%以上。力争有25所左右的普通高中学校成为省一级特色示范普通高中。全面实施学校发展性评估制度。

积极倡导普通高中学校根据校情、教情和学情整合必修课程，逐步实现国家课程校本化。加强知识拓展、职业技能、兴趣特长、

① 《关于深化课程改革推进普通高中多样化特色化发展的意见》解读，载《宁波市人民政府公报》，2012(23)。

社会实践四类选修课程的开发和实施。

建立特色课程校际分享和教育管理保障机制。搭建平台，积极探索走班、走校和走教等教育教学管理制度改革。统筹教育资源，组建市选修课程讲师团，定期发布课程菜单，供学生选课走班，教师走校讲学。

推进学校特色项目招生工作，对符合学校特色项目招生要求的学生开辟绿色升学通道。允许有条件的高中开展基于初、高中升学直通车的育人模式试点。

鼓励学校以特色创新项目建设为载体，探索普通高中育人模式、课程设置、教学途径、学习管理与评价办法的改革与创新，促进普通高中多样化、特色化发展，培养具有个性特长、适合社会多层次需求的创新后备人才。制定宁波市普通高中特色创新项目发展指南，从区域层面、战略高度规划一批有前瞻价值的特色创新项目，如科学与工程创新素养培育项目，人文与艺术优秀后备人才孵化工程，智慧课堂与教育信息化，自主合作探究的课堂教学改革，国家课程校本化的研究与实践，学校个性化课程体系的构建，走校走班走教的课程开设与管理，育人模式与书院制教育、个性化教育与导师制、国际理解与合作教育、搭建普职渗透、大中学融通的教育立交桥等，引导区域特色教育创新项目群的形成。对每个项目给予一定的经费资助，县(市)区按 1∶1 配套。加强项目实施过程的绩效评估，激励学校和教师积极参与项目创新。

各县(市)区要加大保障投入，高度重视深化课程改革的配套建设，增量教育资源向课程改革倾斜，提高教师配备与培训、选课走班设施与设备等方面的课程支撑能力。市教育局设立课程改革项目经费，用于全市普通高中学校深化课改和学校特色教育项目创建工作。

2014 年 2 月 27 日，宁波市教育局印发了《宁波市普通高中多样化发展三年提升行动计划(2014—2016 年)》(以下简称《计划》)。《计划》指出，实施普通高中多样化发展三年行动计划(2014—2016)，要以现代学校制度建设、创新人才早期培养、普职融通改革试点、多样化的课程体系建设和特色创新项目创建为重点，建设一批文化内涵丰富、学科优势明显、富有鲜明办学特质的高水平普通高中，不断丰富普通高中学校类型，努力形成特色鲜明、课程丰富、资源开放、评价多元、育人全面、充满活力的普通高中发展新局面。通过重点建设、典型引路、错位发展，建设学术型高中、学科特色高中、普职融通高中和国际教育高中，构建宁波市普通高中多样化特色化办学格局。

表 6-13　宁波市普通高中多样化特色化办学格局

高中类型	主要内容
学术型高中	以培养基础宽厚、全面发展的学生为基本目标，有效融合国内外先进经验，创设拔尖创新后备人才培养基地
学科特色高中	在全面执行国家课程方案的基础上，突出学科建设特征，在科学、人文、数理、体育、艺术某一个或几个方面形成明显的学科优势
普职融通高中	积极开展普职融通育人模式改革试点；可与职业类学校合作办学，实行学籍流动和学分互认
国际教育高中	开展中外合作办学和国际课程教学，培养学生的国际视野和对中国文化的认同

《计划》指出，要着力开展普通高中多样化建设“12341”特色项目，做好加强文化建设、转变育人模式、试点普职融通、深化课程改革、创新教学方式、改革教育管理、形成多元评价7方面的工作，同时采取一系列的资源保障措施：

各地要加大经费投入，针对多样化发展的要求，重点支持学校在课程建设、教师发展、质量提升、教学与实验设施等方面的建设，确保推动普通高中多样化发展的全面实施。市教育局对改革试点学校和特色项目建设，给予相应的经费支持。对特色创建、教育质量和办学水平有整体提升的学校予以嘉奖。

支持各普通高中根据课程设置、特色发展的需要，聘用高等学校、科研院所、职业学校和社会组织等专业人士担任兼职教师，为多样化教育教学配备数量充足、素质优良、结构合理的学科教学团队。加强对校长和教师的培训，提高校长课程领导力和教师执教力。

加快教育信息化建设，建立区域高中教育教学信息化资源平台，为高中教师教学和学生学习提供便利，为学生的个性学习提供丰富资源。搭建网络"慕课"平台，开发建设一批微课程教学资源。推广校园网络师生即时提问解答系统。探索建立区域内高中校际合作机制，促进教师互用、课程互选、学分互认。

做好普通高中规划布局，新建、改建学校要按特色示范学校要求建设教学场地，配置教学设施，为课改提供足够数量的与选课分层走班教学相配套的专用教室。

充分利用博物馆、科研院校、现代企业、社区、职业学校、综合实践基地等自然人文社会资源，大力推进社会实践大课堂建设，培养高中生的兴趣爱好和动手实践能力。

四、江西省、福建省、河南省普通高中多样化发展实验

(一)江西省

2011 年 11 月，江西省教育厅印发《关于开展普通高中特色发展试验的通知》，文件指出，普通高中特色发展实验的主要内容有：积极探索切合自身实际、富有自身特色的办学模式和培养模式；全面改革教育教学评价模式，以评价标准多元化逐步取代单一、求同的评价模式；全面提高教育质量和办学效益，根据实验学校的办学特色定位，按需投入，有针对性地完善学校设施设备和师资配备。最终能使实验学校在课程建设、教育教学、人才培养模式、普职融合、多样发展等方面形成自身办学特色。

各设区市教育局推荐，学校申报，经审核认定的实验学校，在省、市教育行政部门和专家组指导下，制订实验方案和学校建设方案。对于开展普通高中特色发展实验的条件保障，主要体现在以下3个方面。

一是实验学校要充分争取当地政府及有关部门的大力支持，在经费、设备、师资等各个方面对实验学校予以倾斜；二是省教育厅将成立全省普通高中特色办学发展实验领导小组，统筹领导试点工作，并成立实验专家组，对实验工作进行全程指导；三是省教育厅将把实验学校优先列入全省普通高中建设有关项目，进一步加强学校建设和设备配备，并视情况对实验学校给予一定经费补助。

2012年6月，江西省教育厅印发了《关于公布普通高中特色发展试验学校名单的通知》，公布确定南昌市第二中学等36所普通高中为全省普通高中特色发展实验首批试点学校。具体学校名单及实验方向如下。

南昌市第二中学(国际化教育)、南昌市第十九中学(普通高中课程模式改革)、南昌市实验中学(艺术教育)、南昌市洪都中学(国防教育)、南昌大学附属中学(教育信息化)、南昌市第二十中学(校园传媒艺术教育)、九江外国语学校(多语种教学)、九江市第六中学(美术教育)、永修县第一中学(羽毛球运动教育)、上饶市音体美特色高级中学(音体美教育)、婺源县天佑中学(普职融合)、铅山县第一中学(课堂教学模式改革)、东乡县实验中学(书法教育)、资溪县第一中学(普职融合)、崇仁县第二中学(艺术教育)、高安中学(艺术体育教育)、靖安中学(生态文明教育)、宜丰中学(学生社团建设)、丰城中学(高效教育教学模式改革)、吉安市第三中学(数字校园建设)、遂川县第二中学(普职融合教育)、井冈山大学附属中学(体育美术教育)、赣州中学(外语教育)、赣州市第四中学(体育艺术教育)、瑞金市第一中学(德育)、南康市第三中学(科技创新教育)、兴国县第三中学(农村高中分层自主学习模式改革)、信丰县第二中学(体育艺术教育)、景德镇市第七中学(艺术教育)、乐平中学(校园文化建设)、浮梁县第一中学(体育教育)、萍乡中学(创新型人才培养模式改革)、萍乡市上栗中学(学校教学模式和管理模式改革)、新余市第三中学(体艺和科技创新教育)、新余市第六中学(国学教育)、鹰潭市第一中学(学生自主探究能力培养)。

2012 年 12 月，江西省教育厅印发了《关于增加普通高中特色发展试验项目学校的通知》，增加江西师范大学附属中学等 8 所学校为江西省普通高中特色发展实验学校。具体名单如下。

江西师范大学附属中学("传承赣文化"地域文化与科学探究)、九江第一中学(综合实践活动)、玉山县第一中学(校园文化建设)、临川第一中学(高效课堂快乐课堂建设)、吉安市白鹭洲中学(德育教育)、赣州市第三中学(多元教育)、景德镇一中(科技创新教育)、新余市第一中学(心理健康教育)。

2013 年 11 月，江西省教育厅在南昌召开了全省普通高中特色发展实验工作研讨会，总结交流全省普通高中特色发展实验工作，分析研究问题，以进一步推进实验工作的进展。

2014 年 3 月，江西省教育厅举办了特色高中发展专题研修班，参训对象为普通特色高中发展实验学校主要负责人，培训紧紧围绕特色学校创建专题，包括特色学校创建理论概述、特色学校与校园文化建设、特色校长与学校管理、特色学校创建个案研究等，通过组织学员开展问题讨论、经验交流、案例分析等活动，把理论学习、问题研讨、经验总结和创建工作紧密结合起来，做到优势互补、资源共享、相互促进、共同提高。

(二)福建省

1. 福建全省的改革动向

2013 年 4 月，福建省教育厅印发了《关于开展普通高中多样化发展改革试点工作的通知》①，该文件指出，开展普通高中多样化发展改革试点的目的是，通过改革现有普通高中的课程结构、教学方式、管理模式和评价标准，形成多样化人才培养模式，满足不同潜质学生的发展需要，持续提高福建省普通高中教育质量和办学水平。

在试点过程中，要坚持政府统筹与学校自主发展相结合，坚持特色建设与课程建设相结合，坚持改革试点与示范引领相结合，试点的任务在于创新培养模式，鼓励学校突出学科建设特征，在科技、数理、人文、外语、艺术、体育等一个或几个方面形成明显的学科优势；支持有条件的学校与高等院校、科研院所合作开展创新人才早期培养研究与实验；鼓励有条件的学校适当增加职业教育的教学内容，加强学生职业意识和动手能力的培养。

深化课程改革，构建多层次、多类型、可选择的课程体系，如探索建立高中学生大学先修制度，这是实现普通高中多样化发展的核心。

创新教学方式，倡导实行启发式、探究式、讨论式、参与式的教学模式，积极探索有利于促进学生独立思考、自由探索、勇于创新的课堂教学新模式；指导学校加强实验教学、研究性学习、社区服务和社会实践，组织丰富多彩的社团活动。

改革教学管理制度，建立健全学生选课、分层教学，走班制、学分制和导师制等多种教学管理制度和促进学生个性化发展的管理机制。改进教育教学评价，完善学生综合素质评价，积极探索实施发展性评价等多种方式，更加突出评价的发展性、激励性功能，更加关注全体学生和教育教学过程。

---

① 福建省资料来源：《关于开展普通高中多样化发展改革试点工作的通知》，http://www.fjaxedu.gov.cn/NewsInfo.aspx? NewsID=31782，2018-11-10；《关于修改完善普通高中多样化发展改革试点实验方案的通知》；《关于公布普通高中多样化发展改革试点实验学校名单的通知》，http：//www.fjxkc.cn/xwzx/ShowArticle.asp? ArticleID=49155，2018-11-10。

强化学校资源建设，有效整合校内外教育资源，促进信息技术与教育教学的深度融合，鼓励学校与高校、科研院所开展包括师资培训、实验室与课堂开放、开设特色课程等多种形式的有效合作。

实验学校的申报，要满足一定的条件，如学校领导有强烈的教育改革愿望，教师的课程意识强，学校教学管理制度健全，在人才培养、课程建设和教学改革等方面已具有某些方面的特色。其认定程序包括学校自主申报、设区市审核、省级审定。对已确认的实验学校实行动态管理，对不符合要求的将限期整改或取消其资格。

在保障措施方面，各设区市的教育局要对区域内的普通高中多样化发展进行总体规划，在经费、设备、师资等方面予以必要的倾斜，各级教育行政部门要给实验学校充分的自主权。

2013 年 8 月，福建省教育厅印发了《关于修改完善普通高中多样化发展改革试点实验方案的通知》，专家组对 48 所申报学校的实验方案进行了评审，从中选取了 26 所学校作为省级改革实验备选学校，并对各校所申报的试点项目提出了修改意见。26 所备选学校及其试点项目如下。

省直属 2 所：福州一中(拔尖创新人才校本课程体系建设研究)、福建师大附中(以校本课程和研究性学习为核心的科技创新人才培养模式)。

福州市 3 所：福州三中(卓越人才培养实验计划)、福州八中(构建博雅课程，培养创新人才)、福州格致中学(构建有格致特色的多样化可选择课程体系)。

厦门市 4 所：厦门双十中学(基于创新精神和实践能力培养的高中多样化发展改革实验)、厦门一中(推进“人文・创新”校本课程，探索高中生培养新模式)、厦门科技中学(大中学校衔接培养科技创新人才)、厦门外国语学校(有外语特长的多样化国际化创新人才培养模式改革实验)。

漳州市3所：漳州一中(创新人才培养，中英合作办学，民族教育和特色学科建设)、厦门大学附属实验中学(创设多样化教育平台，促进学生个性化发展)、漳州实验中学(高中科技实验班，艺术特长班，高中国际班)。

泉州市3所：泉州五中(课程拓展，分层教学与多元评价相结合的课程改革模式)、南安国光中学(深化课程改革，探索具有农村特色的高中校本课程体系)、安溪沼涛中学(构建艺术，体育特色课程，促进学生多样化发展)。

莆田市2所：莆田一中(科技教育与创新型拔尖人才培养)、莆田二十五中(农村普通高中体艺特色教育模式的探索与实践)。

三明市2所：永安一中(创新思维教育课)、宁化二中(普职融通综合高中)。

南平市2所：建瓯一中("完善学校立人课程体系，创新人才培养模式"的研究与实践)、建阳一中(创新培养模式——学生科技教育实验)。

龙岩市2所：永定一中(心理健康教育课)、龙岩三中(实施艺体特长教育，创建特色学校)。

宁德市2所：福安一中(高中多样化发展之创新人才培养模式改革)、福鼎五中(体育：OP帆船板运动、篮球等)。

平潭综合实验区1所：平潭城关中学，普通高中多样化发展改革实验。

2. 福州市的改革实验

2012年10月，福州市教育局颁布的《福州市普通高中多样化特色化建设工作方案》指出，从2012年11月启动普通高中多样化特色化建设试点工作，要根据学校传统优势、教师素质、文化氛围、办学设施等因素，紧扣规划、实施、评价等关键环节，做到"一校一方案、一校一路径、一校一评价"，"十二五"期间重点建设20所富有鲜明办学特征的高水平普通高中，即综合改革高中、学科特色高中、普职融通高中和国际拓展高中。

2013年9月12日，福州市教育局颁布了《福州市普通高中多样化特色化建设标准》，从办学条件、课程建设、队伍建设、管理水平、办学绩效5个方面对综合改革高中、学科特色高中、普职融通高中和国际拓展高中所应该达到的标准进行了说明。

2013年9月17日，福州市教育局颁布了《关于公布普通高中多样化特色化建设试点学校的通知》指出，经市普通高中多样化特色化建设工作专家指导组推荐，20所学校被认定为“福州市普通高中多样化特色化建设试点学校”。这些学校又分为综合改革和学科特色改革两大类。其中，综合改革高中共7所，名单如下。

福州第二中学(中学生生涯规划与辅导)、福州第三中学(卓越人才培养实验计划)、福州四中(多元化课程与多样化人才机制的研究)、福州格致中学(构建有格致特色的多样化可选择课程体系)、福州八中(构建博雅课程，培养创新人才)、福州高级中学(领袖型高中生培养之探究——中学生领导力开发)、闽侯一中(构建基于科技教育的学校教育教学体系)。

学科特色高中共13所，名单如下。

福州屏东中学(构建美育特色高中)、福建师大二附中(船政特色主体构建与艺体学科多元发展)、福州外国语学校(创建“复语，复合型”的外语特色学校)、福州三中金山校区(健美教育)、格致中学鼓山校区(科技教育)、福州延安中学(德育文化创学科特色)、福州第十五中学(综合实践活动特色)、福州十中(立足生命成长的特色建设与文化追求)、福州鼓山中学(风光互补发电)、闽清一中(普通高中体育学科特色学校的建设)、福州民族中学(校园畲族文化)、长乐高级中学(艺术教育)、福清元洪高级中学(行知学校)。

除了福州市以外，厦门市、漳州市、泉州市教育局也相继颁布了政府文件推动各自城市普通高中特色办学多样化发展，在此不一一赘述。

（三）河南省

1. 河南省整体推进情况

2014 年 6 月，河南省教育厅出台《关于开展普通高中多样化发展试点工作的意见》①，决定从 2014 年起，在全省启动实施普通高中多样化发展试点工作，并且将普通高中多样化发展试点确定为综合创新高中、学科特色高中、普职融通高中、国际特色高中 4 种类型，具体见下表，不同类型的试点学校要满足相应的五个维度的条件才可申报，即办学条件、课程建设、育人团队、管理水平和办学绩效。

表 6-14 河南省普通高中多样化学校类型及目标

高中类型	主要目标
综合创新高中	以培养基础深厚、全面发展的创新人才为主
学科特色高中	以培养特长突出、基础扎实的普适性人才为主
普职融通高中	以培养“合格＋技能”的高素质应用型人才为主
国际特色高中	以培养具有传统底蕴和国际视野的综合性人才为主

普通高中多样化特色化试点工作周期原则上为 3 年。河南省教育厅将在学校自评、地市考核的基础上，组织有关专家对各试点学校进行学期阶段性评估和 3 学年终结性评估，根据试点工作成效进行扶持和奖励。省级评估不合格的，取消其试点资格。

2014 年 6 月，河南省教育厅发布《关于公布首批河南省普通高中多样化发展试点学校名单的通知》，确定郑州市第一中学等 58 所学校为首批“河南省普通高中多样化发展试点学校”。名单如下表。

---

① 《关于开展普通高中多样化发展试点工作的意见》，http：//www. haedu. gov. cn/2014/06/13/1402645364134. html，2018-11-03。《关于公布首批河南省普通高中多样化发展试点学校名单的通知》，http：//www. haedu. gov. cn/2014/06/27/1403853207856. html，2018-11-03。

表 6-15　首批河南省普通高中多样化发展试点学校名单

高中类型	学校名单
综合创新类	郑州市第一中学、郑州外国语学校、开封高级中学、杞县高中、栾川县第一高级中学、新安县第二高级中学、平顶山市第一中学、鲁山县第一高级中学、安阳市第一中学、林州市第一中学、鹤壁市高中、新乡市第一中学、焦作市第一中学、濮阳市第一高级中学、许昌高中、漯河市高级中学、灵宝市第一高级中学、南阳市第一中学、南阳市第五中学、西峡县第一高级中学、商丘市第一高级中学、信阳高级中学、周口市第一高级中学、郸城县第一高级中学、驻马店高级中学、济源第一中学、巩义市第二高级中学、汝州市第一高级中学、固始慈济高级中学、鹿邑县高级中学校、河南省实验中学、河南大学附属中学、河南师范大学附属中学
学科特色类	郑州市第二中学、郑州市第九中学、郑州市第一〇六中学、开封县第一高级中学、鹤壁市外国语中学、新乡市第二中学、焦作市第十二中学、濮阳市油田艺术中学、襄城高中、漯河市第二高级中学、三门峡市外国语高级中学、三门峡市实验高中、信阳市第一高级中学、周口市第二高级中学、驻马店市第二高级中学、济源市第四中学、永城市实验高级中学、新蔡县第二高级中学
普职融通类	郑州市第十中学、延津县高级中学、长葛市第一高级中学、商丘市第三高级中学、长垣县第十中学、郑州市第六高级中学
国际特色类	郑州市第四十七中学

2. 郑州市普通高中多样化改革实验

2013 年 11 月，郑州市教育局发布《郑州市普通高中多样化特色化建设实施方案(试行)》的通知[①]，要求 2013 年启动普通高中多样化特色化建设，在学校自主申报的基础上，确立实验学校。通过规划引领和项目实施，努力形成普通高中多样化特色化发展格局，推进

① 郑州市资料来源：《郑州市普通高中多样化特色化建设实施方案(试行)》，http://www.zzjy.gov.cn/jydt/tzgg/12/1230200.shtml，2018-11-10。

郑州教育品位的持续提升。特色化项目有5种类型可供选择。

表6-16　郑州市普通高中多样化特色化项目名称

项目类型	主要工作
特色高中培育项目	突出学科建设特征，在数理、人文、科技、体育、艺术某一个或几个方面形成明显的学科优势
综合高中项目	在中等职业学校开办普通高中班，进行普职融通教育。同时开展普通高中和中等职业学校合作办学，充分利用职业学校的资源优势
创新人才培养项目	以普通高中学生为培养对象，建设创新人才培养基地，开展创新教育实验
中外合作办学项目	开办国际班或设置国际课程；通过国际评价认证课程的开设，开展中外教育交流、交换生等项目
高中和大学衔接项目	通过在普通高中开设多样性的选择课程，实现与大学专业性、学术性课程的衔接； 通过普通高中培养目标、课程设置、教学方式的创新，实现与大学拔尖创新人才的培养衔接； 通过普通高中与大学合作建立生源基地，实现专业合格人才的先期培养； 通过与大学合作建立普通高中师资培训项目和大学教师专题辅导项目，提高普通高中教师队伍整体水平

五、广西、云南、甘肃普通高中多样化发展实验

（一）广西壮族自治区

2011年12月1日，广西壮族自治区教育厅发布《关于开展特色普通高中试点工作的通知》，将学校特色定位在艺术生培养、体育生培养、科技创新人才培养以及外语教学等人才培养目标方面。

试点工作实施步骤：学校申报、审核评估确定具备试点资格学校、论证立项、过程指导、评估验收、合格命名“广西特色普通高中学校”、总结推广。至2020年，全自治区各市全部实现普通高中多

样化、特色化发展目标，建成30所左右特色普通高中学校。对于试点的特色普通高中学校，各教育行政部门给予一定的政策、资金、专家、培训等方面的支持，各试点学校之间加强沟通交流，共同研讨特色学校建设思路与做法。

该文件指出，综合高中试点学校主要探索以普通高中与中等职业学校联合举办综合高中班，或普通高中举办综合高中班的办学模式。

综合高中组织教学以普通高中文化基础知识课程为主，学制的第二年增设中等职业教育的相关专业课程，第三年根据学生本人发展意愿，分别编入普通高中班或中等职业教育班继续学习。高中毕业会考成绩合格或中等职业专业课程考试成绩合格的毕业生，可获取普通高中毕业证书或中等职业学校毕业证书。

2012年3月31日，广西壮族自治区教育厅发布《关于公布自治区特色普通高中、综合高中立项建设学校名单的通知》，确定南宁市第五中学等22所学校为自治区首批特色普通高中立项建设学校，确定柳城实验高级中学等6所学校为自治区首批示范性综合高中立项建设学校。其中，“创新人才培养”特色高中立项建设学校有广西大学附中、广西师大附中、桂林一中3所。

（二）云南省

2013年9月，云南省教育厅发布《关于印发云南省推动普通高中特色化发展的指导意见（试行）有关事项的通知》[①]指出，力争用5年的时间创建一批普通高中特色学校，初步形成普通高中多样化办学基本模式，使普通高中更加规范、更赋质量、更具特色的发展。

其指导思想是以校本课程建设为基础，以教师队伍建设为重点，

---

① 云南省资料来源：《关于印发云南省推动普通高中特色化发展的指导意见（试行）有关事项的通知》，http：//www.ynjy.cn/chn201311271042404/article.jsp? articleId=122704557，2018-11-10。《关于公布首批普通高中特色化发展实验学校名单的通知》，http：//www.ynjy.cn/chn201311271042404/article.jsp? articleId=122704929，2018-11-10。

以特色项目建设为抓手，以有效促进学生全面多元发展为根本，以进一步推进普通高中高质量有特色发展为目标，立足该省和学校实际，遵循教育规律和学生成长规律，积极探索普通高中特色化发展之路。

普通高中特色化发展的三个基本原则：统筹规划、分类推进、政策支持。其中分类推进原则，鼓励各地各校根据不同的办学基础与条件，充分利用现有资源，紧密结合实际，充分考虑自身能力，量力而行，做到一校一方案、一校一路径、一校一评价。在此基础上以点带面，先开展项目后推广。

云南省普通高中特色化发展的保障措施，体现在以下5个方面。

一是加强组织领导，形成“省级统筹规划，市县科学管理，社会有效参与，学校自主发展”的普通高中管理格局。

二是对项目学校给予“以奖代补”资金支持。省级财政部门和教育部门每年从普通高中建设专项经费中安排部分资金用于特色化学校的创建。特色化学校的创建采用省州(市)共建的方式，省级财政对立项的学校一次性给予奖补，州市财政和教育部门也应按照1∶1的资金给予奖补。省级奖补资金，学校项目通过省级评定后即可下达，州市资金待通过省州市两级教育部门项目验收合格后方可下达。

三是优化课程设置。省教育厅搭建了普通高中选修课网络课堂平台，逐步构建具有云南特色、充满活力的普通高中新课程选修课网络课程资源库，免费为全省普通高中提供多样化的优质网络选修课程。

四是改革学分管理制度。在选修学分的课程设置上，充分发挥学校的自主权。经省教育厅认定的特色学校，在学生按要求完成必修的116分的基础上，由学校根据特色情况安排选修课程，完成144分及以上的总学分要求。

五是健全评价体系。建立、完善普通高中发展性、多样化评价机制，通过细化指标和调整权重来增加学校特色发展的动力。建立以促进学生自主发展、个性发展为价值取向的学校以及教师、学生多元评价体系；积极探索社会评价在推进普通高中发展中的作用，努力形成政府、专家和社会评价相结合的综合评价体系。

文件中的附件《云南省普通高中特色化发展实验学校创建标准(试行)》将指标分为一级指标(A)和二级指标(B)，而且根据达标要求，又将对二级指标的评估结果分为A级和B级，并且指出创建标准二级指标中有6项及以上指标(含6项)为B级的学校，不宜申报。另外，在达标(A级)要求，即三级指标中所列出的各要素中，如果有一项未达要求的将失去A级学校资格，降为B级学校。

2013年10月30日，云南省教育厅发布《关于公布首批普通高中特色化发展实验学校名单的通知》，经过专家对89所申报学校的评审评议，确定云南师范大学附属中学等25所学校为首批云南省普通高中特色化发展实验学校建设单位，并给予每所学校20万元的项目创建奖补经费。首批学校名单如下表。

表6-17　云南省首批普通高中特色化发展实验学校名单

城市	实验学校
昆明市	云南师范大学附属中学、云南师范大学实验中学、昆明市第一中学、昆明市第八中学、昆明市第九中学、昆明市第十中学、安宁中学
曲靖市	曲靖市第一中学、曲靖市第二中学
楚雄州	楚雄第一中学
玉溪市	玉溪市第一中学、玉溪师范学院附属中学
红河州	个旧市第一高级中学
西双版纳州	西双版纳州民族中学
大理州	大理州实验中学、大理市第一中学、祥云县第四中学

续表

城市	实验学校
保山市	保山曙光学校、保山市实验中学、腾冲县第一中学
德宏州	德宏州民族第一中学
丽江市	华坪县第一中学
怒江州	怒江州民族中学
迪庆州	迪庆州民族中学
临沧市	临沧市民族中学

（三）甘肃省

2013年11月，甘肃省教育厅发布《甘肃省创建省级普通高中特色实验学校指导意见(试行)》等相关配套文件的通知，文件指出，普通高中特色化发展，主要通过办学体制机制多样化、办学模式多样化、人才培养模式多样化、课程建设多样化、资源开发多样化、评价方式多样化、队伍建设多样化等多种途径与方法来实现。其核心和载体是选择性与多样化的课程，着力点是人才培养模式的创新，根本目的是促进学生全面而有个性地发展。普通高中特色实验学校建设要遵循四项原则：优质性、校本性、全体性和长期性。

各级政府要落实投入责任，加大保障力度，确保特色实验学校建设政策、经费、师资配备等保障到位，积极探索建立适应多样化、特色化发展要求的经费拨款机制，切实提高保障水平；新增高中教育经费要重点投向学校特色发展、高中课程改革、教师队伍建设等方面。

文件要求要认真研制本地普通高中特色学校建设规划，成立专门的领导机构，制订工作方案，明确发展目标，切实推进普通高中多样化、特色化发展。要把高中多样化、特色化发展作为评价地方政府高中教育工作的主要内容。

甘肃省教育厅成立特色实验学校建设领导小组，负责日常的管理工作；由省教科所成立特色实验学校专业指导组，负责普通高中特色实验学校发展问题的专门研究，为特色实验学校建设提供指导和专业支持。

文件对特色实验学校的审批与批复，职责、组织与管理和检查与验收进行了说明和规定，指出创建特色实验学校的操作程序，由学校自主申报，市(州)、县(区)政府和教育行政部门推荐，省教育厅组织专家进行考察、评审，最终经省教育厅审批确定。文件还把省级特色实验学校的评估分为办学理念和方向、学校特色课程、育人模式、条件保障、办学绩效、评估与评价 6 个维度，13 项内容。

2014 年 3 月，甘肃省教育厅发布《关于创建甘肃省普通高中特色实验学校的补充通知(附申报学校名单)》中公布了省普通高中特色实验学校申报名单，共计 115 所。下面我们在此分地区将学校名称和学校设计的特色建设方向情况汇总如下。

酒泉 6 所：酒泉中学(学校管理)、酒泉市一中(艺体教育)、敦煌中学(校本特色课程)、酒泉实验中学(课程建设)、玉门油田一中(英语实验)、酒泉肃州中学(学生自主管理、艺体教育)。

临夏 6 所：临夏中学(民族团结教育实验)、和政中学(少数民族聚居地区高中教学方式与方法变革)、积石中学(课程建设)、临夏回中(特色化课程)、永靖中学(课程建设)、永靖移民中学(课程建设)。

金昌 4 所：金昌一中(活化课堂、突出个性)、金昌二中(课程建设)、金川公司一中(学校管理)、金川公司二中(艺体教育)。

张掖 9 所：张掖中学(人文情怀，卓越教育)、张掖二中(文化建设)、张掖天一中学(艺术教育)、张掖实验中学(艺体教育)、民乐一中(课程建设)、高台一中(红色德育与体艺)、临泽一中(文化建设)、山丹一中(管理绩效型)、肃南一中(文化建设)。

陇南 8 所：陇南市一中(德育)、西和一中(校本课程开发)、武都二中(体育艺术类)、武都两水中学(艺体)、成县一中(课程建设)、文县一中(课程建设)、礼县一中(理工、艺体类)、礼县实验中学(乡土文化类)。

兰州16所：兰州二中(人生规划生涯发展指导教育)、兰州六中(体育)、兰州二十七中(人文与科技教育)、兰州三十三中(德育)、兰州五十三中(美术教育)、五十八中(炼一)(培养模式)、五十九中(炼二)(科学与人文并重，主张个性，接轨国际)、六十一中(化一)(课程建设、学校管理)、六十三中(化三)(科技创新教育)、兰州西北中学(课程建设)、兰州五十五中(课程建设)、永登一中(愉悦教育)、皋兰一中(课程建设)、恩玲中学(德育)、兰州新区舟曲中学(民族团结教育)、新亚中学(美术、播音、编导)。

定西8所：定西一中(德育引领，多元发展)、陇西文峰中学(德育引领，多元发展)、陇西一中(博雅教育)、陇西二中(艺体)、临洮二中(德智并重，艺体双飞)、通渭一中(多元化校本课程开发)、岷县一中(学生自主教育)、岷县岷州中学(信念成就教育)。

嘉峪关3所：嘉峪关一中(奥林匹克教育、心理教育和科学精神培养)、嘉峪关二中(艺体教育)、酒钢三中(外语教育)。

甘南5所：合作二中(艺体教育)、舟曲一中(德育)、卓尼藏族中学(课程建设)、卓尼柳林中学(寄宿制管理)、迭部藏族中学(藏族人文)。

平凉8所：平凉一中(校本科研)、平凉二中(校本教研、精细化管理)、静宁一中(课程体系建设)、庄浪一中(校园文化——书香校园)、庄浪四中(艺体教育与实验教育)、华亭一中(课程建设)、泾川一中(文理兼修、以文见长)、灵台一中(德育课程化、学习自主化、发展个性化)。

武威7所：武威十八中(艺术教育)、武威一中(艺术教育、校园文化)、武威二中(德育)、武威铁路中学(艺术教育)、民勤一中(走读班教学)、民勤四中(德育)、武威八中(课程建设)。

白银10所：白银实验中学(课程设置多样化)、会宁一中(科技教育和德育)、白银一中(课程设置多样化)、白银八中(科技教育)、靖远一中(德育：山品文化建设)、平川中恒学校(办学体制、德育)、白银艺术中学(体育艺术教育)、白银十中(以"责任"为核心的文化引领)、会宁二中(本色语文教学)、会宁三中(体育教育)。

庆阳13所：庆阳一中(课程多样化)、庆阳六中(课程建设)、庆阳四中(体育、艺术特色课，德育生活化)、陇东中学(文化建设)、宁县一中(特色课程建设)、宁县二中(人文类)、镇原中学(评价方式多样化)、屯字中学(人才培养模式多样化)、合水一中("生本教育"特色实验校)、正宁一中(评价改革)、正宁三中(美术体育特长培养及校本课程)、环县二中(体育艺术类)、环县五中(新生态教育)。

天水10所：天水一中(科学人文类)、天水三中(课程建设)、天水二中(和谐教育)、天水九中(人文教育)、秦安一中(课程特色)、甘谷一中(课程建设)、甘谷二中(德育)、武山一中(课程建设)、清水一中(传承地方特色传统文化)、张家川一中(红色教育)。

教育厅直属2所：兰州一中(传统文化、课程建设、校本教研)、西北师大附中(拔尖人才培养模式探索)。

除了创建省级普通高中特色实验学校项目之外，甘肃省还开展了"科技创新实验学校"项目。

2013年12月，甘肃省教育厅、甘肃省科学技术厅、甘肃省科学技术协会组织评选，共选出"科技创新实验学校"100所。其中包括15所高中学校，初中25所，小学60所。15所高中学校名单如下。

兰州市第三十三中学、兰州市第六十一中学、兰州市第五十一中学、嘉峪关市第一中学、金昌市第一中学、白银市会宁县第一中学、天水市第一中学、酒泉中学、张掖中学、武威第二中学、平凉市第二中学、灵台县第一中学、定西市临洮中学、定西市陇西县第一中学、临夏州回民中学。

六、其他一些地级市高中学校的改革实验

(一)呼和浩特市

2014 年 2 月，呼和浩特市发布《呼和浩特市推进普通高中多样化特色化建设工作方案(试行)》，文件指出，2014 年启动普通高中多样化特色化建设，在学校自主申报的基础上，确立项目学校。通过具体项目的实施，至 2016 年，重点建设和命名一批具有鲜明特色的普通高中学校，至 2019 年，推广项目实施经验，整体推进，全市所有高中都设立特色项目，形成学校办学特色鲜明、课程丰富多样、体制机制健全、充分满足学生自主选择和差异需求的普通高中多样化特色化办学新格局。具体项目包括：特色高中培育项目、创新人才培养项目、中外合作办学项目、高中和大学衔接项目、综合高中项目。

(二)石家庄市

2014 年 6 月，石家庄市教育局印发《石家庄市普通高中多样化发展三年行动计划(2014－2016 年)》。文件提出，从 2014 年起，启动石家庄市普通高中多样化建设项目，在学校申报的基础上，市教育局组织专家评审论证，确立项目学校并授牌，全市重点建设 20 所特色高中。具体项目包括：学科建设项目、普职融通项目、中外合作办学项目、拔尖创新人才早期培养项目。

2015 年，区域推动多样化发展取得阶段性成果，每个县(市)、区至少有 1 所富有鲜明办学特色的高水平普通高中。

2016 年，通过滚动发展，整体推进普通高中多样化建设，涌现出一批勇于改革、科学规划、措施有力、成效显著的示范区；形成一批文化内涵丰富、学科优势明显、活动富有创意的特色高中；发展一批注重普职融通、具有吸引力的综合高中；创建一批注重国际交流与创新拔尖人才培养，注重借鉴国外先进经验、国际化水平较

高的创新人才早期培养基地；造就一批具有个性办学理念且勇于探索实践的高中名校长；形成一批具有符合石家庄市实际和先进教育理念的高中学校管理模式和管理经验。

（三）安徽省蚌埠市

2013 年 7 月，蚌埠市教育局发布《蚌埠市推进普通高中多样化特色化发展指导意见》，文件提出实施“推进普通高中多样化特色化建设工程”，重点建设 10 所富有鲜明办学特征的高水平普通高中，即改革普通高中、发展综合高中、探索国际高中，努力形成特色鲜明、课程丰富、资源开放、评价多元、育人全面的普通高中发展新局面（特色发展高中）。通过重点建设、典型引路、滚动发展，构建市普通高中多样化特色化办学格局。

以上 3 个城市普通高中多样化发展实验，是在没有所在省级教育行政部门启动相关改革的情况下主动开展的改革行动。这在中国上行下效的体制下，还很少见。并且，蚌埠市与华北地区启动改革的呼和浩特市、石家庄市还有不同之处，它不是省会城市，属于地级市。

（四）广东省一些学校的改革实验

广东省很多学校都在学校特色发展方面积极探索。例如，佛山市顺德区大良实验中学。该校是 1985 年成立的大良镇办完全中学，是一所乡镇层次的公办中学。2015 年起，学校开始由镇属向区属转轨。

学校自 1997 年开始确立了艺术教育为学校的发展特色，面向来自渔村打鱼人子女的生源开展音乐、美术等特色教育，使得很多祖祖辈辈没有艺术素养的孩子在学校发生了变化，做到了终止“没有艺术素养的代际传递”，这与国家强调的通过教育“防止贫困代际传递”意义是同样重大的。截至 2014 年年底，该校已经有 400 多名学生通过艺术类加试步入国内多所高等艺术院校。学校现有初中班 14 个、高中班34个，学生2300多名。专任教师181人，其中研究生学历36人，中学高级教师、一级教师118人。学校在2007年被评为“广东省一级学校”、2008年顺利通过“广东省高中教学水平优秀等级学校”评估、2010年被评为“全国学校艺术教育先进单位”、2012年被评为“全国特色学校”。

学校以“办好一所学校造福一方百姓，培养一名学生幸福一个家庭”为办学宗旨，以“展现人生艺术，塑造艺术人生”为办学理念，以“两艺一主”(升华艺术教育，讲究教育艺术，促进学生自主发展)为办学策略。

学校实施“国家课程校本化，校本课程特色化，特色课程精品化”的课程发展策略，在课堂教学策略上，学校倡导“三以一原则”课堂。“三以”是以学案为教学主线，以“自主、合作、探究”为教学目的，以“两面三动一参与”(面向全体学生，面对基础知识，让学生动口、动手、动脑，参与教学全过程)为教学策略。“一原则”是“低起点、小步子、多活动、快反馈”，使学生真正成为课堂的主人。

学校长期坚持开展丰富多元的社团活动，让学生个性得到张扬，综合能力与素质得到提升。特别是学校的“民族交响乐团”在省市区各级各类比赛中屡获金奖；“晨曦女子合唱团”在“第六届世界合唱比赛”中获银奖。学校多次举办师生画作联展和音乐会，出版了多本师生美术作品画册。

学校注重国内联盟和国际交流，先后与北京、上海、苏州、重庆、河南、湖南、云南、海南、山东、辽宁及广东本省的先进学校结成联盟，交流学习，吸取优秀的教育改革成果，提升办学品位。2011年学校被中国教育学会确定为“现代学校联盟行动计划”首批加盟学校。同时，学校也先后接待了德国、英国、美国、新加坡、马来西亚、泰国、中国香港等中小学教育访问团，尤其是学校的艺术展演和民族交响乐团给客人留下非常深刻的印象，为东西方文化教育交流搭起了一座多彩桥梁。

七、宁夏回族自治区对农村孩子提供的城市教育

宁夏回族自治区银川市六盘山高级中学创建于2003年，是自治区党委、政府创办的一所面向宁夏南部山区招生的全日制、寄宿制重点示范高中。学校位于银川市金凤区艾依河畔，占地面积12万平方米，建筑面积9.5万平方米。学校直属于自治区教育厅，是中国教育学会宁夏实验学校和中国人民大学附中宁夏实验学校，是中央党校青少年党史教育活动基地和宁夏军区国防生源基地，北京大学2013年“中学校长实名制推荐学校”。现有教学班120个，教职工408人，在校学生6000名。

学校在让所有学生的综合素质得到提升的前提下，让来自贫困山区的学子眼界得到开阔，思想得到启迪，心灵得到净化，人格得到完善，学识得到提高，身心得到历练，让每一个学生得到充分发展。

学校连续多年面向全国公开招聘教师，学校每年有近百位中青年教师分别到自治区内外和发达省市学习、交流，并邀请全国知名教育教学专家来校讲学，提升教师的专业水平。学校教师每年在省级以上刊物发表论文130余篇，承担国家级和自治区级教育教学课题多项，科研成果显著。

学校教育教学和生活设施按照自治区普通高中一级一类标准配备，教学和生活设施齐全。建有校园网和网络中心，大型多媒体教室10个，120个教室安装有多媒体教学平台，为学校管理、教育教学、学习交流提供了信息保障；学校有理化生实验室18个，历史、地理实验室各1个，语音室3个，微机室10个，专用书画室、音乐教室6个，通用技术实验室3个，机器人实验室1个。为提高学生的科学探究能力、信息技术能力、语言表达能力和艺术审美能力创设了良好的条件；有阅览室4个，同时可容纳700多人阅览自习，

每年订阅报刊500余种，图书室藏书40余万册，为学生拓展知识、增长智慧开辟了广阔的空间；有篮球场、排球场13个、400米标准田径运动场、足球场和体育馆，另有学生浴室、洗衣房、开水房、自助银行等设施，为学生健体、生活提供全面服务。一流的硬件设施给6500名师生的工作、学习、生活和发展创造了良好的氛围。

为了适应社会发展对人才需求和高考制度的改革，学校在开好开齐国家课程的同时，积极探索开设校本课程，如数字物理、法制讲堂、生活中的化学、西海固地理、花儿欣赏等，使国家课程校本化，校本课程个性化，让不同层次、不同潜质、不同爱好、不同特长的学生得到发展。学校骨干教师自编《精讲精练》，有效地促进了教师专业化发展，提升了学生的学习效率，增强了教学针对性和有效性。学校利用社会教育资源，定期组织学生到宁夏博物馆、宁夏科技馆、宁夏气象博物馆、宁夏邮政博物馆、宁夏电力博物馆、宁夏武警部队等参观学习，开阔视野，增长见识。

为了充分发挥学生潜能，培养学生的创新精神和实践能力，学校十分重视学生社团建设，现有六盘草文学社、诵辩社、棋牌社、环保社等14个社团，定期组织开展活动；有篮球队、足球队、乒乓球队、健美操队、太极拳队、舞蹈队、合唱队、电声乐队等，有田径运动会、科技节、学生文化艺术节，宿舍文化节、周末文艺广场等活动，学生自办的校报《六盘山》和文学期刊《六盘草》等报刊为同学们提供了自由创作、思想交流、热点争鸣的园地。

为了激励优秀学生，鼓励进步学生，帮助贫困家庭学生，救助特困家庭学生，学校开设“海嘉班”，设立奖学金、助学金，并积极争取社会各界的支持，学校设立“中国教育学会清寒奖学金”“陈逢干大学生奖学金”“宁夏隆坤实业奖学金”“六盘山高中奖助学金”等，每年受奖励资助学生达4000多人次，奖励资助金额每年达110余万元，以保证家庭贫困学生顺利完成高中学业，跨入高等学府，实现人生理想。

完善的服务体系。学校坚持以学生为本，服务育人，管理育人。把严格要求与人文关怀相结合，按“严、勤、细、实、恒、新、效”的管理工作要求，从小事做起，从点滴做起，从细节做起，实施精细化、科学化管理。为了使远离父母和家庭的莘莘学子健康成长，学校管理实行校级领导值班制、年级教师值周制、班级管理责任制、学生出校请假制、校门出入刷卡登记制、宿舍查铺制、校园保安巡逻制、学生健康成长导师制和学校安全工作责任制等一系列管理制度。全体教师既当老师又做父母，课余时间深入食堂和宿舍关心学生的衣食冷暖，关注学生的心理变化，成为学生的良师益友。教导学生学会做人、学会学习、学会生活，引导学生自立自强，指导学生成就自我、回报社会。

第四节　经验与展望

一、多样化发展符合生态系统原理

“普通高中多样化发展”，“高中学校特色化建设”，“满足学生的个性潜质发展的需求”，这几个表述关系密切。个性化发展需求是学校教育存在的合法性基础之一。多样化指的是一个区域内的学校多样化，特色是指一个学校的文化建设，当一个区域内的学校都有特色，这个区域学校就多样化了。当然，国家教育制度资源和顶层设计是学校多样化的根本保障。

那么，教育制度如何设计呢？让我们借鉴一下生物学、生态学的理论分析，如下图。

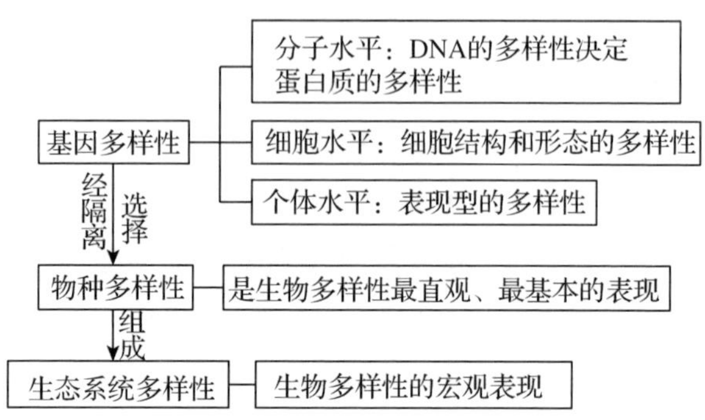

图 6-1 生物多样性的关系

基因(遗传因子)是遗传的物质基础，我们可以将基因多样性视为学生个性层面的差异性，这是生态关系的根本。物种多样性类似于学校的课程设计、学校文化建设等，只有学校作为培养人的专门教育机构有多种类型，才能构成互补性，为学生的多种选择提供可能。而只有校际差异存在，才组成了区域范围内教育生态的多样性。

生态系统多样化，可视为在某行政区域或者学区内部，学校种类多样，培养模式多样，学校与社会联系多样。当国家意志和个性化志向相辅相成，良性互动，有了可以供学生和家长选择的学校种类和特色学校后，学生才有如鱼得水的感受，这样，教育生态系统也就形成了。

二、高中学校特色建设是一致的呼声

北京市第一六五中学开展的学生发展指导，迎合了学生毕业后可持续发展的需要。虽然从这些学生们初中的基础成绩看，他们考上大学的概率很小，但是能够使学生适应社会生活，心理健康，有一定特长，顺利步入社会，学校所追求的教育理想也就达到了。

北大附中的“单元制”和“走班制”教学探索，仿照了芬兰的无年级化分组模式的优点，但是又满足了我国国家课程强调的步骤一致的规定要求。

清华大学附中对国外大学先修课程的研究十分深入，该校的国际部在实践中也非常成功。

上海甘泉外国语学校以“越是民族的越是国际的”为理念，学校处处展现了中国元素，成为国外学校了解中国教育的窗口；学校还让学生参与接待外宾，国际交往不再是学校行政人员忙碌的工作，成了学生学习的重要课程。

上海交大附中与母体大学联手培养高中生，大学教授直接到高中上课，高中生在大学实验室做实验，探索了一种中国式的衔接模式。

上海市第八中学试办的“男生班”填补了我国很多教育实验的空白，当男儿的阳刚之气和霹雳作风再现于下一代身上时，几代人的期盼变为了现实。

上海格致中学利用网络平台，对学生综合素质作出评价，创造了“学生五能评价雷达图”，校内学生社团活跃，走在了国家改革顶层设计之前。

综上所述，笔者在调研中看到的各校实验精彩纷呈，听到校长和教师们的真知灼见不胜枚举。美国著名学者古德莱得在其教育力作《一个称作学校的地方》中指出，“如果我们的学校需要在传授基础知识方面有所改进的话，那么它们更需要对自己在这个迅猛变革的社会中的作用有新的审思。”①这也是我们研究普通高中多样化发展时对学校理解的重要维度。

在国家级试验区之外，湖南省、辽宁省(沈阳市、大连市)、呼和浩特市、石家庄市等地区，也开展了普通高中多样化发展改革实验。甚至有些学校没等上级政府的部署，也自行开展了特色高中建设和多样化发展的实验。

---

① ［美］约翰·I. 古德莱得：《一个称作学校的地方》，苏智欣等译，上海，华东师范大学出版社，2014。

山西省省教育厅和吉林省长春市分别于2011年和2013年召开了普通高中多样化发展座谈会和推进会。据报道，山西省太原综合高中、中阳一中、太原二十七中、阳泉玉泉中学等14所普通高中开始了高中多样化发展改革实验。长春市教育局启动了普通高中多样化特色化建设项目，开展“星级特色学校”的评比、认定，命名表彰了27所高中为“三星级特色学校”，培育学校特色，促进普通高中的多样化发展。

三、要关注毕业反馈信息

高中是基础教育的最后阶段，学生逐渐步入成年，其世界观、价值观、人生观已经初步形成，这时的教育已经与小学和初中教育完全不同了。高中要有各校自己的培养目标。高中的培养目标依赖生源状况和期望提出，也要依据学校的传统、学校的文化制定。高中学校之间不会有相同的培养目标，因为，人才类型和种类、人的能力、技术、修养与品质都是不尽相同的。下面的图示表明了学校培养目标的重要性。

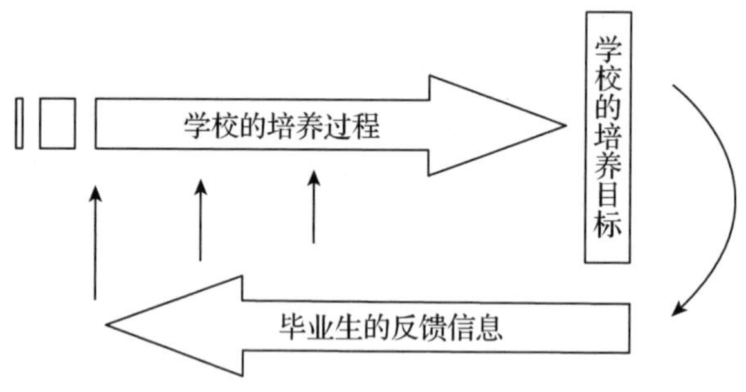

图6-2　高中学校培养运行示意图

学校的培养目标是学校培养过程的出发点，也是终点。无论学校教育目标是否实现，学生总是要毕业离开学校的。因此，学校应该自觉收集毕业生的反馈信息，不断改进学校的培养过程，周而复始，循环下去就是学校的历史。某些学校不注重对毕业生反馈信息的收集、分析和反思，这样的学校也就没有任何信息证明其特色之处了。还有的学校仅仅总结学校做了什么，或者仅仅关注整理在任校长理念是什么，这都不能代表学校整体的历史，更不能反映学校特色的全部。因此，要注意以下几点。

必然性与偶然性。有的学校将毕业生的反馈信息收集起来，将其中的重要人物说成是高中培养的，从而说明学校特色所在。这个问题要从两个角度讨论，一是重要人物的那些骄人之处是不是与学校培养目标、培养过程有内在关联；另一个是，重要人物数量有多少，仅仅是一个两个也不能说明是学校培养的结果。仅仅以某些大人物为依据说学校的特色很难令人信服。

参照系。学校特色是相比较而存在的。在客观条件基本接近的情况下，A 校做出了符合教育规律的业绩比 B 校突出，且持续了较长的历史过程，这样才能称得起特色学校。如果某外国语学校自称外语成绩普遍较高是学校的特色，恰恰是把自己学校与非外国语学校相比较得出的结论，这样的比较是没有道理的。

一些重点示范性高中常把学生毕业升学率作为亮点，大肆宣扬，并且说成是学校的特色。这里的问题是，一方面参照系不科学，另一方面忽略了政策性给学校带来的生源优势这一重要变量。考试成绩与生源入学时的基础直接相关。在我们还没有普遍采用增值评价的情况下，这些优质示范性高中应该从其他角度宣传学校的特色才符合实际。

全员参与。学校特色应该惠及所有的学生。少数人参加的乐队和体育项目不能被宣传为学校特色。然而，学校将某类项目或者活动普遍在全校实施，那么学校的特色就出现了吗？也不是。所以，特色学校是在尊重学生个性志向基础上的群体意志体现。学校要为每一位学生的个性成长提供平台。创办特色学校时，学生的成才永远是其终极目的。

举个例子，某市教委的主管干部坚持要为所有学校购买西洋乐器(从欧洲进口的风笛)说是只要全市每个学校都配备了风笛，全市所有学校特色就明显了。与会的专家讨论之后把这个申请拒绝了，反对的理由是，音乐器材应该由谁提出申请？音乐器材的存量怎么样？购置器材的类别为什么要全市一致？

校长理念不是学校特色。校长理念不能简单等于学校特色，更不能说成是特色学校。因为，校长是任期制，校长要经常换届，而特色学校是需要几代人连续建设的。校长对特色学校建设负有重要的使命和责任，校长要审时度势，研究学校所处的社区，研究学校生源，研究学校的历史，研究学校教职工团队，要找到一个能够凝聚人心的主题或者方向，带领全校师生共同努力。学校确定的建设主题与特色方向要经得起推敲，能反映社区家长们的期望和师生们的共同心愿。

本土化与本地化。特色学校不一定非得提出标新立异的口号，也不是要寻找与别人的不同之处。有的时候，可以学习借鉴，甚至可以模仿再现他国的、外校的经验，但关键在于，任何学习借鉴都要本土化和本地化，要根据当地的社会、经济、文化等因素考虑学校的建设方向，不能生搬硬套。

四、促进西部高中教育的发展

在生均公共教育经费标准较低的西部地区，在开足开全普通高中课程都不能实现的情况下，推行普通高中多样化发展很困难。西部一些地区，教育资源拥有量不足，距国家标准有相当大的差距；西部地区教育经费来源单一，个人分担比例过高，农村和少数民族地区高中阶段教育发展相对滞后，高中教师队伍数量不足，师资水平参差不齐。因此，西部地区基本普及高中教育是当务之急，高中多样化发展应该建立在高中基本普及的基础之上。

在陕西省，西安的五大名校：西工大附中、高新一中、铁一中、交大附中、陕师大附中，在陕西教育界出类拔萃，这五大名校几乎占据了每年陕西高考高分的百分之八九十。尤其是西工大附中，2012 年考入北大清华的人数高达 94 人，几乎占到了这两个全国最好的大学在陕西录取学生人数的 40%，这一成绩在全国的中学里也是绝无仅有的。而高新一中和铁一中考入北大清华的人数也超过了 40 人，随着五大名校高考成绩越来越好，更多的优秀学生被吸引到这几个学校，随之而来的结果就是其他学校高考的高分学生越来越少。这样的结果造成了优秀生源分配的严重不平衡。

在西南地区，高中教育发展在很大程度上受制于当地独特的生活方式，不利于高中阶段教育的普及和发展。在云南省西双版纳地区勐海县，虽然已经率先实现了高中阶段的免费教育，但是高中学生的毛入学率很低。很多学生完成义务教育之后就回乡务农了。当地的教师反映，当他们问那些青少年不读高中的原因时，常常被反问："我们挣得钱不比你们老师工资少呀？为什么要读高中？"因此，西南地区的高中阶段教育发展面临着普及化与多样化发展双重任务。不过，西南地区文化的多样性，民族多样性，以及独特的自然资源，也为高中多样化发展提供一定的养分。

总之，普通高中多样化发展是我国人力资源开发的需求，也是新一代青年更丰富的个性化精神需求，是国家对高中教育未来发展战略的顶层设计，是高中教育普及之际追求更高质量的必由之路，也是不可回避的国际大趋势。普通高中多样化发展需要更多教育资源的投入，还需要在调整政府角色、强化学校责权利统一、发挥市场竞争机制等方面进行一些积极的配合。普通高中多样化发展应在动态探索和实践中逐步推进。

第七章

考试、招生制度改革

考试、招生制度改革一直伴随着中国高中教育发展的全过程。与高中招生相关的“中考”，在高中学习过程中和结业有关联的“会考”“学业水平考试”，以及高等院校选拔人才的“高考”，都影响着高中学校的课程、教学和组织管理。特别是1977年恢复的“高考”，直接为高中教育的稳定发展开启了新篇章。

第一节　高中入学考试

中考，是初级中等教育学历(业)考试(初级中等教育毕业考试)的简称。中考以省(自治区、直辖市)为单位进行。中考属于九年义务教育基础上的选拔考试，为不同水平和不同类型的高中选择学生。几十年来，我国的中考渐进改革，在坚持分流功能的同时，也促进了义务教育的均衡发展。

一、普职分流

普职分流是国际上基础教育和高等教育衔接时的必然趋势，分流一般出现在中学阶段。在改革开放初期，我国教育结构调整过程中，曾经有普职分流多种类型的设计。而高中阶段分流的主要依据是“中考”：各地方招生部门每年都要发布分数线，普通高中分一类、二类、三类，考不上普通高中的学生只能进入职业高中（职业高中和职业教育中心没有分数线限制，各普通高中录取之后的考生均可以选择区内的职业学校），或者步入社会。

表 7-1　2009 年某市某区各普通高中录取分数线

高中学校代码	普高最低分	择校最低分
JDJZX	502	490
PGYZX	472	458
BDCZX	443	429
GCZX	433	421
KSYZ	484	473

二、示范性高中录取名额分配到初中

2010 年 7 月 29 日，中共中央、国务院颁布《国家中长期教育改革和发展规划纲要（2010—2020 年）》，文件指出，实行优质普通高中和优质中等职业学校招生名额合理分配到区域内初中的办法，切实解决区域内义务教育阶段择校等问题。此后，2014 年 9 月，《国务院关于深化考试招生制度改革的实施意见》又重申了这一政策：实行优质普通高中和优质中等职业学校招生名额合理分配到区域内初中的办法。

笔者在本书的第一章已经提到了北京市为了促进义务教育均衡发展，要求全市 83 所优质高中将名额的 30％分配到初中去。其实，全国各地在这方面都有所行动，而且比例大都高于北京市。有的地方要求不低于 50％，有的地方甚至要求达到 80％。

三、两考合一

2016 年 9 月，《教育部关于进一步推进高中阶段学校考试招生制度改革的指导意见》提出学、考、招要有机衔接，减轻学生过重课业负担，到2020年左右初步形成基于初中学业水平考试成绩、结合综合素质评价的高中阶段学校考试招生录取模式。

文件要求，推进初中学业水平考试。已经实行初中毕业、高中招生“两考合一”的地区要把《义务教育课程设置实验方案》所设定的全部科目纳入初中学业水平考试的范围，引导学生认真学习每门课程，确保初中教育的基本质量。个别没有实行“两考合一”的地区要积极创造条件逐步过渡到初中学业水平考试，实现一考多用，避免多次考试，加重学生备考负担。

文件指出，要完善学生综合素质评价。综合素质评价是对学生全面发展状况的观察、记录和分析，是培育学生良好品行、发展个性特长的重要手段。完善思想品德、学业水平、身心健康、艺术素养和社会实践5个方面的评价内容和要求，充分反映学生的全面发展情况和个性特长，注重考察学生的日常行为规范养成和突出表现。

文件提到，要进一步完善自主招生政策。要给予有条件的高中阶段学校一定数量的自主招生名额，招收具有学科特长、创新潜质的学生，推动高中阶段学校多样化有特色发展，满足不同潜质学生的发展需要。严格规范自主招生办法和程序，将自主招生的各个环节和录取结果向社会公开，接受社会监督，加强考试招生管理。大幅减少、严格控制加分项目，取消体育、艺术等学生加分项目，相关特长和表现等计入学生综合素质评价档案。

以江西省为例。2018年4月，江西省教育厅根据《教育部关于进一步推进高中阶段学校考试招生制度改革的指导意见》，公布了《江西省推进高中阶段学校考试招生制度改革实施意见(试行)》，文件指出，江西省将通过试点探索逐步推进，到2020年左右初步形成基于初中学业水平考试成绩、结合综合素质评价的高中阶段学校考试招生录取模式和规范有序、监督有力的管理机制，促进学生全面发展健康成长，维护教育公平。

在全面推行初中学业水平考试方面，江西全省从 2018 年秋季入学的初一新生起，将初中毕业、高中招生“两考合一”统一规范为初中学业水平考试，并全面推行。考试科目把《义务教育课程设置实验方案》所设定的全部科目纳入初中学业水平考试的范围。

在改进学生综合素质评价方面，评价内容从思想品德、学业水平、身心健康、艺术素养和社会实践 5 个方面进行评价，注重考察学生的日常行为规范养成和突出表现，充分反映学生的全面发展情况和个性特长。评价程序分为 4 项：写实记录、遴选公示、录入系统、形成档案①。

第二节　普通高中过程性考试

一、建立普通高中会考制度

（一）制度的建立

1983 年，为了提高教育质量，减轻学生负担，完善我国考试制度，教育部发布了《关于进一步提高普通中学教育质量的几点意见》，提出“毕业考试要和升学考试分开进行，有条件的地方可按基本教材命题，试行初、高中毕业会考”。1986 年，国家教委颁发的《普通高等学校招生制度“七五”期间改革规划要点》提出高中毕业考试与高中招生考试分开的初步设想。

1988 年 3 月，国家教委召开全国高校招生会议，时任国家教委主任的何东昌在会上宣布：上海市和浙江省正式作为全国高中会考和高校招生考试制度改革的试点地区。从此，高中会考制度改革实验正式启动。

---

① 《关于印发〈江西省推进高中阶段学校考试招生制度改革实施意见（试行）〉的通知》，http：//www.jxedu.gov.cn/info/1901/121017.htm，2018-10-03。

1989年7月，国家教委颁发《关于试行普通高中毕业会考制度的意见》，要求力争3年内在全国试行普通高中会考制度，并于1994年开始实行新的普通高等学校招生考试及录取办法。

1990年8月，国家教委颁发《关于在普通高中实行毕业会考制度的意见》，对高中会考作了明确规定，明确普通高中毕业会考是国家承认的省级普通高中文化课毕业水平考试。国家教委也在全国教育工作会议上把考试制度改革作为基础教育改革任务之一列入工作日程。

1993年2月，中共中央、国务院颁发《中国教育改革和发展纲要》(以下简称《纲要》)，强调要“稳步推进高中毕业会考制度的改革”。为认真贯彻党中央、国务院的《纲要》精神，国家教委颁发了《关于稳步推进普通高中毕业会考工作的意见》。至此，经过大约10年的努力，从1983年浙江省首次举行全省重点中学高中毕业会考开始，到1993年西藏自治区实行了高中会考制度为止，当时中国所有的省、自治区、直辖市全部实行了高中会考制度。

(二)上海市和浙江省的实验

1. 上海市的实验

20世纪80年代中期，上海市和全国很多地区一样，一些中学将考入高校人数的多少作为评估教学质量的依据，学校片面追求升学率。同时为了应对高考，高中阶段过早实行文理分科教学，产生了学生偏科现象，造成高中学生基础知识结构的不全面，影响了中学的教改和高中毕业生的质量。为此，社会各界要求正确评估中学教学质量和改革现行高考制度的呼声越来越高。①

1985年初，教育部批准上海市普通高校招生考试实行单独命题，

① 上海教育考试中心：《关于会考与高考改革方案的探索》，载《人民教育》，1987(Z1)。

探索如何在全市高中实施高中会考的基础上改革高校的入学考试制度。其时，正值上海市普通高中毕业生人数减少，高校招生人数又逐年增多，为进行这项改革提供了有利的条件。①

在改革实验中，上海市认识到，高中会考应该是高中阶段各学科的毕业水平考试，它与高校招生选拔考试的性质完全不同，不能把这两种不同性质的考试混淆起来。但是会考与高考又是有联系的，高中会考搞得好，中学的教学质量和学生素质就会普遍得到提高，为高校录取合格的新生打下基础。而高中会考的可信性，也能直接为高校录取新生提供参考依据，正所谓二者各司其职。

上海市为了建立会考的权威性，决定 1987 年为过渡阶段。由于 1987 年毕业的高中生，入学时教学计划来不及调整，前两年仅进行了历史和地理两门学科的会考，而大多数课程集中在高三下学期结束，如果全面会考后再参加高校招生考试，学生负担势必过重。因此，1987 年上海语文、数学、外语 3 门学科不举行全市统一会考，其毕业考试由各区、县或中学自己组织；此后，在高中政治、物理、化学、生物实行全市统一会考的基础上，高校招生考试的科目减少为语文、数学、外语 3 门。会考的成绩和高考成绩大体按 1∶1 的比例计入录取总分，作为高校录取考生时的依据。

上海市要求，从 1988 年起毕业的高中生，须参加高中 9 门学科全市统一的毕业会考，9 门学科会考全部及格者，将获得“上海市普通高中会考合格证书”，取得会考合格证书者方能报名参加上海市普通高校招生入学考试。

除了建立会考的权威性，上海市又开始抓高中会考的命题工作。他们以国家教委颁发的《全日制中学教学大纲》为命题依据，同时考虑到上海市中学实施教学大纲基本要求的实际情况，命题着力于基

① 上海教育考试中心：《关于会考与高考改革方案的探索》，载《人民教育》，1987(Z1)。

础(基础知识和基本技能)和注意运用知识的能力的考察。试题中基础题目约占80%，有一定深度的题目约占20%。

其次，为了高中毕业会考得到社会的公认。上海实行了全市性的“四个统一”，即统一命题、统一组织考试、统一评分和统一登记计算成绩，使高中会考像现行高考一样严肃认真。同时将每门学科会考的成绩分为A、B、C、D、E 5个等级，D级以上为及格成绩。高中会考原则上学完一科考一科，避免高中9门学科都集中在高三年级进行会考，加重学生的负担。

此外，上海市还在会考基础上，调整高考科目和录取原则。从1988年开始，上海市普通高校的招生考试不再文理分科，而是根据高校不同专业类别进行相关科目的考试。高校招生相关科目考试设置为10种组合：①政治、语文、外语；②政治、语文、历史；③政治、语文、数学；④语文、历史、外语；⑤语文、地理、外语；⑥语文、数学、外语；⑦数学、物理、化学；⑧数学、物理、外语；⑨数学、化学、外语；⑩数学、生物、外语。各高校根据本校专业学习要求，从10种组合中选择一种供考生参考。考生在填报志愿时，应先确定自己报考的学科组合，再根据高校(专业)提出的学科会考的等级要求，从所选学科组合中选择报考的学校(专业)。如果考生要扩大自己选择志愿的范围，还可以跨考两个学科组，但高考科目不得超过4门。

同时，高等学校在录取新生时，高中要提供考生所学选修课的成绩、参加各种课程兴趣小组与竞赛项目的表现和能力等综合因素，择优录取。①

2. 浙江省的实验

1987年经国家教委批准，浙江省与上海市一样，成为试行普通

① 上海教育考试中心：《关于会考与高考改革方案的探索》，载《人民教育》，1987(Z1)。

高中会考试点的省份。[①] 这是因为，浙江省建立高中会考制度的改革有前期铺垫，浙江省高中会考是建立在 1983 年开始实施的“重点中学毕业会考”基础上的。当时的“毕业会考”就计划逐步扩大范围，形成全省的普通高中毕业会考。

浙江省高中会考以高中毕业水平的要求命题，降难度、压进度，同时采用了全省统一命题，统一评分标准，学校施考自评的形式，得到了广大师生的欢迎。经过 6 年的会考实践，不仅全部重点中学参加，一些普通高中也自愿参加，到 1989 年，全省所有普通高中都参加了高中会考。

其次，浙江省高中会考制度改革目标明确。1988 年 5 月，浙江省教委制定的《普通高中会考合格证书和高校招生制度改革的试行方案》，得到国家教委和省人民政府的批准。目标是：建立全省普通中学高中会考合格证书制度，在此基础上改革高校招生办法，实行大学专业性向考试。具体实施步骤是：从 1987 年入学的高一年级开始，全省普通高中不再也不得搞文理分科教学。学生按年参加高中会考的各学科考试，成绩全部合格者发给“浙江省普通中学高中会考合格证书”。从 1990 年起，全省高考科目减少到 3 至 4 科，高中会考成绩供高校录取新生时参考，同时也作为从高中毕业生中招生、招干、招工和征兵的依据。

为利于学生身心健康发展，浙江省高中会考科目的安排采用了“144”设置，即高一考历史；高二考数学、化学、生物、地理；高三考政治、语文、英语、物理。并且严格控制命题难度，以学生毕业达标和终身受用的知识能力为准，减轻学生负担。此外，采用简明可靠的等级报告成绩，以淡化分数竞争，减轻学生的压力。

再次，浙江省会考改革重视实施环节。在组织领导、政策把握、

---

① 浙江省教委：《高中会考的实践与探索》，载《人民教育》，1989(5)。

命题工作、阅卷评分、经费保障、激励机制等方面都有详细设计和论证，扎实推进。

此外，浙江省会考改革也促进了高中教育教学改革。据浙江省教委总结，高中毕业会考对高中学校按照进度教学起到了规范作用，对于高中学校扩大招生起到了遏制作用，缓解了学生负担过重问题，克服了偏科现象，提高了学生实践能力。①

二、普通高中毕业会考制度形成

1990年8月，在上海市、浙江省实验的基础上，国家教委颁布了《关于在普通高中实行毕业会考制度的意见》(教基[1990]017号)。②

文件指出，自1983年教育部对《关于进一步提高普通中学教育质量的几点意见》提出“毕业考试要和升学考试分开进行，有条件的地方可按基本教材命题，试行初、高中毕业会考”以来，一些省、直辖市进行了认真试验，积累了一定经验，取得了良好效果。实践证明，实行普通高中毕业会考制度，对于全面贯彻教育方针，落实高中教学计划，加强教学管理，克服文理偏科现象，全面提高教学质量具有重要作用。

国家教委要求，从1990年起，用两年左右时间有计划地在全国逐步实行普通高中毕业会考制度，并对有关问题提出如下意见。

普通高中毕业会考的目的是为了全面贯彻教育方针，加强教学管理，推动教学改革，大面积提高教学质量，给中学教学以正确的导向。

普通高中毕业会考的性质和功能是国家承认的省级普通高中文

---

① 邵宗杰：《实行高中会考是克服片面追求升学率的必然要求》，载《人民教育》，1992(5)。

② 《国家教育委员会〈关于在普通高中实行毕业会考制度的意见〉》，载《课程·教材·教法》，1991(06)。

化课毕业水平考试。它是检查、评价普通高中教学质量的一种手段，也是考核普通高中学生文化课学习是否达到必修课教学大纲规定的基本要求的重要手段。是与高校招生选拔考试具有不同性质的考试。凡思想品德表现(包括社会实践)合格，会考成绩达到学籍管理中毕业生文化课成绩合格标准，体育达到合格标准的学生，可以取得普通高中毕业证书。普通高中毕业证书由省、自治区、直辖市教育委员会、教育厅(局)印制，地(市)级教育行政部门验印，学校颁发。

普通高中毕业会考采取考试和考查两种方式。考试科目为：语文、数学、外语、政治、物理、化学、生物、历史、地理。考查项目为：劳动技术课和物理、化学、生物的实验操作。体育课由各校按教学大纲规定的内容进行考试。

普通高中毕业会考命题标准要根据会考学科中必修课教学大纲的基本要求，结合本地区中学教学的实际情况，制定会考范围和标准，作为会考命题的依据。力求难易适度，分量适中，使按照教学要求坚持正常学习的学生，一般都能达到会考要求的标准。考试和考查一律在本学科教学全部结束后进行。考试科目原始得分用百分制，报告学生成绩可用原始得分或等级分，并且逐步过渡到统一用等级分。考查项目的成绩只分合格、不合格两等。

普通高中毕业会考的实施由省、自治区、直辖市统一命题(包括制订参考答案和评分标准)，统一施考，统一评卷，统一统计、分析和报告成绩。确有困难的省、自治区、直辖市评卷工作可放在地(市)一级进行，省、自治区、直辖市教委、教育厅(局)要组织力量进行监测抽查。

要保证进行会考工作所需的正常经费和必要的设备。可向考生收取考试费。收费标准由各地教育、物价、财政部门根据当地经济发展水平和群众承受能力商定，并报省、自治区、直辖市人民政府批准，不足部分由省、自治区、直辖市从地方教育经费中解决。

三、各地落实高中会考制度

(一)概况

我国教育制度中高考文化的影响根深蒂固，很容易对高中生的未来发展“一考定终身”；而新的高中会考立足未稳，评价功能尚未有效开发，因此高考指挥棒的作用仍非常明显，一切教育教学围绕高考转的惯性仍十分巨大，“片面追求升学率”的倾向仍没有明显改观。

在高考依然强势而会考尚处襁褓之中的大背景下，一些反对会考的声音仍不绝于耳。其中比较具有代表性的意见是高考对学生的压力已经很大，还要增加高中会考，加重了学生的学习负担。本来学校只要根据高考的科目组织教学，有了会考，学生还要学习一些非高考的学科，还要为了会考而浪费本该属于高考的复习时间。甚至个别省对实行高中会考制度出现了疑虑与动摇，对是否坚持实行会考制度出现了不同的意见。

1995年4月，全国高中会考工作协作会成立，国家教委基础教育司领导在全国高中会考工作协作会成立大会上传达了国家教委领导的指示：“高中会考一要继续坚持，二要抓紧完善，三要加强宣传工作。”

1997年9月，国家教委基础教育司相关负责同志传达了国务院副总理李岚清在全国中小学素质教育经验交流会上所作的关于“高中会考要认真总结经验，兴利除弊，不断完善，坚持下去”的指示和时任国家教委主任朱开轩同志的讲话精神，充分肯定了高中会考制度的建立和完善对我国高中教育事业的改革和发展，以及促进素质教育的全面实施所发挥的重要作用。

2000年，教育部颁发《关于普通高中会考制度改革的意见》(教基[2000]12号)，把普通高中会考改革的统筹决策权下放到省(自治区、直辖市)。湖北省、西藏自治区随即取消了高中毕业会考。而少数省市又将会考管理权下放到市、县或学校。一些省市为了决定会考的去留，进行了大规模的调查研究。结果表明，高中的校长和教师更多地认同会考的存在价值和不可替代的功能。同时，在调查中也反映出一些关于会考的问题和要求改革的意见。

总之，各地的实践经验表明，实行高中会考制度后，有效保证了国家教育方针政策的贯彻执行，规范了学校的办学行为，督促学校执行教学计划开足开齐国家课程，保障了非高考科目课程内容的正常教学，有效纠正了高中学生的偏科现象，保证了高中毕业生的基本文化素质，同时，构建了适应不同学生需求的升学求职之路。

(二)天津市的案例

1987 年，天津市教育局决定于暑假后入学的高一年级开始实行全市统一高中毕业会考。并且从 1990 年起，天津市高校招生实行相关科目的考试。其具体方案是：

从 1987—1988 年度高一年级开始，全市高中不再实行文理分科。高中会考，将严格按照国家教委颁发的教学大纲的要求，统一命题，统一考试，统一阅卷，统一评分，使会考具有权威性和可靠性。高中会考原则上采取单科结业办法，即学完一科考一科。高一考历史、数学(立体几何)；高二考地理、生物、数学(解析几何)；高三考外语、政治、语文、物理、化学、数学(代数)。会考按照基本教材和国家教委颁发的全日制中学教学大纲的要求命题，着力于基础知识和基本技能的考查，注意运用知识的能力考核。

会考评卷计分按百分制。会考各科目以 100 分为满分，总分合成按百分计算，并计算平均总成绩。会考成绩不记入高考总分，但在高校录取时，会根据情况，提出对各有关科目会考成绩作参考的基本要求。

在校生会考不合格，可进行补考。补考由区县教育局统一命题和组织阅卷评分工作。补考成绩以“及格”或“不及格”登记。留级生该年会考的科目一律重读重考。休学生已参加会考的科目，其成绩继续有效。

从1990年起，天津市高中生9门学科会考成绩达到毕业标准者，由市教育局颁发高中毕业证书；经补考仍未达到毕业标准者，由市教育局发给高中结业证明。

1990年起，天津市凡参加高考的往届毕业生，应先参加并通过高中会考。会考科目同本年度高中毕业生会考科目相同，必要时，往届毕业生要提前一年参加高一或高二的会考科目的考试。同时从本年起，全市高校招生考试科目将减少到二至三科。高校录取时，德智体全面衡量，以高考成绩为依据，参考会考成绩择优录取。

为保证高中会考工作的顺利进行，天津市一方面要求各级教育行政部门大力做好宣传教育工作，另一方面也着手调整了有关科目的教学计划和教师等的工作。

四、学业水平考试应运而生

(一)背景和过程

随着我国基础教育改革的深入，新一轮高中课程改革的实行，作为高中会考继承与发展的学业水平考试制度何去何从的问题再一次摆放在各省级教育行政部门面前。

2007年，山东省、海南省、宁夏回族自治区开始进行新课改，同时宣布实行高中学业水平考试。随后每年进入新课程实验的省(自治区、直辖市)全都宣布实行统一的高中学业水平考试。而全面依据国家课程标准的学业水平考试，成为各级教育行政部门进行普通高中课程管理，督促学校认真执行课程方案和课程标准，规范教育教学行为的重要手段。

2004—2007年进入新课改的江苏、海南、浙江、黑龙江、福建等省，对实施学业水平考试进行了大规模的调研，各级教育行政部门、教研部门和多数学校教师认为实施学业水平考试很有必要。

2008 年 1 月，《教育部关于普通高中新课程省份深化高校招生考试改革的指导意见》(教学[2008]4 号)明确指出：高等学校招生录取要在高考成绩基础上逐步增加对学生学业水平考试及综合素质的考察。一些国家重点建设的高水平大学要深化自主选拔录取改革，在选拔综合素质高、有创新精神和潜质的人才方面，进一步探索高考、高中学业水平考试和综合素质评价与学校测试相结合的多元化评价选拔办法：示范性高等职业院校和条件成熟的省市要进一步探索符合高等职业教育培养规律和特点的人才选拔模式，可将学生学业水平考试成绩与学校组织的考试成绩相结合作为录取依据。

2009 年 10 月，教育部陈小娅副部长在全国基础教育课程改革经验交流会上所作的《坚定不移地深化基础教育课程改革，努力开创素质教育工作新局面》讲话中指出：要全面建立普通高中学业水平考试制度，使之成为各级教育行政部门管理课程和教育教学质量的重要手段，把综合素质评价和学业水平考试作为高校招生录取的重要依据。

2010 年 7 月，《国家中长期教育改革和发展规划纲要(2010—2020 年)》提出改革质量评价制度和考试招生制度。建立科学的教育质量评价体系，全面实施高中学业水平考试和综合素质评价。至此，国家教育发展意志确定了高中学业水平考试制度的应有地位。

事实上，高中学业水平考试作为过程性的考核，也作为水平考核应该得到强化。其与选拔性考试的性质与功能完全不同。但是，学业水平考试的科目是否应该全国一致值得商榷。北京市在学业水平考试还处于高中会考阶段就对此进行了改革。这项改革意义深远，坚持了多态性过程考核的价值，同时又对大一统的忽视个性特长的考试内容提出了挑战。

（二）北京市的会考替代改革

1. 会考替代

2001年2月20日，北京市教育委员会发布《关于印发普通高中毕业会考改革意见的通知》指出，经区县教育行政部门同意进行综合高中、特色高中办学模式改革的学校，经学校申请，区县教育行政部门批准，可用部分专业课程替代2至3科的全市统一毕业会考科目（语文、数学、外语三科不能替代）。北京市一些普通高中的某些综合高中试行了会考替代政策。例如，中央工艺美术学院附属中学在2003年开始施行会考替代政策，该校获准用3个会考科目：素描、色彩、速写，代替物理、化学、生物3个科目。

会考替代是综合高中办学体制下，高中学生所享有的一项特殊政策，高中学生入校后，物理、化学学科即为选修课程，学生可以免学免考，毕业考试时可用学校校本课程的学习考试来替代，这对于理科学习困难的学生来说具有重要的意义，学生只要在规定时间通过替代科目的考试，就相当于通过了物理、化学的市级会考，成为最终能否取得北京市高中毕业证书的必要条件。

据不完全统计，北京市享受会考替代政策的学校有崇文门中学、徐悲鸿中学、中央工艺美术学院附属中学、京源中学、顺义九中、昌平实验中学、北京信息工程学院附属中学、陶行知中学、通州运河中学、红螺寺中学、中国青年政治学院附属中学、知行中学、大成学校等。

北京信息工程学院附属中学规定，凡美术班学生可用专业课程代替物理、化学、生物会考。徐悲鸿中学的学生参加艺术类高考和会考，理、化、生会考可用美术类的素描、色彩、速写成绩替代。

2007年，北京市教委对会考替代政策又进一步完善，发布了新的文件指出，原综合高中、特色高中等学校，因课程设置差异较大需实行科目替代的，须重新进行登记审核。替代科目原则上为2—3

科，语文、数学、外语不得替代。替代科目的考试结果，应按实际内容和成绩记录。①

据媒体报道，2012年12月21日，北京市崇文门中学高二年级149名学生以饱满的精神、认真的态度、诚实守信的操守完成了物理、化学学科的替代科目的会考。另外还有生物的会考替代将于2013年上半年夏考时进行。该校综合高中替代科目会考工作从命题、组考，到阅卷成绩发布都是由学校组织完成。为维护此项工作的权威性与严肃性，校会考办将严格按照市级会考精神，认真组织、周密部署，精心筹备，从出台考试方案、预案、向区市申请报告、组织学生报名、命制试题、印制试卷、考前动员、监考培训、考务准备、监考、阅卷等一系列工作，都力求做到规范有序。

2014年1月10日，《北京考试报》报道②，在春季普通高中会考中，北京市共有27所综合高中、特色高中获准可进行部分会考科目的替代考试。替代科目原则上为2至3科，语文、数学、外语不得替代。替代科目的考试结果按实际内容和成绩记录。

2. 免考政策

在实施会考替代政策的同时，北京市还出台了对特殊学生免除部分会考科目的政策，即免考的政策。“经区县教育行政部门批准，对在高中阶段入选市级以上体育集训队的高中在校生可免予参加部分学科(免考科目最多不超过5科，其中语文、数学、外语3科不能免考)的全市统一毕业会考，所免科目的成绩由学生所在学校根据其平时成绩确定。”③

---

① 《北京市教育委员会关于普通高中新课程会考制度改革的意见》，http://www.bjeea.cn/html/hk/hkzc/2010/0907/13085.html，2018-11-13。

② 安京京：《画画代替实验题——2014年春季高中会考替代科目考试侧记》，载《北京考试报》，2014-01-10。

③ 《北京市教育委员会关于进一步完善普通高中毕业会考方案的补充通知》，http://www.bjeea.cn/html/hk/hkzc/2010/0907/13083.html，2018-11-05。

2007年，北京市重申了该项政策。高中阶段入选市级以上体育或学科集训队，参加北京市或国家级各种比赛(竞赛)的选手，其时间与会考时间冲突的，经有关部门审核同意免于当次相关学科会考，免试科目成绩以平时成绩评定。原则上语文、数学、外语学科不予免试。

3. 与境外联合办学的国际学校课程替代会考

北京市借鉴了有关省市的中外学科课程融合的经验，也允许某些国际学校在高中会考时实行替代的办法，解决了学生不能同时获得中外双方认可的学历文凭的问题。

2011年4月，海淀区教委批准，北京二十一世纪国际学校①“中美高中课程合作项目”6门学科可以会考替代。该校学生只需参加语文、政治、历史、地理4科会考，其他学科均由学校自主命题的国际课程考试替代，考试合格后可同时获得中、美双方高中毕业证书。该校为了学生获取世界名校录取资格，科学配备相应课程，包括英语课的中学AP课程、国家必修会考(数学、物理、化学、生物等)、托福、SAT备考、升学指导课程、社会实践；等等。

北京王府学校是一所从民办学校过渡到国际学校的中学。2003年，北京王府学校携手剑桥国际考试委员会，开设A－level及IGCSE课程②，成为北京首家剑桥大学国际教育考试中心。该课程

---

① 创办于1993年，2010年4月，海淀区政府正式批复二十一世纪实验学校更名为二十一世纪国际学校。学校在课程、考试、文凭、国际化等方面有一些特色。

② IGCSE全称International General Certificate of Secondary Education，是世界上不少14至16岁青少年学习的课程体系，属于剑桥全球测试(Cambridge International Examination)的一部分。其证书在大部分英文国家和地区都承认。IGCSE有64个可选科目。英文和数学必修，但英文和数学各有3个不同的选择。学习课程两年之后，会收到考卷，第一场考试一个小时，很简单；另一场2个半小时，比较难完成。之后考卷被送往剑桥大学批改，1—3个月之后发证书。证书上有几个不同的级别：A star 90%以上，A 70%～89%，B 60%～69%，C 50%～59%，D 42%～49%，E 35%～41%，F 25%～34%，G 10%～24%，U小于10%。这是参考值。

在全球范围被广泛认可。2006 年，北京王府学校又率先引进美国 AP 课程，成为我国开设 AP 课程最早，专业学科最多的学校。该校 AP 教师 100％通过美国大学理事会 AP 课程审核，多达 22 个专业学科获得美国大学理事会的认证，学校 AP 教师团队可以同时开设 21 门 AP 课程供学生选择。学校也是被美国大学理事会认可的中国 AP 教学示范校。在高中会考方面，王府学校学生获取北京市高中毕业证书的统考科目由 9 门缩减为政治、语文、历史 3 门，其他 6 门由学校采用国际课程替代。

4. 学校自行组织会考

在北京市有些政府倡导的办学模式改革试点学校中，那些自行安排新课程实验的学校可以自行组织会考，打破了全市统一举行会考的旧模式。北京师范大学附中、中国人民大学附中等一批示范高中获得了自行排课、自行会考的政策。每次会考结束后政府有关部门都会对会考进行统计分析并作出相关质量分析报告。

第三节　综合素质评价

我国中小学历来重视政治教育和德育工作，但是往往在操作中没有很好解决个性化评价问题，比较笼统的操行评定缺乏个性和生活内容，空话套话比比皆是。在高中课程改革过程中，综合素质评价开始发挥出积极导向作用了。

一、综合素质评价的沿革

选拔性和水平性的考试一直是高中阶段学生评价的基本方式。进入 21 世纪之后，考试评价的霸主地位开始有所动摇。

2003 年，新一轮的课改开始启动，评价与考试改革是本轮课程改革至关重要的组成部分。为了促进学生的全面发展，深化素质教育的实施，巩固课改成果，教育部相继出台了一系列改革举措，推动了综合素质评价的实施。

2001年7月，教育部颁布的《基础教育课程改革纲要(试行)》明确提出：改变课程评价过分强调甄别与选拔的功能，发挥评价促进学生发展、教师提高和改进教学实践的功能。评价不仅要关注学生的学业成绩，而且要发现和发展学生多方面的潜能，了解学生发展中的需求，帮助学生认识自我，建立自信。发挥评价的教育功能，促进学生在原有水平上的发展。

2002年12月，经报国务院同意印发的《教育部关于积极推进中小学评价与考试制度改革的通知》首次提出，“评价内容要多元，既要重视学生的学习成绩，也要重视学生的思想品德以及多方面潜能的发展，注重学生的创新能力和实践能力。”该文件要求，高中招生要综合考虑学生的整体素质和个体差异，改变以升学考试科目分数简单相加作为唯一录取标准的做法。高中录取除考试成绩以外，可试行参考学生成长记录、社会实践和社会公益活动记录、体育与文艺活动记录、综合实践活动记录等其他资料，综合评价录取。学业考试命题应使学生有展示特长和潜能的机会。要求高考要注重对学生素质和能力的考查，高等学校录取工作要探索建立在文化考试基础上综合评价、择优录取的办法。

2003年3月，教育部出台《普通高中课程方案(实验)》提出建立发展性评价体系。改进学生学业成绩与成长记录相结合的综合评价方式；建立教育质量监测机制，学校应根据目标多元、方式多样、注重过程的评价原则，综合运用观察、交流、测验、实际操作、作品展示、自评与互评等多种方式，为学生建立综合、动态的成长记录手册，全面反映学生的成长历程。教育行政部门要对高中教育质量进行监测。

2004年，教育部印发的《国家基础教育课程改革实验区2004年初中毕业生考试与普通高中招生制度改革的指导意见》的通知中，要求 17 个国家级实验区认真组织新课程实施一轮后的首次中考与普通高中招生工作，改变以升学考试分数简单相加作为普通高中唯一录取标准的做法，力求在初中毕业生学业考试、综合素质评定、高中招生录取三方面予以突破。对初中毕业生综合素质评价的结果作为衡量学生是否达到毕业标准和高中阶段学校招生的重要依据。

2004 年，普通高中新课程实验正式在广东、山东、海南和宁夏启动，普通高中学业水平考试制度和综合素质评价作为普通高中课程改革的配套制度也在实验省进入了实验探索阶段。各省先后探索建立符合本省实际的普通高中学业水平考试和综合素质评价办法。

2006 年，教育部在各省先行探索和开展国际比较研究的基础上，开始研制进一步推进普通高中学生综合素质评价工作的指导意见，并在 2006 年 2 月 15 日至 17 日召开了“普通高中新课程实验省(区)综合素质评价工作研讨会”，同时在各地广泛征求意见。

2008 年，在教育部印发的《关于普通高中新课程省份深化高校招生考试改革的指导意见》(教学[2008]4 号)中，第一次对普通高中学业水平考试和综合素质评价进行了明确定位，初步明确了与高校招生录取的联系。其中指出改革主要内容为建立和完善对普通高中学生的综合评价制度，并逐步纳入高校招生选拔评价体系。

2010 年颁布的《国家中长期教育改革和发展规划纲要(2010—2020 年)》中 10 次提到提高学生的“综合素质”，5 次提到全面实施和完善“综合素质评价”。实施普通高中综合素质评价，促进学生综合素质发展，使高中学生学业水平考试、综合素质评价和高校招生改革成为下一步评价改革的重中之重。

二、综合素质评价弥补了“学习成绩至上”的评价缺憾

2004 年，普通高中新课程实验正式在广东、山东、海南和宁夏启动，普通高中学业水平考试制度和综合素质评价为普通高中课程改革的配套制度也在实验省进入了实验探索阶段。普通高中综合素

质评价不仅关系到评价与考试制度的改革，还关系到普通高中新课程实验的成败，甚至会影响到素质教育的全面推进。全国各地都进行了一定的实践探索，其基本情况如下：

(一)评价内容

教育部《关于积极推进中小学评价与考试制度改革的通知》中提出普通高中学生综合素质评价以基础性发展目标为基本依据，从道德品质、公民素养、学习能力、交流与合作、运动与健康、审美与表现等6个方面对学生进行评价。如河南省、湖南省和福建省，就沿用了综合素质评价这6个方面，并把每个方面进行了细化，制定了评价指标体系。如道德品质包括爱祖国、爱人民、爱劳动、爱科学、爱社会主义、遵纪守法、诚实守信、维护公德、关心集体、保护环境等。与河南省相似，湖北省的综合素质评价包括5方面：道德品质与公民素养、学习能力与实践能力、合作与交流、运动与健康、审美与表现。

2014年教育部《关于加强和改进普通高中学生综合素质评价的意见》重新明确高中学生综合素质评价内容由思想品德、学业水平、身心健康、艺术素养和社会实践共5个部分组成。

广东省在进行综合素质评价时评价内容不同于河南和湖北，其将“普通高中学生综合素质评价”界定为：通过描述学生在校期间的学习行为和表现状况、社会公益活动、综合实践活动情况和日常表现，从德、智、体、美、劳等方面对学生的素质进行全面、客观、公正的评价，真实反映普通高中学生的素质发展状况，作为衡量学生是否达到毕业要求的重要依据，并为高等学校择优录取学生提供重要参考。

在全国进行高中素质评价的实践中，北京一零一中学的做法很有代表性，其创建了具有“多元建构、灵活便捷、直观形象”的综合素质评价体系，学校成立“学生综合素质评价委员会”和“学生成长记录网站建设和网络监控小组”，设计出一套便于操作，含有 10 项内容的学生成长记录和综合素质评价系统。这套系统能对高中三年的学生学习全面实行学分制管理，能更好地反映学生的个性特点，了解学生个人发展的优势和不足，使学生充分认识自我，明确自己的发展方向，直观地反映学生的学习、生活状况和成长变化历程，能为学生向家长展示学习成果、教师与家长沟通以及家长了解子女搭建一个沟通平台。其综合素质评价指标主要包括：基本情况、道德素养、文化素养、身心健康、艺术素养、综合实践、生活点滴、问题建议、综合评价、公众评论这 10 个方面。

(二)评价方式

大多数省份都强调把学生自评、学生互评、教师评价有机结合起来，要高度重视学生互评在综合素质评价中的作用。如湖北省要求综合素质评价要以实证性材料和数据为基础，力求做到客观、公正。评价主体是学生本人、同学和教师。学生互评可以采取全班互评和小组互评，并建议采取全班互评。如果班额较大，可采取小组互评，但每一小组人数不宜少于 25 人。教师评价由班级评价小组负责，班级评价小组由班主任和本班科任教师组成，建议人数为 3—5 人。小组成员在本班级授课时间一般不少于 1 年，对学生有充分了解，为人诚实、责任心强。评价工作正式开始前，要将小组名单向被评班级所有学生公布，如果超过 1/3 的学生不同意某教师作为评价者，应作调整。

与湖北省不同，河南省和福建省普通高中学生综合素质评价的基本程序是：学生自评、同学互评、班级评价工作小组评价，合成评价等级并填写综合性评语。并采取过程性评价、阶段性评价和终结性评价的方式，使评价的过程和形式更具有针对性、及时性、科学性、可操作性和准确客观性。

山东省的综合素质评价除了采用自评和他评结合的方式，强化学生在评价中的主体地位的同时，还进一步加大了学生家长在学生评价中的参与程度，让家长了解评价改革，参与实践，充分发挥家长评价这一环节应有的功能。

(三)评价结果呈现形式

湖北省、河南省和湖南省的综合素质评价结果包括综合性评语和等级评价。综合性评语要对学生综合素质予以整体描述，尤其要突出学生的特点和发展潜能；等级评价分为道德品质与公民素养、学习能力与实践能力、合作与交流、运动与健康、审美与表现等5个方面，每个方面分为A、B、C、D四个等级，评价结果的等级分布要反映学生综合素质实际水平，与学生群体综合素质的实际分布状况基本相符。其中河南省规定，综合素质评价评为A级的，各省辖市应控制在30%以内。综合素质评价等级认定为A，应有充分的实证材料。评为“尚需努力”或D级的必须非常慎重。学校将评价结果以书面形式通知学生本人及其监护人。对评价结果为A级的学生要进行公示。学生及其监护人对评价结果如有异议，可向学校综合素质评价工作领导小组申请复议。不提倡把综合素质5个方面或者6个方面的评价等级整合为一个结果，主张学生综合素质评价的成绩以成长记录袋形式出现。

山东省在结果呈现时，对综合素质评价的前两个维度(道德品质、公民素养)进行合格与不合格的评定：后4个维度(学习能力、交流与合作、运动与健康、审美与表现)实行4个等级评定，分别为优秀、良好、合格和不合格，班主任要针对学生基本素养6个维度的综合表现写出评语。

福建省综合素质评价的结果呈现形式有所不同。道德品质、公民素养、审美与表现的评价结果以优秀、合格、有待改进3个等级呈现；而学习能力、交流与合作的结果以A、B、C、D 4个等级呈现；运动与健康的评价结果以良好、一般、差3个等级呈现。

（四）评价结果的使用

由于定位的不清晰，各地对综合素质评价结果使用的规定上表现各异，尤其是在是否需要与高考做实质性“挂钩”的问题上各地陷入左右为难。有些省份将综合素质评价作为普通高中毕业依据的规定，如云南省规定“2011 届以后的高中毕业生必须综合素质评价达到C级以上，才可拿到高中毕业证书。”而有些省份则将综合素质评价作为高校招生依据。如江苏省的 2008 年高考方案规定“在高校录取时，在综合素质评价中，考生学习能力、运动与健康、审美与表现单项达到A级且其他两项均为合格的，高校在同等条件下可以优先录取。以上三项均为D级的，高校可以不录取”。

还有些省市干脆就含糊其辞，“评价结果应用的主要用途是为学生和家长选择适宜于学生发展的高等院校或工作岗位提供参考：为高等学校选择适合的学生及入学后开展有针对性的教育提供参考，或为用人单位选择适合的人才提供参考。”

河南省和安徽省则提出高中学生综合素质评价结果应用在以下方面：综合素质评价结果是衡量学生是否达到普通高中毕业标准的基本依据之一；为开展教师教育教学效果评价、学校办学水平和办学效益评价等提供依据；作为高招的基本依据之一，并为学生参军、就业等提供参考；用于教育质量监控。

三、上海格致中学的探索①

2010 年 9 月，上海格致中学成立了基于数据库和网络技术的学生综合素养评价工作组。2011 年 3 月，工作组在高二确定了两个试点班级，以完善相关评价指标和评价实施流程，先后进行了 3 轮测试。其中一个班为理科班，学生学科竞赛和学业成绩优异，以此班

---

① 张志敏、何刚：《高中学生“五能”综合素养评价实践探索》，载《考试研究》，2015（4）。

为试点对象，意在对评价系统指标的权重进行修订。另一个班为学校的创新素养试点班，以此班为试点对象，意在对评价系统的各项指标进行测试。

在试点过程的第一轮中，学生和班主任反馈的信息主要集中在评价指标的完善方面。多数学生认为，既然是综合评价，就应该涵盖学生学习和生活的各个方面，而不是仅仅集中在学习评价上。例如，积极参与志愿活动的学生及动手能力、小课题研究能力强的学生都应该获得积极的评价。此外，许多学生建议，评价应该由学生自主评价，或者是生生互评、教师认定。还有的学生认为，评价结果应该有限度地开放，不能不经过学生本人的许可任意公开，学校要保护学生的隐私权。

综合学生的意见和建议，格致中学进一步明确了学生综合素养评价的4个原则：一是注重质量、兼顾数量，即关注学生参与项目的质量，同时兼顾学生参与项目的数量。例如，对学生参加社团活动的评价，一个参与管理的社团骨干的分值与参与三四项社团活动的普通成员的分值大体相当。二是动态跟踪、合理奖惩，系统对学生3年的成长实施动态管理，学校根据学生每一学期相关项目成绩起伏的程度给予奖励或惩罚。例如，学生参与社区服务的分值上升幅度超过5个排名，学校给予奖励；若下降幅度超过5个排名，学校给予惩罚。三是开放权限，自主评分，即除学业成绩以外的所有内容都由学生上传，系统自动评分，实现学生的自主参与和自我管理；同时，为确保评分真实有效，学校设立了管理审核机制，由学校管理审核小组进行审核和反馈。四是标准统一、全程有效，即对学生3年6个学期的综合素养分采取统一的标准进行全程管理。例如，对创新素养、道德素养、学业成绩等所有内容的分值根据统一的标准进行转换，计入总分，以避免出现不同年级、不同科目分值差异的情况。

如何将学生的综合素养评价恰当地赋分，是学校面临的一项重大挑战。为此，学校将学生的综合素养归为3类信息：一是调用类信息，主要是学业成绩数据、体育成绩等。该类信息以调用学生学期总评为数据基础，学校通过自主开发的分值标准化软件，将学业分值标准化。二是统一输入类信息。以营养评价指数为例，该数据由学校卫生室每学期统一测定输入。评价内容主要是身高和体重的比值数，以营养指数为评价标准，分为重度、中度、轻度、正常、超重、肥胖6个指标，分别赋予不同的分值。三是学生自填类信息，如主题教育、社团活动等。学校将学生参与该类活动的角色分为骨干和参与，通过权重系数和质量系数，实现分值标准化。

为了及时了解学生动态，系统设置了即时反馈程序。管理员在审核信息后，对学生上传的各类信息及时反馈，特别是对没有通过审核的信息及时给予反馈意见，以便学生及时修改和完善。管理员通过系统定期发布相关信息，指导学生积极参与自主管理和评价。

经过梳理，学校确定了综合素养评价的5项核心指标。

道德操行素养评价：主要由学生基本素质的监控与评价、学生个性化发展的监控与评价、班级日常管理的监控与评价3部分构成。

学习研究素养评价：指在学能素养评价小组指导下，由学生对自己的学习情况进行自我监控与评价。具体内容包括学习态度、学习习惯、学习能力和学习成绩。

健身运动素养评价：根据《国家学生体质健康标准》，对学生的体能素质和生理素质两方面进行监控与评价。

心理心智素养评价：一是通过相关心理测试量表(如SCL－90、16PF等)，对全体学生进行测试，建立心理档案。二是通过高中生涯发展教育系统为学生提供生涯辅导，培养学生的规划意识。三是通过各种活动，关注学生情感、态度、自我意识、创新精神和实践能力的培养，帮助学生认识自我，接纳自我，发现和发展多方面的潜能。

创新实践素养评价：从创新素养、个性特长、课题研究能力3个方面进行全面监控与评价。创新实践素养不仅包括创新实践能力，更包括强烈的创造激情、探索欲、求知欲、好奇心、进取心、自信心等心理品质，也包括具有远大的理想、不畏艰险的勇气、锲而不舍的意志等非智力因素。通过对个性特长的监控与评价，激发学生的潜能，发展学生的个性，培养学生的创新精神和探究能力，促进学生素质的全面发展。

从2011年9月起，学校开始在高一和高二年级全面推进综合素养评价，进入第二轮实施和调整阶段。在这一阶段，格致中学用“五能雷达图”，深化评价内涵，实施动态跟踪。

基于综合试点班级反馈的信息，学校对原评价进行了3个方面的调整。一是在评价名称方面，在面向学生和家长时，将学术味较浓的“综合素养评价”调整为“学生成长档案”，便于学生和家长理解。二是在评价指标方面，对一些重复或不合理的二级指标进行删减，同时增加了部分新的测评指标。例如：将道德操行素养中的“教师评语”改为“品德修养”，将“主题班会”改为“主题教育”，在健身运动素养中增加了“运动技能”，在心理心智素养中增加了“生涯规划与期望”，在创新实践素养中增加了“特长申报”。同时对相关指标的权重进行了调整。三是在评价流程方面，原评价中只设置了学生自评、教师评价和学校审核3个环节。其中学校审核这一环节由德育处、教导处等中层处室操作，而中层处室并不直接面对学生，在审核相关信息时有流于形式之弊，因此修改后增加了班主任审核的环节。班主任更了解学生，对学生的自评信息能够进行及时、有效的审核。

通过动态跟踪学生3年的过程性评价，学校发现该系统对促进学生全面发展的导向性作用显著。系统中的“五能雷达图”形象、直观地展现了学生的综合素养。不同的雷达图反映了不同类型学生的综合素养。有的学生综合素养发展全面，这种类型的学生在学校“五能”评价中名列前茅，其中社团活动、课题研究、志愿服务、活动组织等方面都很突出，是综合素养全面发展的优秀学生。但有的学生在学能方面突出，但是其他素养表现一般，如果仅仅按照学业成绩排名，则他们表现优异。但如果按照学校“五能”评价的标准，则他们表现一般，特别是创新素养和道德素养得分较低。

“五能”评价能够对学生的发展起到积极的导向作用，引导学生在发现自己的问题后，根据“五能”评价的要求，积极参与各项活动，以实现全面、均衡的发展。有的学生是创能突出的学生。这种类型的学生特指那些在年级里学业成绩一般，但创新素养突出的学生。按照传统的评价方式，这类学生常常被归为不受欢迎的“后进生”。但有的学生特别爱好发明创造，参与多项市区级科技创新大赛，并多次获奖，动手能力特别强，创作了多项科技作品，如一名同学发明的“折叠桌”获得了国家实用新型专利，他还与班级同学一起设计并制作了以发光二极管为主要材料的班牌。

自 2012 年 9 月起，学校所有在校生全部进入综合素养评价系统。通过对评价过程和评价结果的研究，教师和学生逐渐改变了分数唯上的观念。学生积极上传各类信息，主动进行自评；教师及时关注学生的动态，给予学生指导。一些曾经的“后进生”在各类自主评价过程中找准了自己的定位，凸显了闪光点，在师生互动中不断增强信心，提高了学习的主动性。“五能雷达图”为教师、学生、家长提供了一份形象和直观的综合素养成果图。

但是，一张图是否真的能够反映学生发展的全部信息？许多高三学生反映，高一、高二时获得的雷达图过于浓缩，不便于提取诸多有用的信息，如果能够通过简单的操作，直接查看具体信息就好了。

针对这个问题，学校借助现代信息技术，在“五能雷达图”的基础上，增加了“学生成长树”这一更加直观的呈现方式，实现了学生评价结果呈现的多元化。“学生成长树”由 5 部分组成，5 个枝干代表评价的 5 个一级指标，枝干下的树叶和果实呈现学生成长的具体信息。五颜六色的树叶和果实表示经过审核的有效信息。其中树叶表示经过标准化处理的一般信息，果实表示经过标准化处理后的高质量信息，一个果实相当于 5 片树叶。当鼠标移动到枝干、果实和树叶上时，相关的评价内容概要就会呈现出来。这种呈现方式，更加直观、形象、具体。

“学生成长树”将学生一个学期所有自主评价的结果都在一幅动态的多媒体图中呈现了出来。学生只要移动鼠标，就能在一幅图中获得所有有用的信息。同时，硕果累累、枝繁叶茂的图景也让学生有了不断努力的激情。

格致中学“‘五能’学生综合素养评价和保障体系”实施近 5 年，先后有 4 届共计 1800 余名学生实践应用。这些学生自主上传的信息量超过 5 万条，涵盖了学生在校生活的方方面面，忠实记录了学生成长的点点滴滴。对学生而言，评价系统就是一份最好的高中生活成长档案。这份电子档案，将一直保留在格致中学，随时供学生本人和家人查阅。对教师而言，客观、全面的评价能够让教师更好地了解学生、理解学生，从而更好地培养学生。对家长而言，这是一份活生生的成长记录，是最好的纪念。对学校而言，通过评价系统，不仅能够全面、及时地了解学生的发展状况，更能够通过学生的成长客观评估教师的教育教学成果。虽然学校的尝试还在不断进行，学校的实践还在不断完善，但学校的成果已经初步显现。

第四节　上海和浙江考试招生制度改革实验

2014 年，我国新一轮考试招生制度改革拉开帷幕，这次改革包含高中入口、过程、结业和继续深造等各个环节，并且与学校课程教学改革密切联动，声势浩大。为了改革的顺利推进，国务院决定让上海市和浙江省先行实验。

2014 年 9 月，国务院《关于深化考试招生制度改革的实施意见》正式颁布，同年 12 月，教育部公布了《关于普通高中学业水平考试的实施意见》和《关于加强和改进普通高中学生综合素质评价的意见》。此后，担负实验任务的上海市和浙江省也相继颁布了本地的实验方案。

一、上海市的改革实验

2014 年 9 月，上海市人民政府印发的《上海市深化高等学校考试招生综合改革实施方案》，拉开了改革的序幕。改革目标是 2014 年启动改革，2017 年整体实施，到 2020 年初步建立符合教育规律、顺应时代要求、具有上海特点的高等学校考试招生制度。调整统一高考科目，完善普通高中学业水平考试制度，建立高中学生综合素质评价制度，形成分类考试、综合评价、多元录取、程序透明的高等学校考试招生模式。

改革的主要任务和措施共 8 个方面，具体情况如下。

在完善普通高中学业水平考试制度方面。

第一，从 2014 年秋季入学的高中一年级学生开始，考试科目包括语文、数学、外语、思想政治、历史、地理、物理、化学、生命科学、信息科技、体育与健身、艺术、劳动技术 13 门，引导学生认真学习每一门课程，避免过度偏科。

第二，实行合格性考试与等级性考试。合格性考试内容以普通高中课程标准中的基础型课程要求为依据，考试成绩合格是高中学生取得毕业资格的必要条件，等级性考试内容以普通高中课程标准中的基础型和拓展型课程要求为依据；思想政治、历史、地理、物理、化学、生命科学 6 门科目设合格性和等级性考试，高中学生在完成基础型课程学习的基础上，可根据自身特长和兴趣，选择学习其中3门科目并参加相应的等级性考试。上述6门科目的合格性和等级性考试，由全市统一命题、统一组织考试、统一阅卷，确保考试安全有序、成绩真实可信。语文、数学、外语3门科目仅设合格性考试，参加统一高考的学生，可以用统一高考科目考试替代相应科目的合格性考试；信息科技科目仅设合格性考试。体育与健身、艺术、劳动技术3门科目仅设合格性考试，根据本市课程标准要求和学生平时表现，综合测评并确定其合格性成绩。通过专项督导和社会监督，依托学生综合素质评价信息平台，动态监控教学过程和结果。

第三，普通高中学业水平考试安排。各科目考试分散在高中三年，随教随考随清，为普通高中根据教学规律和学生实际，合理安排教学进度、开展教学改革、办出学校特色创造条件。各科目的合格性和等级性考试，高中生只能参加一次。逐步探索普通高中学业水平考试向不同年级学生开放、提供两次及以上考试机会的可行性。普通高中学业水平考试允许社会考生参加。

第四，普通高中学业水平考试成绩的呈现方式。合格性考试成绩以“合格/不合格”呈现。等级性考试成绩以合格性考试成绩合格为基础，按照等第呈现为A、B、C、D、E 5等，分别占15%、30%、30%、20%和5%。

在建立高中学生综合素质评价制度方面。

第一，构建高中学生综合素质评价体系。综合素质评价要突出学生思想政治素质和道德品质，客观记录学生的成长过程，整体反映学生德智体美全面发展情况和个性特长，引导学生践行社会主义核心价值观，增强社会责任感，培养创新精神和实践能力。综合素质评价是学生毕业和升学的重要参考。综合素质评价内容主要包括：学生思想品德发展状况、中华优秀传统文化素养、修习课程及其学业成绩、创新精神与实践能力、身心健康信息、兴趣爱好与个人特长等。启用高中学生综合素质评价信息化平台，建立客观、真实、准确记录信息的监督机制。

第二，积极稳妥推进高中学生综合素质评价信息的使用。2017年起，推动高中学生综合素质评价信息在自主招生等环节中开始使用。高等学校应提前公布具体使用办法，使用情况必须规范、公开。

在深化统一高考考试科目改革方面。

第一，调整统一高考科目。从2017年起，本市统一高考科目为语文、数学、外语3门，不分文理，考试时间安排在每年6月；外语考试一年举行两次，另外一次安排在每年1月。

第二，深化外语考试改革。外语考试包括笔试和听说测试，引导外语教学注重应用能力的培养。高中生最多参加两次外语考试，可选择其中较好的一次成绩计入高考总分。建设外语标准化考试题库和标准化考场。外语考试要为今后其他科目逐步推行标准化考试积累经验。

在改革统一高考招生录取模式方面。

第一，高考成绩的构成。从2017年起，高考成绩由语文、数学、外语3门统一高考成绩和学生自主选择的普通高中学业水平等级性考试科目成绩构成，作为高等学校录取的基本依据。高考成绩总分660分。其中，语文、数学、外语每门满分150分，3门普通高中学业水平等级性考试科目每门满分70分。

第二，普通高中学业水平考试成绩计分。普通高中学业水平等级性考试成绩在计入高考总分时，由五等细化为A＋、A、B＋、B、B－、C＋、C、C－、D＋、D、E共11级，分别占5%、10%、10%、10%、10%、10%、10%、10%、10%、10%、5%。其中，A＋为满分70分，E计40分。相邻两级之间的分差均为3分。

第三，高等学校招生录取的科目要求。普通本科院校可根据办学特色和定位，以及不同学科专业人才培养需要，从思想政治、历史、地理、物理、化学、生命科学6门普通高中学业水平等级性考试科目中，分学科大类(或专业)自主提出选考科目范围，但最多不超过3门。学生满足其中任何1门，即符合报考条件。对于没有提出选考科目要求的高等学校，学生在报考该校时无科目限制。对于符合报考条件并达到学校投档分数线的学生，高等学校可分学科大类(或专业)提出优先录取的条件。

第四，改进高等学校统一录取模式。从2016年起，合并本科第一、第二招生批次，并按照学生的高考总分和院校志愿，分学校实行平行志愿投档和录取。在此基础上，探索学生多次选择、被多所高等学校录取的可行性，增加高等学校与学生的双向选择机会。

第五，改进专科高职统一招生方式。仅报考专科高职志愿的学生，只计语文、数学、外语3门统一高考成绩。专科高职依据统一高考成绩进行录取。

在完善和规范高等学校自主招生方面。根据国家统一部署，2015年起，自主招生安排在统一高考以后进行。相关高校依据高考成绩和学校自主考核情况，并参考普通高中学业水平考试成绩和高中学生综合素质评价信息，选拔具有学科特长和创新潜质的优秀学生。高校要规范并公开自主招生办法、考核程序和录取结果。

在继续深化高等学校春季考试招生改革方面。从2015年起，将本市本科院校需要通过面试等方式考核学生能力的部分特色专业招生计划投放到春季考试招生中，设立面试(或技能测试)环节。春季考试招生范围由历届生扩大到高中应届毕业生，依据统一考试成绩、普通高中学业水平考试成绩、面试(或技能测试)情况进行录取。

在加快推进高职院校分类考试和招生方面。

第一，完善"文化素质＋职业技能"招生录取制度。健全与普通高等学校相对分开、符合职业教育特征的专科高职院校考试招生制度。在现有基础上，2017年起，在本市专科层次依法自主招生中，高中生应参加报考学校组织的职业适应性测试。专科高职院校依据普通高中学业水平考试成绩、职业适应性测试情况和综合素质评价信息进行录取，为深化普职融通、改革普通高中课程创造条件。优化“三校生”参加上海市专科层次依法自主招生机制。2018 年起，专科高职院校依据“三校生”的文化素质(中等职业教育的公共基础课学习水平考试、思想品德评价等)和职业技能(专业技能学习记录情况等)进行录取。

第二，进一步增强专科高职院校分类招生的吸引力。鼓励专科高职院校把特色专业招生和主要招生计划安排在统一高考之前，作为专科高职院校招生的主渠道。在上海市专科层次依法自主招生中，率先探索学生多次选择、被多所专科高职院校录取的方式。

第三，改革应用本科专业招收“三校生”考试模式。从 2018 年起，在上海市高等学校应用本科专业面向应届中等职业学校毕业生招生中，高等学校依据文化素质(中等职业教育的公共基础课学习水平考试、思想品德评价等)和职业技能(专业技能学习记录情况等)及统一考试成绩进行录取。

在减少和规范考试加分方面，根据国家统一部署，大幅减少、严格控制高考加分项目，从 2015 年起，取消体育、艺术等特长生加分项目。确有必要保留的加分项目，合理设置加分分值，并按照国家有关规定执行。逐步将高考加分的激励导向功能转移至学生综合素质评价之中。

二、浙江省的改革实验

2014 年 9 月，浙江省人民政府印发了《浙江省深化高校考试招生制度综合改革试点方案》的通知，[①] 正式启动改革试验。

---

① 《浙江省人民政府关于印发〈浙江省深化高校考试招生制度综合改革试点方案〉的通知》，http：//www. zjedu. gov. cn/news/26772. html，2018-11-10。

浙江省方案确定了改革的宗旨和进程，全面深化统一高考招生改革，进一步完善高职提前招生、单独考试招生和“三位一体”招生改革，加快建立多类型、多元化考试招生制度。按照循序渐进、积极稳妥的原则，稳步实施各项改革。2014 年启动职业技能考试，2015 年 10 月开始实施选考科目多次考试，2016 年 10 月开始实施外语科目多次考试，2017 年开始全面实施高校考试招生制度综合改革。

改革的任务有 4 个方面。

其一：实行统一高考和高中学业水平考试(以下简称高中学考)相结合，考生自主确定选考科目，高校确定专业选考科目及其他选拔条件，综合评价，择优录取。

在科目与分值方面，必考科目为语文、数学、外语 3 门。外语分为英语、日语、俄语、德语、法语、西班牙语。考生根据本人兴趣特长和拟报考学校及专业的要求，从思想政治、历史、地理、物理、化学、生物、技术(含通用技术和信息技术)等 7 门设有加试题的高中学考科目中，选择 3 门作为高考选考科目。

语文、数学、外语每门满分 150 分，得分计入考生总成绩；选考科目按等级赋分，每门满分 100 分，以高中学考成绩合格为赋分前提，根据事先公布的比例确定等级，每个等级分差为 3 分，起点赋分 40 分。考生总成绩满分 750 分。语文、数学成绩当次有效，外语和选考科目成绩 2 年有效。

在考试方面，依据高校人才选拔要求和国家课程标准，科学设计命题内容，增强基础性、综合性，突出能力立意。主要考查考生运用所学知识独立思考与分析问题、解决问题的能力。语文、数学考试于每年 6 月进行。外语每年安排 2 次考试，1 次在 6 月与语文、数学同期进行，考试对象限于当年高考考生；1 次在 10 月与选考科目同期进行。选考科目每年安排 2 次考试，分别在 4 月和 10 月进行。外语和选考科目考生每科可报考 2 次，选用其中 1 次成绩。

在录取方面，高校根据自身办学定位和专业培养目标，分类或专业确定选考科目范围，但至多不超过 3 门，并在招生 2 年前向社会公布；考生选考科目只需 1 门在高校选考科目范围之内，就能报考该专业(类)。高校没有确定选考科目范围的，考生在报考时无科目限制。高校可对考生高中阶段综合素质评价提出要求，作为录取参考。考生志愿由“专业＋学校”组成。录取不分批次，实行专业平行投档。填报志愿与投档按考生成绩分段进行。

其二：高职提前招生。实行考生自主报考。普通高中学生以高中学考成绩为基本依据，中职学生以全省统一组织的职业技能考试成绩为基本依据。高校根据有关规定确定报考条件、选拔评价办法和录取规则，并在招生章程中公布。高校对考生文化素质和职业适应性进行综合评价，择优录取。考生可报考多所高校，并可同时被多所高校拟录取，考生选择确认 1 所录取高校。已被录取的考生不再参加其他考试招生。

其三：单独考试招生。高职院校面向中职学校包括中专学校、技工学校招生，实行文化素质和职业技能相结合，综合评价，择优录取。探索把试点范围有计划扩大到普通高校应用型本科专业。

在科目与分值方面，文化考试科目为语文、数学 2 门，单独命题、单独考试。拟报考有外语要求的学校、专业的考生，可选择参加全国英语等级考试一级(PETS—1)考试。

职业技能考试分 17 个大类，全省统一组织，分点实施。学生可自主选报 1—2 个类别。考试每年组织 1 次。同类考试允许学生至多参加 2 次，成绩 2 年有效。语文、数学每门满分 150 分，职业技能满分 300 分，均以原始分记入考生总成绩。外语不记入总成绩。总成绩满分 600 分。

高校分类或专业确定文化和职业技能考试成绩要求，也可提出外语成绩以及其他要求，并在招生章程中公布。考生志愿由“专业＋

学校”组成。录取不分批次，按考生总成绩，分大类实行专业平行投档。

其四：“三位一体”招生。高校依据考生统一高考、高中学考和综合素质评价成绩按比例合成综合成绩，择优录取。

高校确定报考条件、综合素质测试内容和实施办法、综合成绩合成比例、录取规则等，在招生章程中公布。高考成绩占比原则上不低于综合成绩的50％。考生自主向相关高校报名，参加高校的综合素质测试，并按规定参加高考。高校组织专家组，根据考生高中综合素质评价等材料，进行初次遴选；按照随机匹配、相互制约、全程录像、公平公正的要求，组织综合素质测试，进行再次遴选；按照综合成绩，择优录取。

三、浙江省改革的调整

在浙江省的改革刚刚有了第一批毕业生之际，2017年11月，浙江省政府又及时颁布了《关于进一步深化高考综合改革试点的若干意见》,① 对浙江省的改革进行某些修正。

一是为有利于高中学校按教学规律组织教育教学，从2017级高中学生起，学考与选考分离，实行分卷考试。考试安排在每年1月、6月举行。学生首次学考不早于高一第二学期，科目不多于3门，须于高三第一学期结束前完成各科目学考，不合格者可申请再次考试。学生高三起参加选考科目考试，学考合格方能报考相应科目的选考。

二是针对学生选考科目实际，率先建立物理选考科目保障机制，保障数量按高校授予的理学、工学学位专业近5年在浙江省高考录取考生的平均人数确定；其他科目出现类似情况的，参照建立相关保障机制。

---

① 《浙江省人民政府关于进一步深化高考综合改革试点的若干意见》，http：//www.zj.gov.cn/art/2017/11/29/art_32431_295370.html，2018-11-04。

那么浙江省为什么进行修改呢？根据浙江省教育行政部门的解释，主要出于以下原因。首先，学考与选考没有分离时，选考是在学考试卷基础上再加 30 分加试题，达到满分 100 分。实行分卷考试后，可以很好解决联合考时因选考、学科原始分数由该学科学考卷和附加卷分数之 7∶3 比例组成而带来的区分度欠高的问题。分开考后因学考只考一次(当然不合格可以补考)，使学生考试总次数不仅没有因分考而增加，反而还有所减少。学考与选考试卷单独命题，不再直接挂钩。学考、选考卷面满分保持不变、考试时长不变、考试范围不变。

其次，从 2017 级高中学生起，考试安排在每年 1 月和 6 月举行。据悉，这是统筹考虑中学校长、教师和学生三者意见后作出的调整。调整使得高一期末首次学考科目不必太多，不超过 3 门，使高一开课的科目及课时总量能适当减少，从而有效减轻高一学生负担，有利于初高中的衔接和过渡，有利于学生提高高中适应性水平，由浅入深、由易到难不断提高和超越。

再次，关于物理选考科目设置保障数量 6.5 万的问题，即当物理选考科目某次考试赋分人数少于 6.5 万，将以 6.5 万(而不是实际人数)为基数，按规定比例计算各等级人数，从高到低进行等级赋分。举个例子，假如 6.5 万考生选考物理，卷面成绩排前 1%的考生，赋分为 100 分，即有 650 名考生满分；如果只有 5 万名考生选考物理，按照新办法，仍然有 650 名考生满分。6.5 万这个数量的提出依据是按高校统计 2013 年至 2017 年，授予理学、工学学位的专业在浙江省高考的录取考生人数，物理科目保障数量为 6.5 万。这是满足浙江省内外高校在浙江省选拔培养理工科类专业人才最基本的生源数。同时，根据统计学专家测算分析，前 3 次大规模选考成绩分布情况总体保持正常，但如果继续下降到 6.5 万左右时，考生群体结构发生变化，成绩分布将会有所变化，予以适当调控。

第五节　高考加分政策

高考加分政策是改革开放以来国家人才培养政策的一部分。高考加分与某些高中和高等学校实行的超常儿童早培班、特殊人才特殊招生政策等相配套，都是在以经济建设为中心之后，为适应国家早出人才、快出人才战略而实施的。

一、加分政策建立

1978年以后，随着改革开放的深入推进，国家对人才选拔的方式方法也渐趋多样。从1980年起，各地招工和升学取消家庭出身和个人成分的审查，不再对工农成分学生及革命干部子女进行照顾，而是对三好学生、学科竞赛获奖者、体育艺术特长生等实行高考分数优惠政策。从1983年开始，更是规定对获得地区以上表彰的应届高中毕业生中的三好学生和优秀干部，以及高中阶段参加地区级以上体育竞赛获单项前5名的队员，或集体前3名的主力队员，考分达到规定分数线的，可提上一个分数段投档。1986年，国家教委规定，获得国家二级运动员称号的考生可降低20分投档。

1987年4月，国家教委颁布《普通高等学校招生暂行条例》①，其中第35条至第39条，详尽规定了可以享受加分优惠政策的项目和分值。这一条例奠定了我国高考加分政策的基础。从此，我国高考加分政策成为一项稳定的高考政策延续下来，但对于加分的项目和分值却多有调整，而且调整的幅度很大。根据规定，应届高中毕业考生获得省级优秀学生称号者；高中阶段思想政治品德方面有突出事迹者；高中阶段获得全国青少年科技创新大赛（含全国青少年生

① 山东省教育委员会办公室：《普通高等学校招生暂行条例》，见《教育工作文件选编（1977.5—1987.12）》（中），702—709页，1989。

物和环境科学实践活动）或“明天小小科学家”奖励活动或全国中小学电脑制作活动一、二等奖者；高中阶段在国际科学与工程大奖赛或国际环境科研项目奥林匹克竞赛中获奖者；高中阶段参加重大国际体育比赛或全国性体育比赛取得前6名者（须出具参加比赛的原始成绩）；高中阶段获国家二级运动员（含）以上称号，且在报考当年通过省级招生委员会会同体育行政部门统一组织的测试并被认定的考生。上述7类考生由省级招生委员会决定，可在统考成绩总分的基础上适当增加分数投档，由学校审查决定是否录取。同一考生如符合多项增加分数投档条件的，只能取其中最高一项分值，增加的分值不得超过20分。

另有3类考生，由省级招生委员会决定，可在高等学校调档分数线下适当降低分数要求投档，由学校审查决定是否录取。这3类考生分别是：边疆、山区、牧区、少数民族聚居区的少数民族考生；归侨、华侨子女、归侨子女和台湾省籍考生；烈士子女。此外，还有其他可加分和优先录取的相关规定，如散居在汉族地区的少数民族考生，在与汉族考生同等条件下，优先录取。

2009年3月3日，教育部发出《关于做好2009年普通高等学校招生工作的通知》，对加分形式规定可采取“增加20分投档”“增加10分投档”和“优先录取”3种形式。①

第一，增加20分投档。应届高级中等教育学校毕业考生有下面几类：高级中等教育阶段思想品德方面有突出事迹受到省级及以上党委、政府表彰者；高级中等教育阶段获得全国中学生学科奥林匹克竞赛省赛区一等奖或全国决赛一、二、三等奖的考生；高级中等教育阶段获得全国青少年科技创新大赛（含全国青少年生物和环境科

① 《教育部关于做好2009年普通高等学校招生工作的通知》，http://www.moe.gov.cn/srcsite/A15/moe_776/s3258/200903/t20090303_79905.html，2018-11-06。

学实践活动）、“明天小小科学家”奖励活动及全国中小学电脑制作活动一、二等奖者；高级中等教育阶段在国际科学与工程大奖赛或国际环境科研项目奥林匹克竞赛中获奖者；高级中等教育阶段获得国家一级运动员称号的考生和参加重大国际体育比赛、全国运动会、全国中学生运动会、世界中学生体育比赛选拔赛获前六名以及参加上述比赛获得国家二级运动员称号的考生均须经由省教育考试院组织的全省统一认定。

第二，增加 10 分投档。考生包括少数民族考生、归侨及归侨子女、华侨子女、台湾籍考生以及烈士子女。

第三，优先录取。部队现役的考生、残疾军人、因公牺牲军人的子女、一级至四级残疾军人的子女、驻边疆国境的县（市）、沙漠地区、国家确定的边远地区中的三类地区和军队确定的特、一、二类岛屿部队现役军人的子女以及残疾人民警察、因公牺牲人民警察的子女、一级至四级残疾人民警察的子女报考高校、在与其他考生同等条件下享受优先录取。

国家的加分政策还对退役军人的加分投档作了明确规定：自谋职业的退役军人，可以在其统考成绩总分的基础上加 10 分投档；在服役期间荣立二等功（含）以上或被大军区（含）以上单位授予荣誉称号的退役军人，可以在其统考成绩总分的基础上加 20 分投档。

二、加分政策调整

随着舆论监督力度的加大，以及广大考生对高考公平的呼唤，全国不少省份对高考加分政策有了调整。首先是对一些比赛不规范、证书有水分的加分项目进行了调整。其次，对以“权”换“分”的“重灾区”项目进行了调整。在此期间，国内出现了几起“权分交易”，靠“走关系”的恶性案件。例如，2006 年，湖南省体育局公布《加强运动员技术等级管理工作暂行规定》,[①] 要求暂停各市州行使国家二级运动员审批权一年。此举意在规范高考体育加分管理，纠正运动员等级证书颁发过程中的违规现象。据悉，在湖南省的初步清查中，拿到国家二级运动员证书的3102人中，有450人被撤销资格证书，其中仅娄底市就有385人。由于2006年该省取消了三好学生和优秀学生干部高考加分政策，所以不少学生和家长开始往体育加分上钻营。一些人千方百计拉关系、走后门，弄虚作假，蒙混过关。湖南省体育局在清理督查中发现，个别"国家二级运动员"百米跑的成绩，竟然比国家规定多了七八秒，甚至不如一个普通小学生。另外，2014年辽宁省高考结束后，部分辽宁考生和家长举报的，全省因体育特长学生身份得以加10分的案件时有发生。笔者在此不多介绍，这里仅对中央和地方政府主导的政策调整择要介绍如下。

2009年普通高校招收保送生办法规定，高中阶段在全国中学生学科奥林匹克竞赛全国决赛(包括：中国数学奥林匹克竞赛、全国中学生物理竞赛决赛、全国高中生化学竞赛、全国青少年信息学奥林匹克竞赛、全国中学生生物学竞赛)中获一、二、三等奖的应届高中毕业生；高中阶段在全国中学生学科奥林匹克竞赛省赛区竞赛(包括：全国高中数学联赛省级赛区、全国中学生物理竞赛省级赛区、全国高中学生化学竞赛省级赛区、全国青少年信息学奥林匹克联赛、全国中学生生物学联赛)中获得一等奖的应届高中毕业生均被列入选拔保送生的条件。

在奥赛和科技类竞赛加分项目中，调整最彻底的项目是全国中学生奥林匹克竞赛的省级竞赛。获得该赛事一等奖的学生，不再具备高校招生保送资格和高考加分资格。而参加以下6大类比赛并获奖的学生，虽然不再具备高校招生保送的资格，但仍可能享有加分

① 侯严峰：《不能让高考加分成为腐败通道》，http：//news. sina. com. cn/c/edu/2006—06—19/184710197167. shtml，2018-11-07。

优惠，而加分的前提是，应届毕业当年由生源所在地省级高校招生委员会决定是否在其高考成绩基础上增加不超过20分向高校投档。这6类比赛获奖项目包括：全国中学生(数学、物理、化学、生物学、信息学)奥林匹克竞赛获得全国决赛一、二、三等奖，全国青少年科技创新大赛(含全国青少年生物和环境科学实践活动)、“明天小小科学家”奖励活动、中小学电脑制作活动获得一、二等奖，或参加国际科学与工程大奖赛、国际环境科研项目奥林匹克竞赛获奖者。

以上各类比赛的获奖学生，如果想参加试点高校自主选拔录取考核的，在同等条件下高校应优先考虑给予参加考核的资格。

参加国际奥赛的学生则被保留了保送生资格。在高级中等教育阶段，获得全国中学生奥林匹克竞赛决赛一等奖并被中国科学技术协会遴选为参加国际(数学、物理、化学、生物学、信息学)奥林匹克竞赛国家队集训的学生，应届毕业当年保留高校招生保送资格，经所报考高校测试后决定是否录取。之所以如此，有关人士解释，是因为国际奥赛的赛期与高考的时间重合。

体育特长生高考加分项目调整为3大类有加分资格。一是在高级中等教育阶段，参加重大国际体育比赛集体或个人项目取得前6名；二是全国性体育比赛个人项目取得前6名；三是获国家二级运动员(含)以上称号并参加省级招生考试机构组织的统一测试达到相应标准。加分的前提也是应届毕业，当年由生源所在地省级高校招生委员会决定是否在其考成绩基础上增加不超过20分向高校投档。

值得一提的是，教育部对体育特长生加分项目作出明确规定，被简称为“8+2”——保留体育特长生高考加分项目的省(区、市)，省级招生考试机构组织的测试项目限定在中学普及程度高、锻炼效果好的田径、篮球、足球、排球、乒乓球、武术、游泳、羽毛球8项。各有关省级高校招生委员会还可根据本地中学生体育活动的开展情况，在上述运动项目之外增加一般不超过两个强身健体项目。

获得省青少年科技创新大赛一等奖的学生；授予“教育世家”称号的教师直系子女报考师范院校的考生、飞行学员早期培训基地初检合格的考生；获省教育厅等五单位共同表彰的“创业明星”称号的对口考生、全省职业学校技能比赛获一等奖的对口考生，都将取消加分和降分资格。

2010年4月，相关媒体报道，教育部的加分规定只有14种，而全国各省、市、自治区却有近200种的加分规定，而有些省市自定的加分规定甚至有违国家政策。

2010年底，教育部会同其他部门，联合发布了《关于调整部分高考加分项目和进一步加强管理工作的通知》，其中明确要求各地调整两类加分项目：学科竞赛和体育特长生，并指出调整政策“从2011年秋季进入高中阶段一年级的学生开始适用”，即从2014年高考开始实施和执行。

2014年参加高考的考生体验到了加分瘦身政策：全国中学生数学、物理、化学、生物、信息学奥林匹克竞赛决赛、部分科技类竞赛获奖者的保送资格被取消，加分不超过20分；全国奥赛省赛区一等奖的保送和加分资格均被取消；体育特长生规定项目为8项，各省(区、市)自选项目一般不超过2个，加分均不超过20分。

同时，文件还要求各省(区、市)系统清理规范地方性加分项目，报教育部及相关部门重新备案，经同意后方可实施。且所有拟享受高考加分的考生，均须经过本人申报、有关部门审核、省地校三级公示后方能予以认可。

2014年的高考体育加分，各地呈现紧缩状态，以往名目繁多的加分项被大幅砍掉。如浙江省体育加分从原来的32个项目削减到8项，加分赛事由200多个减为30个，并取消了“三模三电”的加分。全国大部分地区的体育加分都限定在田径、足球、篮球、乒乓球等8个全国规定项目，分值从5—20分不等。即便有自选项目，也是一两个强身健体项目，比如内蒙古的中国式摔跤和毽球、江西的跆拳道、河北和甘肃的健美操。

在学科竞赛方面，除个别地区，绝大多数省(区、市)均取消了全国奥赛省赛区一等奖的加分，对全国奥赛决赛、部分科技类竞赛获奖生的加分控制在5—20分，其中北京、浙江等地的分值下调幅度达10分，辽宁、广东等地则直接取消了此类加分。

虽然全国范围内的奥赛决赛获奖者不再享有保送资格，但内蒙古、河南、江西、福建等省区规定，获全国奥赛决赛一等奖并被中国科学技术协会遴选为参加国际奥赛国家队集训的学生，应届生毕业当年保留保送资格。

以往盛行的艺术特长生加分政策被大多数省(区、市)抛弃。如湖南省规定，从2013年秋季进入高中一年级的学生开始，不再享受省教育厅举办的“三独”(独唱、独奏、独舞)比赛获奖的加分。

2014年12月10日，教育部、国家民委、公安部、国家体育总局、中国科学技术协会联合颁布《关于进一步减少和规范高考加分项目和分值的意见》①，文件要求从2015年1月1日起，取消、减少和规范高考加分项目。取消全国的加分项目具体包括：取消体育特长生加分项目，取消中学生学科奥林匹克竞赛加分项目，取消科技类竞赛加分项目，取消省级优秀学生加分项目，取消思想政治品德有突出事迹加分项目。取消地方性体育、艺术、科技、三好学生、优秀学生干部等加分项目，大幅减少地方性加分项目。规范和完善确有必要保留的地方性加分项目。要探索完善边疆民族特困地区加分政策，具体办法由省级人民政府根据实际确定并报教育部备案。

文件决定保留和完善部分全国性加分项目。主要是对军烈属子

① 《教育部、国家民委、公安部、国家体育总局、中国科学技术协会关于进一步减少和规范高考加分项目和分值的意见》，http：//old. moe. gov. cn//publicfiles/business/htmlfiles/moe/s4559/201412/181754. html，2018-11-12。

女等弱势群体的政策性倾斜的加分规定。文件指出，获得相关奖项、名次、称号的考生的相关特长、突出事迹、优秀表现等情况记入学生综合素质档案或考生档案，供高校录取时参考。文件还对此项工作的管理和监督，以及组织实施保障做出明确规定。

教育部等多部门文件颁布之后，各省级地方政府也陆续对地方性加分政策进行了清理。

第六节　随迁子女就读高中和参加高考

随迁子女小学和初中的义务教育国家早有“两为主”[①]的原则，但是，高中教育则迟迟没有国家层面的指导性意见。而接受义务教育之后在流入地就读高中，进而在流入地参加高考，都是广大随迁子女的迫切愿望。

一、国家政策出台

2012年8月30日，国务院办公厅转发教育部、发展改革委、公安部、人力资源社会保障部等4部门《关于做好进城务工人员随迁子女接受义务教育后在当地参加升学考试工作的意见》。[②] 该文件内容包括，做好随迁子女升学考试工作的重要性和工作原则以及因地制宜制定随迁子女升学考试的具体政策。要求地方政府根据城市功能定位、产业结构布局和城市资源承载能力，根据进城务工人员在当地的合法稳定职业、合法稳定住所（含租赁）和按照国家规定参加社

① “两为主”即随迁子女接受义务教育“以流入地区政府管理为主，以流入地全日制公办中小学接收为主”。该政策源于1996年4月国家教委发布的《城镇流动人口中适龄儿童、少年就学办法（试行）》。此后，该政策在国务院及其各部门的文件中得到了重申。详见袁桂林：《“两为主”政策原则分析》，载《中国农业大学学报》（社会科学版），2015(1)。

② 《国务院办公厅转发教育部等部门〈关于做好进城务工人员随迁子女接受义务教育后在当地参加升学考试工作意见的通知〉》，http：//www.gov.cn/zwgk/2012—08/31/content_2214566.htm，2018-11-09。

会保险年限，以及随迁子女在当地连续就学年限等情况，确定随迁子女在当地参加升学考试的具体条件。

文件还为地方政府统筹做好随迁子女和流入地学生升学考试工作做出详细指导，对符合在当地参加升学考试条件的随迁子女净流入数量较大的省份，教育部、发展改革委采取适当增加高校招生计划等措施，保障当地高考录取比例不因符合条件的随迁子女参加当地高考而受到影响。对不符合在流入地参加升学考试条件的随迁子女，流出地和流入地要积极配合，做好政策衔接，保障考生能够回到流出地参加升学考试；经流出地和流入地协商，有条件的流入地可提供借考服务。各地要加强对考生报考资格的审查，严格规范、公开透明地执行随迁子女升学考试政策，防止“高考移民”。

在上述文件颁布之后。各省级政府相继出台了地方性法规，对随迁子女在流入地就读高中和参加高考作出规定。

二、随迁子女在流入地高考的障碍与解除

由于我国长期实行的城乡二元经济结构，造成了城乡之间有很大公共事业配置差距，对进城务工人员及其子女很不公平。党的十八大以来，国家行政部门积极推进随迁子女在流入地就读高中和参加高考，具体包括如下几方面。

(一)户籍制度改革带来了希望

2016年4月，《人民日报》刊文，全国28省区市已出台户改具体方案。因城乡户籍而存在的教育歧视逐渐将消除。但需要注意的是，我国高中教育和参加高考的热门城市，往往不是限制农村户籍的学生，而是限制非本地户籍的学生，理由是高考名额分配是按照属地分配的。

(二)高校招生名额分配制度在变化

2014年9月，国务院《关于深化考试招生制度改革的实施意见》

指出，改进招生计划分配方式，提高中西部地区和人口大省高考录取率，综合考虑生源数量及办学条件、毕业生就业状况等因素，完善国家招生计划编制办法，督促高校严格执行招生计划。继续实施支援中西部地区招生协作计划，在东部地区高校安排专门招生名额面向中西部地区招生。部属高校要公开招生名额分配原则和办法，合理确定各省招生计划，严格控制属地招生比例。要求 2017 年录取率最低省份与全国平均水平的差距从 2013 年的 6 个百分点缩小至 4 个百分点以内。现在，这个时间点已经过去了，官方媒体并没有披露从 6 个百分点的差距缩小至 4 个百分点这一目标是否实现了，看来背后的问题可能比较复杂。

高校招生名额分配是个双刃剑，即保障教育质量较高地区的考生有更多升学的机会，又要关注弱势地区的弱势群体受教育的权利。党的十八大以来，国家在精准扶贫政策中，在高校招生名额分配之外，还包含了对中西部集中连片贫困地区招生名额的倾斜。

(三)新型城镇化进程中的 2%指标

2014 年 3 月，中共中央、国务院印发《国家新型城镇化规划(2014—2020 年)》，该文件指出，到 2020 年要使我国户籍人口城镇化率与常住人口城镇化率差距缩小 2 个百分点左右，努力实现 1 亿左右农业转移人口和其他常住人口在城镇落户。[①] 常住人口城镇化率达到 60%左右，户籍人口城镇化率达到 45%左右，其间相差的 15%将按照规划的时间表加以消除，最终实现无差距。如果消除了城乡两种人口的管理模式，那么，教育等公共服务同城对待也就迎刃而解了。

(四)超大城市是难点

2014 年 10 月，《国务院关于调整城市规模划分标准的通知》对原

---

① 《国家新型城镇化规划(2014－2020 年)》，http：//www.gov. cn/zhuanti/xxczh/，2018-11-11。

有城市规模划分标准进行了调整，明确了新的城市规模划分标准以城区常住人口为统计口径，将城市划分为五类七档。[①] 其中，超大城市要严格控制人口增长，这对于解决随迁子女在流入地就读高中和参加高考增加了难度。然而，近年来的实践表明，城市分类管理是必要的，通过城市功能调整和产业转移来控制进城务工人数也具有操作性。接下来，消除城市之间公共服务水平差距显得尤其必要和迫切。

据统计，目前中国常住人口超过10万人的镇已经有200多个。需要在制度上为这些镇成为新的中小城市提供支撑，加快出台设市标准，推动具备条件的县和特大镇有序合理地设置为城市。要加快拓展特大镇的相关功能，进一步扩大10万人以上特大镇的管理权限，提高公共事业保障水平。

中国这样一个人口数量接近14亿的大国，城市数量只有600多个，而人口不足我国零头的日本，城市数量也有上千个。可见加快培育小城市发展很关键。

（五）高校自主权招生名额向弱势人群倾斜

2014年9月，国务院《关于深化考试招生制度改革的实施意见》指出，增加农村学生上重点高校人数。继续实施国家农村贫困地区定向招生专项计划，由重点高校面向贫困地区定向招生。部属高校、省属重点高校要安排一定比例的名额招收边远、贫困、民族地区优秀农村学生。到2017年贫困地区农村学生进入重点高校人数明显增加，形成保障农村学生上重点高校的长效机制。

① 《国务院关于调整城市规模划分标准的通知》，http：//www.gov.cn/zhengce/content/2014－11/20/content_9225.htm，2018-11-11。

第七节 经验与展望

一、明确了“道”与“术”

考试招生制度改革是引领整个教育改革的关键环节，而考试招生制度改革的目的是“道”，为了达到这一目的具体操作则是“术”。

考试招生制度改革的“道”，一是在社会需要认证每个人教育水平的时代，解决提供可靠的证据，证明某人达到了一定的教育水平，分辨出个体之间的差异问题。二是要筛选资质优越者，首先把机会给予他们。

在中国，既要解决进城务工人员及其子女在流入地参加考试招生的平等机会，还要让那些新型城镇化的积极参与者和建设者被同城对待，与市民一样享受教育、医疗等社会公共服务。还要解决责、权匹配的问题。教育机构有责任履行职责、完成国家和民族赋予的立德树人使命，教育机构运作时招生是第一环节；而政府有责任监督和保障教育机构完成其使命，不应该替代教育机构招生。

2014 年，《国务院关于深化考试招生制度改革的实施意见》要求“部属高校要公开招生名额分配原则和办法，合理确定分省招生计划，严格控制属地招生比例”，这对于高考录取比重较低的省份有利。因为，如果某些地区考生人数和录取比例的矛盾不能得到解决，只会继续强化应试教育。而一些高校招生能否突破属地观念，一些地方能否摒弃地方保护主义，实施起来并不简单。此外，“增加农村学生上重点高校人数”写入改革方案，恰恰是从制度层面来缩小因地区差异造成的教育机会不公，一定程度上缓解了“寒门难出贵子”以及社会阶层固化的担忧。

有学者在研究高校招生计划时，引用经济学上的基尼系数作为度量指数，在计算基尼系数时，按照各省考生人数加权(横坐标为累计考生数，纵坐标为累计录取人数）。研究发现，属地招生计划多是造成基尼系数较高、招生计划不公平的主要原因，认为部属高校将中央财政经费大幅度补贴给了本地生源，是分省计划分配不公的本质。他们建议高校分配招生名额时，可以对优异指数较高而录取比例较低的地区适当增加招生计划，对优异指数较低且录取比例较高的地区适当减少招生计划，保证基尼系数在0.4之下，这样可以同时改善效率和公平。①笔者认为这项研究有一定参考价值。

二、从关注分数到关注学生

学业水平考试和综合素质评价改革，是在普通高中多样化发展的背景下展开的。动态的过程性学生评价对于过去只关注考试分数，只依据一次性考试来评价学生来说是个很大的进步。

对学生而言，接受高中教育本身就包含丰富的价值，学生在高中阶段证明自己达到了高中学业水平，远远比仅仅把高中作为跳板或者过渡阶段更有意义。另外，高中学生要参与社会实践活动，促进社会认知，就不能关起门来死读书。学生多方面素质的养成，将使人生更加幸福。

过去，我们国家考试考核制度不完善，实验过程也很草率。高中会考和学业水平考试风气不正，综合素质评价没有个性化，也没有量化。而北京市尝试出台了多种多样的“会考替代”政策后，效果非常好。会考替代就是用多把尺子衡量学生，而不是仅仅用一把尺子衡量学生。这项政策有助于学生的特长和兴趣得到发挥，有助于人才类型多样化。

三、高中会考和学业水平考试

高中会考和学业水平考试制度在历史上经历了先后出现的过程，

① 卢晓东、陈虎：《高校分省招生名额何时实现公平——部属高校将中央财政经费大幅度补贴给了本地生源，是分省计划分配不公的本质》，载《中国青年报》，2015-03-23。

但是其实质是完成了从单纯的过程性评估到将过程性评估纳入选拔性考试体系的过程。显然，高中会考和学业水平考试具有不可替代的作用，但仍然存在一些亟须研究解决的问题，这些问题有些是一直存在的，有些是新问题。国家明确学业水平考试既是高中水平的体现，也是大学招生的依据，使得它的定位更加清晰。学业水平考试应具有的评价功能、诊断功能、监测学校教育质量功能、选择功能等也将日趋完善。

高中阶段的过程性评价意义在于：第一，在激励、监督、调控高中学校教育教学方面作用明显，促进学校端正办学指导思想，把所有的高中都办成合格的学校，把所有的学生都培养为合格的毕业生。第二，建立起普通高中教育质量的评价和监控机制，为教育督导提供了可靠的监测数据。第三，在学业水平考试基础上建立的教育质量管理机制，使普通高中的教育教学有了宏观调控手段。第四，具有加强学生动手能力、实践能力培养的导向。第五，向社会开放，架起高中人才培养“立交桥”。第六，与国际上高中学历证书接轨。第七，与高考制度改革相配合。

由于我国各省之间发展差距很大，考试的组织层次不同，如何使高中过程性评价多样化，仍然是面临的一个巨大挑战。如何使学生的学业水平考试成绩在跨省交流中得到公认，在出国留学时得到认定，这也是改革的方向。

四、综合素质评价已经起航

在我国高中实行学生综合素质评价是一个新鲜事物，在社会诚信和保障机制不健全的背景下，需要进一步深入研究的问题很多。从各地的经验和上海格致中学的案例看，只要学校重视，师生民主参与，操作程序公开透明，保护学生隐私，就能使综合素质评价发挥应有的作用。

总体来看，普通高中学生综合素质评价定位十分明确，取代了以往的大部分加分项目，成为大学招生过程中的主要参考，并且包含了学业水平考试的内容，这就厘清了这几者的关系，由虚变实，成为高中学校工作的重要组成部分。

而在笔者看来，对于学生素质输入信息的客观性和真实性，只要相信学生，依靠群众，民主监督，就能够顺利实施。社会诚信体系的建立，是一个复杂的互动过程，绝不是一夜之间，凭借单一力量就可以形成的。诚信机制是要在不断改革探索中完善的。至于学生综合素质评价如何量化，如何保障真实、可信赖，学生之间的区分度和等值性问题，也可以在应用过程中解决。

普通高中学生综合素质评价的主体是多元的，主要是教师、学生、还有家长。笔者认为，评价主体不仅仅要具有合适的评价理念，而且应该具有丰富的理论知识，同时还要擅长或者精通评价方法、技术、策略等，并在实践中不断丰富完善。现阶段，普遍存在着评价主体、评价素养薄弱的问题。学生和教师作为综合素质评价主体，没有或者很少进行有关综合素质评价的专业培训，家长更是缺乏相关培训和教育，从而导致评价操作中多是根据经验或者感觉进行，主观随意性较强，结果可信度和有效度不高。尤其是学生和家长，面对高利害的评价时，评价专业素养的薄弱影响了其评价的态度和技能，而态度和技能又在很大程度上决定了他们个体的工作效能。

总之，高中学生综合素质评价的理论研究还需进一步完善。建立科学的高中学生综合素质评价体系，全面客观地反映学生综合素质状况，不再让社会各界对学生综合素质评价议论纷纷。

五、高考招生改革有了路径

(一)推广区域实验经验

从上海和浙江的实验方案看，2017年以后，高中的学生考试体现过程性考查和终结性考试相结合，学术性考试和综合素质考核双关注的基本思路。学生之间的比较，主要依据综合考核成绩确定，综合考核成绩，保留了以往的高考在升学中的权重不低于50%，同时，学业水平测试和综合素质评价也要实质性的赋予权重，列入大学招生的必要条件。新的改革还特别关注学生个体的选择权利。不按照文理两大类划分学生学习的科目，除了语文、数学和外语之外，学生可以参考报考大学专业的要求，在所有国家课程中选择自己喜爱的，学习成绩好的科目，作为报考大学的科目。

到2020年，新的高考制度将全面建立起来。有专业人士注意到，教育部领导在强调制度成功的同时也提到，新制度还存在一些需要完善的问题。党的十九大闭幕后，广东省立刻推出了新一轮高考改革方案，并明确开始实施。这虽然也许是时间的偶然巧合，但却意味着在上海、浙江高考招生改革已经引发社会众议的情况下，全国高考改革仍将进行下去。

另外，过去长期讨论的高考招生制度改革，一直以来都没有一个具体的方案，各地多种方案的出台，往前迈出了一步，值得肯定。

（二）扩大高校自主权，调整府校关系

高校如果没有招生自主权，高校的特色就很难表现出来，高校人才培养的使命就很难充分体现。目前有招生自主权的大学不多，并且自主招生的比例不大，需要继续扩张。招生工作本来就不是道德问题，要把招生工作纳入依法治教的轨道，才是改革的方向。制度设计要严谨，信息要公开透明，监督机制要完善，只有这样，才可以打消人们对高校自主招生的不信任和顾虑。

而政府与高校之间要建立新型关系。政府施行监督，赋予大学的责、权、利要相匹配。政府不能包办和替代高校的招生，可以尝试委托第三方实施招生，然后学校进行专业性录取。同时，政府要对第三方评估，对高校问责。

值得注意的是，从2017年秋季开始，北京、山东、天津、海南四省市新入学高中一年级学生的高考综合改革已经启动。全国各省

(市、自治区)的高考招生制度改革方案已全部出台。

笔者认为，从长远发展的角度看问题，国家应颁布《中华人民共和国考试法》，推进依法治考，在法治基础上提高考试的专业性，为多主体的第三方专业测评创造条件，通过更专业的测试来实现真正实质的公平。而考试和招生都要服务于学生的成长发展，要建立机制来确保能够尊重学生的选择权和扩大高校招生录取的自主权。

第八章

普及高中教育

世界各国普及高中教育的经验有很多共同之处，比如强制性、免费、世俗化。我国普及九年义务教育的经历表明，消除入学门槛、控制辍学、免除学杂费、给予困难学生生活补助、教育均衡发展，等等，都非常重要。为此，我国在借鉴普及九年义务教育经验和教训的基础上，对高中教育采取了先给予困难学生生活补助，再降低或者消除入学门槛等一系列措施。

第一节　普及高中教育的提出

早在 1992 年 10 月 12 日，党的第十四次全国代表大会报告就提出，大城市要基本普及高中和相当于高中的职业技术教育。

2002 年 11 月 8 日，党的十六大报告中又提出“基本普及高中阶段教育。”而 2007 年 10 月 15 日，党的十七大报告又改为“加快普及高中阶段教育。”

2008 年 10 月 12 日，党的十七届三中全会通过的《中共中央关于推进农村改革发展若干重大问题的决定》中说，要加快普及农村高中阶段教育，重点加快发展农村中等职业教育并逐步实行免费。

尽管 20 世纪 80 年代以来我国中等教育取得了快速发展，但是高中的入学率依然不高，我国高中教育的毛入学率长期处于60%以下。近年来，高中学校在办学规模上得到了较大发展(见下表)，尤其是2003年以来，校均人数都在1000人以上，高中教育的毛入学率提高幅度较大。2010年高中阶段毛入学率已达到82.5%。

表8-1　2001—2010年度我国高中相关数量变化情况

年度	学校数(万所)	学生数(万人)	高中阶段毛入学率(%)
2001	3.43	2600.93	—
2002	3.28	2908.14	42.8
2003	3.18	3243.40	43.8
2004	3.14	3648.98	48.1
2005	3.15	4030.95	52.7
2006	3.17	4341.86	59.8
2007	3.13	4527.49	66.0
2008	3.08	4576.07	74.0
2009	2.98	4640.91	79.2
2010	2.86	4677.34	82.5

2010年7月，中共中央、国务院颁布的《国家中长期教育改革和发展规划纲要(2010—2020年)》提出的战略目标之一是普及高中阶段教育，毛入学率要达到90%。① 2010年以来，随着高中学龄人数的持续减少，高中教育规模的不断扩大，2015年高中阶段毛入学率达到了87%②，可以预见，2020年高中阶段毛入学率达到90%以上应该不是难题。

2017年10月18日，习近平同志在党的十九大报告《决胜全面建

① 《国家中长期教育改革和发展规划纲要(2010—2020年)》，http://www.moe.edu.cn/srcsite/A01/s7048/201007/t20100729_171904.html，2018-11-10。

② 《2015年全国教育事业发展统计公报》，http://www.moe.edu.cn/srcsite/A03/s180/moe_633/201607/t20160706_270976.html，2018-11-10。

成小康社会 夺取新时代中国特色社会主义伟大胜利》中指出，要普及高中阶段教育，努力让每个孩子都能享有公平而有质量的教育。

第二节　中等职业学校学生补助

根据党的十七届三中全会精神和2009年《政府工作报告》关于“大力发展职业教育，特别要重点支持农村中等职业教育。逐步实行中等职业教育免费，今年先从农村家庭经济困难学生和涉农专业做起”的要求，经国务院同意，从2009年秋季学期起，对中等职业学校农村家庭经济困难学生和涉农专业学生免除学费。

2009年12月14日，财政部、国家发展改革委、教育部、人力资源社会保障部联合颁布《关于中等职业学校农村家庭经济困难学生和涉农专业学生免学费工作的意见》。文件指出，我国中等职业学校学生绝大部分来自农村，其中，相当一部分来自低收入和困难家庭。中等职业教育免学费工作先从农村家庭经济困难学生和涉农专业学生做起，对于减轻农民负担，增强中等职业教育的吸引力，鼓励高素质劳动者在农村创业就业，改善农村劳动力结构，加快新农村建设，发展现代农业，发展农村经济，缩小城乡差别，具有重要的推动作用。

免学费工作的基本原则是“中央政策引导、地方统筹安排、积极稳妥起步、逐步推进实施”。免学费主要内容是从2009年秋季学期起，对公办中等职业学校全日制正式学籍一、二、三年级在校生中，农村家庭经济困难学生和涉农专业学生逐步免除学费。西藏自治区和新疆维吾尔自治区喀什、和田、克孜勒苏柯尔克孜三地州农村户籍的学生全部享受免学费政策；其他地区享受免学费政策的农村家庭经济困难学生，分地区按以下比例确定：西部地区按在校生的25％确定；中部地区按在校生的15％确定；东部地区按在校生的

5%确定。中央财政参照上述比例安排中央补助资金。各地可根据实际，合理确定行政区域内农村家庭经济困难学生的比例。

这里的涉农专业是指，2000年教育部发布的《中等职业学校专业目录》(教职成[2000]8号)中的农林类所有专业，具体包括：种植、农艺、园艺、蚕桑、养殖、畜牧兽医、水产养殖、野生动物保护、农副产品加工、棉花检验加工与经营、林业、园林、木材加工、林产品加工、森林资源与林政管理、森林采运工程、农村经济管理、农业机械化、航海捕捞，以及能源类的农村能源开发与利用专业和土木水利工程类的农业水利技术专业等21类。

对因免除学费导致学校收入减少的部分，可以通过财政给予的补助和学校开展校企合作及顶岗实习获取的收入来解决，以保证学校正常运转。具体办法是：第一、二学年学校因免除学费导致的运转经费缺口，由财政按免除的学费标准给予补助；第三学年学校因免除学费导致的运转经费缺口，原则上由学校通过校企合作和顶岗实习等方式获取的收入予以弥补，对涉农专业和经认定顶岗实习有困难的其他专业，由财政按一定标准给予学校顶岗实习补助，具体办法由国务院相关部门另行制定。

免学费标准按各省(区、市)人民政府及其价格主管部门批准的学费标准确定。对在政府职业教育行政管理部门依法批准的民办中等职业学校就读的一、二年级符合免学费政策条件的学生，按照当地同类型同专业公办中等职业学校免除学费标准，给予补助。

免学费补助资金，由中央财政统一按照每生每年平均2000元标准，与地方财政按比例分担。其中，西部地区，不分生源，中央与地方分担比例为8∶2；中部地区，生源地为西部地区的，中央与地方分担比例为8∶2，生源地为其他地区的，中央与地方分担比例为6∶4；东部地区，生源地为西部地区和中部地区的，中央与地方分担比例分别为 8∶2 和 6∶4，生源地为东部地区的，中央与地方分担比例分省（市）确定。免学费资金由省级财政统筹落实。

文件还对 2009 年秋季学期开始实施的中等职业教育免费政策与此前部分省（区、市）实行的免费标准和免费范围的衔接问题、实施免学费政策的配套改革措施、实施免学费政策的工作要求等，提出了具体要求。

2010 年 1 月 28 日，《财政部关于印发〈中等职业学校免学费补助资金管理暂行办法〉的通知》与《关于中等职业学校农村家庭经济困难学生和涉农专业学生免学费工作的意见》的发布前后仅仅相差一个多月时间，两份文件的主要内容都关注的是解决中央和地方政府财政的责任分担问题。

文件对中等职业学校界定为，经政府有关部门依法批准设立，实施全日制中等学历教育的各类职业学校，包括公办和民办的普通中专、成人中专、职业高中、技工学校和高等学校附属的中专部、中等职业学校等。

中等职业学校学生享受免学费政策后，学校运转出现的经费缺口，由政府财政核拨补助资金。包括一、二年级免学费补助资金和公办学校三年级顶岗实习免学费补助资金。中央财政统一按每生每年平均 2000 元测算标准和一定比例与地方财政分担，具体分担比例为：西部地区，不分生源，分担比例为 8∶2；中部地区，生源地为西部地区的，分担比例为 8∶2，生源地为其他地区的，分担比例为 6∶4；东部地区，生源地为西部地区和中部地区的，分担比例分别为 8∶2 和 6∶4，生源地为东部地区的，分担比例分省确定。

2010 年 9 月，财政部、国家发展改革委、教育部、人力资源社会保障部又联合发布《关于扩大中等职业学校免学费政策覆盖范围的通知》，该文件决定，将中等职业学校城市家庭经济困难学生纳入免学费政策范围。从2010年秋季学期起，对公办中等职业学校全日制正式学籍一、二、三年级在校生中城市家庭经济困难学生免除学费（艺术类相关表演专业学生除外）。享受免学费政策的城市家庭经济困难学生分地区按以下比例确定：西部地区按在校城市学生的15%确定，中部地区按在校城市学生的10%确定，东部地区按在校城市学生的5%确定。中央财政参照上述比例安排中央补助资金。各地可根据实际，合理确定行政区域内城市家庭经济困难学生的比例。

一、普通高中困难学生补助

2010年7月，中共中央、国务院颁布《国家中长期教育改革和发展规划纲要(2010—2020年)》，文件要求，把普通高中学生纳入国家助学体系。

2010年9月，财政部、教育部发布《关于建立普通高中家庭经济困难学生国家资助制度的意见》,① 该文件表明我国首次在普通高中建立起国家助学金制度。文件决定，从2010年秋季学期起，中央与地方共同设立国家助学金，用于资助普通高中在校生中的家庭经济困难学生，资助面约占全国普通高中在校生总数的20%。财政部、教育部根据生源情况、平均生活费用等因素综合确定各省资助面。其中：东部地区为10%、中部地区为20%、西部地区为30%。各地可结合实际，在确定资助面时适当向农村地区、贫困地区和民族地区倾斜。国家助学金平均资助标准为每生每年1500元，具体标准由各地结合实际在1000元至3000元范围内确定，可以分为2到3档。

国家助学金所需资金由中央与地方按比例分担。其中：西部地区为8∶2，中部地区为6∶4；东部地区除直辖市外，按照财力状况

① 2010年9月，财政部、教育部发布《关于建立普通高中家庭经济困难学生国家资助制度的意见》(财教[2010]356号)，http：//old. moe. gov. cn//publicfiles/business/htmlfiles/moe/moe _ 1779/201009/108762. html，2018-11-10。

分省确定。省以下分担比例由各地根据中央确定的原则自行确定。

文件还决定建立学费减免等制度。普通高中要从事业收入中提取一定比例的经费，用于减免学费、设立校内奖助学金和特殊困难补助等。同时，鼓励社会捐资助学。要进一步落实、完善鼓励捐资助学的相关优惠政策措施，积极引导和鼓励企业、社会团体及个人等面向普通高中设立奖学金、助学金。

2010 年 11 月 3 日，财政部、教育部《关于印发普通高中国家助学金管理暂行办法的通知》①是为加强普通高中国家助学金管理，确保资助工作顺利实施而制定的。

文件重申，普通高中国家助学金的资助对象为具有正式注册学籍的普通高中在校生中的家庭经济困难学生。普通高中国家助学金资助面约占全国普通高中在校生总数的 20%。财政部、教育部根据生源情况、平均生活费用等因素综合确定各省份资助面。其中：东部地区为 10%、中部地区为 20%、西部地区为 30%。各地可结合实际，在确定资助面时适当向农村地区、贫困地区和民族地区倾斜。

国家助学金由中央和地方政府共同出资设立。地方所属普通高中国家助学金所需资金由中央与地方财政按比例分担。中央部门所属普通高中国家助学金政策与所在地区同步实施，所需经费按照现行经费渠道予以保障。

普通高中国家助学金平均资助标准为每生每年 1500 元，用于资助家庭经济困难学生的学习和生活费用开支，具体标准由各地结合实际在 1000 元至 3000 元范围内确定，可以分为 2 到 3 档。

文件还对国家助学金的基本申请条件、申请和评审办法做出

---

① 财政部、教育部《关于印发普通高中国家助学金管理暂行办法的通知》(财教[2010]461 号)，http：//old. moe. gov. cn//publicfiles/business/htmlfiles/moe/moe _1779/201011/111121. html，2018-11-10。

规定。

二、中等职业学校学生补助范围扩大

2012年10月22日，财政部、国家发展改革委、教育部、人力资源社会保障部联合印发《关于扩大中等职业教育免学费范围 进一步完善国家助学金制度的意见》，[①] 该文件决定，从2012年秋季学期起，对公办中等职业学校全日制正式学籍一、二、三年级在校生中所有农村(含县镇)学生、城市涉农专业学生和家庭经济困难学生免除学费(艺术类相关表演专业学生除外)。免学费标准按照各省(区、市)人民政府及其价格主管部门在2012年6月30日前批准的学费标准确定。

中央和地方财政，对因免除学费导致学校收入减少的部分，给予补偿。第一、第二学年由财政按照享受免学费政策学生人数和免学费标准补助学校；第三学年原则上由学校通过校企合作和顶岗实习等方式获取的收入予以弥补，不足部分由财政按照不高于三年级享受免学费政策学生人数50%的比例和免学费标准，适当补助学校。免学费补助资金由各级财政共同分担。中央财政统一按照每生每年2000元的标准与地方财政按比例分担，其中，对西部地区，不分生源，中央与地方分担比例为8∶2；对中部地区，生源地为西部地区的，中央与地方分担比例为8∶2，生源地为其他地区的，中央与地方分担比例为6∶4；对东部地区，生源地为西部地区和中部地区的，中央与地方分担比例分别为8∶2和6∶4，生源地为东部地区的，中央与地方分担比例分省(市)确定。地方各级财政承担的免学费补助

① 财政部、国家发展改革委、教育部、人力资源社会保障部联合印发《关于扩大中等职业教育免学费范围 进一步完善国家助学金制度的意见》(财教[2012]376号)，http://www.mof.gov.cn/zhengwuxinxi/caizhengwengao/2012wg/wg201212/201302/t20130205_732218.html，2018-11-10。

资金，由省级财政统筹落实。

涉农专业范围，根据教育部发布的中等职业学校专业目录及专业设置管理办法确定。中央财政按区域确定城市家庭经济困难学生比例，西部地区按在校城市学生的15%确定；中部地区按在校城市学生的10%确定；东部地区按在校城市学生的5%确定。各省级人民政府应根据实际情况，合理确定本行政区域内家庭经济困难学生的具体比例。

对在职业教育行政管理部门依法批准、符合国家标准的民办中等职业学校就读的一、二年级符合免学费政策条件的学生，按照当地同类型同专业公办中等职业学校免除学费标准给予补助。民办中等职业学校经批准的学费标准高于补助的部分，学校可以按规定继续向学生收取。

三、进一步完善中等职业教育国家助学金制度

从2012年秋季学期起，将中等职业学校国家助学金资助对象由全日制正式学籍一、二年级在校农村(含县镇)学生和城市家庭经济困难学生，逐步调整为全日制正式学籍一、二年级在校涉农专业学生和非涉农专业家庭经济困难学生。具体调整步骤如下：2012年秋季学期至2013年春季学期，助学金政策覆盖一年级涉农专业学生和非涉农专业家庭经济困难学生，以及二年级农村(含县镇)学生和城市家庭经济困难学生。从2013年秋季学期起，将助学金政策覆盖范围调整为一、二年级涉农专业学生和非涉农专业家庭经济困难学生。

助学金继续按每生每年1500元的标准由中央财政和地方财政按比例分担，具体分担比例与免学费补助资金的分担比例一致。

中央财政按区域确定家庭经济困难学生比例，西部地区按在校学生的20%确定，中部地区按在校学生的15%确定，东部地区按在校学生的10%确定。各省级人民政府应根据实际情况，合理确定本行政区域内家庭经济困难学生的具体比例。为切实减轻贫困地区中等职业学校学生家庭经济负担，根据《中国农村扶贫开发纲要（2011—2020年）》有关精神，将六盘山区等11个连片特困地区和西藏、四川省藏区、新疆南疆三地州中等职业学校农村学生（不含县城）全部纳入享受助学金范围。

2013年6月，财政部、教育部、人力资源社会保障部关于印发《中等职业学校免学费补助资金管理办法》的通知规定，中央财政统一按每生每年平均2000元测算标准和一定比例与地方财政分担，具体分担比例为：西部地区，不分生源，分担比例为8∶2；中部地区，生源地为西部地区的，分担比例为8∶2，生源地为其他地区的，分担比例为6∶4；东部地区，生源地为西部地区和中部地区的，分担比例分别为8∶2和6∶4，生源地为东部地区的，分担比例分省确定。

2016年12月，财政部、教育部、人力资源社会保障部修订了《中等职业学校免学费补助资金管理办法》并重新印发，[①] 该文件重申了2013年6月3日印发的文件的部分规定，即中央财政统一按每生每年平均测算标准和一定比例与地方财政分担。此外，该文件还规定，中等职业学校免学费资金的补助方式为：第一、二、三学年因免除学费导致公办学校运转出现的经费缺口，由财政按照享受免学费政策学生人数和免学费标准补助学校。对在职业教育行政管理部门依法批准、符合国家标准的民办学校就读的一、二、三年级符合免学费政策条件的学生，按照当地同类型同专业公办学校免除学费标准给予补助。民办学校经批准的学费标准高于补助的部分，学

① 财政部 教育部 人力资源社会保障部关于印发《中等职业学校免学费补助资金管理办法》的通知（财教[2013]84号），http：//www.gov.cn/gongbao/content/2017/content_5217753.htm，2018-11-10。

校可以按规定继续向学生收取。计算公式为：某省份中央财政应承担的免学费补助资金＝该省份享受免学费政策学生人数×免学费补助测算标准×中央财政分担比例。

四、纳入国家基本公共服务保障体系

2017 年 1 月 23 日，国务院发布了“十三五”基本公共服务均等化规划①。在这个规划中，高中教育的很多事项被纳入国家公共服务保障体系之内。具体见下表。

表 8-2　“十三五”国家基本公共服务清单(节选)

服务项目	服务对象	服务指导标准	支出责任	牵头负责单位
中等职业教育国家助学金	中等职业学校全日制正式学籍一、二年级在校涉农专业学生和非涉农专业家庭经济困难学生；六盘山区等 11 个集中连片特困地区和西藏、四川省藏区、新疆南疆四地州中等职业学校农村(不含县城)学生	国家助学金每生每年 2000 元，中央财政按区域确定家庭经济困难学生比例，西部地区按在校学生的 20%确定，中部地区按在校学生的 15%确定，东部地区按在校学生的 10%确定	中央和地方财政按比例分担：西部地区(不分生源地)以及中部、东部地区(生源地为西部的)，中央与地方分担比例为 8∶2；对中部地区(生源地不是西部的)以及东部地区生源地为中部的，中央与地方分担比例为 6∶4；东部地区(生源地不是西部、中部的)分担比例分省(市)确定	财政部、教育部、人力资源社会保障部

① 《关于印发“十三五”推进基本公共服务均等化规划的通知》(国发[2017]9 号)，http：//www.gov.cn/zhengce/content/2017—03/01/content_5172013.htm，2018-11-10。

续表

服务项目	服务对象	服务指导标准	支出责任	牵头负责单位
中等职业教育免除学杂费	公办中等职业学校全日制正式学籍一、二、三年级在校生中所有农村(含县镇)学生，城市涉农专业学生和家庭经济困难学生(艺术类相关表演专业学生除外)，符合条件的民办职业学校学生	按各省(区、市)人民政府及其价格、财政主管部门确定的学费标准免除学杂费。公办中等职业学校，中央财政统一按平均每生每年2000元标准，与地方按比例分担免除学杂费补助资金。符合条件的民办职业学校学生参照当地同类型、同专业公办学校免除学杂费标准予以补助	中央和地方财政按比例分担：西部地区(不分生源地)以及中部、东部地区(生源地为西部的)，中央与地方分担比例为8∶2；对中部地区(生源地不是西部的)以及东部地区生源地为中部的，中央与地方分担比例为6∶4；东部地区(生源地不是西部、中部的)分担比例分省(市)确定	财政部、教育部、人力资源社会保障部
普通高中国家助学金	普通高中在校生中的家庭经济困难学生	国家助学金平均资助标准为每生每年2000元，具体标准由各地结合实际分档确定	中央和地方财政按比例分担：西部地区中央与地方分担比例为8∶2；中部地区分担比例为6∶4；东部地区除直辖市外，按照财力状况分省确定	财政部、教育部
免除普通高中建档立卡等家庭经济困难学生学杂费	公办普通高中建档立卡等家庭经济困难在校学生(含非建档立卡的家庭经济困难残疾学生、农村低保家庭学生、农村特困救助供养学生)，符合条件的民办普通高中学生	按各省(区、市)人民政府及其价格、财政主管部门确定的学费标准免除学杂费(不含住宿费)。中央财政逐省(区、市)核定免学杂费财政补助标准。符合条件的民办学校学生参照当地同类型公办学校免除学杂费标准予以补助	中央和地方财政按比例分担：西部地区中央与地方分担比例为8∶2；中部地区分担比例为6∶4；东部地区除直辖市外，按照财力状况分省确定	财政部、教育部

第三节　普及高中教育攻坚

2017年3月24日，教育部、国家发展改革委、财政部、人力资源社会保障部关于印发《高中阶段教育普及攻坚计划(2017—2020年)》的通知①在我国高中教育事业发展过程中具有里程碑意义。

文件指出，我国高中阶段教育(包括普通高中、普通中专、成人中专、职业中专、技工学校)是国民教育体系的重要环节，是学生从未成年走向成年、个性形成、自主发展的关键时期，肩负着为各类人才成长奠基，培养高素质技术技能型人才的使命。普及高中阶段教育是巩固义务教育普及成果，完善现代职业教育体系，增强高等教育发展后劲的重大举措，是适应我国经济结构转型升级，提高劳动力受教育年限的迫切需要，是进一步提升国民整体素质，建设人力资源强国的基础工程。但是，高中阶段教育仍然存在许多明显短板，一些贫困地区、民族地区、边远地区教育资源短缺，普及程度较低；普通高中教育与中等职业教育发展不协调，部分地区中职教育发展明显滞后；许多学校办学条件薄弱，难以满足基本教学需求；合理的经费投入机制尚不健全，普通高中债务问题尚未得到有效解决；教师总量不足，普通高中一些学科专任教师和中等职业教育“双师型”教师短缺；一些学校教育质量不高，普通高中缺乏特色，中等职业教育吸引力不强。这些困难和问题直接影响普及目标的实现，严重制约高中阶段教育的健康可持续发展。

为了贯彻党的十八届五中全会精神，落实国民经济和社会发展第十三个五年规划纲要及国家教育事业发展“十三五”规划部署，切

---

① 《教育部等四部门关于印发〈高中阶段教育普及攻坚计划(2017—2020年)〉的通知》(教基[2017]1号)，http://www.gov.cn/xinwen/2017—04/06/content_5183767.htm，2018-11-10。

实解决高中阶段教育发展面临的问题和困难，在确保义务教育优先发展的基础上推进普及高中阶段教育，满足适龄青少年接受高中阶段教育的需求。

攻坚计划的主要目标是，到2020年，全国普及高中阶段教育，适应初中毕业生接受良好高中阶段教育的需求。全国、各省（区、市）毛入学率均达到90%以上，中西部贫困地区毛入学率显著提升；普通高中与中等职业教育结构更加合理，招生规模大体相当；学校办学条件明显改善，满足教育教学基本需要；经费投入机制更加健全，生均拨款制度全面建立；教育质量明显提升，办学特色更加鲜明，吸引力进一步增强。

攻坚重点是，中西部贫困地区、民族地区、边远地区、革命老区等教育基础薄弱、普及程度较低的地区，特别是集中连片特殊困难地区；家庭经济困难学生、残疾学生、进城务工人员随迁子女等特殊群体；普通高中大班额比例高、职业教育招生比例持续下降、学校运转困难等突出问题。

文件要求要重点关注提高普及水平，优化结构布局，加强条件保障，提升教育质量等任务。采取扩大教育资源，完善经费投入机制，完善扶困助学政策，加强教师队伍建设，推动学校多样化有特色发展，改进招生管理办法等措施，促进普及高中阶段教育目标如期实现。文件谈到，国家还将扩大实施教育基础薄弱县普通高中建设项目。

第四节　经验与展望

一、汲取了普九的经验教训

我国在普及九年义务教育过程中，由于在2006年之前没有实行免费的义务教育，所以辍学现象一直没有消除，而且在某些地区还很严峻。普及高中教育是为实施高中义务教育做准备的过程，率先在中等职业教育免除学杂费，在普通高中实施国家助学金，接下来又免除了普通高中家庭经济困难学生的学杂费，而且对家庭困难的学生入读大学也有相应的免费措施；等等。这些措施就是为了避免重蹈覆辙，不走普及九年义务教育时走过的弯路。而且国家要求，普及高中教育的进程要因地制宜，避免为了赶进度而弄虚作假。

虽然当前在大中城市、东南沿海地区和发达地区农村普及高中教育的目标已经实现了。但是，在中西部欠发达地区和一些少数民族地区普及高中教育的任务依然非常艰巨，有的地方高中阶段毛入学率还没有达到80%。甚至有的地方，如果子女去高中学校上学就会直接使家庭经济状况变差。

二、普及高中教育不仅仅是量的扩充

普及高中教育，一方面要坚持高中教育的多样化方向，避免千校一面，限于普职两种类型。另一方面，也要鼓励高中学校发展。在这方面，西方各国的经验有借鉴价值。[①] 据了解，俄罗斯高中学校类型至少有16种之多。包括普通中学(寄宿高中)、集美纳佳中学、利才中学、军校(军事寄宿学校)、疗养寄宿中学、专门矫正普通学校、专业普通教育学校、民族普通中学、普通家庭教育学校、普通健康学校、教育中心(健康学校)、普通教育夜校(晚班制)、开放式普通教育学校(轮班制)，等等。在英国，20世纪80年代城市技术学校(CTC)异军突起，而近年来英国高中已经陆续分解为技术类、语言类、体育类、艺术类、商科类、工程类、数学和计算机类、科学类、综合类、音乐类和社会科学类10多种。在美国纽约公办高中系统中，有9所特殊高中办学质量受到各方面肯定，其中有一所科技高中，毕业生中先后有8位获得了诺贝尔物理学奖和化学奖。此外，德国、

① 袁桂林：《促进高中教育多样化发展的三个关键点》，载《人民教育》，2018(2)。

瑞典、日本等国中等教育阶段综合高中所占比重也都很大。

因此，我们可以借鉴国际经验，乘普通高中增量发展的机会，打破普职高中界限，根据学生潜能、特长和志向，逐步形成综合高中、科技高中、数理高中、人文高中、外国语高中、艺术高中、音乐高中、体育运动高中、学术性高中、国际学校等多种多样的类别，加快办出一批国际上一流的高中。

后　记

在我国，各学段教育发展进程很不均衡，学龄前儿童的教育由于存在着家庭教育和专门教育机构职责界限划分的模糊性，很难与传统中小学教育相比较。而在制度化的中小学教育中，高中阶段教育发展相对滞后。新中国成立之后，高中教育一度具有了精英教育的性质，普及率很低。直到改革开放之后的 1996 年，才有了高中教育培养目标的明确表述，而 2005 年之后，高中教育毛入学率才刚刚过半。

改革开放之初，中央提出的“调整、改革、整顿、提高”的方针，开启了高中教育改革的进程，随即恢复了重点学校政策。接下来，逐步扩大高中教育的投入、处理高中教育各种类型的比例关系、课程改革、办好国家特殊需要的人才的教育、深化考试招生制度等改革也陆续提到日程上来了。目前，国家极力推进普及高中教育，并且普及高中教育到了最后攻坚阶段。而普及高中教育的历史进程也就是本书各章节的排列顺序。我们既要放眼世界，也要回顾我们走过的道路，总结经验教训，使未来的发展规划更加具有前瞻性和洞察力。本书期望在这方面与读者共勉。

书中数据和政策表述基本依据国家政府公布的信息，也有少量调研数据是基于有关教育科研课题的。从 2012 年开始，本人承担了教育部哲学社会科学重大课题攻关项目“普通高中多样化发展研究”，收集到很多国内外高中教育的数据和信息，有一部分在本书中有所体现。另外，从2015年开始，本人承担了教育部重点文科基地的研究课题“进城务工人员随迁子女就地升学政策研究”，该课题的一些阶段性成果也在本书中有所体现。

根据丛书的要求，本书力求满足读者对各专题的关注，也帮助读者在历史的进程中理解高中教育各领域的沿革与发展。毋庸讳言，与发达国家相比，我国的高中教育发展还处于不断探索和逐步完善的阶段，尽管高中教育普及的统计数据即将达标，但是，高中教育的深入发展、质量提高还需要经过长时间的努力，才能达到国际领先水平。

书中提出的一些议题都是可以开放讨论的问题，希望与读者互动交流。

感谢丛书编委会的辛勤劳动。

感谢北京师范大学出版社给予的大力支持和配合。

袁桂林

2018年4月于北京

图书在版编目(CIP)数据

中国教育改革开放40年:高中教育卷 / 袁桂林著. —北京: 北京师范大学出版社, 2019.2

(中国教育改革开放40年/朱旭东主编)

ISBN 978-7-303-24412-6

Ⅰ. ①中… Ⅱ. ①袁… Ⅲ. ①教育改革—成就—中国 ②高中—中学教育—教育改革—成就—中国 Ⅳ. ①G521

中国版本图书馆CIP数据核字(2018)第270999号

营 销 中 心 电 话 010-58805072 58807651
北师大出版社高等教育与学术著作分社 http://xueda.bnup.com

ZHONGGUO JIAOYU GAIGE KAIFANG 40 NIAN:GAOZHONG JIAOYUJUAN

出版发行: 北京师范大学出版社 www.bnup.com
北京市海淀区新街口外大街19号
邮政编码:100875

印　　刷: 北京盛通印刷股份有限公司
经　　销: 全国新华书店
开　　本: 710 mm×1000 mm 1/16
印　　张: 26
字　　数: 338千字
版　　次: 2019年2月第1版
印　　次: 2019年2月第1次印刷
定　　价: 126.00元

策划编辑: 陈红艳　　责任编辑: 贾理智
美术编辑: 王齐云　　装帧设计: 王齐云
责任校对: 段立超 陶 涛　　责任印制: 马 洁